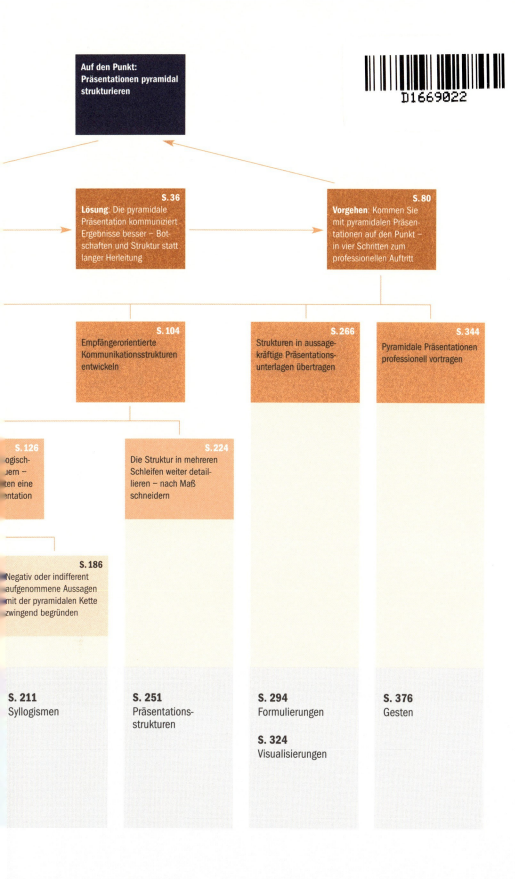

Auf den Punkt:
Präsentationen pyramidal
strukturieren

D1669022

Auf den Punkt:
Präsentationen pyramidal strukturieren

Viel Erfolg
beim
pyramidalen Strukturieren!

Herzlichst Ihr

Axel Schoof • Karin Binder

Auf den Punkt: Präsentationen pyramidal strukturieren

Erfolgreicher kommunizieren mit klaren Botschaften und ergebnisorientierter Struktur

Axel Schoof
Stuttgart, Deutschland

Karin Binder
Stuttgart, Deutschland

ISBN 978-3-658-03228-9
DOI 10.1007/978-3-658-03229-6

ISBN 978-3-658-03229-6 (eBook)

Die Deutsche Nationalbibliothek verzeichnet diese Publikation in der Deutschen Nationalbibliografie; detaillierte bibliografische Daten sind im Internet über http://dnb.d-nb.de abrufbar.

Springer Gabler
© Springer Fachmedien Wiesbaden 2014

Lektorat: Juliane Wagner, Eva-Maria Fürst
Grafische Gestaltung, Fotos: faktor K – Lausterer und Potthoff GbR, Düsseldorf, www.faktor-k.de

Gedruckt auf säurefreiem und chlorfrei gebleichtem Papier

Springer Gabler ist eine Marke von Springer DE. Springer DE ist Teil der Fachverlagsgruppe Springer Science+Business Media
www.springer-gabler.de

Auf den Punkt: Präsentationen pyramidal strukturieren

Ein Vorwort brauchen wir eigentlich nicht

Liebe Leser,

wollen Sie dieses Buch wirklich pyramidal lesen und erleben, dann sollten Sie dieses Vorwort überspringen. Denn mit pyramidaler Kommunikation hat ein Vorwort nichts zu tun.

Ein Vorwort erklärt die Gründe, wie es zum Buch kam. Bei uns begann alles mit einer plötzlichen Schwangerschaftsvertretung. Eine Verkettung zahlreicher Umstände schloss sich an – viele glücklich, einzelne unglücklich.

Ein Vorwort schildert, wie das Buch geschrieben wurde. Wir haben erst lange strukturiert und dann schnell geschrieben. Beides taten wir fast ausschließlich im Ruhebereich des ICEs – überwiegend mit, manchmal ohne Klimaanlage.

Und im Vorwort bedanken sich die Autoren bei ihren Wegbegleitern. Wir danken so vielen – angefangen bei unseren Eltern, weil man seinen Eltern nie genug danken kann. Wir danken unseren Mitfahrern im Zug, die uns, ohne es zu wissen, zu dem einen oder anderen Beispiel inspiriert haben. Wir danken dem Verlag Springer Gabler, dass er sich auch für unsere unkonventionellen Ideen offen zeigte. Wir danken unseren Freunden von faktor K für simple Visualisierungen komplizierter Botschaften. Und wir danken Tausenden Teilnehmern unserer Seminare für ihre Fragen – für die klugen Fragen, und ganz besonders für alle anderen Fragen.

Kurz: Ein Vorwort skizziert interessante und unterhaltsame Fakten rund um die Entstehung des Buches. Nur die Kernaussagen – die lassen sich hier nicht finden.

Dafür können Sie den Rest dieses Buches pyramidal lesen. Und wenn das Buch Ihnen hilft, Ihre Präsentationen besser zu machen, dann freuen wir uns mit Ihren Empfängern und Ihnen. Und wenn Sie das Buch besser machen können, dann freuen wir uns noch mehr über Ihre Kritik und Anregungen an aufdenpunkt@projectservices.de.

Axel Schoof
Karin Binder
Stuttgart, im Herbst 2013

Für fleißige Leser haben wir aber einen Hinweis

Sie müssen dieses Buch nicht vollständig lesen, denn es ist pyramidal aufgebaut. Die Kernaussage haben Sie schon auf dem Cover gefunden, die neun aussagekräftigen Kapitel im Einband und im Inhaltsverzeichnis. Schön, dass Sie sich offensichtlich für weitere Details interessieren. Diese bieten wir Ihnen auf knapp 400 Seiten.

Doch keine Sorge: Schon bei den Kapiteln haben Sie vermutlich selektiert. Wem bereits vorher klar war, dass Präsentationen auf den Punkt kommen müssen, der kann sich das erste Kapitel sparen. Wer die pyramidale Struktur und ihre Vorteile kennt, der überspringt das zweite Kapitel. Und wer zwar viele Präsentationsunterlagen erstellt, Sie aber nicht vorträgt, der verzichtet auf das letzte Kapitel.

In sich sind die Kapitel ebenfalls pyramidal strukturiert. Lesen Sie nur die Abschnitte oder Absätze, die für Sie relevant, besonders interessant oder noch unklar sind.

Wer das Buch aber genauer lesen will, der sollte unser Dilemma beachten. Einerseits schreiben wir ein Sachbuch über ergebnisorientierte Kommunikation. Andererseits schreiben wir ein Lehrbuch für ergebnisorientierte Kommunikation, mit dem Sie den Prozess einer pyramidalen Präsentation durchlaufen können. In diesem Zielkonflikt haben wir uns bewusst für eine inhaltliche Dopplung entschieden: Wir stellen jedem Kapitel bildliche Struktur und textliche Zusammenfassung voran. Für ein Sachbuch wäre die Textform völlig ausreichend. Für ein pyramidales Lehrbuch sind jedoch die zugrundeliegenden Strukturen hilfreich.

Verzichten Sie bitte auf diese Dopplung in Ihren Präsentationen. Mit der Struktur ordnen Sie zunächst Ihre Gedanken. Anschließend übertragen Sie die Struktur in eine Präsentationsunterlage – wie ab Seite 266 beschrieben. Die Struktur präsentieren Sie in der Regel nicht; sie ist allenfalls eine Darstellungsform neben anderen. Die Unterlage an sich vermittelt dem Empfänger eine schlüssige Argumentation. Probieren Sie es aus: Überblättern Sie unsere Strukturen.

Herausforderung: Präsentationen müssen besser werden – schnell und einfach zu verstehen, leicht vorzubereiten

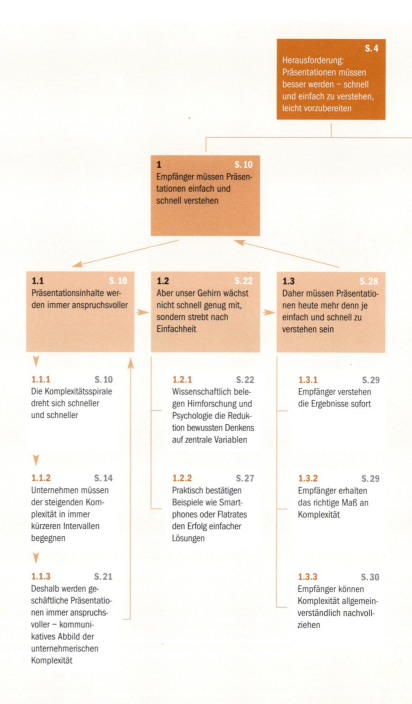

S. 4
Herausforderung: Präsentationen müssen besser werden – schnell und einfach zu verstehen, leicht vorzubereiten

1   **S. 10**
Empfänger müssen Präsentationen einfach und schnell verstehen

1.1   **S. 10**
Präsentationsinhalte werden immer anspruchsvoller

1.2   **S. 22**
Aber unser Gehirn wächst nicht schnell genug mit, sondern strebt nach Einfachheit

1.3   **S. 28**
Daher müssen Präsentationen heute mehr denn je einfach und schnell zu verstehen sein

1.1.1   **S. 10**
Die Komplexitätsspirale dreht sich schneller und schneller

1.2.1   **S. 22**
Wissenschaftlich belegen Hirnforschung und Psychologie die Reduktion bewussten Denkens auf zentrale Variablen

1.3.1   **S. 29**
Empfänger verstehen die Ergebnisse sofort

1.1.2   **S. 14**
Unternehmen müssen der steigenden Komplexität in immer kürzeren Intervallen begegnen

1.2.2   **S. 27**
Praktisch bestätigen Beispiele wie Smartphones oder Flatrates den Erfolg einfacher Lösungen

1.3.2   **S. 29**
Empfänger erhalten das richtige Maß an Komplexität

1.1.3   **S. 21**
Deshalb werden geschäftliche Präsentationen immer anspruchsvoller – kommunikatives Abbild der unternehmerischen Komplexität

1.3.3   **S. 30**
Empfänger können Komplexität allgemeinverständlich nachvollziehen

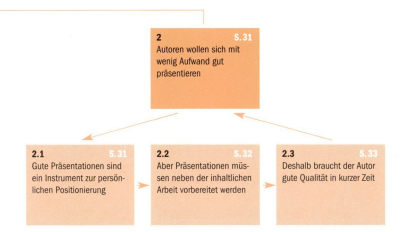

Summary

Herausforderung: Präsentationen müssen besser werden – schnell und einfach zu verstehen, leicht vorzubereiten

1 Empfänger müssen Präsentationen einfach und schnell verstehen

1.1 Präsentationsinhalte werden immer anspruchsvoller

1.1.1 Die Komplexitätsspirale dreht sich schneller und schneller

Waren und Dienstleistungen werden immer spezifischer. Zuvor ungeahnte Differenzierungen potenzieren sich zu einem hochkomplexen System. Haupttreiber sind die Marktakteure in ihrem Fortschrittsstreben: Nachfrager stellen immer spezifischere Anforderungen. Anbieter treten mit immer spezifischeren Leistungen in Wettbewerb.

Vor allem vier grundlegende Entwicklungen befeuern stärkere Fragmentierung: technologischer Fortschritt, Individualisierung, Markenbildung und Globalisierung. Die Faktoren bauen teilweise aufeinander auf und verstärken sich so wechselseitig.

Technologischer Fortschritt ist Ursprung aller Komplexität

Technologische Fortschritt verändert unser Leben in vielerlei Hinsicht. Er stellt Bestehendes in Frage und eröffnet Neues. Dabei verbessert er das eine und erleichtert das andere. Aber mit jeder Veränderung sorgt er auch für neue Komplexität. Deshalb kann technologischer Fortschritt als „Mutter" aller Komplexität bezeichnet werden.

Die besondere, komplexitätssteigernde Wirkung technologischen Fortschritts zeigt sich vor allem in drei Bereichen:

— **Unterschiedliche Produktstandards existieren parallel.** Theoretisch schafft technologischer Fortschritt einen neuen, besseren Standard, der den alten vom Markt verdrängt. Dies lässt sich anhand zahlreicher Beispiele nachvollziehen. Schließlich leben wir heute nicht mehr in Höhlen, sondern in Häusern. Praktisch aber stehen mangelnde Akzeptanz und zeitliche Überlappung in vielen Fällen der Substitution des Standards entgegen: Bei mangelnder Akzeptanz erreicht der neue Standard zwar eine eigene Existenzgrundlage, er kann den alten aber nicht vollständig verdrängen. Ein Beispiel ist die seit Jahrzehnten andauernde, parallele Existenz von manuellen und elektrischen Zahnbürsten. Und selbst wenn eine Substitution am Ende erfolgt, gibt es bis dahin ein paralleles Angebot von altem und neuem Standard. Gleiches gilt für erfolglose „Herausforderer", die ihrerseits erst nach einer gewissen Zeit wieder vom Markt verschwinden.
— **Flexible Produktionsverfahren erlauben individuellere Fertigung.** Viele Unternehmen haben die klassische Massenfertigung längst verlassen. Sie produzieren heute Kleinserien und Einzelstücke in Qualität, Kosten und Zeit, wie dies früher nur in Massenfertigung möglich war. Das Marketing greift diese Möglich-

keiten gerne auf und nutzt sie zur Differenzierung. Größenvorteile werden so nicht nur zur Kostensenkung genutzt, sondern in eine Erweiterung der Produktpalette „investiert". Als Beispiel springt die Geschmacksvielfalt bei Schokoladen oder Joghurt ins Auge: Wo sich Maschinen und Werkzeuge flexibel umstellen lassen, kann auch die exotischste Geschmacksrichtung in geringer Menge noch wirtschaftlich hergestellt werden.

— **Informationstechnologien erheben und kommunizieren Komplexität.** Zunächst können Informationen durch neue Technologien immer differenzierter erhoben werden. Sensoren generieren beispielsweise höchst detaillierte Informationen. Davon profitieren nicht nur Unternehmen und Konsumenten – auch der Staat kann gezielter steuern. Ein Beispiel ist die in Deutschland holprig eingeführte Lkw-Maut. Ein System, das ökologisch gewollt im Gegensatz zur Vignette auf tatsächliche Fahrleistungen abzielt, wäre früher wirtschaftlich nicht möglich gewesen. Darüber hinaus macht die rasante Verbreitung von Informationen Komplexität transparent. Weil sich allein durch Informationsverbreitung die Realität nicht ändert, erhöht sich die Komplexität zwar nicht unmittelbar. Aber allgegenwärtige Informationen in Internet und anderen Medien erhöhen die „wahrgenommene" Komplexität für den Menschen dennoch. Im Ergebnis lässt Informationstechnologie heute eine Komplexität erkennen, die sich früher gar nicht erschloss.

Durch Individualisierung befeuert der Konsument die Komplexität nachgefragter Waren und Dienstleistungen

Parallel zur technologiegetriebenen Angebotsdifferenzierung der Anbieter trägt auch der Konsument zur Komplexitätserhöhung bei. Er stellt heute nicht nur qualitativ höhere, sondern auch vielfältigere Anforderungen bei seiner Kaufentscheidung. Stangenware reicht immer seltener.

Auslöser seines Verhaltens ist das Streben nach Individualität. Wo die grundlegenden Bedürfnisse des Menschen immer häufiger erfüllt sind, verstärkt sich das Bedürfnis nach Selbstverwirklichung. Und Individualität erfüllt dieses heute ganz offensichtlich. Deshalb tritt auch der Konsument mit spezifischeren Anforderungen im Markt auf, für die Anbieter ihre Angebote weiter differenzieren müssen. Ein offensichtliches Beispiel ist die Vielfalt unterschiedlicher Brillengestelle. Es ist nachvollziehbar, dass nicht alle Brillenträger ein Einheitsgestell tragen wollen. In die gleiche Kategorie fällt aber auch das Beispiel, dass Automobilhersteller heute keine zwei Fahrzeuge mehr mit absolut gleichen Ausstattungsmerkmalen produzieren. Wer etwa einen Audi kaufen möchte, der kann und muss dafür zwischen 70 und 100 Fragen beantworten. Hier ist Komplexität tatsächlich ein Luxusindikator. Nur wenn das Bedürfnis nach individueller Mobilität erfüllt ist, gewinnt die Frage nach der Farbe der Lederbezüge an Bedeutung.

In vielen Fällen lässt sich die Frage nach Henne oder Ei stellen – was war zuerst? Das Bedürfnis des Kunden, auf das die Anbieter reagiert haben. Oder das Angebot, das die Konsumenten angenommen haben. Egal wie die Antwort lautet, im Ergebnis hat sich die Komplexität weiter erhöht.

Mit Markenbildung reagieren Unternehmen auf zunehmende Angebotsvielfalt und verstärken sie damit ihrerseits

Markenbildung wird häufig als Beispiel für den Verlust von Vielfalt angeführt: Wer heute durch die Zentren der Städte geht, mag einen Verlust von Vielfalt beklagen. Es sind oft Geschäfte weniger Marken, die das Bild der Städte überall auf der Welt prägen. In diesen Fällen hat Markenbildung kleine, individuelle Anbieter verdrängt.

Aber diesem vordergründigen Effekt steht häufig eine „Verselbstständigung" der Markenbildung gegenüber: Bei der Markenbildung belegen Unternehmen ihre Angebote mit emotionalen Markenwerten. Doch irgendwann verankern sich die vermittelten Markenwerte derart im Bewusstsein des Konsumenten, dass er sie als „tatsächlich" annimmt und die entsprechende Differenzierung fortan dauerhaft erwartet. Diese „Verselbstständigung" lässt sich in zwei typischen Einsatzfeldern der Markenbildung nachvollziehen – der Differenzierung im bestehenden Wettbewerb und dem Erschließen neuer Geschäftsfelder:

— **Marken dienen der Differenzierung, wenn sachliche Unterschiede durch emotionale Aufladung ersetzt werden.** Sachliche Produktmerkmale verlieren ihre Differenzierungskraft. Durch die Allverfügbarkeit wesentlicher Produktionsfaktoren werden Produktmerkmale immer ähnlicher. Im Extremfall verschwinden Unterschiede gänzlich, oder sie sind nur für Fachleute zu erkennen. Und Marken können durch eine emotionale Belegung des Produktes in diese Bresche springen. Sie schaffen eine Differenzierung, die ausschließlich im Kopf des Kunden stattfindet, häufig völlig losgelöst von sachlichen Produktmerkmalen. Das vielfältige Angebot der Mineralwässer ist ein Beispiel: Gesunkene relative Transportkosten ermöglichen den Anbietern großflächige Distribution. Die meisten Konsumenten können mit verbundenen Augen die verschiedenen Wässer nicht unterscheiden. Also bauen die Anbieter Markenwelten mit den schönsten emotionalen Werten auf, und die Konsumenten schwören anschließend genau auf ihr Wasser. Das Ergebnis ist paradox: Selbst wenn das Ziel der Verdrängung erreicht ist, bleibt die Angebotsvielfalt bestehen. Dies lässt sich oft bei Firmenübernahmen beobachten. Rechtlich verschwindet ein Anbieter. Doch die übernommene Marke bleibt erhalten. Sie muss fortan vom neuen Eigentümer weitergepflegt werden, parallel zu dessen bestehender Marke.

— Marken eröffnen neue Geschäftsfelder, wenn eine Marke stark im Kopf des Konsumenten verankert ist. Der Konsument hat Vertrauen in seine Marken. Und er ist bereit, die mit der Marke assoziierten Werte bis zu einem gewissen Grad auf andere Angebote zu übertragen. Daher können Anbieter auch für ganz andere Produkte von einem grundlegenden Vertrauen ausgehen. Klassisches Beispiel hierfür ist PORSCHE DESIGN. Es gilt als Musterbeispiel, wie die Marke Porsche in automobilfremde Bereiche übertragen wurde.

Daher erhöht auch Markenbildung unter dem Strich zumindest vorläufig die Komplexität. Das Ziel der Angebotsvereinfachung wird allenfalls in Einzelfällen erreicht.

Die Globalisierung eröffnet eine weitere Ebene der Komplexität – relativ kleine Ursache mit gewaltiger Wirkung

Die Globalisierung ist vermutlich der jüngste Komplexitätstreiber. Sie hat in den letzten Jahrzehnten zuvor relativ isolierte Märkte verschmelzen lassen. Oft wird der Niedergang des Sozialismus als Startschuss für die heutige Form der Globalisierung betrachtet. Das greift zu kurz: Auch die Globalisierung ist eng mit anderen Treibern verwoben. Eine reine Vergrößerung des Marktes bedeutet noch keine höhere Komplexität. Erst ergänzende Faktoren, wie unterschiedliche Standards und Normen, machen Globalisierung zum vierten starken Komplexitätstreiber.

Die Globalisierung betrifft Unternehmen und Konsumenten. Vordergründig sehen beide Chancen: Unternehmen eröffnet die Globalisierung neue Absatz- und Beschaffungsmärkte. Konsumenten können bei ihrer Kaufentscheidung zwischen einer wachsenden Zahl von Anbietern wählen. Auch der einzelne Mensch kann seine Arbeitskraft auf dem globalen Arbeitsmarkt anbieten.

Aber das Verlassen lokaler Märkte konfrontiert Marktteilnehmer in der Regel mit vielen weiteren Differenzierungen. Sie müssen allein durch ein anderes Land neben einer anderen Sprache auch andere Gesetze, kulturelle Gepflogenheiten und vieles mehr berücksichtigen. Den Konsumenten schützt staatlicher Verbraucherschutz teilweise, so dass die Unternehmen diese Komplexität überwiegend schultern müssen. Anschauliches Beispiel für Komplexität durch Globalisierung ist die Bedienungsanleitung einer Videokamera: Weil das in Fernost hergestellte Produkt global angeboten wird, muss die Anleitung in unterschiedlichen Sprachen vorliegen. Heraus kommen insgesamt oftmals über 100 Seiten, von denen für den einzelnen Nutzer wiederum nur wenige relevant sind.

Daher ist die Globalisierung nicht in erster Linie eine Erweiterung von Märkten. Sie ist vor allem eine „Verkomplizierung" der Märkte. Man mag es als Spätfolge des Turmbaus zu Babel betrachten. Die Vielfalt der Menschheit hat sich zu einer Herausforderung für die Menschheit entwickelt.

1.1.2   Unternehmen müssen der steigenden Komplexität in immer kürzeren Intervallen begegnen

1.1.2.1   Differenzierungskriterien der Vergangenheit verlieren an Bedeutung

Höchste Produktqualität oder geringster Preis entscheiden den Wettbewerb nicht mehr. In einer komplexen Welt verschieben sich Erfolgsfaktoren schnell. Hatte sich ein Unternehmen früher ein klares Differenzierungskriterium erarbeitet, konnte es sich darauf verlassen. Heute aber verändern sich Marktbedingungen so schnell, dass klassische Differenzierungskriterien nach kurzer Zeit wieder obsolet werden. Dass zuvor entscheidende Differenzierungskriterien an Bedeutung verlieren, lässt sich vor allem in drei Bereichen beobachten.

Spezifische Produktionsfaktoren stehen heute allen Anbietern zur Verfügung

Wer Zugang zu besonderen Produktionsfaktoren hat, kann überlegene Produkte und Dienstleistungen anbieten. Die Produkte sind entweder qualitativ hochwertig oder schlichtweg spezifisch. In beiden Fällen hat der Anbieter einen Wettbewerbsvorteil. Heute allerdings stehen spezifische Rohstoffe, Spezialmaschinen und qualifizierte Mitarbeiter allen Anbietern zur Verfügung. Parallel zur faktischen Vielfalt ist auch die informative Vielfalt gewachsen. Die wesentliche Rolle hat dabei die globale Vernetzung im Internet gespielt, unterstützend wirkt aber auch die stärkere Zusammenarbeit von Wirtschaftsräumen oder größere Mobilität der Menschen. Informative Vielfalt sorgt dafür, dass alle Unternehmen über weitgehend vergleichbare Informationen verfügen. Dies betrifft nicht nur Informationen über materielle Betriebsmittel, sondern auch Marktkenntnisse, Methodenwissen und Ähnliches. So verlieren klassische Produktionsfaktoren ihre Bedeutung zur erfolgreichen Differenzierung eines Unternehmens im Wettbewerb.

Etablierte Marken verschwinden mit neuen Produktstandards oder neuen Geschäftsstrukturen

Unbestritten ist eine starke Marke ein Wettbewerbsvorteil, insbesondere in einer komplexeren Welt. Der Käufer orientiert sich in einem undurchsichtigen Markt. Der Anbieter setzt höhere Preise durch. Aber das mit der Marke assoziierte Kundenvertrauen ist in der Regel an bestimmte Produkte, zumindest Werte gebunden. Daher ist die Marke dann wertlos, wenn die ursprünglichen Produkte vollständig überholt werden.

Den Wertverlust von Marken durch neue Produktstandards belegt das Beispiel DUAL: Da DUAL den Schritt vom Schallplattenspieler zum CD-Player nicht geschafft hat, ist die früher allseits bekannte Marke heute nur noch Historikern in Erinnerung – und natürlich Liebhabern klassischer Schallplatten.

Interessanterweise verschwinden Marken auch durch geschäftspolitische Maßnahmen. So erging es der PREUSSAG. Durch den Wandel vom Stahlgeschäft ins Tourismusgeschäft wurde die Marke fallengelassen.

Klassische Produktinnovationen werden durch neue Erfolgsfaktoren verdrängt

Die Fähigkeit eines Unternehmens, wirklich neuartige Produkte, Dienstleistungen oder Verfahren zu entwickeln, darf nicht unterschätzt werden. Sie ist die Voraussetzung für die Entwicklung neuer Marktstandards und bietet dem Unternehmen einen zeitlichen Vorsprung vor Wettbewerbern. Umgekehrt aber ist Innovationskraft keine Erfolgsgarantie, weil die Bedeutung des reinen Produktes im Wettbewerb zurückgeht. Stattdessen werden andere Kriterien stärker, zum Beispiel spezifische Werbung oder besondere Vertriebswege. Durchaus Erfolg versprechende Produktinnovationen kommen nicht zum Zug, weil ganz andere Kriterien das Kundenverhalten bestimmen. In der Folge reicht reine Produktinnovation für eine erfolgreiche Positionierung im Markt nicht mehr aus.

1.1.2.2   Künftiger Erfolg basiert auf stetigem Komplexitätsmanagement

Schiere Größe war einmal dominierender Erfolgsfaktor. Heute ist es das stetige Managen der Komplexität. Der Zuwachs an Komplexität stellt Unternehmen vor neue Entscheidungssituationen. Aber im Umgang damit taugen mittelfristig beide Extreme nicht: Hochkomplexe Unternehmen wachsen so lange, bis sie ihre Effizienz verlieren. Einfache Unternehmen sind so lange sehr erfolgreich, bis sie ihren Markt verlieren. Deshalb ist der goldene Mittelweg die Lösung: Spezifizierung und Simplizität müssen in einem angemessenen Verhältnis zueinander stehen.

Komplexität stellt Unternehmen vor neue Entscheidungssituationen

Der Konsument erlebt die Qual der Wahl bei der Produktauswahl im Supermarkt. Er muss zwischen vielen, möglicherweise nur marginal differenzierten Angeboten auswählen. Unternehmen finden eine derartige Entscheidungsvielfalt in allen Funktionen, auf strategischer wie auf operativer Ebene: Strategisch fängt es mit Marktauswahl und Wertschöpfung an: In welchen Märkten will das Unternehmen agieren, welche Kundenbedürfnisse befriedigen? Welche Leistungen werden dabei selbst erbracht, welche extern zugekauft? Ist diese Entscheidung gefallen, muss möglicherweise zwischen technischen Systemen ausgewählt werden. Auch danach verbleibt eine oft unüberschaubare Anzahl potenzieller Lieferanten und Angebote. In der Produktion stellen sich unter anderem die Fragen nach Automatisierung oder Handarbeit, nach Verfahren und nicht zuletzt dem Produktionsstandort. Auf der Vertriebsseite wiederum sind es Fragen der Merkmale der angebotenen Leistungen, des Preises, der Vertriebsregionen und -kanäle. Aber auch vor den nicht-produktiven Bereichen macht die Entscheidungsvielfalt nicht halt: Selbst mittlere Unternehmen beschäftigen sich intensiv mit den Steuersystemen unterschiedlicher Länder und trennen in der Folge ihren fiskalischen Sitz von Produktionsstätten und Absatzregionen. Und diese Auflistung ist allenfalls die Spitze des Eisbergs, auf den Unternehmen heute zusteuern.

Und im Umgang damit taugen mittelfristig weder zu viel noch zu wenig Komplexität

Hochkomplexe Unternehmen wachsen zunächst – bis sie ihre Effizienz verlieren

Die genannten Treiber der Komplexität bieten Unternehmen neue Geschäftsmöglichkeiten. Sie können neue Märkte erschließen oder sich in bestehenden Märkten durch spezifischere Angebote von Wettbewerbern differenzieren. Das verlockt viele: Sie nehmen die Komplexität an und streben danach, stets die beste Lösung zu finden – bezogen auf die hergestellten Produkte oder Dienstleistungen und auf die internen Abläufe.

Aber dieses Streben stößt an Grenzen, weil auch Organisationen Komplexität nur begrenzt handhaben können. Wirtschaftlich relevante Größenvorteile erlangt ein Unternehmen, wenn es zum Beispiel seine Einkaufsmacht gegenüber Lieferanten bündelt oder seine Produktionsanlagen rund um die Uhr auslastet. Wer das gleiche Produkt nicht zehnmal, sondern hundertmal produziert, wird geringere Stückkosten haben. Hier wirkt sich pure Größe vorteilhaft aus. Doch Komplexität ist nicht gleich Größe. Zu Recht spricht man von Größenvorteilen. Konsequenterweise müsste man demgegenüber von Komplexitätsnachteilen sprechen. Sie entstehen durch aufwändigere Abläufe, intensivere Kommunikation und höhere Fehleranfälligkeit. Projektarbeit, so behaupten Statistiken, verliert ab dem dritten oder vierten Mitarbeiter bereits wieder an Effizienz. Das Gleiche gilt auch für ganze Organisationen: Ein Unternehmen, das zehn unterschiedliche Produkte produziert, muss zumindest seine Produktionsprozesse entsprechend differenzieren. In der Folge plant es statt einem zehn Prozesse, es beschafft und verarbeitet unterschiedliche Teile. Irgendwann kommt der Moment, wo dies nicht mehr von einem Mitarbeiter erledigt werden kann. Spezialisierung zieht ein. Sind erst einmal die Abläufe komplex, dann folgt die interne Kommunikation. Die Spezialisten müssen sich untereinander austauschen. Und ist erst einmal die Kommunikation komplex, verursacht die notwendige Kommunikation nicht nur unmittelbare Kosten, sie verlangsamt auch Entscheidungen. Komplexe Organisationsstrukturen werden aufgebaut. Dies wiederum erhöht die Fehlerquote. Planen zum Beispiel mehrere Personen Lagerbestände für Produkte, potenzieren sich gerne auch Sicherheitsaufschläge. Obwohl diese Abfolge noch sehr beispielhaft und damit viel einfacher als die Realität ist, ist das Ende der Argumentation eindeutig:

Am Ende steht ein hochkomplexes Unternehmen, in dem die linke Hand nicht mehr weiß, was die rechte tut. Es ist eine theoretische, aber spannende Frage, ob ein Unternehmen, das zehn halbwegs unterschiedliche Produkte jeweils zehnmal produziert, volkswirtschaftlich vorteilhafter ist als zehn getrennte Unternehmen, die jeweils ein Produkt zehnmal produzieren.

Daher geht bei komplexitätsgetriebenem Wachstum mit dem Zugewinn an Größe ein Verlust an unternehmerischer Schlagkraft einher. Überwiegen die Komplexitätsnachteile die Größenvorteile, werden deren Effekte aufgezehrt und ins Gegenteil gekehrt. Komplexität entpuppt sich als Bumerang.

Besonders traditionelle Großunternehmen neigen häufig dazu, sich selbst falsch einzuschätzen. Sie wachsen nicht primär in ihrer Größe, sondern in ihrer Komplexität. Ein Beispiel hierfür ist die heutige Daimler AG: Das Unternehmen ist geradezu vorbildlich früheren Managementtrends gefolgt – erst als „integrierter Technologiekonzern" der Diversifizierung in neue Geschäftsfelder, dann als „Welt AG" der Globalisierung in ein weltweites Produktions- und Vertriebssystem. Die Folgen sind bekannt. In beiden Fällen wurden die Erwartungen verfehlt: Heute folgt das Unternehmen notgedrungen wieder einem aktuellen Managementtrend, nämlich der Rückbesinnung auf seine automobile Kernkompetenz.

Auch die globale Finanzkrise 2008 zeigt ähnliche Muster. Die Finanzindustrie stieß an die Grenzen ihres klassischen Dienstleistungsangebots. Ihr Profitstreben führte sie zu Leistungen, die derartig komplex waren, dass selbst die Fachleute sie nicht mehr verstanden haben. Das System brach zusammen.

Einfache Unternehmen sind zunächst sehr erfolgreich – bis sich ihr Markt ändert

Unternehmen mit einfachen Geschäftsmodellen sind häufig die erfolgreicheren. Der Lebensmitteldiscounter Aldi gilt seit Jahren als das renditestärkste Handelsunternehmen in Deutschland. Es bietet bis heute relativ wenige Produkte an und verzichtet weitgehend auf Service. Als Gegenmodell zu Daimler muss wiederum Porsche genannt werden: Porsche konzentriert sich auf Pkw, Porsche spricht eine sehr eng definierte Zielgruppe an, Porsche beschränkt sich auf vier Baureihen, Porsche hat eine sehr geringe Wertschöpfungstiefe. Und Porsche galt als der erfolgreichste Automobilbauer der Welt – zumindest bis sich das Unternehmen komplexen Finanzgeschäften zuwandte. Inzwischen erheben Unternehmen Einfachheit zum Geschäftsprinzip: Besonders deutlich wird dies am Beispiel der Billigfluglinien. Die Bezeichnung „No Frills" unterstreicht die konsequente Abkehr von allem, was die Abläufe verkompliziert – keine unterschiedlichen Beförderungsklassen, keine kostenfreien Angebote an Bord, kein Service am Boden und sehr häufig auch kein Verkauf über Reisebüros, sondern allein über das Internet.

Aber Einfachheit allein ist kein Erfolgsgarant – sonst wäre unternehmerischer Erfolg ja einfach. In zwei Fällen erliegen auch Unternehmen mit einfachen Geschäftsmodellen ihrem Handlungsdruck: Erstens müssen sie sich sehr konsequent an relevante Marktänderungen anpassen. Für Aldi war es seinerzeit bahnbrechend, als das Unternehmen neben seinem traditionellen Trockensortiment zunächst Molkereiprodukte, später auch Obst und Gemüse anbot – beides Warengruppen, die eine völlig neue und komplexere Logistik erforderten. Beide Schritte waren unbestritten notwendig, weil auch ein einfaches Unternehmen nicht dauerhaft an Kundenanforderungen vorbeigehen kann. Zweitens verlangen Eigentümer die Ausweitung eines erfolgreichen Geschäfts in neue Felder. Ist das ursprüngliche Marktpotenzial ausgeschöpft, kann Wachstum nur durch den Einstieg in Komplexität erreicht werden. In diese Kategorie ist vermutlich Porsche einzuordnen – mit dem Schritt vom reinen Sportwagen hin zum Geländewagen und später zur Limousine.

Deshalb ist auch der Erfolg einfacher Unternehmen zunächst zeitlich begrenzt. Unter Druck von außen erhöhen sie ihre Komplexität schrittweise. Tun sie dies zu stark oder schnell, verlieren sie genau die Erfolgsmerkmale, die sie zuvor ausgezeichnet haben.

1.1.2.3   Deshalb müssen Unternehmen ihre Strukturen immer wieder den veränderten Bedingungen anpassen

Komplexitätsmanagement ist die Grundlage für eine dauerhafte Differenzierung. Erfolgreiche Unternehmen steuern ihre Komplexität aktiv. Dabei spielt es keine Rolle, ob ein zuvor komplexes Unternehmen sich vereinfacht oder ein zuvor einfaches Unternehmen sich verkompliziert. Unternehmen tun dies in einem Kreislauf aus drei Schritten: Sie wählen Differenzierungen sehr sorgfältig aus, setzen sie konsequent um und optimieren innovativ deren Auswirkungen.

Durch die sorgfältige Auswahl der Differenzierungen vermeiden erfolgreiche Unternehmen, dass eine Restrukturierung die andere jagt

Gutes Komplexitätsmanagement basiert auf pragmatischer Einschätzung – sowohl von externen Entwicklungen wie auch der eigenen Fähigkeiten. Weder Euphorie noch Resistenz sind gute Berater. Viele Unternehmen unterschätzen die Notwendigkeit einer soliden Auswahl der notwendigen Differenzierungen. Das wirkt sich in der betrieblichen Praxis nicht selten so aus, dass die nächste Restrukturierung beginnt, noch bevor die letzte abgeschlossen wurde.

Zunächst beobachtet das Unternehmen Veränderungen im Umfeld sorgfältig – das betrifft neben vielen anderen Aspekten Änderungen in den Kundensegmenten, den Vertriebsstrukturen ebenso wie Änderungen bei Lieferanten, neue technische

Möglichkeiten der Produktion oder auch Änderungen in rechtlichen Rahmenbedingungen. Um Veränderungen wahrzunehmen, beobachten Unternehmen ein sehr großes Umfeld. Und sie tun dies stets aus unterschiedlichen Blickrichtungen – den bekannten Denkstrukturen und möglichen anderen.

Für erkannte Veränderungen bewertet das Unternehmen dann Chancen und Risiken einer Restrukturierung fair und selbstkritisch. Für eine faire Bewertung muss einerseits die Euphorie gebremst werden, weil nicht jede Veränderung gleich eine Verbesserung ist. Nur weil ein Wettbewerber eine neue Differenzierung anbietet, muss dies der Kunde nicht honorieren. Nur weil ein Kunde sich ein spezifisches Produktmerkmal wünscht, muss es hierfür keine signifikante Nachfrage geben. Andererseits darf keine Veränderungsresistenz aufkommen: Nur weil ein Unternehmen jahrelang mit einem Produkt erfolgreich war, muss es dies nicht auch in der Zukunft sein. Selbstkritische Bewertung erfordert, dass das Unternehmen nicht nur das externe Potenzial der Differenzierung betrachtet, sondern auch deren Anforderungen für die eigene Organisation. Hierbei ist weniger auf technische Möglichkeiten zu achten als vielmehr auf die Manövrierbarkeit des komplexer werdenden Systems – also seine Managementfähigkeiten. Der Faktor Mensch spielt häufig eine fatale Rolle. Er überschätzt sich. Die Empfehlung muss lauten: Es ist dauerhaft besser, wenn die Fähigkeit den Anspruch übersteigt als umgekehrt.

Durch konsequentes Umsetzen vermeiden erfolgreiche Unternehmen unproduktive Komplexität

Als relevant erachtete Differenzierungen bestimmen fortan alle Bereiche des Unternehmens. Wo nicht konsistent umgesetzt wird, entsteht neue Komplexität. Diese ist unproduktiv, weil Bereiche nicht mehr mit analogen Strukturen arbeiten – darunter leidet die Qualität in der Zusammenarbeit oder es entsteht Aufwand zur Bereinigung der unterschiedlichen Strukturen. Daher: In seinen Entscheidungsabläufen konzentriert das Unternehmen seine Kräfte und vernachlässigt alles andere – auch wenn es schwerfällt. In der Organisationsstruktur spiegelt das Unternehmen seine wichtigsten Differenzierungen wider. Alles wird an diesen Strukturen ausgerichtet: Prozesse, Mittelallokation, Berichtswesen, vieles andere mehr und nicht zuletzt das Vergütungssystem. Die gewählte Struktur wird für die gesamte Führung des Unternehmens genutzt.

Durch innovative Konzepte machen erfolgreiche Unternehmen Komplexitätsmanagement zum neuen Differenzierungskriterium

Innovation und Komplexität schließen einander nicht aus, im Gegenteil. Komplexität hat eine neue Disziplin der Innovation hervorgebracht, neben der klassischen Produktinnovation. Unternehmen streben nach innovativem Umgang mit notwendiger Differenzierung.

Drei Managemententwicklungen verdeutlichen, wie Unternehmen durch innovativen Umgang mit Komplexität Wettbewerbsvorteile erlangt haben. Sie folgen alle im Prinzip dem gleichen Gedanken, sie zielen aber in unterschiedliche Richtungen:

— **Plattformkonzepte und Gleichteile sichern operative Effizienz, bevor die Differenzierung einsetzt – minimaler Aufwand bei gegebener Variantenvielfalt.** Standardisierung ist vermutlich die Urform zur Komplexitätsreduzierung. Sie zielte darauf, in aufkommender Arbeitsteilung Schnittstellen zu harmonisieren. Darauf aufbauend hat insbesondere die Automobilindustrie eine Vorreiterrolle eingenommen.   Plattformkonzepte und Gleichteile nutzen einheitliche Elemente in Bereichen, die für die Differenzierung des Produktes irrelevant sind, weil sie zum Beispiel unsichtbar sind. Karosserieteile, Kabelbäume und sogar Motoren werden in verschiedenen Modellen eines Herstellers eingesetzt – und teilweise sogar über mehrere Hersteller hinweg. Plattformkonzepte und Gleichteile schaffen Produktivitätsvorteile durch Einsparungen vor allem beim Entwicklungsaufwand, in Produktion oder Beschaffung. Möglicherweise sichert erst die Nutzung von Plattformen oder Gleichteilen das Erreichen der kritischen Masse in einem differenzierten Marktangebot. Die Volkswagen AG hat diesen Gedanken sehr früh für ihre Konzernmarken genutzt.

— **Baukastenmodelle kombinieren wenige Elemente zu vielen Lösungen – maximale Variantenvielfalt bei gegebenem Aufwand.** Als Gegenmodell zu Plattformkonzepten und Gleichteilen zielen Baukastenmodelle darauf, die Angebotsvielfalt zu erhöhen. Hier hilft die Mathematik: Die Kombination relativ weniger Basiselemente führt zu überproportional vielen Angebotsvarianten. Der Anbieter differenziert sich auf der Marktseite gegenüber seinen Wettbewerbern – ohne seine internen Prozesse signifikant aufzublähen.   Die Rechnung ist einfach: Bereits ein Pizzabäcker, der seine Kunden aus fünf Belägen frei zusammenstellen lässt, bietet rechnerisch 41 unterschiedliche Varianten. Mit der guten alten „Margeritha" sind es sogar 42. Das ist ein deutlich breiteres Angebot als beim Wettbewerber, der aus den gleichen fünf Zutaten eine Reihe von Empfehlungen zusammenstellt.   Die Logistikbranche ist Meister in dieser Disziplin. Nur so schafft sie weltumspannende Logistiknetze mit wirtschaftlich handhabbarem Aufwand. Das Hub-and-Spoke-System der Fluggesellschaften bietet viele Verbindungen durch Flüge mit wenigen Knotenpunkten an. Auch das lässt sich mathematisch nachvollziehen: Würde man zwei Flüge – von A nach B sowie von C nach D – anbieten, hätte man mit zwei Flügen auch zwei Verbindungen geschaffen. Fliegt man stattdessen von A nach B sowie von B nach C, so hat man mit dem gleichen Aufwand gleich drei Verbindungen im Angebot – zwei Direktflüge und eine Umsteigeverbindung von A über B nach C. Attraktiv an intelligenten Baukastenmodellen ist, dass die Angebotsvielfalt exponentiell steigt. Bereits bei einem dritten Flug ergeben sich insgesamt sechs Verbindungen, bei einem vierten

Flug zehn Verbindungen, bei einem fünften Flug 15 Verbindungen und so weiter. Die Fluggesellschaft kann ein dichteres Flugnetz anbieten. Erst die Verknüpfung der Flüge schafft die kritische Masse für die einzelnen Flüge.

— **Outsourcing und Partnerschaften ändern die Wertschöpfungstiefe – Fokussierung der Management-Kapazitäten.** Outsourcing wird häufig allein als Kostensenkungsmaßnahme verstanden. Der externe Partner erhöht durch Größenvorteile die Effizienz. Aber die Verlagerung nicht-kritischer Funktionen nach außen entlastet auch das Management. Die Kapazitäten stehen nun für kritische Funktionen zur Verfügung. Daher ist Outsourcing – unabhängig von reinen Kostenvorteilen – durchaus ein Instrument für aktives Komplexitätsmanagement. Ähnlich verhält es sich mit Partnerschaften: Durch eine Zusammenarbeit mit Partnern in nicht-kritischen Funktionen wird das Leistungsangebot erhöht, ohne das eigene Management signifikant zu belasten. Häufig nimmt der Kunde gar nicht wahr, dass die Leistung nicht vom eigentlichen Anbieter erbracht wurde. Auch hier eignet sich die Luftfahrt als Beispiel mit den Partnerschaften unterschiedlicher Gesellschaften.

1.1.3 Deshalb werden geschäftliche Präsentationen immer anspruchsvoller – kommunikatives Abbild der unternehmerischen Komplexität

Höhere Komplexität im Umfeld einerseits und größere Relevanz der Komplexität für den unternehmerischen Erfolg andererseits verändern die geschäftliche Kommunikation. Als wesentliche Kommunikationsform spiegeln Präsentationen die zunehmende unternehmerische Komplexität wider. Es gibt nicht nur mehr Präsentationen. Sie werden auch komplexer bezüglich Inhalten und Empfängern:

Inhalte der Präsentation werden komplexer

Geschäftliche Präsentationen werden in allen Phasen der Unternehmensführung eingesetzt. Sie zeigen auf und sie gestalten. Passiv dienen Präsentationen zum Beschreiben und Bewerten immer komplexerer Sachverhalte, zum Beispiel in Controllingberichten oder Marktstudien. Diese beschreiben ein zunächst sehr vielschichtiges Phänomen. Gegebenenfalls bewerten sie ebendieses Phänomen anhand unterschiedlicher Kriterien. Aktiv werden Präsentationen eingesetzt zum Konzipieren und Umsetzen von immer komplexeren Maßnahmen, zum Beispiel in Vorschlägen oder Aktionsplänen. Sie stellen Alternativen dar, die sich möglicherweise nur im Detail unterscheiden, beurteilen diese Alternativen anhand differenzierter Bewertungskriterien und sie konkretisieren die Umsetzung der Maßnahmen in einem vielschichtigeren Umfeld, was wiederum weitere Differenzierungen erfordert.

Ein Controllingbericht beschreibt daher nicht mehr allein die Umsatzentwicklung. Er differenziert vielmehr zwischen unterschiedlichen Produkten, Vertriebswegen oder Regionen. Die Marktstudie zeigt Absatzpotenzial nicht nur für Kundengruppen. Sie gliedert auch die Kundengruppen vielschichtig nach Alter, Geschlecht, Einkommen oder Familienstand. Dies ist nur eine beispielhafte Auswahl.

Vielschichtigere Empfänger der Präsentation sorgen für weitere Komplexität

Die inhaltliche Komplexität potenziert sich durch komplexere Empfängerkreise: Geschäftliche Präsentationen werden gegenüber allen relevanten Empfängern eingesetzt, intern und extern. Interne Präsentationen werden parallel zu komplexeren Organisationsstrukturen vielschichtiger, etwa gegenüber dem Management, Kollegen oder Mitarbeitern. Die Präsentationen müssen unterschiedliche Geschäftsfelder, Standorte, Qualifikationen, Sprachen oder Ähnliches berücksichtigen. Externe Präsentationen werden infolge des komplexeren Umfeldes vielschichtiger, etwa bei Kunden, Lieferanten, Wettbewerbern, Eigentümern oder anderen Externen. Die Präsentationen müssen unterschiedliche Standards, gesetzliche Rahmenbedingungen, Währungen usw. berücksichtigen.

1.2   Aber unser Gehirn wächst nicht schnell genug mit, sondern strebt nach Einfachheit

1.2.1   Wissenschaftlich belegen Hirnforschung und Psychologie die Reduktion bewussten Denkens auf zentrale Variablen

1.2.1.1   Grundsätzlich ist das Gehirn ein höchst leistungsfähiges System neuronaler Verbindungen

Unbestritten ist das menschliche Gehirn das komplexeste System, das wir kennen. Es besteht aus Milliarden Gehirnzellen. Jede einzelne von ihnen ist mit bis zu 10.000 anderen Zellen verbunden. Laut der „Evolution des Menschen" in Spektrum der Wissenschaft von 2003 ergibt sich so ein gigantisches Netz mit mehreren 100.000 Kilometern Länge. In diesem Netz herrscht reger Verkehr: Elektrische und chemische Signale transportieren Reize zwischen den einzelnen Zellen. Diese Botenstoffe werden von Synapsen freigesetzt, den Verbindungsstellen der Nerven. Die neuere Neurobiologie geht sogar davon aus, dass die Nervenzellen auf ihrer gesamten Länge Botenstoffe freisetzen.

Dieses Netz arbeitet mit gemeinsamen Schaltungen der Zellen. Die neuronalen Wechselwirkungen zwischen Nervenzellen können vorhanden oder nicht vorhanden, stark oder schwach, erregend oder hemmend sein. Ganz spezifische Konfigurationen der Gehirnzellen stehen für einzelne Informationen. So hat zum Beispiel das Bild der eigenen Mutter im Gehirn ein festgelegtes Muster. Dieses ist als Erinnerung gespeichert und kann immer wieder – beim Gedanken an die Mutter – abgerufen werden.

Die schiere Vielfalt neuronaler Verbindungen macht das Gehirn außerordentlich leistungsfähig. Walter Amberger hat in „Neurobiologische Probleme im Alter" von 2007 errechnet: Durch unterschiedliche Konfigurationen der Nervenzellen hat das Langzeitgedächtnis eine Speicherkapazität von 1,4 Petabyte. Das schreibt sich 1.400.000.000.000.000 Byte und entspricht dem Inhalt von zwei Millionen CDs.

1.2.1.2   Für bewusstes Denken aber ist das Gehirn nur eingeschränkt geeignet

Das menschliche Gehirn hat sich evolutionär entwickelt – rückverfolgbar bis zu einfachen Lebewesen

Das Gehirn ist Ergebnis eines evolutionären Prozesses, Schritt für Schritt mit kleinen Anpassungen. Die Hirnstrukturen des Menschen mit ihrem Netz aus neuronalen Wechselwirkungen lassen sich weit zurückverfolgen. Sehr einfache Formen von Nervensystemen haben Quallen, ein Netz verbundener Nerven. Würmer zeigen erste Formen zentraler Nervensysteme. Mehrere Nerven und Sinneszellen sind an einer Stelle konzentriert, meist vorne oder oben, weil dieser Teil zuerst mit neuen Umgebungen in Berührung kommt.

So hat sich das menschliche Gehirn über die Evolution entwickelt. Der Kopf prägte sich durch vorteilhafte Mutationen von Genen aus. Dennoch blieb der Hirnstamm im Verlauf der Evolution weitgehend unverändert. Noch heute ist das Gehirn des Menschen in seiner Grundanlage vergleichbar nicht nur mit dem der Primaten, sondern auch mit Hunden, Katzen und sogar Schlangen. Ein komplettes „Re-Design" für die Gattung Mensch hat es nicht gegeben.

Primäres Ziel der Evolution war das Überleben – keine Algorithmen für komplexe Problemlösungen

Die Verknüpfung unseres Gehirns an die Evolution bestimmt seine Entwicklung. Der Hirnforscher Wolf Singer hat dies in einem Vortrag in Heidelberg 2004 nachvollziehbar erklärt: Evolutionstheoretisch sollte das Gehirn den Organismus, in dem es residiert, nur schützen, bis dieser sich reproduzieren konnte. Besonders komplexe Probleme hingegen stellten nie eine evolutionäre Herausforderung dar. Stattdessen muss das Gehirn schnell pragmatische Lösungen für sehr lebensnahe Probleme des Lebens bereitstellen – sogenannte idiosynkratische Lösungen.

Ganz überwiegend nutzt der Mensch geübte Abläufe: Er atmet, er bewegt sich, er reagiert auf Reize und so weiter. Dabei findet kein bewusster Denkprozess statt. Das

Nervensystem wickelt verschiedenste Abläufe parallel und rasend schnell ab. Man stelle sich die geradezu traumwandlerische Sicherheit vor, mit der eine Frau mit ihren Kindern am Samstagmorgen durch die gut besuchte Fußgängerzone geht: Sie geht selbst und steuert dabei noch einen Kinderwagen mit dem Kleinen. Sie hält den Großen im Auge und achtet nebenher auf die Passanten. Sie nimmt unzählige Reize der Werbung wahr und stoppt dennoch sicher im Geschäft der Wahl. Dass sie nebenher auch noch regelmäßig atmet, spricht oder denkt, mag da schon nicht weiter erwähnenswert erscheinen.

Auf diese Vielschichtigkeit ist unser Gehirn evolutionär vorbereitet, und das unbestritten gut. Das Mittelhirn koordiniert zentral die Sinnesbereiche. Für das Handeln werden aus den schier unbegrenzten neuronalen Wechselwirkungen konkrete Lösungen abgerufen.

Im Umkehrschluss bedeutet das, dass das Gehirn überwiegend nicht denken muss. Es funktioniert völlig gegensätzlich zu vom Menschen geschaffenen Systemen wie Computern oder Rechtssystemen: Ihm fehlt eine Central Processing Unit (CPU), in der Programme ablaufen. Es gibt keine Gesetze, die Probleme systematisch lösen. Das Hirn hat für alle Herausforderungen eine Einzelfalllösung. Die idiosynkratischen Lösungen sind nicht auf andere Probleme übertragbar. Dass der Aufbau des Gehirns nicht für komplexe Probleme ausgelegt ist, zeigt die bis heute bestehende Schwäche im Umgang mit nicht-linearen Entwicklungen. Ein Beispiel: Wie hoch wird Papier – nicht einmal einen halben Millimeter stark –, das man vierzig Mal faltet? Das sollte für einen gebildeten Menschen keine schwierige Aufgabe sein: Wer spontan schätzt, nennt meist eine Höhe im Zentimeterbereich. Wer darüber nachdenkt, realisiert immerhin, dass es aufgrund der Potenzierung ein deutlich höherer Wert werden muss. Die korrekte Vorstellung – die Entfernung zwischen Erde und Mond – hat kein Mensch vor Augen. Wir sind entschuldigt: Evolutionär gab es bisher keine Notwendigkeit, nicht-lineare Entwicklungen vorherzusagen.

Für komplexes, bewusstes Denken sind die Hirnstrukturen nicht angelegt – Entwicklung allenfalls evolutionär

Über die Generationen hinweg entwickelt sich die Großhirnrinde durchaus

Die Überlebenssicherung geht weiter. So ist der Mensch inzwischen zu flexiblem Reagieren fähig. Auf einen Reiz folgt nicht unbedingt ein zuvor festgelegtes Verhalten. Höhere kognitive Leistungen wie Wahrnehmung, Gedächtnis, Lernen, Denken und Sprache finden in besonders komplexen neuronalen Wechselwirkungen der Großhirnrinde statt, dem Neokortex. Die Großhirnrinde wölbt sich außen über das Mittelhirn. Sie ist nur drei Millimeter tief, vergrößert ihre Fläche aber durch Falten und Hirnwindungen.

Alexandra Rigos beschreibt den Neokortex 2008 in „Evolution des Gehirns" in „GEOkompakt" als den evolutionsgeschichtlich jüngsten Teil der Großhirnrinde. Er macht beim Menschen heute über die Hälfte des Hirnvolumens aus. Hier gibt es neue Areale, die allein dem bewussten Denken dienen. Sie spezialisieren sich auf bestimmte Funktionen und sind, wenn überhaupt, nur sehr lose über Sensorik und Motorik mit der Umwelt des Menschen verbunden. Durch die Längsfurche werden linke und rechte Hemisphäre getrennt – und in der Entwicklung erst stark spezialisiert, bevor der Balken sie verbindet.

Das menschliche Gehirn passt sich weiterhin an veränderte Lebenssituationen an. Allein das Gewicht des Gehirns zeigt die evolutionären Verschiebungen – von den einfachen hin zu den höheren Fähigkeiten: Wog das Gehirn des Neandertalers noch 1.500 Gramm, liegt es heute bei Frauen bei 1.245 Gramm und bei Männern bei 1.375 Gramm – ohne einen erwiesenen Zusammenhang zwischen Gewicht und Intelligenz. Evolutionäre Veränderungen machen Hoffnung für nachfolgende Generationen. Beim eigenen Denken helfen sie nicht.

Für die aktuelle Generation sind die Denkstrukturen weitgehend fixiert

Gehirnstrukturen werden dem Menschen in den Genen mitgegeben. Die unendlich vielen Verschaltungen im Gehirn werden im Mutterleib aufgebaut. Das hat den Vorteil, dass der Mensch bereits mit genauen Instruktionen auf die Welt kommt. Er nimmt dieses implizite Wissen als Überzeugung wahr und kann es nicht hinterfragen. Gene sind die dominierende Quelle der Hirnstrukturen.

Während der frühkindlichen und kindlichen Entwicklung werden die Hirnstrukturen aktiviert. Die Erfahrung des Kindes muss die neuronalen Wechselwirkungen in Gang setzen. Umgekehrt sterben bis zu 40 Prozent der Verschaltungen in der Entwicklung ab, weil sie nicht gebraucht werden. Kinder, die keinen oder nur wenigen Reizen ausgesetzt werden, bleiben in ihrer Entwicklung zurück.

Nach Abschluss der Pubertät bleiben die Strukturen im Gehirn weitgehend unverändert. Es können nur sehr schwer neue Verbindungen angelegt werden. Lediglich Intensität und Effizienz der Verschaltungen sind leichter zu beeinflussen – hier wirkt Gehirntraining, simples Beschäftigen mit der Welt oder auch Psychotherapie. Alles ändert nichts an der erschütternden Tatsache: Der Mensch muss für den Rest seines Lebens grundsätzlich mit den Hirnstrukturen zurechtkommen, die er bis zum Alter von etwa 14 Jahren entwickelt hatte.

1.2.1.3   Das Gehirn strebt nach Einfachheit – Zentralreduktion auf wesentliche Variablen

Trotz seiner enormen Leistungsfähigkeit, wegen der Defizite im bewussten Denken ist das menschliche Gehirn eine einzigartige Simplifizierungsmaschine. Es durchleuchtet sämtliche Reize fortwährend nach einfachen, plausiblen Mustern.

Das Gehirn vereinfacht komplexe Abhängigkeiten, indem es eine Variable als die wesentliche ansieht – die sogenannte Zentralreduktion. Dabei blendet der Mensch andere Aspekte ganz aus oder ordnet sie der zentralen Variable unter. Das erspart das Berücksichtigen der anderen Variablen – detaillierte Analysen sind nur für die zentrale Variable erforderlich. Der Rest ist davon ja sowieso abhängig.

Modelle dienen dazu, vernetzte Zusammenhänge transparent zu machen. In ihnen ist das Basis-Axiom die zentrale Variable. Ein Beispiel ist die zentral angenommene Kausalität zwischen dem CO_2-Ausstoß und der globalen Erwärmung. Es ist wissenschaftlich unbestritten, dass eine Vielzahl von Faktoren die Erderwärmung beeinflusst. Dennoch wird das Phänomen auf diesen einfachen kausalen Zusammenhang reduziert.

Die Zentralreduktion ist unbestritten fehleranfällig. Vereinfachungen führen zu eklatanten logischen Irrtümern. Sie ist gleichzeitig aber höchst ökonomisch: Sie ermöglicht dem Menschen trotz beschränkter Denkfähigkeiten ein Agieren in einer komplexen Welt.

Dietrich Dörner beschreibt unser Streben nach Vereinfachung in drei wesentlichen Formen – in seiner sehr empfehlenswerten „Logik des Misslingens – Strategisches Denken in komplexen Situationen" von 2008:

Das Gehirn zerlegt komplexe Aufgaben in sequenzielle Einzelschritte – Denken der Reihe nach

Im Gegensatz zu den parallelen, geübten Abläufen im zentralen Nervensystem findet das bewusste Denken der Reihe nach statt. Wir verarbeiten eine Einzelaufgabe, danach die nächste, danach noch eine, vielleicht kombinieren wir zwischendurch Einzelergebnisse.

Die relativ einfache mathematische Aufgabe 516 durch vier zu dividieren, belegt das schrittweise Vorgehen: Viele würden vermutlich erst 500 durch vier dividieren und dabei auf 125 kommen. Anschließend dividieren wir die fehlenden 16 nochmals und kommen dabei auf vier. Im dritten Schritt addieren wir die vier zu 125 und kommen auf die Lösung 129. Jeder simple Taschenrechner lacht herzlich über unsere Bemühungen. Und wer so geübte Gehirnstrukturen hat, dass er die Aufgabe in einem Schritt löst, der stößt spätestens beim Multiplizieren von 168 und 22,5 an seine Grenzen, Mathematikgenies ausgenommen.

Das Gehirn nimmt detaillierte Informationen nur verdichtet auf – Denken mit groben Erinnerungen

Im Gegensatz zur vielfältigen Wahrnehmung der Umgebung im zentralen Nervensystem ist die Aufnahme von Informationen in das Gedächtnis sehr beschränkt. Endet eine Wahrnehmung, speichert unser Gehirn die Erinnerungen im Gedächtnis ab. Sie stehen uns fortan als Erfahrungen zur Verfügung. Immerhin: Erfahrungen sind neben den Genen die zweite Determinante für menschliches Verhalten.

Leider geht beim Abspeichern im Gedächtnis ein Großteil der Detailinformationen aus der Wahrnehmung verloren. Auch hier filtert das Gehirn die wesentlichen Aspekte heraus. Wer aus dem Fenster schaut, nimmt eine Vielzahl sehr fein konturierter Dinge wahr. Sobald er die Augen verschließt, verbleiben unklare Schemata. Und je länger die Wahrnehmung zurückliegt, desto abstrakter werden die Erinnerungen.

Das Gehirn blendet Zweifel aus – Denken zum Schutz des Egos

Psychologisch muss der Mensch das Bild der eigenen Kompetenz bewahren. Als Antrieb für sein Handeln, ja seine eigene Existenz braucht er die Hoffnung auf den Erfolg seines Tuns. Und dabei wären allzu viele Abhängigkeiten und Unwägbarkeiten unangebracht. Sie würden Zweifel und unangenehme Gefühle von Hilflosigkeit und Überforderung erzeugen. In beidem fühlt sich der Mensch nicht wohl. Damit er nicht der Depression verfällt, schützt ihn das Gehirn: Es nimmt nur die Komplexität auf, die der Mensch verkraften kann.

Ebenso interessiert sich der Mensch nur grob für das Wirken seines Handelns. Psychologische Tests beweisen, dass das Hinterfragen von Entwicklungen, die auf eigenem Handeln basieren, rapide nachlässt. Bei einem neuen Thema beobachtet der Mensch die Entwicklung relativ genau und passt sein Handeln eventuell an. Im weiteren Verlauf müsste er merken, dass sein Handeln aufgrund der Vielschichtigkeit des neuen Problems unzureichend ist. Weil die Zweifel stören, schaut er lieber nicht genau nach. Das Gehirn hilft ihm, indem es das neue Problem kurzerhand einer Kategorie bereits bekannter Probleme zuordnet. Davon hat der Mensch schon viele gelöst – da fühlt er sich sicher.

Diese Art der Vereinfachung erklärt auch, warum weniger intelligente Menschen nicht unbedingt ein geringeres Selbstwertgefühl haben. Ihr Gehirn schützt sie davor, ihre Unzulänglichkeiten zu erkennen – wissenschaftlich erforscht als Dunning-Kruger-Effekt, kurz DKE. Umgekehrt gestehen selbst brillante Denker ein, dass sie komplexe Probleme nicht verstehen: Sokrates weiß, das er nichts weiß.

1.2.2   Praktisch bestätigen Beispiele wie Smartphones oder Flatrates den Erfolg einfacher Lösungen

Unabhängig von den Ergebnissen der Hirnforschung und Psychologie lässt sich der Erfolg einfacher Lösungen auch im Alltag nachvollziehen. Inzwischen untersuchen Agenturen neue Produkte und Dienstleistungen auf ihre Einfachheit, auf die Handhabbarkeit für Kunden, die den Nutzen wollen, ohne sich zuvor intensiv einzuarbeiten.

Einfache Lösungen gewinnen zusätzliche Kunden oder erhöhen die Akzeptanz des Kunden. Sie sind somit sowohl für Anbieter als auch für Konsumenten vorteilhaft. Drei ausgewählte Beispiele zeigen den praktischen Erfolg einfacher Lösungen:

Bereits die Deutsche Bundesbahn setzte in den 1970er-Jahren mit der Einführung der InterCity-Verbindungen auf das Motto „Jede Stunde, jede Klasse". Taktverbindungen ersetzten den zuvor willkürlich erscheinenden Fahrplan. Der Takt bietet dem Reisenden nicht nur aufeinander abgestimmte Umsteigeverbindungen. Der Vielfahrer kann sich Abfahrtszeiten auch besser merken. Ein weiteres Beispiel im Verkehrsbereich ist ebenfalls nicht mehr wegzudenken: die regionalen Verkehrsverbünde. Unterschiedliche Anbieter von Bus- und Bahnverbindungen haben so zunächst ihre Preissysteme vereinfacht: Der Fahrgast braucht nur eine Fahrkarte, auch wenn er mit unterschiedlichen Anbietern fährt. Ebenso verzichten Verkehrsverbünde auf relationsabhängige Fahrpreise. An ihrer Stelle gibt es wenige Tarifklassen. Die Verkehrsverbünde gelten als Haupttriebfeder für den Erfolg öffentlichen Personennahverkehrs in Deutschland.

Bei technisch anspruchsvollen Produkten lässt sich Vereinfachung sogar in zwei Bereichen erkennen – den Produktmerkmalen selbst und der Gebrauchsanleitung: Wer sich einmal eine Stereoanlage aus den 1980er-Jahren vor Auge führt, der sieht eine Vielzahl von Hebeln und Schaltern. Die Anlage ermöglichte eine höchst präzise Einstellung der Tonqualität in unterschiedlichsten Dimensionen. Vermutlich haben nur wenige Nutzer diese Feineinstellungen genutzt. Heute bieten Geräte erheblich weniger Funktionalitäten an. Sie verzichten auf irrelevante Merkmale gänzlich oder ordnen sie in einem Bediensystem so an, dass viele Nutzer sie gar nicht erkennen. Selbst wenn Produkte umfangreiche Differenzierungsmöglichkeiten haben, so bieten Gebrauchsanweisungen heute dem „einfachen" Nutzer in der Regel einen leichten Einstieg an. Ein eigenes Kapitel fasst die wesentlichen Funktionen zusammen.

Ein weiteres Beispiel für Vereinfachung sind die beliebten Telefonpauschalen. Zu Zeiten staatlicher Monopole waren Tarife noch sehr einfach – meist differenzierten sie einerseits Orts- und Ferngespräche und andererseits Tages- und Nachttarife. Im Zuge der Liberalisierung der Telekommunikationsmärkte nutzten Anbieter zunächst Preise als Differenzierungskriterium, indem sie sehr spezifische Tarife für unterschiedliche Nutzungsgewohnheiten anboten. Mit wachsender Angebotsvielfalt sank die Motivation der Kunden, sich mit den Angeboten auseinanderzusetzen. In der Folge fragen sie heute überwiegend Pauschaltarife nach: Ob der einzelne Kunde damit immer günstiger fährt, bleibt offen. Unstrittig hat er die einfachste Tarifform gewählt und kann telefonieren, ohne sich zuvor über Gebühren oder spezielle Vorwahlnummern den Kopf zu zerbrechen.

1.3   Daher müssen Präsentationen heute mehr denn je einfach und schnell zu verstehen sein

Wo Inhalte sich schneller verändern und anspruchsvoller werden, das bewusste Denken aber hinterherhinkt, dort wird Logik zum Erfolgskriterium: Der Präsentationsaufbau muss komplexe Aussagen leicht verständlich vermitteln. Konkret bestehen drei Anforderungen: wichtigste Aspekte in den Vordergrund stellen, Komplexitätsgrad bewusst wählen und Allgemeinverständlichkeit sichern.

1.3.1   Empfänger verstehen die Ergebnisse sofort

Wegen zunehmender Komplexität müssen Menschen in kürzeren Intervallen Veränderungen beobachten und Entscheidungen fällen. Gleichzeitig steigt die Fülle der theoretisch verfügbaren Informationen. So stehen Präsentationsempfänger latent unter zunehmendem Zeitdruck.

Wegen seines eingeschränkten logischen Denkens kann der Empfänger nicht alle Informationen selbst verarbeiten – er will doch nur seine bewährte Zentralreduktion vornehmen. Das artikuliert er nicht selten durch formale Vorgaben, wie kurze Zeitfenster für die Präsentation oder maximale Seitenzahlen für die Unterlage.

Die Präsentation muss ihm folglich die wesentlichen Ergebnisse sofort liefern. Er kann sie unmittelbar mit seinem bestehenden Gesamtbild abgleichen. Nicht der Umfang der Präsentation entscheidet, sondern das schnelle Verständnis.

1.3.2   Empfänger erhalten das richtige Maß an Komplexität

Inhalte von Präsentationen haben oft eine unbegrenzt erscheinende Komplexität. Je genauer die inhaltliche Auseinandersetzung war, desto mehr Differenzierungen gibt es. Für die Kommunikation aber kommt es nicht auf die mögliche Komplexität an, sondern auf das Verständnis des Empfängers. Deshalb muss die Präsentation sich an seinem Bedürfnis orientieren in der Auswahl und Anzahl der dargestellten Differenzierungen.

Präsentationen dürfen nur wesentliche Differenzierungen aufgreifen

Die inhaltliche Erarbeitung muss Komplexität umfassend durchleuchten. Sie muss sämtliche Blickrichtungen zu einem Thema einnehmen, was durchaus vielschichtig sein kann: So kann der Verkaufserfolg eines Teams anhand unterschiedlicher Kriterien betrachtet werden – Verkäufer, Produkte, Kunden, Preise, Tage und viele andere mehr.

Präsentationen hingegen dürfen Ergebnisse nicht nur zusammentragen, sie müssen sie interpretieren. Sie müssen die Vielzahl der Vernetzungen transparent machen und wesentliche Abhängigkeiten herausarbeiten. Sie müssen belegen, inwiefern diese Faktoren das Gesamtbild prägen: Wenn zehn Verkäufer jeweils 1.000 Euro Umsatz generieren, ist das eine für die Unternehmenssteuerung zunächst wenig hilfreiche Aussage. Wenn aber fünf Verkäufer über 40 Jahre alt sind und diese ihren Umsatz überwiegend mit Produkt X erzielen, fünf andere Verkäufer sind unter 40 Jahre alt und erzielen ihren Umsatz überwiegend mit Produkt Y, dann ist das Alter wesentliches Kriterium.

Umgekehrt muss die Präsentation andere, irrelevante Differenzierungen ausblenden, im Interesse des Empfängers. Er muss sofort das Gesamtbild verstehen, indem die Präsentation die wesentlichen Aspekte transparent macht.

Präsentationen müssen den richtigen Tiefgang haben

Dem einen hat schlüssige Abstraktion des Ergebnis sofort nachvollziehbar gemacht. Harmonierte es mit seinem Gesamtbild, ist sein Informationsbedürfnis befriedigt. Ist das aber nicht der Fall, dann besteht Vertiefungsbedarf. Präsentator und Unterlage müssen vorbereitet sein. Insbesondere Experten im Publikum hinterfragen im Detail. Für sie muss die Präsentation alle Differenzierungen berücksichtigen. Auch bei komplexen Themen dürfen Präsentationen nichts unterschlagen. Erst die detaillierte Betrachtung widerlegt eventuelle Zweifel am zentralen Ergebnis.

1.3.3   Empfänger können Komplexität allgemeinverständlich nachvollziehen

Jeder Mensch hat seine eigenen Strukturen und findet diese absolut einleuchtend. Aufgrund der Denkstrukturen ist Komplexität für das Individuum kein echtes Problem. Jeder Mensch erkennt nur die Komplexität, die sein Gehirn verarbeiten kann. Er differenziert für sich, wo immer er es für nötig hält. Und er legt dabei eigene Definitionen zu Grunde. Isoliert betrachtet darf jeder für sich in Anspruch nehmen, der am besten strukturierte Mensch der Welt zu sein.

Aber das Publikum hat möglicherweise völlig andere Denkmuster und Definitionen. Wesentliches Merkmal von Kommunikation ist die Interaktion von mindestens zwei Individuen – bei Präsentationen meist noch mehr. Und genau darin liegt das Problem: Unterschiedliche Menschen folgen völlig unterschiedlichen Denkmustern. Ein Beispiel: Die relativ simple Differenzierung zwischen jungen und alten Menschen wird ein Mittvierziger vermutlich anders vornehmen als ein Fünfzehnjähriger. Auch der Begriff eines großen Menschen ist nicht nur quantitativ subjektiv. Er kann sich außerdem auf Gesamtstatur, Länge, Lebensleistung oder andere Kriterien beziehen.

Daher muss die Präsentation unbestrittenen logischen Regeln folgen. Um Missverständnisse zu vermeiden, müssen Präsentationen allgemeinverständliche Strukturen und Definitionen nutzen. Sie müssen das eindeutige Verständnis zwischen Präsentator und Publikum ermöglichen. Differenzierungen müssen beim Empfänger analog bestehen oder unmissverständlich aufgebaut werden. Begriffe müssen beim Empfänger gleich definiert oder prägnant beschrieben werden.

2   Autoren wollen sich mit wenig Aufwand gut präsentieren

2.1   Gute Präsentationen sind ein Instrument zur persönlichen Positionierung

Präsentationen eröffnen ambitionierten Autoren relevante Empfängergruppen

Mit der Präsentation richtet sich der Autor häufig an Personen, die für den eigenen beruflichen Erfolg wichtig sind. Intern sind das typischerweise höhere Hierarchieebenen. Doch auch umgekehrt will die Führungskraft, die vor ihren Mitarbeitern vorträgt, sich ins rechte Licht rücken. Extern richtet sich die Präsentation an Partner, mit denen man Geschäfte machen will.

Und Präsentationsinhalte sind dabei nur ein Teil der Beziehung zum Empfänger. Natürlich ist es besonders schön, kommt zum spannenden Publikum noch ein spannendes Thema. Doch selbst bei langweiligen Themen kann der Präsentator eine persönliche Note hinterlassen.

Das macht die Präsentation heute zum unverzichtbaren Instrument für alle, die sich in einer Organisation oder nach außen anbieten wollen – unmittelbar für eine konkrete Maßnahme oder grundsätzlich für kommende Herausforderungen, auf gut Deutsch Stellenbesetzungen. Tatsächlich sind es meist wenige Köpfe in einer Organisation, die sich analytisch-konzeptionelle Aufgaben zutrauen und denen diese von den Empfängern anvertraut werden.

Doch viele schlechte Präsentationen stumpfen Empfänger ab

Die Anzahl der Präsentationen steigt und steigt. Noch stärker als der beschriebene Umgang mit wachsender Komplexität erhöht sich die kommunikative Komplexität in Organisationen. Zusätzlich zur inhaltlichen Komplexität müssen auch komplexere Personenkreise involviert werden. Denn inhaltliche Komplexität hat zu verstärkter Arbeitsteilung geführt. Diese wiederum führt dazu, dass mehr Menschen in Analysen und Konzeptionen eingebunden werden müssen, intern oder extern.

Und die Präsentation ist dafür eine sehr effiziente Kommunikationsform. Sie kombiniert nicht nur Wort und Bild, sondern auch Folie und Vortrag. Das Zusammenspiel von Wort und Bild macht komplexe Inhalte treffend und anschaulich. Das Zusammenspiel von Folie und Vortrag ermöglicht, Unklarheiten sofort zu klären.

Im Ergebnis steigt die Anzahl der Präsentationen weiter an. Im Internet kursiert die Schätzung von 30 Millionen Präsentationen pro Tag. Belegen können wir diese Zahl nicht. Widerlegen kann sie auch niemand. Nachvollziehbar ist: Es sind sehr viele. Und ein Ende ist nicht absehbar – allen Unkenrufen zum Trotz. Neue Medien können die Präsentationskultur weiterentwickeln. Ob das immer ein Fortschritt ist, bleibt offen.

Nur kann die Qualität der Präsentationen nicht immer mithalten. Mit der wachsenden Anzahl an Präsentationen geht eine Abneigung gegenüber Präsentationen einher. Sie können die Erwartungen der Empfänger nicht erfüllen. Sie sind mühsam, weil sich das Publikum Inhalte intensiv durchdenken muss und langweilig, weil Inhalte am Informationsbedürfnis des Publikums vorbeigehen. Im besten Fall sind sie unterhaltsam – allerdings zu Lasten des Präsentators. Michael Flocker beschreibt 2008 in „Tod durch PowerPoint" durchaus unterhaltsam die Auswüchse der Präsentationskultur.

Deshalb reagieren viele Empfänger zunächst reserviert gegenüber Präsentationen. Wie Michael Flocker richtigerweise Situationen beobachtet, in denen die Präsentation als Medium ungeeignet ist, sehen wir auch den umgekehrten Fall: Empfänger wehren Präsentationen a priori ab – unabhängig von ihrer kommunikativen Qualität und nicht selten unabhängig von ihrer inhaltlichen Relevanz. Indikatoren sind kurze Zeitfenster für Präsentationen, gänzlicher Verzicht auf Vorträge und Seitenvorgaben für Unterlagen.

Mit guten Präsentationen kann man positiv auffallen

Wer also trotz Zurückhaltung der Empfänger einen positiven Eindruck hinterlassen will, der braucht eine gute Präsentation. Und die schafft man auf unterschiedlichen Wegen: Zwei sind glückliche Fügungen, die dritte ist Arbeit und Umdenken, wie wir später sehen werden. Eine glückliche Fügung sind sensationelle Inhalte, die sogar einen schlechten Präsentator in den Schatten stellen. Eine andere glückliche Fügung ist ausgeprägtes Präsentationstalent, dem das Publikum auch unabhängig von Inhalten an den Lippen hängt. Steve Jobs, der viel zu früh verstorbene Apple-Gründer, der zu Recht als Vorbild für Präsentatoren galt, hatte beide glücklichen Fügungen auf seiner Seite. Wer das nicht hat, dem bleibt der dritte Weg: Arbeit und Umdenken. Er muss sich an den zuvor beschriebenen Anforderungen der Empfänger orientieren.

2.2   Aber Präsentationen müssen neben der inhaltlichen Arbeit vorbereitet werden

Nur wenige Autoren können ihre Präsentation in aller Ruhe erstellen. Aus zwei Gründen erfolgt die Vorbereitung meist parallel zur inhaltlichen Arbeit.

— **Inhaltliche Erarbeitung und Ergebniskommunikation sind eng verzahnt.** Konzeptionelle Arbeit gestaltet unternehmerisches Handeln. Nehmen wir ein typisches Projekt. Zunächst kommuniziert die Präsentation inhaltliche Ergebnisse.

Danach ist die Präsentation und ihre Diskussion aber gleich Grundlage für das weitere Vorgehen. Der nächste Schritt baut auf dem vorangegangenen auf.

— **Ergebniskommunikation ist zeitkritisch.** Auch wo es keine direkte Abhängigkeit gibt, besteht oft eine indirekte. Die zunehmende Veränderungsgeschwindigkeit braucht rasche Informationen. Ein Beispiel ist die Veröffentlichung von Geschäftszahlen. Sie muss nicht nur immer häufiger, sondern auch immer zeitnäher erfolgen. Schließlich will jeder als Erster von neuen Entwicklungen erfahren. Analoges gilt auch für interne Präsentationen.

So beschäftigen sich viele Menschen fortwährend mit beidem gleichzeitig – mit ihrer eigentlichen inhaltlichen Aufgabe und der Kommunikation der Ergebnisse. Es fehlen die Zeit, die Ruhe und auch der Abstand, inhaltliche Ergebnisse sacken zu lassen. Die Präsentationsvorbereitung verschmilzt und wird Teil des Alltags. Im schlimmsten Fall wird sie auch Teil der beruflichen Belastung.

2.3   Deshalb braucht der Autor gute Qualität in kurzer Zeit

Auch der Autor und der Präsentator haben ein wachsendes Interesse an effizienter Vorbereitung – also maximales Ergebnis bei minimalem Einsatz. Beides lässt sich am besten konkretisieren, wenn wir es gleich an der Praxis spiegeln:

Als Ergebnis ist eine qualitativ gute Präsentation vonnöten – und das klappt nicht immer. Wenn der Empfänger die Präsentation einfach und schnell versteht, dann hat die Präsentation nicht mehr und nicht weniger als sein Informationsbedürfnis befriedigt. In der Praxis aber verlaufen Präsentationen meist anders: Vielleicht schließt sich eine Diskussion an, in der Sender und Empfänger sich schrittweise annähern. Vielleicht fordert der Empfänger weitere Informationen an, um seine Meinungsbildung abzuschließen. Vielleicht lehnt der Empfänger die Inhalte für sich ab, weil sie sich ihm nicht erschließen. Und vielleicht akzeptiert der Empfänger die Inhalte auch nur, weil er das Thema vom Tisch haben will. Er muss ja nicht eingestehen, dass er die Inhalte nicht verstanden hat.

Der Einsatz muss in drei Phasen der Vorbereitung minimiert werden. Sie reichen von der Folienerstellung über die Abstimmung bis zum Vortrag selbst.

— **Präsentationsfolien müssen rasch erstellt werden – und werden doch meist nur kopiert.** Folien sind der Stoff, aus dem die Präsentation gemacht wird. Der Autor muss seine Ergebnisse auf Folien visualisieren. In der Praxis bedient er sich jedoch lieber des berühmten Kurzbefehls: Er kopiert vorhandene Folien und passt allenfalls ein paar Worte oder Zahlen an. Diese Folien fügt er in eine

Reihenfolge. Für die Verknüpfung nimmt er sich vor, dies auf der „Tonspur" zu machen.

— **Präsentationen müssen frühzeitig mit anderen abgestimmt werden – und werden doch nur aus Einzelteilen zusammengesetzt.** Wo auch Präsentationen in Arbeitsteilung entstehen, müssen Vorgesetzte und Kollegen eingebunden werden, bevor die Unterlage abgegeben oder vorgetragen wird. In der Praxis teilt man sich die Arbeit jedoch weitgehend und trägt die Präsentationsteile erst zum Ende zusammen.

— **Präsentationen müssen aus dem Stand überzeugend vorgetragen werden – und werden doch oft eher zur Last.** Der Vortrag ist der Höhepunkt im Präsentationsprozess. Der Präsentator hat die volle Aufmerksamkeit seines Publikums. In der Praxis zerbricht an dieser Stelle nicht selten ein Kartenhaus: Dem Präsentator fehlt in der spontanen Rede ein roter Faden. Die Folien bieten ihm keinen Halt. Im Gegenteil bringen ihn einzelne inhaltliche Fragmente aus dem Konzept. Er improvisiert seine Tonspur. Der Bezug zu den Folien schwindet und das Verständnis des Publikums auch.

So war das – bisher.

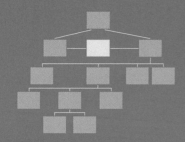

Lösung: Die pyramidale Präsentation kommuniziert Ergebnisse besser – Botschaften und Struktur statt langer Herleitung

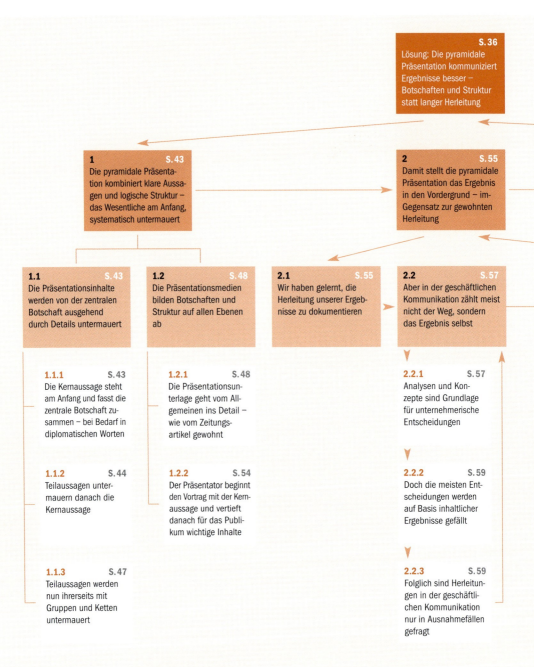

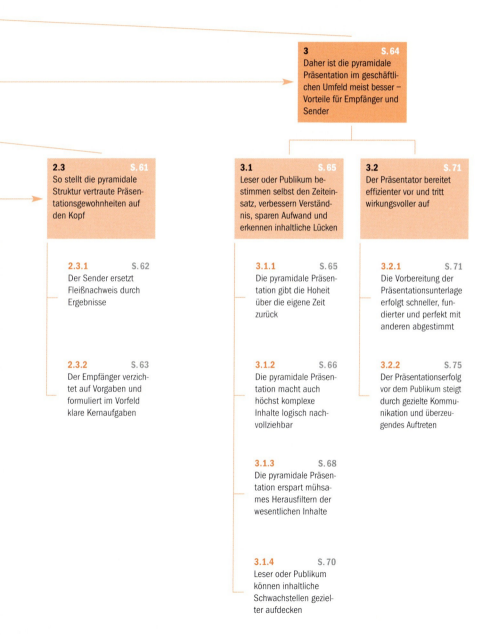

3 S. 64
Daher ist die pyramidale Präsentation im geschäftlichen Umfeld meist besser – Vorteile für Empfänger und Sender

2.3 S. 61
So stellt die pyramidale Struktur vertraute Präsentationsgewohnheiten auf den Kopf

3.1 S. 65
Leser oder Publikum bestimmen selbst den Zeiteinsatz, verbessern Verständnis, sparen Aufwand und erkennen inhaltliche Lücken

3.2 S. 71
Der Präsentator bereitet effizienter vor und tritt wirkungsvoller auf

2.3.1 S. 62
Der Sender ersetzt Fleißnachweis durch Ergebnisse

3.1.1 S. 65
Die pyramidale Präsentation gibt die Hoheit über die eigene Zeit zurück

3.2.1 S. 71
Die Vorbereitung der Präsentationsunterlage erfolgt schneller, fundierter und perfekt mit anderen abgestimmt

2.3.2 S. 63
Der Empfänger verzichtet auf Vorgaben und formuliert im Vorfeld klare Kernaufgaben

3.1.2 S. 66
Die pyramidale Präsentation macht auch höchst komplexe Inhalte logisch nachvollziehbar

3.2.2 S. 75
Der Präsentationserfolg vor dem Publikum steigt durch gezielte Kommunikation und überzeugendes Auftreten

3.1.3 S. 68
Die pyramidale Präsentation erspart mühsames Herausfiltern der wesentlichen Inhalte

3.1.4 S. 70
Leser oder Publikum können inhaltliche Schwachstellen gezielter aufdecken

Summary

Die pyramidale Präsentation kommuniziert Ergebnisse besser – Botschaften und Struktur statt langer Herleitung

Fortsetzung >

Fortsetzung >

1   Die pyramidale Präsentation kombiniert klare Aussagen und logische Struktur – das Wesentliche am Anfang, systematisch untermauert

Grundprinzipien der pyramidalen Präsentation sind klare Botschaften und eine ergebnisorientierte, schlüssige Struktur:

— **Die pyramidale Präsentation formuliert Aussagen.** In der pyramidalen Präsentation schreibt und sagt der Präsentator, was der Empfänger sonst erst herausfinden muss. Damit beschreibt sie nicht Themen, sondern Ergebnisse. Das können Erkenntnisse, Vorschläge, Maßnahmen oder Ähnliches sein. Reine Schlagwörter haben keinen Platz.
— **Die pyramidale Präsentation ist strukturiert – vertikal und horizontal.** Als vertikale Struktur geht sie konsequent vom Wesentlichen ins Detail. Damit stellt sie das Wichtigste immer an den Anfang. Ergebnisse werden nicht erst hergeleitet. Als horizontale Struktur nutzt sie logische Denkmuster. Damit schafft sie eine schlüssige Systematik der Teilaussagen. Scheinbar willkürliche Ansammlungen von Einzelaspekten gibt es nicht.

Präsentationen können durchaus nur einzelne dieser Merkmale aufweisen: Sie haben Aussagen, ordnen diese aber chaotisch an. Oder sie haben eine schlüssige Struktur, bestehen aber nur aus Schlagworten.

Die pyramidale Struktur besteht aus beidem: Sie kombiniert klare Botschaften mit vertikaler und horizontaler Struktur. Beide Grundprinzipien prägen zunächst die Aufbereitung der inhaltlichen Argumente. Die Präsentationsmedien Unterlage und Vortrag bilden sie dann ab.

1.1   Die Präsentationsinhalte werden von der zentralen Botschaft ausgehend durch Details untermauert

1.1.1   Die Kernaussage steht am Anfang und fasst die zentrale Botschaft zusammen – bei Bedarf in diplomatischen Worten

Die Kernaussage ist die höchste Ergebnisaggregation. Sie fasst den gesamten zu kommunizierenden Inhalt zusammen – als Analyse zum Beispiel *Der Produktionsstart des neuen Rasenmähers verlief erfolgreich*, als Vorschlag zum Beispiel *Wir sollten in den belgischen Markt einsteigen*. Das macht die Kernaussage sehr vielfältig – sie muss schließlich sämtliche Inhalte geschäftlicher Kommunikation wiedergeben. Sie kann positiv oder negativ, vergangenheits- oder zukunftsorientiert, informierend oder auffordernd formuliert sein. Das hängt von der Botschaft ab, die kommuniziert werden soll.

Die Kernaussage ist als Aussage formuliert. Sie ist mehr als eine klassische The-menbeschreibung, zum Beispiel *Markteintritt Belgien*. Stattdessen enthält sie un-missverständlich die Botschaft der Präsentation. Schließlich könnte man den Markt-eintritt in Belgien ja noch genauer prüfen wollen, von Voraussetzungen abhängig machen, verschieben oder ganz verwerfen.

Die Kernaussage ist relativ abstrakt. Sie muss möglicherweise sehr komplexe In-halte in einer einzigen Aussage zusammenfassen. Darunter leidet vordergründig ihre Präzision. Dennoch stellt die Kernaussage bereits wesentliche Aspekte heraus, zum Beispiel *Wir sollten über Referenzprojekte bei multinationalen Kunden in den bel-gischen Markt einsteigen.* Ebenso differenziert die Kernaussage bereits, zum Beispiel *Trotz anfänglicher Schwierigkeiten mit Kaufteilen verlief der Produktionsstart des neuen Rasenmähers insgesamt erfolgreich.*

Die Kernaussage ist deutlich und gleichzeitig sensibel. Sie beschreibt das Ergebnis grundsätzlich so prägnant wie möglich. Droht aber eine negative emotionale Reak-tion des Empfängers auf die Kernaussage, so sichert die diplomatische Formulierung eine sachliche Kommunikation.

Die Kernaussage ist die Spitze der pyramidalen Struktur. Sie steht allein – es gibt keine gleichrangigen Aussagen in der Präsentation.

Kernaussage:
Die BEISPIEL AG sollte in den
belgischen Markt einsteigen

Details zur Begründung
und/oder Konkretisierung
der Kernaussage

1.1.2   Teilaussagen untermauern danach die Kernaussage

Unterhalb der Kernaussage stehen detaillierte Inhalte der Präsentation. Sie sind auf der ersten Ebene immer noch relativ abstrakt, aber sie machen die wesentliche Gliederung der Inhalte aus. Sie geben der Pyramide ihre erste Kontur. Auch die Teilaussagen sind als sprachlich konsistente Ergebnisse formuliert. Sie sind ihrerseits Kernaussagen für die weitere Vertiefung. Die Untermauerung der Kernaussage un-terscheidet zwei Arten: Gruppen und Ketten. Beide befriedigen unterschiedliche Bedürfnisse des Empfängers.

1.1.2.1   Die Gruppe konkretisiert die Kernaussage mit parallelen, logisch SAUBER®en Teilaussagen

Nimmt der Empfänger die Kernaussage grundsätzlich wohlwollend auf, untermauert die Gruppe sie mit Hilfe paralleler Teilaussagen. Damit konkretisiert die Gruppe die Kernaussage im Hinblick auf die Fragen *Was genau?, Wo genau?, Wer genau?* oder *Wie genau?* So gewinnt der Empfänger ein klareres Verständnis der Kernaussage.

Die parallelen Aussagen der Gruppe schreiben die mögliche Vielfalt der Kernaussage fort. Es gibt drei Arten: komplementäre Gruppen, Alternativen und Prozesse. Die komplementäre Gruppe besteht aus einander ergänzenden Aussagen – zum Beispiel einzelne Aspekte, inwiefern der Produktionsstart erfolgreich verlaufen ist, wie *Aus Sicht der Vorfertigung …, Aus Sicht der Montage …* und so weiter. Alle zusammen stützen die Aussage vom erfolgreichen Produktionsstart. Alternativen beschreiben einander ausschließende Aussagen, zum Beispiel unterschiedliche Wege, wie der Markteintritt in Belgien erfolgen soll, wie *Durch Übernahme eines bestehenden An-bieters …* oder *Durch Aufbau einer eigenen Niederlassung.* Beim Prozess folgen die Teilaussagen aufeinander, zum Beispiel *Im ersten Schritt werden wir die Kundener-wartungen erheben*, dann *Im zweiten Schritt werden wir das Pflichtenheft erstellen* und so weiter.

Für ein eindeutiges Verständnis werden die Teilaussagen SAUBER® gegliedert. Im Gegensatz zum gedanklichen Wollknäuel erfüllen sie sechs logische Anforderungen: Sie sind Standardstrukturen oder spezifisch bis zu **s**ieben, **a**naloge, **u**nabhängige, **b**e-deutungsvolle, **e**rschöpfende und **r**elevanzgereihte Teilaussagen. Standardstrukturen sind bereits zwischen Sender und Empfänger etablierte Denkmuster, zum Beispiel *Binnen sechs Monaten …* und *In mehr als sechs Monaten …* Hier erfüllt das ge-meinsame Sprachverständnis die logischen Anforderungen. Wenn Standardstruktu-ren nicht sinnvoll sind, bietet der Sender dem Empfänger bis zu sieben spezifische, logisch-stringente Teilaussagen.

1.1.2.2   Die Kette begründet die Kernaussage mit logisch-zwingend verknüpften Teilaussagen

Ist der Empfänger der Kernaussage gegenüber skeptisch oder ablehnend eingestellt, belegt die Kette diese durch drei miteinander zwingend verknüpfte Teilaussagen. Damit begründet die Kette die Kernaussage. Sie beantwortet die Frage *Warum?*. Durch die Kette kann der Empfänger die Kernaussage nachvollziehen.

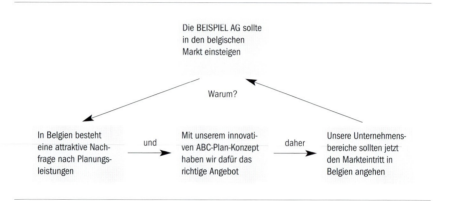

Die Kette besteht zunächst aus einem Aussagen-Paar: Es sind zwei Aussagen, die einen klaren gemeinsamen Bezug haben, zum Beispiel *Allein niedrige Stückkosten sind für den Erfolg von Produkt x wichtig* und *In Ungarn sind die Stückkosten am niedrigsten*. Die dritte Aussage ist dann die logische Konsequenz aus den ersten beiden Aussagen, in diesem Beispiel *Das Produkt x sollte künftig in Ungarn gefertigt werden*.

Für ihre Überzeugungskraft verknüpft die Kette zwei Aussagen sehr spezifisch miteinander. Es kommt auf die richtigen Argumente an. Bereits kleine Abweichungen lassen alternative oder andere Schlussfolgerungen zu. Die Kette scheitert. Fiele im Beispiel nur das erste Wort *Allein* weg, wären niedrige Stückkosten plötzlich nur noch einer von möglicherweise mehreren Erfolgsfaktoren. Die niedrigen Stückkosten in Ungarn führen nicht mehr zwingend zu der Schlussfolgerung, dort zu fertigen.

Barbara Minto: Die Mutter des pyramidalen Prinzips

Logisches Denken war zu allen Zeiten erlaubt. Die Ersten, deren Beschäftigung mit logischen Strukturen bis heute überliefert ist, waren die alten Griechen. So-krates' Erkenntnis, selbst sterblich zu sein, zeigt bereits die Verknüpfung von zwei Aussagen zu einer Schlussfolgerung, die wir in der pyramidalen Kette wiederfinden: Alle Menschen sind sterblich. Auch ich bin ein Mensch. Daher bin ich sterblich.

Die Systematisierung als pyramidales Prinzip ist hingegen relativ neu: Barbara Minto fasste die Gedanken in den 1970er-Jahren in ihrem Buch „The Pyramid Principle" zusammen. Ihr Fokus liegt in horizontalen und vertikalen Strukturen. Mit MECE hat sie die ersten handwerklichen Regeln definiert – „Mutually exclusive, collectively exhaustive" also „Wechselseitig ausschließend und gemeinsam erschöpfend".

Barbara Minto arbeitete in den 1970er-Jahren als Direktorin für Kommuni-kation bei McKinsey in den USA. Heute lebt Barbara Minto in Großbritannien. Sie ist Trainerin und Beraterin für pyramidale Strukturierung.

1.1.3   Teilaussagen werden nun ihrerseits mit Gruppen und Ketten untermauert

Die pyramidale Struktur der Präsentationsinhalte ist nach unten offen: Teilaussagen von Gruppe und Kette können ihrerseits wiederum konkretisiert oder begründet werden. Sie sind Kernaussagen für darunter liegende Gruppen und Ketten. Weitere Vertiefung bildet die Form der Pyramide aus.

Die pyramidale Struktur kann sich so theoretisch ins Unendliche fortsetzen: Immer weitere Ebenen konkretisieren oder begründen die auf der höheren Ebene gemachten Aussagen. Der Vorschlag zum Markteintritt in Belgien kann zum Bei-spiel zunächst durch unterschiedliche Zielgruppen konkretisiert werden. Anschlie-ßend werden für jede Zielgruppe die Vertriebsstandorte konkretisiert. Danach wer-den pro Standort die Leistungen beschrieben und so weiter.

Es gibt viele Wege nach Rom. Nicht eine Struktur ist richtig, alle anderen sind falsch. Gleiche Inhalte lassen sich unterschiedlich strukturieren. Für die BEISPIEL AG gliedern wir etwa nach den handelnden Unternehmensbereichen.

Die pyramidale Struktur ist nach unten oft unsymmetrisch: In besonders rele-vanten oder interessanten Teilen ist die Struktur sehr detailliert und besteht aus zahlreichen Ebenen. Bei bekannten oder akzeptierten Inhalten bleibt die Struktur eher abstrakt.

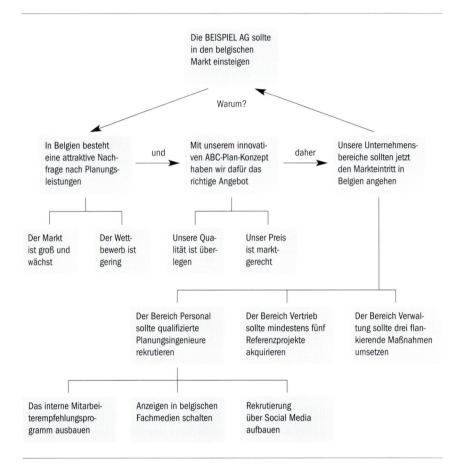

1.2 Die Präsentationsmedien bilden Botschaften und Struktur auf allen Ebenen ab

1.2.1 Die Präsentationsunterlage geht vom Allgemeinen ins Detail – wie vom Zeitungsartikel gewohnt

Den pyramidalen Aufbau kennen wir vom Zeitungsartikel bereits. Und wir wissen ihn beim Lesen zu schätzen. Die Tageszeitung ist die anschaulichste Analogie für pyramidale Kommunikation von Ergebnissen: Die Schlagzeilen springen als Erstes ins Auge. Sie fassen die Nachrichten zusammen. Häufig heben Untertitel weitere wesentliche Informationen hervor. Der eigentliche Artikel enthält dann alle relevanten Details zum Verständnis der Nachricht. Am Ende des Artikels führen Verweise den besonders interessierten Leser eventuell noch zu weiteren Hintergrundinformationen. Der Leser der Zeitung selektiert anhand der Schlagzeilen und der Abschnitte die für ihn relevanten Inhalte. Nur diese liest er. Alles andere nimmt er nur oberflächlich wahr und überblättert es. So kann er auch eine umfangreiche Zeitung in kurzer Zeit lesen.

Neue Medien entwickeln diesen Aufbau weiter: Bei Online-Nachrichten-Portalen kommt man durch Anklicken der Überschriften zu den vertiefenden Informationen.

Die Präsentationsunterlage übernimmt den Aufbau für geschäftliche Kommunikation: Sie liefert als Gesamtdokument und auf der einzelnen Folie stets aggregierte Botschaften, die danach vertieft werden. Das macht die Präsentationsunterlage zum leicht und schnell verständlichen visuellen Informationsangebot – zusätzlich zum mündlichen Vortrag. Die Ebenen der Struktur spiegeln sich in den Wahrnehmungsebenen der Unterlage wider:

Das Titelblatt vermittelt die Kernaussage der gesamten Präsentation

Die Kernaussage der Präsentation steht als Titel prominent auf dem Deckblatt. Sie vermittelt dem Empfänger bereits vor dem Aufblättern der Unterlage die wesentliche Botschaft, die ihn erwartet. Dafür ist der Titel in großen Buchstaben geschrieben, am besten in Fettdruck. Die pyramidale Präsentation verzichtet auf interpretierbare Schlagwörter. Formale Aspekte wie Ort, Datum oder der Name des Vortragenden sind auf dem Titelblatt optisch deutlich zurückgesetzt.

BEISPIEL AG ◼

Die BEISPIEL AG sollte in den belgischen Markt einsteigen

Entscheidungsvorlage
Berlin, 1. Juli 2013
Max Bauer, Bereich Unternehmenskommunikation

Theoretisch entspricht der Präsentationstitel wörtlich der inhaltlichen Kernaussage. Praktisch wird er oft neutraler formuliert, um die Beziehung zum Publikum nicht zu gefährden. Aus der Kernaussage *Wir sollten in den belgischen Markt einsteigen* darf der Präsentationstitel *Vorschlag zum Markteintritt in Belgien* werden. Das ist nicht unbedingt eine Verbesserung, aber eine akzeptable Veränderung. Hauptsache, dem Empfänger erschließt sich gleich die wesentliche inhaltliche Botschaft.

Das sprechende Inhaltsverzeichnis fasst die wichtigsten Aussagen zusammen

Die zweite Seite einer Präsentation besteht traditionell aus dem Inhaltsverzeichnis – das ist bei der pyramidalen Präsentation nicht anders. Doch ersetzt sie wiederum Inhalte durch Botschaften. Klassische Gliederungspunkte wie *Einführung*, *Ziel* oder Ähnliches entfallen. An ihre Stelle treten Aussagen, die die Einführung, das Ziel oder Ähnliches beschreiben. Das wertet das sprechende Inhaltsverzeichnis auf. Thematische Gliederung und inhaltliche Zusammenfassung verschmelzen zu einer Folie.

Das sprechende Inhaltsverzeichnis ist eine Sonderform der pyramidalen Übersichtsfolie. Es liefert die Untermauerung nach, für die auf dem Deckblatt aus Designgründen meist kein Platz ist. In der Regel als reine Textfolie listet es die Überschriften der Kapitel auf, gegebenenfalls auch Unterkapitel. So steht automatisch die Gesamtargumentation oder Storyline auf einer Folie. Seine hohe inhaltliche Aggregation macht das sprechende Inhaltsverzeichnis zur zentralen Folie der gesamten Präsentation.

Die BEISPIEL AG sollte in den belgischen Markt einsteigen – Inhaltsverzeichnis

2   **BEISPIEL** AG ▪◗

Zwischenseiten führen neue Kapitel mit eigenständiger Teilaussage ein

Die Kapitel der pyramidalen Präsentation spielen eine wichtige Rolle. Sie spiegeln maßgeblich die zugrunde liegende inhaltliche Struktur wider: Kapitel stehen für die erste Strukturebene, Unterkapitel möglicherweise für die zweite.

Die Kapitel grenzen den inhaltlichen Fluss der Präsentation klar ab. Zwischenseiten machen strukturelle Brüche deutlich. Sie enthalten keine inhaltlichen Details, sondern allein die Überschrift des Kapitels – optisch markant positioniert und als Aussage formuliert:

— Durch abweichende Gestaltung springen Zwischenseiten sofort ins Auge. Sie bestehen häufig nur aus Text, manchmal in Kombination mit einfachen Bildern. Der Text ist prominent hervorgehoben. Die pyramidale Präsentation vermeidet fließende Übergänge zwischen unterschiedlichen Inhalten.

— Der Text der Zwischenseite fasst die Botschaft des gesamten Kapitels zusammen. Er stimmt wörtlich überein mit der betreffenden Aussage im sprechenden Inhaltsverzeichnis. So erkennt der Empfänger gleich, wo er sich in der Präsentation befindet.

Jede Folie vermittelt eine eigenständige Botschaft

Jede Präsentationsfolie enthält einen Teilaspekt der inhaltlichen Struktur. Die Überschrift gibt die Botschaft wieder – auch hier gibt es keine aussagelosen Schlagwörter. Die Visualisierung darunter zeigt die zugrunde liegenden Details – entsprechend der logischen Struktur. Für die visuelle Untermauerung gibt es drei Folientypen:

Überblicksfolien fassen Aussagen höherer Strukturebenen zusammen

Für Botschaften, die in der Struktur durch weitere Teilaussagen untermauert werden, setzt die pyramidale Präsentation Überblicksfolien ein. Deren Überschrift ist entsprechend generisch. Die Visualisierung stellt das Gesamtbild dar, das auf den folgenden Folien vertieft wird. Dabei enthält die Visualisierung bereits Botschaften der tieferen Strukturebenen, die als Überschriften auf den folgenden Folien wiederkehren.

Der Bereich Personal sollte qualifizierte Planer einstellen – drei Maßnahmen für bis zu 40 neue Kollegen

	Umsetzungsdauer	Rekrutierungserwartung
Das Mitarbeiterempfehlungsprogramm ausbauen	3 Monate	10–20 MA
Anzeige in belgischen Fachmedien schalten	3 Monate	5–10 MA
Rekrutierung über Social Media aufbauen	9 Monate	5–10 MA

4   **BEISPIEL** AG ◼

Bei umfangreicher Vertiefung der Überblicksfolie findet sich ihre Visualisierung verkleinert auf den folgenden Folien wieder. Bei diesem Navigator sticht dann der gerade vertiefte Aspekt farblich hervor. Das unterstützt das Verständnis der Struktur.

Detailfolien enthalten Basisinformationen für die unterste Strukturebene

Nach den aggregierten Folien zuvor bieten Detailfolien inhaltliche Substanz. Sie entspringen der untersten Strukturebene, die der Autor der Präsentation für notwendig hielt. Die Überschrift ist konkret, die Visualisierung enthält die zum Verständnis der Überschrift erforderliche Detailtiefe. Die Basisinformationen sind ausreichend, um die vorangegangene Aggregation auf Übersichtsfolien hinreichend zu untermauern. In der Summe stützen die Detailfolien die eingangs vorgetragene Kernaussage.

Anstelle weiterer Untermauerung enthält die Detailfolie allenfalls eine Quelle. Diese beschreibt die Möglichkeit zur Verifizierung der Aussage.

Backup-Folien bieten Vertiefungsmöglichkeiten, falls der Empfänger es will

Backup-Folien sind grundsätzlich Detailfolien. Aber ihre Inhalte sind detaillierter als das erwartete Interesse des Empfängers. Der Präsentator will auf die Folie im Vortrag nicht aktiv eingehen. Der Leser wird sie vermutlich überblättern. Deshalb kennzeichnet der Autor die Folie als Backup. Er hält sie nur für Rückfragen oder Diskussionen bereit.

Allein am Beispiel des Mitarbeiterempfehlungsprogramm könnten Backup-Folien viele Punkte vertiefen: Sie könnten die zwölf über das Programm geworbenen neuen

Mitarbeiter vorstellen. Sie könnten die Erhebung belegen, nach der nur wenige Mitarbeiter das Programm kennen und nutzen. Oder sie könnten den vorgeschlagenen Artikel in der Mitarbeiterzeitung skizzieren und so weiter.

Doch die Anzahl der Folien stört den Empfänger nicht. Er kann der Argumentation auch ohne die Backups gut folgen.

Die Tageszeitung: Musterbeispiel mit vereinzelten Lücken

Die Tageszeitung ist das anschaulichste Beispiel für pyramidale Kommunikation im Alltag: Ihre erste Seite enthält die wichtigsten Nachrichten des Tages. Von dort verweist sie auf einzelne Artikel. Sie gliedert ihre Abschnitte klar – in der Regel nach Themen wie Politik, Wirtschaft oder Sport.

Doch bei den Botschaften gibt es erste Einschränkungen: In den meisten Fällen fasst die Schlagzeile den Artikelinhalt zwar prägnant zusammen. Doch tut sie dies auch nur, wo es wirklich auf effiziente Kommunikation ankommt, wie den genannten Themenfeldern. Im Feuilleton wird sie undeutlicher. Und „DIE ZEIT" verzichtet konsequenterweise weitgehend auf inhaltliche Botschaften in den Schlagzeilen. Zu Recht: Kaum jemand liest „DIE ZEIT", um sich über das Weltgeschehen zu informieren. Als Wochenzeitung reicht ihre Aktualität dafür nicht aus. Nein, der Leser ist weniger am Ergebnis als am gedanklichen Fluss der Geschichten interessiert.

Auch bietet die Zeitung keine höher aggregierten Aussagen als die Schlagzeilen: Sie formuliert weder Kernaussagen für die genannten Themenblöcke noch für die Zeitung als Ganzes. Eine solche Zusammenfassung könnte lauten *Gestern war insgesamt ein ruhiger Tag* oder *Der gestrige Tag war geprägt von* .... Der Verzicht auf diese Botschaften ist verzeihlich: Tageszeitungen haben deutlich vielfältigere Inhalte und heterogeneres Publikum als eine geschäftliche Präsentation. Die Kernaussagen wären zu abstrakt. Der Verzicht ist gleichzeitig clever – die Kernaussage vom insgesamt ruhigen Tag, prominent auf der Titelseite, würde sicher manche Leser vom Kauf abhalten. Dass es auch für Zeitungen Tage ohne wesentliche Nachrichten gibt, schreiben diese allenfalls etwas verklausuliert: Eine Schlagzeile *Sommerloch beherrscht Berlin* ist der diskrete Hinweis an den Leser, dass man sich den Politikteil guten Gewissens sparen kann.

Und Boulevardzeitungen missbrauchen die Schlagzeile eher zur eigenen Absatzförderung als zur Erkenntnisförderung beim Leser. Unbestritten ist die „BILD-Zeitung" bekannt für ihre markanten Schlagzeilen. Im Gegensatz zur pyramidalen Struktur ist die inhaltliche Untermauerung bei Boulevardzeitungen eher dürftig. Wer sein Wissen vertiefen will, wird schnell enttäuscht – er muss sich dazu eines klassischen Angebots bedienen.

1.2.2   Der Präsentator beginnt den Vortrag mit der Kernaussage und vertieft danach für das Publikum wichtige Inhalte

Im Vortrag vermittelt der Präsentator die Inhalte mit seiner persönlichen, menschlichen Note. Präsentationsunterlage und Präsentator ergänzen sich dabei wechselseitig. Der Präsentator greift Botschaften und Struktur der Unterlage auf und unterstreicht diese durch Körpersprache und Sprechtechnik. Das Publikum empfängt die Botschaft auf parallelen visuellen und auditiven Kanälen. Die pyramidale Präsentation ist eine Mehrkanalinstallation.

Der Präsentator beginnt seinen Vortrag mit der Kernaussage

Nach der Begrüßung des Publikums und eventuellen organisatorischen Aspekten stellt er die Kernaussage heraus: Er steht dafür in der Mitte des Raums, schaut seinem Publikum tief in die Augen und betont die Kernaussage deutlich. Für die Kernaussage verzichtet er auf den Einsatz des Beamers. Das Publikum nimmt die Kernaussage auf und bewertet sie unmittelbar für sich – bewusst oder unbewusst.

Der Präsentator erkennt die für sein Publikum wesentlichen Inhalte und vertieft diese gezielt

Der Präsentator bietet dem Publikum Detaillierung an. Er zeigt die wesentliche inhaltliche Struktur auf und erläutert die Teilaussagen zur Begründung oder Konkretisierung der Kernaussage. Er betont dabei die strukturbestimmenden Worte und stellt diese an den Anfang seiner Sätze – zum Beispiel *Innerhalb Brüssels werden wir …* und *Außerhalb Brüssels werden wir …*

Im weiteren Verlauf gibt der Präsentator stets erst den Überblick – für Kapitel, für Unterkapitel und so weiter. Dabei verfolgt er die Wahrnehmung der Inhalte durch das Publikum. Darauf aufbauend vertieft er genau die Aspekte, die das Publikum besonders interessieren oder ohne Details nicht nachvollziehen kann. Er übergeht hingegen Aspekte, die das Publikum nicht interessieren oder die das Publikum schon akzeptiert hat.

Jede Folie leitet der Präsentator mit der jeweiligen Kernaussage ein. Er gibt die Überschrift in freien Worten wieder und erläutert sie anschließend. Der nervöse Präsentator liest die Überschrift wörtlich ab. Der routinierte Präsentator unterstreicht Struktur und Botschaften körpersprachlich.

Die Präsentation endet, sobald das Informationsbedürfnis des Empfängers befriedigt ist – theoretisch bereits nach der Kernaussage, praktisch meist später.

2   Damit stellt die pyramidale Präsentation das Ergebnis in den Vordergrund – im Gegensatz zur gewohnten Herleitung

2.1   Wir haben gelernt, die Herleitung von Ergebnissen zu dokumentieren

Pyramidale Strukturen erscheinen uns zunächst ungewohnt, oft zu forsch für die geschäftliche Kommunikation. Das ist nachvollziehbar, weil wir anders konditioniert wurden: Wir sind stark geprägt, die Herleitung unserer Ergebnisse zu dokumentieren – angefangen in der Schule bis zum Ende von Ausbildung oder Studium.

Schule soll Methodenwissen zur Problemlösung vermitteln

Bildung strebt danach, uns zum Bewältigen von Herausforderungen zu befähigen. Schule, Ausbildung und Studium vermitteln Methodenkenntnisse: Solche Fähigkeiten lassen sich für unterschiedliche Probleme anwenden. Das ist wichtig, weil spätere Probleme vielschichtig sein werden. Bildung will explizt nicht, dass wir ein konkretes Problem richtig lösen – auch wenn uns das in unserer Schulzeit so vorkam. Aufgaben in Schule, Ausbildung und Studium haben stets einen beispielhaften Charakter.

Der Nachweis des Methodenwissens erfolgt durch den Lösungsweg

Um unser Verständnis der Methodik beurteilen zu können, muss der Lehrer oder Ausbilder unser Vorgehen beurteilen. Er muss feststellen, ob wir erstens die richtige Methodik auswählen und diese zweitens richtig anwenden. Ohne den Lösungsweg lassen sich keine Rückschlüsse auf das Verständnis der Methodik ziehen. Ohne diese Rückschlüsse lässt sich das Verständnis nicht verbessern.

Weil Lehrer und Ausbilder uns beim Anwenden der Methodenkenntnisse nicht in den Kopf schauen können, erfolgt die Beurteilung unseres Verständnisses anhand des schriftlich dokumentierten Lösungsweges.

So sind wir stark geprägt, unsere Herleitungen zu dokumentieren

In Schule, Ausbildung und Studium erfolgen Denkprozess zur Lösung und Dokumentation des Ergebnisses parallel. Wir dokumentieren die Herleitung. Die Dokumentation der Vorgehensschritte unterstützt gar den Denkprozess. Sie beginnt mit vielen Details, die schrittweise verarbeitet werden. Das Ergebnis steht am Ende. Dadurch entsteht eine Trichterform – eine absolut gegensätzliche Form zur Pyramide.

Vor dem Eintritt ins Berufsleben schreiben wir eine Vielzahl von Lösungswegen nieder – angefangen mit Rechenschritten in der Grundschule bis zu späteren Abschlussarbeiten. Die Reihe ist lang:

Ergebnisherleitung beginnt mit Rechenschritten in der Grundschule

Bei der Mathematikaufgabe erwartet der Lehrer, dass wir die einzelnen Rechenschritte darstellen. Der Lehrer stellt damit fest, ob wir die mathematische Logik verstanden haben. Selbst wenn das Ergebnis am Ende falsch ist, kann er richtige Lösungsansätze feststellen und diese positiv bewerten. Steht nur das Ergebnis auf dem Lösungsblatt, unterstellt der Lehrer, wir hätten geraten oder abgeschrieben.

Promotion und Habilitation sind Königsdisziplinen wissenschaftlicher Herleitung

Wissenschaftliche Arbeiten sind komplexer als Mathematikaufgaben in der Grundschule – dennoch ist das Prinzip das gleiche. Die Arbeit belegt methodisch solides Vorgehen: Wir haben eine umfangreiche Aufgabe richtig durchdrungen, alle Teilaspekte vollständig bearbeitet, bewährte wissenschaftliche Verfahren eingesetzt und die Ergebnisse richtig interpretiert. Das reine Ergebnis einer wissenschaftlichen Arbeit mag einen Wert für die Wissenschaft haben, der Wert für den Verfasser liegt im gewünschten Abschluss. Und den gibt es, wenn das Vorgehen richtig war.

Die hypothesengetriebene Arbeit belegt dies anschaulich, wenn sich die aufgestellte Hypothese im Rahmen der Forschung als unhaltbar herausstellt: In diesem Fall ist das Ergebnis bei nüchterner Betrachtung vielleicht enttäuschend. Das Vorgehen kann dennoch aus wissenschaftlicher Sicht brillant gewesen sein. Umgekehrt kann eine bahnbrechende Erkenntnis auf wissenschaftlich unspektakulärem Vorgehen basieren – dem Prinzip Test-und-Irrtum.

Pyramidale Strukturen in der Wissenschaft: Nicht immer ein Gegensatz

Wissenschaftliche Arbeiten müssen den gedanklichen Prozess in den Vordergrund stellen – der trichterförmige Aufbau der Herleitung wird deshalb auch wissenschaftliche Struktur genannt. Dennoch lassen sich auch in wissenschaftlichen Arbeiten pyramidale Elemente erkennen – relativ neu wie auch traditionell.

Neuere wissenschaftliche Arbeiten stellen das klassische Resumee als Zusammenfassung zusätzlich an den Anfang – neudeutsch eine Executive Summary. Damit bekommt die Arbeit eine pyramidale Kernaussage zu Beginn. Nach der Zusammenfassung ist der Aufbau allerdings trichterförmig. Es folgt der klassisch wissenschaftliche Einstieg mit dem Untersuchungsgegenstand. Und dies ist für die wissenschaftliche Arbeit auch richtig, um die Vorgehensweise der Arbeit zu belegen.

Traditionell schon beginnen wissenschaftliche Arbeiten mit Hypothesen, die in der Arbeit verifiziert oder falsifiziert werden. Vordergründig steht eine klare Aussage am Anfang, die im Folgenden untermauert wird – ganz wie beim pyramidalen Aufbau. Doch es bleibt ein entscheidender Unterschied: Bei der pyramidalen Kernaussage ist klar, dass es sich um das Ergebnis handelt. Bei der Hypothese bleibt das zunächst ungewiss und wird erst im Verlauf der Arbeit geklärt.

2.2   Aber in der geschäftlichen Kommunikation zählt meist nicht der Weg, sondern das Ergebnis selbst

2.2.1   Analysen und Konzepte sind Grundlage für unternehmerische Entscheidungen

Geschäftlicher Erfolg hängt von den richtigen Entscheidungen ab

Erfolg von Unternehmen entsteht durch richtiges Verhalten im Markt – kurz gesagt durch das richtige Produkt, zur richtigen Zeit, am richtigen Ort, zum richtigen Preis. Das Verhalten bindet alle Teile der Organisation ein. Organisationen können sich aber nicht intuitiv verhalten. Das unterscheidet sie vom Individuum, dessen Verhalten überwiegend auf Intuition beruht. Organisationen verhalten sich stattdessen auf Basis von Entscheidungen, zum Beispiel der Entscheidung, ein Produkt einzuführen. So begründet die Entscheidung den späteren Erfolg.

Auch nicht getroffene Entscheidungen können zum Erfolg führen. Es sind ebenfalls Entscheidungen – nämlich für das Nichtstun, das Fortschreiben bestehenden Verhaltens. Das erscheint den Betroffenen oft unbefriedigend. Aus Sicht der Organisation ist es legitim, keine Entscheidungen zu treffen. Keine Entscheidung ist die passive Form der Entscheidung.

Für richtige Entscheidungen benötigen Entscheidungsträger Transparenz

Leider führt nicht jede Entscheidung zum Erfolg – manchmal geradewegs in den Misserfolg. Auch umfangreiche Vorbereitung schützt nicht vor Fehlentscheidungen.

Dennoch erhöhen Analysen und Konzepte die Entscheidungsqualität. Analysen beschreiben bereits entwickelte Zustände. Konzepte entwickeln neue Zustände. Der Entscheidungsträger formt daraus ein Bild der Zukunft – mit der Entscheidung und ohne die Entscheidung. Je mehr Analysen und Konzepte zur Verfügung stehen, desto umfangreicher und schärfer wird das Bild. Die Entscheidung wird fundierter. Die positive Wechselwirkung zwischen zugrunde liegender Transparenz und späterer Qualität der Entscheidung ist psychologisch mehrfach nachgewiesen.

Deshalb wollen Menschen sich vor der Entscheidung möglichst umfassend informieren. Sie streben viele und unterschiedliche Blickrichtungen an und wägen diese bei der Entscheidungsfindung ab.

Deshalb sind Analysen und Konzepte wesentlicher Bestandteil der Unternehmensführung

Für richtige Entscheidungen investieren Unternehmen stark: Sie erheben und analysieren Informationen, sie entwickeln und beurteilen Handlungsoptionen. Bei einem Unternehmen als arbeitsteiliger Organisation erledigt der Entscheidungsträger das nicht alles selbst. Kommunikation ist gefragt. Die Analysen und Konzepte werden vorher aufbereitet und möglicherweise über Hierarchieebenen abgestimmt, bevor sie den Entscheidungsträger erreichen. Diese Schritte gehen der Entscheidung voraus.

Wie interne fußt auch externe Kommunikation auf Analysen und Konzepten. Angebote an Kunden, Anforderungen an Lieferanten, Kommunikation gegenüber Eigentümern oder Öffentlichkeit sollen ebenso Verhalten bestimmen. Das Unternehmen will Entscheidungen von Dritten hervorrufen, indem es ihm Bilder der Zukunft aufzeigt. Das Unternehmen konzentriert sich auf die aus seiner Sicht vorteilhaften Bildteile.

2.2.2 Doch die meisten Entscheidungen werden auf Basis inhaltlicher Ergebnisse gefällt

Im Moment der Entscheidungsfindung kommt es nicht mehr an auf Umfang und Vorgehen der vorangegangenen Arbeiten. Allein die Ergebnisse zählen: Management und Mitarbeiter, aber auch Kunden, Lieferanten und andere Partner brauchen für ihre Entscheidungen Ergebnisse – Analyseerkenntnisse, Empfehlungen oder Maßnahmen. Grundlage der Markteintrittsentscheidung ist nicht die Marktstudie, sondern die Zuversicht in das Marktpotenzial. Der Entscheidungsträger denkt in einer umgekehrten Hierarchie: Er fällt die Entscheidung auf Basis der Zuversicht in das Marktpotenzial. Die Zuversicht wird hervorgerufen durch ein verheißungsvolles Ergebnis der Marktstudie. Das Ergebnis stützt sich auf solide Erarbeitung.

Deshalb werden für Entscheidungen Ergebnisse abgewogen. Idealtypisch gibt es eine einzige umfassende Analyse, die ein klares Ergebnis hervorbringt – eine Empfehlung für oder gegen den Markteintritt. Praktisch fügen sich im Kopf des Entscheiders verschiedene Ergebnisse zu einem Mosaik zusammen. Je vollständiger und konturierter das Bild, desto größer die Entscheidungsfreude.

Sind Teile des Bildes unklar oder gar widersprüchlich, hinterfragt der Entscheider. Er wird sich Teilaspekte anschauen und sich anhand dieser Teilaspekte selbst eine Meinung bilden. Aber auch dabei kommt es ihm auf Ergebnisse an – auf Einzelergebnisse zu konkreten Analyseaspekten.

Umgekehrt kann eine bestimmte Vorgehensweise keine logischen Lücken stopfen. Eine sachlich nicht nachvollziehbare Aussage wird allein durch schlüssiges Vorgehen nicht plausibler. Nur Detailergebnisse zu Hintergründen sind dazu im Stande. Ein gern verwendetes Beispiel: Beschreibt die Marktstudie ein hohes Verkaufspotenzial von Kühlschränken für Eskimos, dann mag das Zweifel hervorrufen. Diese werden nicht ausgeräumt, weil fünf andere Marktstudien das auch besagt haben und im Rahmen unserer Marktstudie 500 Eskimos befragt wurden. Helfen würde hingegen eine inhaltliche Aussage, wonach heute 80 Prozent der Eskimos in beheizten Häusern leben.

2.2.3 Folglich sind Herleitungen in der geschäftlichen Kommunikation nur in Ausnahmefällen gefragt

Wenn Analysen und Konzepte für die Unternehmensführung wesentlich sind, aber es für Entscheidungen selbst allein auf deren Ergebnisse ankommt, bedeutet das im Umkehrschluss: Die klassische Herleitung wird in der geschäftlichen Kommunikation nur in Ausnahmefällen gebraucht.

Nur in drei Situationen kommt es auf die Vorgehensweise an. Hier muss das Ergebnis wie gewohnt schrittweise hergeleitet werden – aber nur in diesen Fällen:

Nur wenn das Ergebnis in Frage gestellt wird, kann die Vorgehensweise zum Verständnis interessant sein

Bei tiefschürfendem Hinterfragen kann der Empfänger an den Punkt kommen, an dem er die Vorgehensweise kennenlernen möchte. Er will wissen, wie der Autor zu dem Ergebnis gekommen ist. Wenn nicht nur das aggregierte Ergebnis, sondern auch die zugrunde liegenden Teilergebnisse für ihn unschlüssig sind, wird er nach der Methodik fragen, mit der die Ergebnisse entwickelt wurden. Unterscheidet sich zum Beispiel das in der Studie entwickelte Marktpotenzial deutlich von der Erwartungshaltung des Empfängers. In diesem Fall wird der Empfänger die Potenziale der einzelnen Segmente abgleichen mit seiner Erwartungshaltung, um die Abweichungen zu lokalisieren. Erst wenn dieser Schritt keine Klarheit schafft, spielt die Vorgehensweise eine Rolle: Der Empfänger wird hinterfragen, welche Quellen, welche Stichproben, welche Kalkulationsmodelle und Annahmen zum Einsatz kamen.

Umgekehrt muss aber gelten: In allen Fällen, in denen das Ergebnis und die Teilergebnisse in das Gesamtbild des Empfängers passen – ihm also plausibel sind –, interessiert er sich nicht für die Vorgehensweise.

Nur wenn die Problemlösungskompetenz betrachtet wird, ist die Vorgehensweise entscheidend

Personalbeurteilungen achten auf die Vorgehensweise eines Kandidaten bei der Problemlösung. Zur Prüfung der Eignung für eine neue, möglicherweise höherwertige Position sind bisherige Erfolge nur ein Element. Ergänzend kommt es auf Problemlösungskompetenzen an, also die Frage, wie ein Kandidat eine neue Aufgabe angeht. Was in der Schule die Regel war, kommt im geschäftlichen Umfeld somit auch vor: Wie einst vom Lehrer bei den Rechenschritten wird der Kandidat jetzt wieder beobachtet. Von der Vorgehensweise bei fiktiven Fallstudien ziehen die Assessoren Rückschlüsse auf die Ergebnisqualität bei künftigen, realen Aufgaben.

Doch nicht jede Präsentation ist eine Potenzialanalyse. Auch hier ist Vorsicht geboten: Eine wirkliche Potenzialanalyse wird in der Regel als solche kommuniziert und nutzt bewusst fiktive Aufgaben. Reale Fälle für solche Experimente zu nutzen, wäre fatal. Schließlich fußen darauf oft wesentliche unternehmerische Entscheidungen.

Nein, in den meisten Fällen hat der Empfänger Vertrauen in den Autor und ist an dessen Ergebnissen interessiert – sonst hätte er ihm die Aufgabe nicht übertragen.

Nur wenn – zum Beispiel bei Schulungen – die Vorgehensweise fokussiert wird, ist der Weg das Ziel

Personalentwicklungsmaßnahmen sollen Mitarbeiter für neue Aufgaben qualifizieren. In Schulungen erlernen diese Methoden und Abläufe. Um sie erfolgreich einzusetzen, müssen die Mitarbeiter nicht nur deren Ergebnisse kennen, sondern vor allem die Anwendung. Daher orientiert sich die Schulung richtigerweise an den Vorgehensschritten. Beispiele ermöglichen die praktische Anwendung und sensibilisieren den Mitarbeiter für kritische Schritte. Durch aktives Erfahren erschließt sich dem Mitarbeiter selbst der Nutzen der Methode.

Aber Vorgesetzte werden nur selten gerne als Schüler behandelt. Wie bei der Potenzialanalyse finden sich hier Lehrmethoden der Schule im geschäftlichen Umfeld wieder. Wie bei der Potenzialanalyse dürfen Regel und Ausnahme nicht verwechselt werden: Ist der Empfänger der Präsentation ein Vorgesetzter, sollte man besser nicht von einer Schulung ausgehen – mit dem Präsentator als Lehrer und dem Empfänger als Schüler. Nein, auch die Schulung bleibt die Ausnahme in der geschäftlichen Kommunikation – zumindest in den meisten Organisationen.

2.3 So stellt die pyramidale Struktur vertraute Präsentationsgewohnheiten auf den Kopf

Wenn wir über Jahre der Ausbildung konditioniert sind, unsere Herleitungen zu dokumentieren, auf die es im Geschäftsleben aber nur in Ausnahmefällen ankommt, dann bedeutet die pyramidale Struktur radikales Umdenken. Die Ergebnisorientierung ersetzt die Beschreibung der Herleitung – aus dem wissenschaftlichen Trichter wird die pyramidale Struktur.

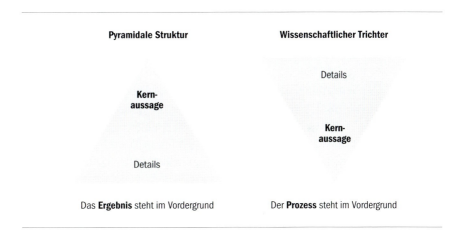

Der Umfang der Inhalte ist bei Pyramide und Trichter gleich. Die Inhalte werden nur anders aufgebaut. Das allein verändert grundlegend das Verhalten von Sender und Empfänger. Beide geben Vertrautes auf und nehmen Neues an.

2.3.1   Der Sender ersetzt Fleißnachweis durch Ergebnisse

Der Sender gibt den stark verinnerlichten Fleißbeweis auf

Menschlich betrachtet ist der Fleißbeweis nachvollziehbar. Anspruchsvolle Themen erfordern eine umfassende Bearbeitung, um das gedankliche Mosaik zu vervollständigen – das ist und bleibt richtig. Und jeder Mensch möchte seine Arbeit der vergangenen Tage, Wochen und Monate gewürdigt sehen. Daher lässt sich der Fleißbeweis in vielen geschäftlichen Präsentationen erkennen: Autoren dokumentieren akribisch sämtliche vorgenommenen Analysen und Konzepte. Sie lassen kein noch so unwichtiges Detail aus. Nachkommastellen und Feingliederungen belegen den Vorbereitungsaufwand. Wie gesagt: Alles menschlich nachvollziehbar.

Sachlich steht der Fleißbeweis unserer Überzeugungskraft im Weg. Für die angestrebte Ergebnisorientierung ist der Fleißbeweis kontraproduktiv: Der Umfang verstellt den Blick für das Wesentliche. Darstellungen des Bearbeitungsumfangs schaffen eine weitere Komplexitätsebene in der Kommunikation – Ergebnisse und Vorgehensschritte. Der Empfänger muss beide Dimensionen sauber differenzieren. Werden sie vermischt, verblasst die Wirkung der Ergebnisse. Der Empfänger bleibt verwirrt zurück.

Deshalb verzichtet der pyramidale Autor und Präsentator auf den Fleißbeweis – auch wenn es schwerfällt. Deshalb lässt die pyramidale Kommunikation keinen Platz für umfangreiche Beschreibung des Vorgehens. Sie konzentriert sich allein auf die Ergebnisdimension. Dafür müssen wir Abschied nehmen von vorgehensorientierten Aussagen wie *Wir haben die Umsatzverteilung analysiert* oder *Wir haben Alternativen zum Markteinstieg entwickelt.*

Der Sender bringt seine Ergebnisse auf den Punkt

Der Sender denkt in Ergebnissen. Ab dem Moment, in dem eine Präsentation vorbereitet wird, ist die inhaltliche Erarbeitung abgeschlossen. Das ist der Redaktionsschluss. Nach der Herleitung müssen wir jetzt die Ergebnisse unserer Arbeit als solche identifizieren und entsprechend kommunizieren – als Informationen oder als Aufforderungen. Die Botschaften müssen zum Beispiel lauten *Unser Gesamtumsatz hängt mittlerweile zu 90 Prozent von Produkt Alpha ab* oder *Wir sollten den Markt durch Übernahme der Firma Meier erschließen.*

Der Sender kommuniziert deutlich. Klare Ergebnisse erfordern klare Worte. Pyramidale Kommunikation erscheint manchmal sehr forsch und direkt. Das widerspricht dem Temperament vieler Menschen. Aber auch hier gilt: Es zählen nicht unsere Befindlichkeiten als Sender, sondern das für den Empfänger relevante Ergebnis. Wenn es denn so ist, dann muss die Botschaft lauten *Die Umsatzentwicklung ist unbefriedigend.*

Der Sender respektiert den Empfänger. Vielleicht ist nach einem Satz alles zu Ende. Pyramidale Kommunikation orientiert sich am Bedürfnis des Empfängers – mit allen Konsequenzen. Auch wenn es hart ist, eine pyramidale Präsentation ist oft schneller zu Ende, als man denkt, zum Beispiel bei der Kernaussage *Das Marktpotenzial ist sehr gering*. Wenn der Empfänger diese Aussage sofort oder nach einer kurzen Erläuterung nachvollziehen kann, dann ist das Thema erledigt.

2.3.2   Der Empfänger verzichtet auf Vorgaben und formuliert im Vorfeld klare Kernaufgaben

Der Empfänger gibt keine formalen Vorgaben wie Seitenanzahl oder Standardfolien

Empfänger versuchen, mit formalen Vorgaben der Informationsflut Herr zu werden. Angesichts der zunehmenden Informationsflut einerseits und der menschlichen Neigung zur Vereinfachung ist das Verhalten verständlich: Wer viele unstrukturierte und nicht-aussagekräftige Präsentationen bekommt, der macht es sich durch formale Vorgaben einfacher. Insbesondere zwei Arten sind weit verbreitet:

— Auftraggeber geben eine Obergrenze für den Präsentationsumfang vor. So dürfen die Autoren zum Beispiel nicht mehr als fünf Folien abliefern. Damit zwingt der Empfänger den Sender, sich kurzzufassen. Er selbst schützt sich davor, mit Hunderten Folien überladen zu werden.
— Auftraggeber geben Präsentationsstrukturen und Standardfolien vor. Die Autoren müssen ihre Inhalte in die Vorlagen bringen. Der Sender profitiert zumindest von vertrauten Abläufen und Darstellungen, die das Einarbeiten in die Inhalte erleichtern.

Doch diese Vorgaben lösen das Problem des Empfängers nicht. Der nachvollziehbare Versuch ist zum Scheitern verurteilt. Beide Arten von Vorgaben haben entscheidende Nachteile:

— Die rein quantitative Obergrenze ist leicht zu umgehen. So reduzieren die Autoren dann gerne mal die Schriftgröße, so dass am Ende die gleiche Informationsmenge auf weniger Folien steht. Alternativ kommen wesentliche Informationen auf Backup-Folien – die werden formal nicht mitgezählt.
— Feste Präsentationsstrukturen und Folienvorlagen werden unterschiedlichen Inhalten oft nicht gerecht. Wie sich Präsentationsinhalte unterscheiden, so differieren auch die Botschaften der Sender und Haltungen der Empfänger. Ein Projektleiter braucht unterschiedliche Präsentationen, ob er zum Beispiel den planmäßigen Projektfortschritt berichtet oder ein erhebliches Zusatzbudget braucht. Standards sind somit nur in sehr grobem Rahmen sinnvoll.

Daher stellt sich der Empfänger offen den pyramidalen Inhalten. Wenn Vorgaben gemacht werden, die die Kommunikation nicht wirklich verbessern, sind sie verzichtbar. Der Empfänger nimmt die pyramidale Präsentation ohne Vorgaben auf. Er prüft nicht die Form der Präsentation, sondern die inhaltliche Überzeugungskraft der Aussagen. Er weiß, dass er auch umfangreiche Dokumente effizient aufnehmen kann.

Der Empfänger kommuniziert seinerseits präzise – angefangen mit dem Auftrag

Zu effizienter Kommunikation mit pyramidalen Strukturen trägt im Idealfall auch der Empfänger bei. Fordert er Präsentationen an, so gibt er bereits eine prägnante Kernfrage vor – anstelle eines nebulösen Themas. Im Vortrag gibt er direkte Rückmeldungen zu den gemachten Aussagen – positive oder negative. Er lässt sich nicht zuerst alles präsentieren, bevor er selbst aus der Reserve kommt.

3   Daher ist die pyramidale Präsentation im geschäftlichen Umfeld meist besser – Vorteile für Empfänger und Sender

Pyramidale Präsentationen bestehen aus klaren Botschaften sowie einer logischen Struktur vom Allgemeinen zum Konkreten. Dieser Aufbau stellt das im Geschäftsleben meist relevante Ergebnis in den Vordergrund. Daher hat die pyramidale Präsentation Vorteile. Sie beziehen sich sowohl auf den Leser oder das Publikum als auch auf den Autor und Präsentator.

Empfänger = Leser und Publikum	Sender = Autor und Präsentator
+ Gewinnt Hoheit über die eigene Zeit zurück	Bei der Vorbereitung
+ Vollzieht auch höchst komplexe Inhalte logisch nach	+ Bereitet die Unterlage schneller vor – dank Orientierung am roten Faden
+ Erspart sich mühsames Herausfiltern der wesentlichen Inhalte	+ Erhöht Logik durch vorherigen Selbst-Test
+ Deckt inhaltliche Schwachstellen gezielt auf	+ Holt frühzeitig Feedback von Vorgesetzten und Kollegen ein
	Im Vortrag
	+ Nutzt die Phase der höchsten Aufmerksamkeit des Publikums
	+ Wird nicht durch ablenkende Fragen gestört
	+ Gewinnt persönliche Akzeptanz
	+ Trägt souverän vor

3.1   Leser oder Publikum bestimmen selbst den Zeiteinsatz, verbessern Verständnis, sparen Aufwand und erkennen inhaltliche Lücken

3.1.1   Die pyramidale Präsentation gibt die Hoheit über die eigene Zeit zurück

Pyramidale Kernaussagen befriedigen das Informationsbedürfnis am Anfang

Der Empfänger möchte die Präsentation verstehen. Er hat ein Informationsbedürfnis: Aktiv, indem er nach etwas fragt – zum Beispiel Berichte, die von der Geschäftsleitung angefordert werden. Passiv weckt der Sender das Informationsbedürfnis– zum Beispiel Verkaufspräsentationen, in denen Anbieter Kunden neue Leistungen vorstellen.

Gut formuliert, beantwortet bereits die Kernaussage das zentrale Informationsbedürfnis des Empfängers. Korrespondierende Botschaften auf den Vertiefungsebenen detaillieren – zunächst mit immer noch verdichteten Aussagen. Die Pyramide wird in logischen Schritten breiter. Der „Steigungswinkel" beim Abstieg in die Details ist nicht zu steil und nicht zu schwach gewählt. Erst auf den unteren Ebenen der Pyramide eröffnet sich die ganze Fülle inhaltlicher Details.

Und dadurch bewertet der Empfänger Aussagen unmittelbar und bestimmt danach seinen Detaillierungsbedarf

Die pointierte Darstellung der Kernaussagen springt dem Empfänger stets als Erstes ins Auge. Er greift diese auf und vergleicht die Botschaften unmittelbar mit seinem bisherigen Verständnis. Der Empfänger tut dies gar nicht bewusst – er nimmt in Sekundenschnelle zwei Einordnungen vor:

— **Der Empfänger bestimmt, ob die Aussage für ihn relevant ist.** Er klärt den Bezug zwischen der Botschaft und sich selbst. Verneint er diese Frage, wird er bereits hier die Unterlage zur Seite legen oder die Präsentation verlassen. Besteht diese Option nicht, so wird er zumindest innerlich abschalten und sich gedanklich anderen Themen zuwenden.
— **Für relevante Aussagen bestimmt der Empfänger, ob ihm die Aussage so schon ausreicht.** Nur bei relevanten Botschaften folgt die zweite Frage: *Kann ich die Aussage nachvollziehen?* Stellen sich ihm keine weiteren Fragen, wird er wiederum aussteigen. Nur wenn die Aussage ihm alleine nicht reicht, bleibt er aufmerksam. Er hinterfragt kritisch oder sucht konkretere Ausführungen. Wer eine Aussage nicht sofort nachvollzieht, der nutzt die nächste Chance auf der nächsten Ebene der pyramidalen Struktur – er muss sich immer noch nicht mit allen Details auseinandersetzen. Er erschließt jeden Aspekt immer genau bis zu dem Detaillierungsgrad, der ihm persönlich ausreicht.

Daher spart der Empfänger Zeit und setzt diese gezielter ein

Der pyramidale Aufbau ermöglicht dem Empfänger auf diese Weise die flexible Aufnahme der Inhalte. Er bestimmt selbst Inhalt und Intensität der Kommunikation. Die Diktatur des Senders ist zu Ende – *Wann ist endlich Schluss?* Der Empfänger nutzt seine Zeit in zwei Punkten effizienter:

— **Er spart Zeit, indem er irrelevante Aspekte übergeht.** In vielen Fällen ist die pyramidale Präsentation tatsächlich schneller. Die gut aufgebaute pyramidale Präsentation strebt geradezu danach, dass der Empfänger nicht alle Details aufnimmt. Der Empfänger lässt alles weg, was er – anhand pyramidaler Präsentationstitel, Kapitel- oder Folienüberschriften – als irrelevant einstuft. Als Leser der Unterlage überblättert er die entsprechenden Teile. Als Publikum im Vortrag signalisiert er dem Präsentator verbal oder non-verbal, dass die gegebene Information ausreicht. Hier greift wieder die anschauliche Analogie zur Tageszeitung: Nur wenige Menschen lesen die Tageszeitung vom ersten bis zum letzten Wort. Wir erkennen anhand der Schlagzeilen die für uns relevanten Artikel. Und nur diese lesen wir tatsächlich. So lesen wir auch umfangreiche Zeitungen in wenigen Minuten.

— **Leser oder Publikum investieren ihre Zeit in kritische oder besonders interessante Aspekte.** Durch die Zeitersparnis bei irrelevanten oder bereits nachvollzogenen Aspekten bleibt mehr Zeit für die kritischen oder interessanten Teile. An diesen Stellen steigt der Empfänger intensiv ein: Er liest die Unterlage aufmerksam, prüft Quellen und fordert weitere Hintergrundinformationen an. Er hört dem Vortrag konzentriert zu, stellt dem Präsentator hartnäckig Fragen und lässt diesen erst weitermachen, wenn Unklarheiten beseitigt und das eigene Verständnis geschärft sind. Die alte Formel „Verfügbare Zeit dividiert durch die Anzahl der Kapitel ergibt Zeitansatz pro Kapitel" wird aufgehoben. Der Empfänger entscheidet in Abhängigkeit von seinem Verständnis, wo wie viel Zeit investiert wird. In Ausnahmefällen führt dies sogar dazu, dass die für den Vortrag angesetzte Zeit nicht ausreicht – dann, wenn es besonders viele Aspekte gibt, die der Empfänger hinterfragen oder konkretisiert haben möchte. In diesen Fällen wird er einer Verlängerung oder einem Folgetermin gerne zustimmen. Er hat die Aussagen schließlich selbst als relevant eingeschätzt.

3.1.2   Die pyramidale Präsentation macht auch höchst komplexe Inhalte logisch nachvollziehbar

Komplexe Inhalte sind zunächst sehr unübersichtlich

Komplexität entsteht durch zahlreiche Vernetzungen. Die Vernetzungen können sich grundsätzlich ähneln, sie unterscheiden sich aber in bestimmten Aspekten.

Gerade in der geschäftlichen Kommunikation kommt es auf diese entscheidenden Differenzierungen an. Hier gilt wieder: Unternehmen müssen im Dickicht der möglichen Differenzierungen die jeweils entscheidenden erkennen.

Als Abbild der Realität sind die wichtigen Aspekte in der Präsentation oft nicht erkennbar. Viele Präsentatoren bemühen sich geradezu darum, das ganze Ausmaß der Komplexität aufzuzeigen. Sie nehmen unterschiedliche Perspektiven ein und lassen unterschiedliche Interpretationsmöglichkeiten offen. Durch das Aufzeigen von Komplextität kann man zunächst beeindrucken.

Doch die Bewertung der Inhalte für den Empfänger ist schwer. Er filtert selbst entscheidende Aspekte heraus und baut so sein Verständnis auf. Möglicherweise hatte der Sender selbst kein klares Verständnis seiner Inhalte – entsprechend gibt er sein gedankliches Durcheinander in der Präsentation weiter.

Die pyramidale Präsentation schafft dabei Ordnung

Die pyramidale Präsentation bringt Licht ins Dunkel. Sie orientiert sich am Aufbau des Gehirns. Die Kombination von bildhafter Botschaft und logischer Struktur adressiert beide Gehirnhälften. Ganzheitliches Verständnis wird möglich.

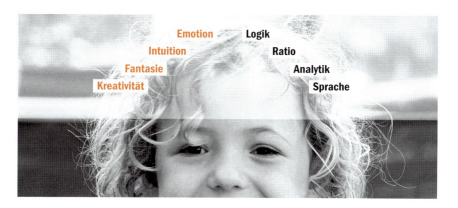

Damit schafft der Sender Transparenz in drei Bereichen:

— **Der Sender beschränkt sich auf relevante Inhalte.** Bereits in der Vorbereitung der Präsentation setzt sich der Sender intensiv mit seinen Inhalten und den Bedürfnissen des Empfängers auseinander. Mit der Kernaussage bietet er ihm eine Essenz aller Inhalte. Er beschränkt sich auf die wesentlichen Differenzierungen. Dabei stellt er die wichtigste an den Anfang. Durch Formulierung und Gestaltung der Präsentation gibt der Sender die gewählten Strukturen klar zu erkennen. Alle aus Empfängersicht überflüssigen Inhalte entfallen.
— **Der Sender bietet logische Denkmuster an.** Ein Faktum kann vielfältig inter-

pretiert werden. Um das Verständnis eines oder gar mehrerer Empfänger zu kanalisieren, bedient sich der Sender der Gesetze der Logik. Sie ermöglichen bei rationaler Betrachtung eine unangreifbare Argumentation. Die pyramidale Präsentation bildet in ihrer vertikalen Struktur logisch unterschiedliche Ebenen der Inhalte. Und sie grenzt in ihrer horizontalen Struktur Teilaussagen entweder parallel klar ab oder verknüpft sie zu einer schlüssigen gedanklichen Folge. Ob vertikale Ebenen oder horizontale Teilaussagen, in allen Fällen verdeutlicht der Sender logische Zusammenhänge durch die entsprechende Gestaltung der Präsentation.

— **Der Sender sichert Allgemeinverständlichkeit.** Ein Begriff – viele Definitionen. Damit beim Empfänger ankommt, was der Sender meint, nutzt er eindeutige Begriffe oder detailliert sein Verständnis ausführlich. Durch allgemeinverständliche Strukturen und Definitionen sichert der Sender eine unmissverständliche Argumentation – unabhängig vom Verständnis des Einzelnen. Der Sender nutzt die Strukturen und Definitionen konsistent in der gesamten Präsentation – und gerne auch darüber hinaus.

Daher verstehen und interpretieren Leser und Publikum die Präsentationsinhalte besser

Dank klarer Botschaften und schlüssiger Strukturen gewinnt der Empfänger ein eindeutiges Verständnis von komplexen Präsentationsinhalten: Er erfasst ein Gesamtbild und erkennt, was voneinander abhängt und was voneinander unabhängig ist. Er vollzieht die Aussagen logisch stringent nach. Bei Unklarheiten oder Zweifeln nutzt er hilfreiche Details.

Auf Basis dieses Verständnisses ordnet der Empfänger Gesamtbotschaft oder Teilbotschaften in andere Zusammenhänge ein. Er erkennt die Relevanz für sich und bewertet die Präsentation entsprechend.

Basierend auf dem klaren Verständnis der Präsentationsinhalte und der Einschätzung der eigenen Relevanz kann der Empfänger die Präsentation im nächsten Schritt weiterverarbeiten: Er nutzt sie als Grundlage für Entscheidungen oder weitergehende Konzeptionen.

3.1.3 Die pyramidale Präsentation erspart mühsames Herausfiltern der wesentlichen Inhalte

Einer muss sich durch die Interpretation quälen – oft leider das Publikum

Einzelinformationen sind selten hilfreich. Präsentationsfolien enthalten oft Mosaiksteine. Für unternehmerisches Handeln kommt es auf das Gesamtbild an. Das Gesamtbild entsteht durch Denken. Mehrere Einzelinformationen werden in Zusammenhang gebracht und interpretiert.

Die Interpretation der Inhalte kann durch den Empfänger oder den Sender erfolgen. Wolf Schneider warnt: „Einer muss sich quälen – der Empfänger oder der Sender." Viele Präsentationen schütten dem Empfänger sämtliche Details praktisch zu Füßen. Im besten Fall unterstützt ihn der Präsentationsaufbau bei der Interpretation: Eine Herleitung führt ihn schrittweise zur Schlussfolgerung. Das setzt allerdings intensives Mitdenken voraus.

Bei der pyramidalen Präsentation quält sich der Sender

Für pyramidale Präsentationen ist diese Zuständigkeit eindeutig geklärt: Der Sender bietet dem Empfänger bereits seine Sicht der Dinge an. In seiner Vorbereitung trägt der Empfänger nicht einzelne Präsentationsinhalte zusammen. Stattdessen liefert er ein schlüssiges Gesamtbild. Das wird am besten deutlich im sprechenden Inhaltsverzeichnis.

Der Sender interpretiert die Inhalte und bewertet sie im Hinblick auf den Empfänger. Er erkennt in parallelen Entwicklungen eine gemeinsame Tendenz. Er wiegt widersprüchliche Entwicklungen ab. Auf Basis seiner Interpretationen erarbeitet er die Kernaussage und logische Struktur – erst dann beschäftigt er sich mit den Präsentationsfolien. Das ist für ihn unbestritten zunächst aufwändiger, als dem Empfänger mal schnell irgendwelche, am besten bereits bestehenden Folien zusammenzuwürfeln.

Daher sparen sich Leser und Publikum Interpretationsaufwand

Der Empfänger kann sich auf die klaren Aussagen des Senders verlassen. In vielen Fällen ist die fachliche Kompetenz des Senders ohnehin größer und als solche unbestritten. Wo der Empfänger sich mit den Aussagen auseinandersetzen will – vermutlich weil sie ihm nicht schlüssig erscheinen –, reduziert sich sein Engagement qualitativ und quantitativ:

— **Qualitativ beschränkt sich das Mitdenken auf das Überprüfen der gemachten Aussagen.** Zum Verständnis der Präsentation leitet der Empfänger keine eigenen Aussagen her. Vielmehr verifiziert er die Interpretation des Senders. Dazu prüft er die einzelnen Detailaussagen auf inhaltliche Richtigkeit. Außerdem prüft er die aus den Einzelaussagen abgeleiteten Kernaussagen auf logische Richtigkeit der Vernetzung. Aktives Mitdenken des Empfängers wird nur dann nötig, wenn er die Argumentation des Empfängers widerlegt. In diesem Fall wird er selbst anderweitig interpretieren und sich quasi selbst seine wesentliche Botschaft entwickeln.

— **Quantitativ beschränkt sich das Mitdenken auf die logisch notwendigen Inhalte.** Der Empfänger setzt sich nur mit den Inhalten auseinander, die zum Verständnis der Kernaussage erforderlich sind. Der logische Aufbau durch den Sender bewahrt ihn vor vielen unnötigen Details. Auch hier muss der Empfänger nur bei erkannten Unzulänglichkeiten aktiv werden. Er wird zusätzliche Inhalte dort aufbringen, wo der Sender Aussagen nicht logisch erschöpfend oder zwingend untermauert.

3.1.4   Leser oder Publikum können inhaltliche Schwachstellen gezielter aufdecken

Präsentationsergebnisse müssen stichhaltig und solide sein

Präsentationen beeinflussen die Unternehmensführung wesentlich. Mit ihnen werden Fakten oder Einschätzungen in organisatorisches Verhalten umgewandelt. Dabei werden Fakten und Einschätzungen wie auch organisatorisches Verhalten zunehmend komplexer. Deshalb müssen Präsentationen notgedrungen viele Aspekte einleuchtend zusammenführen.

Die pyramidale Struktur macht die Logik der inhaltlichen Details transparent

Durch Botschaften und Strukturen reduziert die pyramidale Präsentation Inhalte auf ihre Essenz: Sie verzichtet auf überflüssiges Beiwerk. Formulierung und Visualisierung unterstreichen die Beziehungen zwischen einzelnen Aussagen – sowohl horizontal als auch vertikal. Die pyramidale Präsentation vertreibt damit Nebelfelder aus umständlichen Formulierungen, gedanklichen Sprüngen und unnötigen Detailaspekten.

Daher erkennen Leser und Publikum inhaltliche Unklarheiten einfacher

Auch wenn es dem Sender nicht gefallen mag: Die pyramidale Präsentation legt Schwachstellen gnadenlos offen. Der Empfänger erkennt sofort, wenn Aussagen gar nicht, unzureichend oder falsch untermauert werden. Der Empfänger wird das Augenmerk gezielt auf diese Punkte lenken. Er wird dem Autor die Chance einräumen, die Unklarheit im mündlichen Vortrag auszuräumen. Scheitert das, wird er die Botschaft der Präsentation ganz oder in Teilen zurückweisen.

Dieser Vorteil des Empfängers bleibt hoffentlich ein theoretischer. So weit sollte es gar nicht kommen: Denn bereits der Sender erkennt in seiner Vorbereitung ebendiese Schwachstellen. Er kann noch rechtzeitig nacharbeiten und die fehlenden Details integrieren.

3.2   Der Präsentator bereitet effizienter vor und tritt wirkungsvoller auf

3.2.1   Die Vorbereitung der Präsentationsunterlage erfolgt schneller, fundierter und perfekt mit anderen abgestimmt

3.2.1.1   Orientierung am roten Faden beschleunigt die Vorbereitung

Es kostet im ersten Schritt Zeit, die eigene Botschaft empfängerorientiert auf den Punkt zu bringen

Die beschriebene Qual des Senders braucht Zeit. Interpretation dauert grundsätzlich länger als reine Informationsweitergabe. Zunehmende inhaltliche Komplexität potenziert den erforderlichen Vorbereitungsaufwand des Senders.

Der erste Schritt ist meist der schwerste: Wer gleich Folien erzeugt, kann nach kurzer Zeit erste Erfolge feiern. Das schafft vielleicht ein gutes Gefühl – meist aber wenig Durchblick beim Empfänger.

Der pyramidale Ansatz ist anders: Der Sender stellt sich zunächst gedanklich zwischen seine inhaltlichen Erkenntnisse und die Erwartungen des Empfängers. Er entwirft Kernaussagen und Strukturen. Er vergleicht alternative Ansätze und prüft die Logik. Erst dann macht sich der Sender an die Folien. Und erst ab hier kann Software den Präsentationsprozess unterstützen. Die Denkarbeit der Strukturierung ist notwendig und am Anfang durchaus quälend.

Aber ist der rote Faden einmal gelegt, sind die Folien schnell gemacht

Pyramidal strukturierte Inhalte lassen sich leicht auf einzelne Folien übertragen. Hier spart der Sender gleich in mehrfacher Hinsicht Zeit:

— **Weniger Präsentationsfolien werden weniger voll.** Der Sender beschränkt sich auf die argumentationslogisch erforderlichen Inhalte. Irrelevante Aussagen werden bereits bei der Strukturierung eliminiert. Folglich kommen sie auch nicht in die Präsentation. Oft gibt es weniger Folien – zumindest werden die Folien weniger voll.

— **Aussagen werden wörtlich übernommen.** Die bei der Strukturierung erzeugten Argumente werden zu Überschriften für ganze Kapitel oder einzelne Folien. Der Sender muss nicht mehr überlegen, wie er was nennt. Er kopiert die Aussage wörtlich oder passt sie allenfalls sprachlich an.

— **Klare Botschaften ermöglichen eine schnelle Gestaltung.** Durch das logische Durchdringen der Inhalte weiß der Autor sofort, worauf es bei der Folie ankommt. Die Gestaltung hängt nicht mehr von künstlerischen Präferenzen und Tagesformen ab. Die pyramidale Überschrift gibt vor, welche Aspekte hervorgehoben ins Auge springen müssen und welche Elemente dezent zurückgesetzt werden.

Daher wird die Vorbereitung unter dem Strich schneller

Die pyramidale Strukturierung ist für den Sender eine gute Investition: Die einge-
sparte Zeit bei der Folienerstellung überwiegt den Zeitbedarf der Strukturierung. Unter dem Strich bleibt mehr Zeit für die inhaltliche Arbeit.

Übung macht den Meister – und verstärkt den Vorteil: Die Zeitersparnis wächst
mit der Erfahrung. Beim ersten Mal wird der Zeitgewinn noch relativ gering sein –
vielleicht sogar negativ. Danach helfen gleich zwei Lernkurven: Je häufiger man es
macht, desto schneller sind erst die Argumente strukturiert und dann die Struktur
auf einzelne Folien übertragen.

3.2.1.2   Selbst-Test steigert die Logik der Argumentation

Präsentationsinhalte sind auch für den Autor oft nicht einfach

Wer andere erreichen will, sollte selbst von seinen Präsentationsinhalten überzeugt
sein. Klarheit über die eigene Position ist Voraussetzung für den Präsentationserfolg.
Idealerweise geht der Ergebniskommunikation solide inhaltliche Vorbereitung voraus. Fast jeder Präsentationsautor genießt das Privileg, als inhaltlicher Experte intensiv mit dem Thema beschäftigt zu sein. Im Idealfall entwickeln möglichst eindeutige Erkenntnisse in seinem Kopf ein konsistentes Bild, und macht er sich selbstbewusst an die Präsentation.

Praktisch läuft es häufig anders: Einerseits fußt nicht jede Ergebnispräsentation
auf inhaltlicher Erarbeitung. Nicht selten ist die Kernaussage von vornherein vorgegeben – zum Beispiel vom Vorgesetzten. Manchmal ist es eine eher vage Erkenntnis, ein Gefühl, das der Autor noch nicht richtig greifen kann. Andererseits kennt
selbst solide inhaltliche Vorbereitung nicht nur Schwarz oder Weiß. Ergebnisse sind
vielschichtig, teilweise widersprüchlich. Es entstehen Zweifel, unterschiedliche
Aspekte müssen gegeneinander abgewogen werden. In diesen Fällen mangelt es
dem Autor oft an Sicherheit.

Zu guter Letzt kann auch ein sehr klares Bild des Autors negativ wirken – wenn
seine Sicht der Dinge so dominant ist, dass er die Bedürfnisse des Empfängers verdrängt. Der Autor sieht vor lauter Bäumen den Wald nicht mehr.

Die pyramidale Struktur zeigt frühzeitig eventuelle Schwachstellen

Wie Botschaften und Strukturen dem Empfänger Schwachstellen transparent machen,
so kann auch der Autor die logische Stringenz selbst prüfen. Indem er selbst Mehr-
deutigkeiten, ungeeignete Differenzierungen, irrelevante Aussagen, gedankliche
Sprünge oder unzulässige Annahmen erkennt, nimmt er die Wahrnehmung des
Empfängers vorweg.

Der Autor der pyramidalen Präsentation hat das Privileg, dass er Schwachstellen selbst erkennen kann. Nutzt er diese Möglichkeit nicht, wird der Empfänger es im Rahmen der Präsentation tun – garantiert. Und der Autor kann dies sehr früh im Entstehungsprozess der Präsentation tun – allein anhand seiner pyramidalen Kommunikationsstruktur.

Dadurch kann der Autor noch rechtzeitig nacharbeiten

Wo Ergebnisse nicht immer glasklar sind, die pyramidale Struktur Schwachstellen aber frühzeitig offenlegt, gewinnt die Präsentation an Überzeugungskraft. Der Autor kann noch nacharbeiten: Hat er „nur" kommunikative Schwachstellen, so ersetzt er diese zum Beispiel durch eindeutige Formulierungen oder empfängeradäquate Differenzierungen. Irrelevante Aussagen streicht er. Für gedankliche Sprünge ergänzt er zusätzliche Aussagen. Hat er auch inhaltliche Defizite wie zum Beispiel fehlende Details zur Untermauerung von Aussagen, so muss er diese recherchieren. Für die Überarbeitung bestehen dann zwei Möglichkeiten: Findet er solide Details zur Untermauerung, integriert der Autor diese. Wenn nicht, dann muss er seine Struktur anpassen, möglicherweise bis hin zur Kernaussage. Vielleicht spricht der Autor die Schwachstelle selbst an. Das schwächt zwar seine Kernaussage, es erhöht aber die Akzeptanz beim Empfänger. Aus der ursprünglich mutigen Formulierung *Wir sollten in den belgischen Markt einsteigen* wird dann vielleicht *Vor Eintritt in den belgischen Markt sollten wir die Verfügbarkeit qualifizierter Planungsingenieure prüfen.* Es gilt: Besser mit einer abgeschwächten Kernaussage erfolgreich als mit einer weitergehenden Kernaussage gescheitert.

Lassen sich wesentliche Aussagen nicht belegen, muss der Autor das Präsentationsvorhaben im Extremfall ganz aufgeben. Auch wenn es hart klingen mag: So spart er zumindest die mit einem vergeblichen Anlauf verbundene Zeit und einen eventuellen Gesichtsverlust beim Empfänger.

3.2.1.3   Feedback von Kollegen und Vorgesetzten wird frühzeitig genutzt

Viele Präsentationen müssen Positionen von Teams widerspiegeln oder werden für Dritte vorbereitet

Die Vorbereitung wird abermals komplexer, wenn der Autor die Inhalte nicht selbst erarbeitet hat, die Empfänger nicht selbst kennt oder er die Präsentation nicht selbst vorträgt. Unterschiedliche Positionen müssen eingeholt und möglicherweise ausdiskutiert werden. Beiträge von mehreren Seiten können unbestritten die Qualität erhöhen, den Aufwand erhöhen sie definitiv.

In der betrieblichen Praxis finden sich vor allem zwei Fälle – Teampräsentationen und Auftragspräsentationen:

— Bei der Teampräsentation gibt es viele Köche. Mehrere Teammitglieder haben das Thema der Präsentation gemeinsam erarbeitet – und wollen es gemeinsam präsentieren. Jetzt gibt es wiederum zwei gleichermaßen anspruchsvolle Fälle: Jeder bereitet seinen Teil vor. Und die Teile bleiben oft als Einzelpräsentationen erkennbar. Oder einer bereitet alles vor. Und alle anderen finden sich oft in der Präsentation nicht wieder, sie distanzieren sich im Extremfall sogar davon.

— Bei der Auftragspräsentation kocht die „Aushilfe". In der Regel beauftragt der Vorgesetzte seinen Mitarbeiter mit der Ausarbeitung einer Präsentationsunterlage. Der Chef gibt sein Wissen über die Empfänger und seine eigenen Vorstellungen zur Präsentation weiter – im Extremfall trägt er nur vor. Es entsteht eine anspruchsvolle Dreiecksbeziehung: Der Autor muss zwei Herren dienen. Theoretisch sollte er die Präsentation ausschließlich am Bedürfnis des Empfängers ausrichten. Praktisch bemüht er sich primär, die Erwartungen des Chefs zu erfüllen.

Die pyramidale Struktur ermöglicht die frühzeitige Abstimmung der Argumentation

Der Entstehungsprozess der pyramidalen Präsentation fördert bereits zu Beginn eine systematische Abstimmung der kritischen Punkte. Das ganze Team oder Vorgesetzter und Mitarbeiter verständigen sich zum Beispiel auf die Kernfrage des Empfängers – und die Antwort darauf, also die Kernaussage der Präsentation. Sie verständigen sich auf seine vermutliche Einstellung zur Kernaussage – positiv oder negativ. Sie diskutieren alternative, SAUBER®e Gruppen und prüfen kritisch, ob Ketten wirklich zwingend sind. Auch der notwendige Detaillierungsgrad zu den einzelnen Aussagen lässt sich im Vorfeld vereinbaren

So wird Feedback konzeptionell genutzt, statt am Ende Folien wie Fremdkörper einzufügen

Trotz mehrerer Beteiligter, die pyramidale Präsentation wird am Ende aus einem Guss sein. Der Input aller Beteiligten wird zusammengeführt, bevor die einzelnen Präsentationsfolien entstehen – auf der Ebene der pyramidalen Kommunikationsstruktur.

Die Abstimmung kann dabei auf zwei Wege erfolgen: Entweder bereitet einer die Kommunikationsstruktur vor – möglicherweise mit Alternativen. Andere Beteiligte prüfen diese Struktur und passen sie gegebenenfalls an. Dieses Vorgehen ist insbesondere bei Auftragspräsentationen pragmatisch. Oder alle Beteiligten entwickeln die Grundzüge der Kommunikationsstruktur gemeinsam – im offenen Gespräch. Dieses Vorgehen ist besonders für Teampräsentationen sinnvoll. Dabei können im Team auch nur die oberen Strukturebenen entwickelt werden. Die detaillierte Strukturierung und Gestaltung einzelner Präsentationsteile bleiben einzelnen Teammitgliedern vorbehalten. So arbeitet jeder den Teil aus, den er selbst vortragen wird.

Beide Wege führen zum gleichen Ergebnis: Die Präsentation ist kein Flickenteppich unterschiedlicher Folien. Sie ist stattdessen in sich stimmig – mit einer klaren Linie und bewussten Brüchen.

3.2.2   Der Präsentationserfolg vor dem Publikum steigt durch gezielte Kommunikation und überzeugendes Auftreten

3.2.2.1   Der Präsentator nutzt die höchste Aufmerksamkeit des Publikums

Die Aufnahmefähigkeit des Publikums ist in den ersten Minuten am höchsten

Die psychologische Vigilanzkurve zeigt Höchstwerte am Anfang der Präsentation. Anschließend lässt die Aufmerksamkeit nach. Ein guter Präsentator vermag sie zum Ende hin mit einem Spannungsbogen zu erhöhen. Sie bleibt aber unterhalb der Anfangswerte.

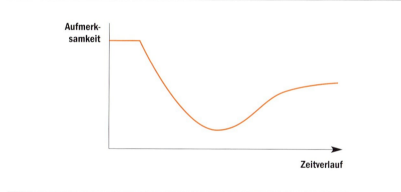

Die hohe Aufmerksamkeit des Publikums zu Beginn ist mehrfach nachvollziehbar. Zunächst wird der Kreislauf durch vorangegangene Bewegung angetrieben – die Empfänger mussten sich möglicherweise in einen anderen Raum begeben. Danach muss sich der Empfänger auf den Präsentator einstellen. Das passiert überwiegend unterbewusst – Stimme und Gestik des Präsentators werden genau registriert und sehr schnell Sympathie und Antipathie zugeordnet. Zu guter Letzt: Auch das Präsentationsthema kann beim Empfänger eine Erwartungsanspannung erzeugen.

Die Dauer dieser hohen Aufmerksamkeit kann man nicht pauschal quantifizieren. Sie hängt ab von Rahmenbedingungen: Handelt es sich um einen Einzelvortrag, oder trägt der Präsentator nur vor zu einem von vielen Tagesordnungspunkten? Ist der Vortrag von vornherein für einen längeren Zeitraum geplant, oder vermittelt bereits ein kurzes Zeitbudget eine geringe Wichtigkeit? Hat der Empfänger die Präsentation selbst gewollt, oder wurde sie ihm vom Präsentator oder einem anderen nahegelegt – wie zum Beispiel bei Verkaufspräsentationen? Beschäftigt sich der Empfänger neu mit dem Thema, oder handelt es sich um ein stets wiederkehrendes Thema – wie zum Beispiel Monatsberichte. Auch die Tageszeit spielt eine Rolle.

Im Gegensatz zur klassischen Herleitung beginnt die pyramidale Präsentation mit den Ergebnissen

Und genau diese Phase nutzt die pyramidale Präsentation. Sie beginnt mit dem Wichtigsten – egal ob vom Empfänger initiiert oder nicht. Der Empfänger liest und hört die für ihn wesentliche Aussage am Anfang. Noch in den ersten Minuten bekommt er grundlegende Details zu dieser Aussage. Die häufig einleitenden Details wie Untersuchungsauftrag, Analyseumfang oder die Vorstellung der eigenen Firma kommen bewusst erst später – falls der Empfänger darauf überhaupt Wert legt.

Daher nutzt die pyramidale Präsentation die Phase der höchsten Aufmerksamkeit optimal

Die pyramidale Präsentation synchronisiert die Aufmerksamkeit des Empfängers und die Wichtigkeit der Aussagen. Der optimale Schnittpunkt ist am Anfang: Mit höchster Konzentration nimmt der Empfänger die wichtigsten Aussagen auf. Mit abnehmender Aufmerksamkeit sinkt auch die Bedeutung der Aussagen. Für den Empfänger entfällt die Gefahr, im weiteren Präsentationsverlauf wesentliche Aussagen zu verpassen. Für den Präsentator entfällt die Notwendigkeit, die Aufmerksamkeit des Empfängers zu stimulieren – durch Aussagen wie *Jetzt wird es wichtig!*

3.2.2.2   Der Präsentator wird nicht durch ablenkende Fragen gestört

Auch wenn sie ablenken, Fragen gehören zur Präsentation dazu

Fragen sind eine Herausforderung für den Präsentator. Theoretisch sind Fragen des Publikums positiv. Sie zeigen, dass sich das Publikum mit der Präsentation beschäftigt. Sie zeigen, an welchen Stellen Unverständnis oder Widerstand besteht. Praktisch empfinden die meisten Präsentatoren Fragen jedoch negativ. Sie kommen aus dem Konzept, müssen neu nachdenken und im schlimmsten Fall emotionale Angriffe wegstecken.

Gleichzeitig kann und sollte der Präsentator Fragen nicht verhindern. Bei den meisten Präsentationen schlagen alle Versuche fehl, unterbrechende Fragen zu verhindern – zum Beispiel die freundliche Aufforderungen, Fragen erst am Ende zu stellen. Vorgesetzte, Kunden und viele andere Empfänger lassen sich dadurch selten stoppen – sie stellen ihre Fragen trotzdem. Selbst wo er es könnte, sollte der Präsentator Fragen nicht unterbinden. Allein die Aufforderung dazu wird vom Publikum als Unsicherheit identifiziert. Der Präsentator wirkt wenig professionell.

Folglich muss der Präsentator auch unvorhergesehene Fragen als Bestandteil seines Auftritts annehmen. Er muss die Präsentation als Dialog sehen, nicht als Monolog. Bei Rückmeldungen des Publikums muss er den geplanten Ablauf verlassen, Antworten finden und artikulieren und dann den Präsentationsfluss wieder aufnehmen.

Bei pyramidalen Präsentationen stellen sich ablenkende Fragen erst gar nicht

Auch die pyramidale Präsentation verhindert Fragen nicht – im Gegenteil. Sie nutzt sie gezielt, um den Detaillierungsgrad zu bestimmen. Aber sie filtert ablenkende Fragen heraus. Der pyramidale Aufbau sorgt dafür, dass sich weniger Fragen stellen und diese systematisch beantwortet werden. Zunächst versteht der Empfänger sofort, worauf der Sender hinauswill. Das sagen ihm die formulierten Botschaften. Er muss – im Gegensatz zur Herleitung – nicht im eigentlichen Sinne mitdenken. Er konzentriert sich auf die Plausibilität der Argumentation. Wo ihm dabei etwas unklar ist, liefert die Struktur unmittelbar Details. Dafür sorgt die vertikale Struktur – vom Allgemeinen zum Konkreten. Der Präsentator entwickelt die Argumentation nicht spontan. Er ruft sie stattdessen von der nächsten Detaillierungsebene ab. Dort stellt die horizontale Struktur sicher, dass die Antwort logisch schlüssig ist.

So verbessert die pyramidale Präsentation den Präsentationsfluss

Weniger ablenkende Fragen machen die Präsentation für alle Beteiligten flüssiger. Es gibt weniger gedankliche Sprünge, inhaltliche Abschweifungen und Ablenkungsmanöver einzelner Teilnehmer. Insbesondere Letztere sind bei den übrigen Teilnehmern unbeliebt, weil sie viel Zeit kosten und oft nur geringen Erkenntnisgewinn bringen.

3.2.2.3   Der Präsentator gewinnt persönliche Akzeptanz

Inhaltlich überzeugt der Präsentator sein Publikum nicht immer

Tritt der Präsentator einem skeptisch oder gar negativ eingestellten Publikum gegenüber, muss er es überzeugen. Dafür nutzt er die Kraft seiner Argumente. Nur sie können die Haltung des Publikums ändern. Fehlen dem Präsentator gute Argumente, dann wird er scheitern – auch und gerade beim pyramidalen Aufbau.

Der Präsentator findet das meist negativ: Sein Vorschlag wird nicht umgesetzt werden. Seine Erkenntnis wird nicht geteilt. Inhaltlich hat er sein Ziel verfehlt.

Persönlich beeindruckt er zumindest durch klare Positionierung

Unabhängig vom inhaltlichen Scheitern kann das Publikum den persönlichen Auftritt des Präsentators wahrnehmen. Das ist seine zweite Chance – und diese nutzt der pyramidale Präsentator: Er hat eine klare Botschaft und trägt sie entschlossen vor. Auf der persönlichen Ebene schätzt das Publikum allein dieses Auftreten. Da steht ein Mensch, der weiß, was er will. Diese Art der Anerkennung fußt darauf, dass viele Präsentatoren klare Aussagen hartnäckig meiden, bei Nachfragen ins Schwimmen geraten und sich bei eigenen Schaubildern erst selbst orientieren müssen.

In diesem Sinne hat Daimler-Vorstandsvorsitzender Dieter Zetsche die „BILD-Zeitung" gewürdigt: In einer Zeitungsanzeige schrieb er *Die BILD hat immer eine klare Position. Man muss mit ihr nicht übereinstimmen. Aber es ist eine klare Position.* Er erkennt eine unmissverständliche Positionierung an und trennt diese von inhaltlicher Übereinstimmung.

Allerdings scheitert die Differenzierung, wenn die inhaltliche Kontroverse auch die Beziehungsebene zwischen Präsentator und Publikum beschädigt: Nimmt das Publikum die Botschaft des Präsentators persönlich, wird es neben dem Inhalt auch die Person ablehnen.

Daher erwirbt der Präsentator auch bei kontroversen Inhalten persönliche Akzeptanz

Auch wenn die Präsentation inhaltlich scheitert, der persönliche Erfolg bleibt. Der Präsentator verlässt erhobenen Hauptes sein Publikum. Die gewonnene Anerkennung hilft ihm, das inhaltliche Scheitern zu verdauen. Beim Publikum wird die inhaltliche Kontroverse überlagert von der Vorfreude auf den nächsten Vortrag.

3.2.2.4   Der Präsentator trägt souverän vor

Jeder Präsentator kann mal aus dem Konzept kommen

Vorträge vor Publikum erfordern eine hohe Konzentration. Seine Funktion verleiht dem Präsentator eine herausgehobene Position. Alle Augen sind auf ihn gerichtet. Er stellt Blickkontakt zu seinem Publikum her. Vielen Menschen liegt das nicht. Auch Präsentationsprofis arbeiten gezielt an ihrer Konzentrationsfähigkeit.

Während der Präsentation warten vielfältige Ablenkungen. Sie gehen vom Publikum oder dem Präsentator selbst aus: Das Publikum meint es gar nicht böse, wenn es inhaltliche Fragen stellt oder kurzerhand Rahmenbedingungen der Präsentation ändert, zum Beispiel zusätzliche Teilnehmer oder ein kürzeres Zeitfenster. Möglicherweise versucht das Publikum, den Präsentator absichtlich aus der Ruhe zu bringen – durch persönliche Angriffe oder suggestive Fragen. Dieser Weg wird gerne eingeschlagen, wenn der Präsentator inhaltlich nicht zu widerlegen ist. Allerdings kommen viele Ablenkungen vom Präsentator selbst. Der Präsentator ist mit seinen Gedanken woanders. Und jeder Versuch, diese Gedanken zu unterbinden, verstärkt sie nur – denken Sie jetzt mal nicht an ein Feuerwehrauto! Man kann leider nicht Nicht-Denken. Zum Beispiel beschäftigen den Präsentator zurückliegende Fragen oder Diskussionen noch. Oder er ist gedanklich schon weiter, bei noch bevorstehenden kritischen Punkten. Zu guter Letzt lenken ihn Gedanken ab, die mit der Präsentation gar nichts zu tun haben, zum Beispiel ein völlig anderes berufliches oder privates Thema.

Wo höchste Konzentration und Ablenkungen zusammenkommen, sind Durchhänger unvermeidbar. Der Präsentator verliert kurzzeitig seinen roten Faden. Er muss sich in kürzester Zeit neu orientieren und will dabei nicht unsicher wirken.

Der pyramidale Aufbau gibt dem Präsentator beim Vortrag Halt

Pyramidale Präsentationen unterstützen die Orientierung des Präsentators gleich mehrfach: Bereits durch die systematische Vorbereitung der Argumentation durchdringt der Präsentator seine Inhalte besser. In seinem Kopf entstehen logische Denkmuster.

Während des Vortrags profitiert nicht nur das Publikum, auch der Präsentator nutzt den schlüssigen Aufbau. So verliert er keine Zeit, um sich erst zu orientieren – und erzeugt nicht den Eindruck von Unsicherheit beim Publikum. Das gilt sowohl für die Gesamtpräsentation als auch für einzelne Folien.

— Für die Gesamtpräsentation ermöglicht der logische Aufbau der Argumente eine schnelle Zuordnung von Fragen. Vorausgesetzt er kennt sein Dokument, kann der Präsentator zumindest sachliche Einwürfe des Publikums unmittelbar verorten. Er behält den Überblick. Er muss nicht erst überlegen, wie er einen zusätzlichen Aspekt integriert.

— Auf der einzelnen Folie sagt ihm die Überschrift in einem Satz, welche Botschaft er an dieser Stelle vermitteln sollte. Bei einem kurzen Blackout fragt er sich nicht selbst *Was wollte ich an dieser Stelle eigentlich sagen?*. Stattdessen liest er kurzerhand die Überschrift ab – und findet so schnell zurück in seine Argumentation. Gleiches gilt für die ausformulierten Texte in der Visualisierung.

Daher stärkt die pyramidale Präsentation die Selbstsicherheit des Präsentators

Mit einer schlüssigen Unterlage zu arbeiten, die bei Ablenkungen schnelle Orientierung ermöglicht, verleiht dem Präsenator Sicherheit. Es nimmt von ihm von vornherein Anspannung und Versagensängste – auch wenn er im Vortrag gar nicht darauf zurückgreifen muss. Gewiss, die eigene Präsentation zu beherrschen, tritt der Präsentator seinem Publikum selbstbewusst gegenüber. Mit dieser inhaltlichen Sicherheit kümmert er sich um eine positive Beziehungsebene zum Publikum.

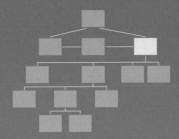

Vorgehen: Kommen Sie mit pyramidalen Präsentationen auf den Punkt – in vier Schritten zum professionellen Auftritt

Vier Voraussetzungen für pyramidale Kommunikation klären

Empfängerorientierte Kommunikationsstrukturen entwickeln

Strukturen in aussagekräftige Präsentationsunterlagen übertragen

Pyramidale Präsentationen professionell vortragen

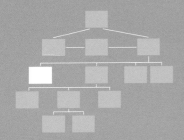

Vier Voraussetzungen für pyramidale Kommunikation klären

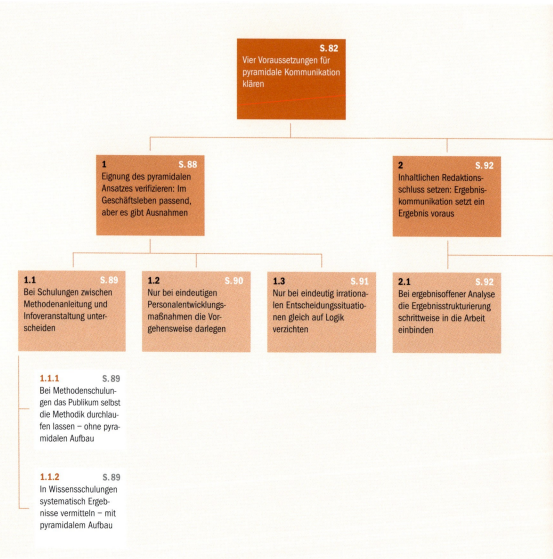

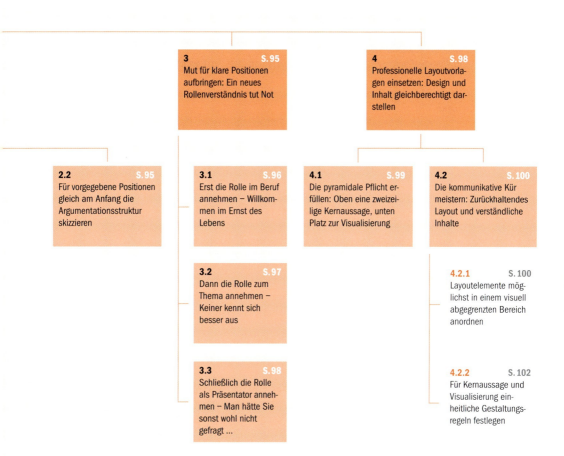

3   S. 95
Mut für klare Positionen aufbringen: Ein neues Rollenverständnis tut Not

4   S. 98
Professionelle Layoutvorlagen einsetzen: Design und Inhalt gleichberechtigt darstellen

2.2   S. 95
Für vorgegebene Positionen gleich am Anfang die Argumentationsstruktur skizzieren

3.1   S. 96
Erst die Rolle im Beruf annehmen – Willkommen im Ernst des Lebens

4.1   S. 99
Die pyramidale Pflicht erfüllen: Oben eine zweizeilige Kernaussage, unten Platz zur Visualisierung

4.2   S. 100
Die kommunikative Kür meistern: Zurückhaltendes Layout und verständliche Inhalte

3.2   S. 97
Dann die Rolle zum Thema annehmen – Keiner kennt sich besser aus

4.2.1   S. 100
Layoutelemente möglichst in einem visuell abgegrenzten Bereich anordnen

3.3   S. 98
Schließlich die Rolle als Präsentator annehmen – Man hätte Sie sonst wohl nicht gefragt …

4.2.2   S. 102
Für Kernaussage und Visualisierung einheitliche Gestaltungsregeln festlegen

Summary

Vier Voraussetzungen für pyramidale Kommunikation klären

1 Eignung des pyramidalen Ansatzes verifizieren: Im Geschäftsleben passend, aber es gibt Ausnahmen

Prüfen Sie zu Beginn, ob es dem Empfänger auf Ihr Ergebnis oder Ihren Weg dorthin ankommt. Nach unserer Erfahrung ist im geschäftlichen Umfeld bei mehr als 90 Prozent aller Präsentationen das Ergebnis entscheidend. Pyramidaler Aufbau ist für geschäftliche Präsentationen in der Regel geeignet.

Es gibt aber Ausnahmen – zum Beispiel bei Schulungen, Maßnahmen zur Personalbeurteilung und irrationalen Entscheidungssituationen. In solchen Fällen kann das Ergebnis zweitrangig sein. Mit pyramidalem Aufbau würden Sie Ihr Ziel verfehlen.

Gehen Sie also a priori davon aus, dass Sie Ihre Präsentation pyramidal aufbauen. Prüfen Sie sorgfältig, ob Ihre Präsentation zu den wenigen Ausnahmen zählt. Lassen Sie sich Ihre Einschätzung am besten von Ihrem Auftraggeber bestätigen, wenn Sie bei einer geschäftlichen Präsentation von einem ergebnisorientierten, pyramidalen Aufbau abweichen wollen.

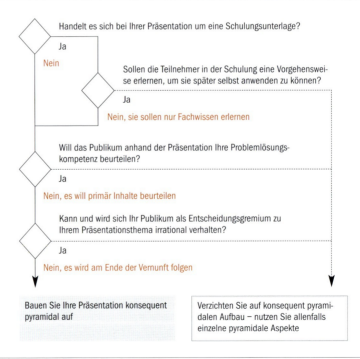

1.1   Bei Schulungen zwischen Methodenanleitung und Infoveranstaltung unterscheiden

Der Begriff Schulung wird vielfältig eingesetzt. Im beruflichen Umfeld gibt es zwei grundsätzliche Arten von Schulungen. Die Methodenschulung vermittelt primär prozessuale Fähigkeiten, eine Wissensschulung hingegen Fachwissen. Klären Sie die Funktion Ihrer Schulung sorgfältig ab: Bei einer Methodenschulung sollten Sie auf pyramidalen Aufbau weitgehend verzichten. Bei der Wissensschulung sollten Sie ihn hingegen konsequent nutzen.

Bedenken Sie bei Ihrer Abwägung, dass manche Schulungen beide Aspekte umfassen können. Auch in der Schule finden wir beide Arten: Mit dem Auflösen einer Differentialrechnung haben wir eine Methode erlernt. Mit den US-amerikanischen Präsidenten seit Eisenhower haben wir uns Wissen angeeignet.

1.1.1   Bei Methodenschulungen das Publikum selbst die Methodik durchlaufen lassen – ohne pyramidalen Aufbau

Mit der Methodenschulung soll das Publikum eine Vorgehensweise zur Problemlösung so aufnehmen, dass es sie künftig selbst anwenden kann. Die Vorgehensweise kann schon viele Jahre alt oder über Generationen bewährt sein – stellen wir uns zum Beispiel einen Buchhaltungskurs vor.

Zum Erlernen einer Fähigkeit muss das Publikum selbst im schrittweisen Vorgehen die kritischen Punkte erkennen. Nur wenn es jeden Schritt bewusst mitdenkt, wird das Publikum sensibilisiert. Nur die eigene Beschäftigung erlaubt, die Vorgehensweise später eigenständig replizieren zu können.

Daher dürfen und müssen Sie bei Methodenschulungen Ihr Publikum bewusst bevormunden. Enthalten Sie ihm die wesentliche Erkenntnis vor. Stattdessen zwingen Sie ihm die erforderlichen Detailschritte auf. Lassen Sie es beim Publikum selbst Klick machen! Stellen Sie also keine inhaltliche Kernaussage an den Anfang. Bereiten Sie sämtliche Details auf, die für das Vorgehen erforderlich sind. Nutzen Sie pyramidale Gruppen allenfalls zur systematischen Gliederung des Prozesses. Verwenden Sie dabei Verben zur Beschreibung der Vorgehensschritte. Verzichten Sie aber auf bedeutungsvolle Ausführungen, die wichtige Erkenntnisse und Erfahrungen der Teilnehmer vorwegnehmen.

1.1.2   In Wissensschulungen systematisch Ergebnisse vermitteln – mit pyramidalem Aufbau

Bei der Wissensschulung erlernt der Schüler primär Fachwissen. So fahren jeden Tag Händler zu Lieferanten. Unter dem Titel *Kundenschulung* präsentiert der Hersteller neue Produkte oder Dienstleistungen. Das Publikum lernt die Neuigkeiten und deren Vorteile kennen. Auch wenn der so geschulte Händler sich neues Wissen aneignet und es fortan bei seinen Kunden anwendet, sein Vorgehen im Verkauf ändert sich meistens nicht. Er ersetzt lediglich das alte Produkt durch ein neues.

In diesen Fällen sollten Sie Ihre Präsentation pyramidal aufbauen. Geben Sie zum Beispiel zunächst einen Überblick über das neue Angebot. Anschließend bieten Sie Details zu den einzelnen Leistungen an. Formulieren Sie Ihre Botschaften so, dass nicht technische Spezifikationen, sondern der Nutzen für den Händler und seinen Kunden im Vordergrund stehen. Das Publikum wird den pyramidalen Aufbau dankend aufgreifen: Jeder Teilnehmer wird bei den für ihn relevanten Leistungen aufmerksam zuhören. Betrifft ihn ein Angebot nicht, so wird er gedanklich abschalten.

Das Beispiel der Kundenschulung lässt sich leicht auf interne Präsentationen übertragen: Personalabteilungen veranstalten Schulungen zu ihrem Leistungsangebot. Juristen werden zu neuer Rechtsprechung geschult. Teilweise werden Führungskräfte zu neuen IT-Systemen im Unternehmen geschult, mit denen sie selbst nie arbeiten werden. Allen Beispielen ist gemein, dass der „Schüler" selbst entscheidet, ob und wie das Gelernte seine Vorgehensweise verändert.

1.2   Nur bei eindeutigen Personalentwicklungsmaßnahmen die Vorgehensweise darlegen

Auch im beruflichen Alltag gibt es Prüfungssituationen

Das Prüfen von Mitarbeitern ist wesentlicher Teil von Führung. Und es beginnt bei der Personalauswahl. Offensichtliches Beispiel ist der Kanidat im Assessment Center. Dort soll die Problemlösungskompetenz eines Kandidaten beurteilt werden. Hierfür ist die Vorgehensweise entscheidend. Das Ergebnis ist sekundär. Folglich ist die trichterartige Herleitung zur Darstellung Ihrer Leistungen im Rahmen von Personalentwicklungsmaßnahmen absolut angemessen. Sie dokumentieren Ihr Vorgehen. Die Prüfer beurteilen Sie danach.

Doch viele Menschen neigen dazu, jede geschäftliche Präsentation als Personalentwicklungsmaßnahme zu verstehen

Gerade junge oder neue Mitarbeiter wollen jede Präsentation als Bühne nutzen. Insbesondere gegenüber Führungskräften wollen sie sich selbst präsentieren und für neue Aufgaben empfehlen. Sie erläutern ausführlich ihr Vorgehen und vergessen dabei, dass der Empfänger nur eine Information oder eine Empfehlung zu einem inhaltlichen Thema haben wollte. Der Schuss geht nach hinten los: Die fehlende Ergebnisorientierung hinterlässt beim Empfänger einen negativen Eindruck.

Prüfen Sie daher sorgsam, ob Ihre Präsentation tatsächlich der Beurteilung Ihrer Person dient

In der Regel sollten Sie nicht von einer Personalentwicklungsmaßnahme ausgehen. Gute Führungskräfte kommunizieren solche Maßnahmen von sich aus offen. Sie tun dies im eigenen Interesse. Bei Zweifeln fragen Sie Ihren Empfänger besser, was ihm wichtiger ist – das inhaltliche Ergebnis oder Ihre Vorgehensweise. Nur bei einem klaren Bekenntnis zur Vorgehensweise sollten Sie auf pyramidalen Aufbau verzichten. Bleibt die Antwort unklar, sollten Sie pyramidal arbeiten und beides kombinieren: Gliedern Sie Ihre Präsentation auf oberster Ebene mit einer pyramidalen Gruppe. Die erste Teilaussage beschreibt Ihr Ergebnis, die zweite die Erfolgsfaktoren beim Vorgehen. Das Publikum kann nun wieder selbst entscheiden. Vielleicht vertieft es nur den Ergebnisstrang, vielleicht beide Teilaussagen, vielleicht nur die Vorgehensweise.

1.3 Nur bei eindeutig irrationalen Entscheidungssituationen gleich auf Logik verzichten

Pyramidale Strukturen bauen wesentlich auf logischen Denkmustern auf

Pyramidale Strukturen sprechen den Verstand des Empfängers an. Sie arbeiten mit den Regeln der aristotelischen Logik. Und sie setzen voraus, dass der Empfänger diesen Regeln folgt.

Gleichzeitig ist offensichtlich, dass wir Menschen uns nicht immer rein rational verhalten. Stattdessen bestimmt Emotionalität unser Verhalten. Das Kaufverhalten bei Autos oder Schuhen sind zwei klischeehafte Beispiele. Der Verstand wird nicht selten vom Trieb überlagert.

Und geschäftliche Entscheidungen werden ganz überwiegend rational gefällt

Nicht jede unternehmerische Entscheidung lässt sich rational nachvollziehen. Gerade Mitarbeitern in Großunternehmen erscheint manches eher irrational. Doch sind das Ausnahmen. Denn geschäftliche Entscheidungen unterscheiden sich stark von privaten Entscheidungen: So beeinflussen unsere Entscheidungen beim Auto- oder Schuhkauf primär unser individuelles Leben, und wir treffen sie oft alleine. Geschäftliche Entscheidungen hingegen werden zwar auch von Menschen getroffen, aber meistens von mehreren und stellvertretend für eine Organisation. Deshalb werden geschäftliche Entscheidungen grundsätzlich sachlicher getroffen als private. Sie werden primär anhand von Wirtschaftlichkeitsüberlegungen gefällt.

Klären Sie deshalb genau, ob Ihre Präsentation tatsächlich eine irrationale Entscheidungssituation betrifft

Nur bei eindeutig irrationalem Verhalten Ihres Publikum können Sie sich die Mühe der pyramidalen Strukturierung sparen. Ihre Logik würde ins Leere laufen. Wenn Sie unsicher sind, dann sollten Sie es mit pyramidaler Logik probieren. Bei dieser Abwägung seien insbesondere Mitarbeiter von Konsumgüterherstellern gewarnt: Weil ihre Konsumenten sich irrational verhalten, unterstellen sie das häufig auch für die interne Kommunikation. Doch nur weil ein Endkunde sich zum Beispiel von einem ansprechenden Design leiten lässt, begeistert sich das Management nicht auch primär für das Design, sondern allenfalls für die durch das Design erreichbaren Verkaufszahlen. Und die sollten Sie dann auch pyramidal vermitteln.

2   Inhaltlichen Redaktionsschluss setzen: Ergebniskommunikation setzt ein Ergebnis voraus

Bevor Sie Ihre Präsentation vorbereiten, müssen Sie inhaltlich arbeiten: Ihr Empfänger erwartet ein Ergebnis. Und ohne ein Ergebnis zu haben, können Sie auch keines kommunizieren. Wer selbst noch im Nebel stochert, kann keine prägnante Kernaussage formulieren. Folglich müssen Sie erst einmal ein Ergebnis haben, bevor Sie Ihre Präsentation pyramidal entwickeln. So einfach ist das.

Allerdings brauchen Sie auch noch Zeit für punktuelle Nacharbeiten: Pyramidale Strukturierung legt inhaltliche Schwachstellen schonungslos offen. Sie werden im weiteren Vorgehen merken, an welchen Aussagen Ihnen noch Futter zur Untermauerung fehlt. Daher sollten Sie nicht erst unmittelbar vor der Präsentation mit der Strukturierung beginnen. Sie brauchen einen Zeitpuffer, um fehlende Informationen zu erheben, Gedanken konkreter auszugestalten und so weiter.

Fangen Sie also weder zu früh noch zu spät an. Der richtige Zeitpunkt ist erreicht, sobald sich die wesentlichen Positionen in Ihrem Kopf abzeichnen: Die groben Zusammenhänge werden Ihnen klar. Einzelne Aspekte liegen hingegen noch im Dunkeln. An diesen Punkt können Sie auf zwei Wegen kommen: durch neue Analysen und Überlegungen oder bestehende Positionen.

2.1   Bei ergebnisoffener Analyse die Ergebnisstrukturierung schrittweise in die Arbeit einbinden

Idealtypisch folgt die Präsentation einer soliden inhaltlichen Erarbeitung. Der Begriff *Abschlusspräsentation* bringt das zum Ausdruck. Im Projektteam werden erst

Ergebnisse entwickelt, abschließend werden Sie dem Auftraggeber kommuniziert. In diesen Fällen sollten Sie in drei Schritten vorgehen:

Starten Sie mit der Arbeit – gerne mit pyramidalen Vorgehensstrukturen

Die inhaltliche Arbeit hängt stark von der Art der Aufgabe ab. Sie bestimmt die erforderlichen Ressourcen. Das umfasst Anzahl und Qualifikation von Mitarbeitern ebenso wie Zeit und Geld. Auch die Methoden variieren in Abhängigkeit von der Aufgabe. Die Vielfalt der Arbeit kann hier nicht vertieft werden.

Allerdings unterstützen pyramidale Strukturen auch die Vorgehensweise. Anstelle von Aussagen werden dabei Aufgaben vom Wesentlichen zum Konkreten gegliedert. Die pyramidale Vorgehensstruktur bricht eine komplexe Herausforderung herunter in handhabbare Teilaufgaben. Sie sichern eine vollständige Bearbeitung ohne Doppelarbeiten.

Bevor Sie also in die Arbeit einsteigen, können Sie bereits Ihr Vorgehen pyramidal strukturieren: Als Ausgangspunkt formulieren Sie eine möglichst prägnante Kernfrage. Am besten stimmen Sie diese gleich mit Ihrem Auftraggeber ab. Anschließend gliedern Sie darunter die relevanten Strukturoptionen – analog zur pyramidalen Gruppe. Die Struktur liefert Ihnen auf der untersten Ebene viele, sehr konkrete Aufgaben.

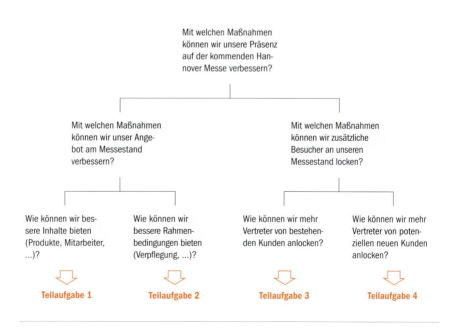

Im Beispiel soll der Messeauftritt verbessert werden. Diese Kernaufgabe wird niemand mit einem Federstrich beantworten. Also gliedert die pyramidale Vorgehensstruktur vier Teilaufgaben. Sie sind konkreter und können nun als Arbeitspakete einzeln angegangen werden. Spätestens jetzt müssen Sie sich an die Arbeit machen. Erst danach können Sie Ihre Maßnahmen als Ergebnisse präsentieren.

Strukturieren Sie nach gut halber Projektdauer Ihren vorläufigen Erkenntnisstand

Ob Sie mit pyramidaler Vorgehensstruktur arbeiten, andere Methoden nutzen oder einfach intuitiv vorgehen, sobald sich die wesentlichen Ergebnisse abzeichnen, sollten Sie Ihre erste Kommunikationsstruktur entwickeln. Der Zeitpunkt varriert in Abhängigkeit von der Aufgabe und dem bisherigen Bearbeitungsverlauf. Nach unserer Einschätzung zeigen sich meist zwischen der Hälfte und drei Viertel der Projektdauer Grundpfeiler der späteren Argumentation. Der Nebel lichtet sich. Denken Sie dabei an die ersten Hochrechnungen nach Wahlen, die – lange vor Auszählung der letzten Wahllokale – bereits zuverlässige Ergebnisse liefern.

 Entwickeln Sie auf der Basis ihres vorläufigen Erkenntnisstandes eine pyramidale Präsentationsstruktur – wie in den folgenden Kapiteln beschrieben. Formulieren Sie in unsicheren Bereichen bewusst noch schwammig. Nutzen Sie Hypothesen für offene Punkte.

Richten Sie in der verbleibenden Zeit Ihre Arbeit an den notwendigen Kommunikationsbotschaften aus

Sobald die erste Kommunikationsstruktur vorliegt, beeinflusst sie das weitere Vorgehen im Projekt – ohne das Ergebnis zu manipulieren. Intensivieren Sie Ihre Anstrengungen in Bereichen, die für die Vermittlung Ihrer Kernbotschaft besonders wichtig sein werden. Reduzieren Sie den Aufwand dort, wo sich Erkenntnisse als irrelevant herausstellen. Unterschreiten Sie aber nicht den Intensitätsgrad, der für eine solide Arbeit erforderlich ist.

Praktisch bedeutet das zum Beispiel: Sobald sich im Projektverlauf herausstellt, dass von zwei analysierten Optionen eine besser ist, sollten Sie Ihr Vorgehen anpassen. Erarbeiten Sie nun für die präferierte Option nicht nur eine stichhaltige Begründung, sondern entwickeln Sie zusätzlich die konkrete Ausgestaltung der Option, eventuell bis hin zum Umsetzungsplan. Für die unterlegene Option hingegen sammeln Sie allenfalls Gründe für ihre fehlende Eignung. Ausgestaltungsmerkmale vernachlässigen Sie hier.

Aktualisieren Sie im weiteren Projektverlauf Ihre Kommunikationsstruktur laufend. So berücksichtigen Sie neue Erkenntnisse, die Ihre Ergebnisse im Extremfall bis hin zur Kernaussage noch ändern. Hatten Sie zum Beispiel zur Beurteilung der beiden Optionen eine stichprobenartige Befragung von 100 Nutzern geplant, dann dürfen Sie nach 50 Interviews von einer Präferenz ausgehen, wenn diese 50 Nutzer sich eindeutig für eine Option ausgesprochen haben. Die übrigen Interviews dürfen Sie aber noch nicht absagen. Und wenn die anderen 50 Nutzer das Gesamtergebnis noch verschieben, dann müssen Sie das in einer neuen Kommunikationsstruktur widerspiegeln. So erging es zum Beispiel den Wahlforschungsinstituten bei der Bundestagswahl 2002: Sie hatten in ihren ersten Prognosen zunächst durchgängig einen Wahlsieg von Edmund Stoiber prognostiziert. Erst in späteren Hochrechnungen zeichnete sich eine Mehrheit für Gerhard Schröder ab.

2.2 Für vorgegebene Positionen gleich am Anfang die Argumentationsstruktur skizzieren

Bei vielen Präsentationen ist die Botschaft vorgegeben. Das mag unseriös erscheinen, aber es ist nachvollziehbar. Solche Fälle kommen vielfältig vor: Sie ergeben sich allein aus der Rolle des Präsentators. Ein Verkäufer will zum Beispiel standardmäßig die Kernaussage vermitteln *Kaufen Sie meine Waren oder Dienstleistungen*. Er wird sie nicht so platt kommunizieren, aber im Ergebnis will er darauf hinaus. Andernfalls hätte er seinen Beruf verfehlt. In anderen Fällen gibt ein Vorgesetzter eine persönliche Position vor – aus Intuition oder schlichter Machtpolitik. Zuweilen kommuniziert ein Präsentator auf Basis einer grundlegenden, über die eigentliche Präsentation hinausgehenden Überzeugung. Der Vertreter einer Umweltschutzorganisation wird in einem Vortrag über Wilderei definitiv negativ kommunizieren. Er wird im Hinblick auf den Vortrag nicht erst das Für und Wider der Wilderei abwägen.

Für vorgegebene Positionen müssen Sie kein inhaltliches Ergebnis erarbeiten. Sie können sich viel Arbeit sparen. Die inhaltliche Herausforderung entfällt. Das Ergebnis liegt vor. Sie können es ungefragt übernehmen – vorerst zumindest.

Wenn Sie die Botschaft schon haben und keine inhaltliche Arbeit mehr ansteht, können Sie gleich in die kommunikative Arbeit einsteigen. Beginnen Sie so früh wie möglich mit der Strukturierung Ihrer Argumentation. So können Sie doch noch nacharbeiten – nämlich bei Aussagen, die für Ihre Struktur erforderlich sind, die Sie mit vorhandenem Material aber nicht untermauern können.

3 Mut für klare Positionen aufbringen: Ein neues Rollenverständnis tut Not

Pyramidale Kommunikation ist direkt. Das erfordert ein gesundes Selbstvertrauen des Präsentators. Damit tun sich viele Menschen zunächst schwer. Verantwortlich ist neben Schule, Ausbildung oder Studium auch die Präsentationskultur in vielen Unternehmen. Wenn vornehme Zurückhaltung Sie von ergebnisorientierter Kommunikation abhält, dann können Sie sich dieser schrittweise annähern. Je nachdem wie weit Sie schon sind, sollten Sie in drei aufeinander aufbauenden Stufen vorgehen. Die Stufen stärken Ihr Selbstbewusstsein, dass das Publikum Ihnen grundsätzlich vertrauen will. Denken Sie um! Pyramidale Kommunikation braucht auch Transformation bei Autoren und Präsentatoren.

Die Stufen helfen zunächst, Abschied zu nehmen vom vertrauten Zusammentragen vieler Einzelaspekte, aus denen sich der Empfänger selbst eine Position entwickeln muss. Sie helfen danach, eigene Positionen aufzubauen und diese selbstbewusst zu vertreten.

3.1   Erst die Rolle im Beruf annehmen – Willkommen im Ernst des Lebens

Im Arbeitsleben sind Ihre Beiträge gefragt – dafür werden Sie schließlich bezahlt

Wesentlicher Unterschied zur trichterförmig erlernten Kommunikation in Schule, Ausbildung oder Studium ist der Rollenwechsel vom Lernenden zum Wissensträger. Unabhängig von der berechtigten These vom „lebenslangen Lernen" hat jeder Mensch eine Arbeitsphase im Leben. Zwischen dem Lernen am Anfang und dem Ruhestand am Ende liegt eine mehr oder weniger lange „produktive" Phase. In dieser Zeit sollten wir nicht von anderen abhängen, sondern jeder von uns trägt seinen Teil zum Bruttosozialprodukt bei. Das mag banal erscheinen.

Doch viele verdrängen diesen Rollenwechsel nach der Ausbildungsphase hartnäckig

Sie verstecken sich hinter Formeln wie *Die da oben* oder berufen sich dankbar auf Sprüche wie *Sie werden hier nicht fürs Denken bezahlt.* Es ist erstaunlich, wie lange man sich auch in Wissensökonomien ohne eigene Positionen durchmogeln kann. Obwohl man etwas weiß, hält man sich lieber zurück. Stattdessen lässt man Vorgesetzten den Vortritt, wenn es um Entscheidungen geht. Man schließt sich Positionen an, ohne selbst Verantwortung zu übernehmen.

Machen Sie sich also grundsätzlich bewusst, dass Sie im Arbeitsleben angekommen sind

Verabschieden Sie sich von der bequemen Rolle des Schülers. Führen Sie sich stattdessen vor Augen, wofür Sie eigentlich bezahlt werden – vermutlich ja wohl für aktive Beiträge. In der produktiven Phase liegt es an Ihnen, unternehmerisches Handeln mitzugestalten. Ein jeder tut dies in seiner Rolle, womit wir zur nächsten Stufe kommen.

3.2   Dann die Rolle zum Thema annehmen – Keiner kennt sich besser aus

Jeder Mensch ist ein Puzzlestein der Wissensbasis eines Unternehmens

Komplexe Organisationen brauchen breites und tiefes Wissen. Die Breite beschreibt dabei, wie vielfältig das Wissen ist – das Wissensspektrum. Die Tiefe beschreibt den Detaillierungsgrad. In einem komplexen Umfeld erfordert unternehmerischer Erfolg sehr vielschichtiges Wissen mit gleichzeitig hoher Detaillierung. Dafür aber reicht die mentale Kapazität einzelner Menschen nicht aus. Deshalb bedienen sich Unternehmen der Arbeitsteilung. Folglich wirken Unternehmen durch das effiziente Zusammenspiel mehrerer Menschen. Der eine ergänzt, was dem anderen fehlt: Fachkräfte bestechen durch ihre Detailtiefe in ihren sehr spezifischen Themen. Dafür fällt es der Fachkraft in der Regel schwer, Zusammenhänge zu anderen Themen zu sehen. Führungskräfte hingegen zeichnen sich durch Verantwortungsbreite aus. Sie überschauen und steuern Aufgabenbereiche, Funktionen oder gar Firmen. Dabei können sie nicht selbst ins letzte Detail gehen.

Und mehrere Personen mit redundanten Wissensprofilen sind in einem Unternehmen die Ausnahme

Doppelte Profile sind unbestritten erforderlich, wenn die Kapazität eines Mitarbeiters nicht ausreicht. So haben Mitarbeiter im Schichtdienst meist redundantes Wissen. Sie arbeiten aber unabhängig voneinander. Das Unternehmen erhöht durch zeitliche Erweiterung seinen Ausstoß. Gleiches gilt für Mitarbeiter an unterschiedlichen Produktionsstandorten. Auch in besonders sensiblen Bereichen sind redundante Profile aus Sicherheitsgründen nachvollziehbar. In allen anderen Fällen aber hätten mehrere Menschen mit absolut identischem Wissen erheblichen Koordinierungsbedarf, weshalb sie selbst nach weiterer Spezialisierung streben würden. Auch bei den unterschiedlichen Standorten könnte das Unternehmen versuchen, die Standorte auf unterschiedliche Varianten zu spezialisieren.

Führen Sie sich also vor Augen, dass vermutlich auch Sie über einzigartiges Wissen verfügen

Ihr Wissen ist für den Erfolg der Organisation erforderlich. Bringen Sie zum Beispiel als Fachkraft die notwendigen Details ein, die Ihre Führungskraft nicht erkennen kann. Zeigen Sie als Führungskraft relevante Beziehungen in andere Bereiche auf, die die Fachspezialisten nicht erkennen können. Ihren Blickwinkel hat vermutlich kein anderer – womit wir zur nächsten Stufe kommen.

3.3   Schließlich die Rolle als Präsentator annehmen – Man hätte Sie sonst wohl nicht gefragt ...

Unabhängig von Ihrer aktiven Rolle im Berufsleben und Ihrem einzigartigen thematischen Wissen, bei einer Präsentation gibt es häufig noch eine sehr persönliche Erwartung an Sie. Ihr Auftraggeber will Ihre Meinung zum Thema der Präsentation kennenlernen. Andernfalls hätte er die Präsentation auch einem anderen Mitarbeiter oder Anbieter übertragen können. Das hat er aber nicht.

Seien Sie sich dieser persönlichen Erwartung Ihres Auftraggebers bewusst. Bereiten Sie sich gedanklich auf die Frage Ihres Empfängers vor *Was würden Sie tun an meiner Stelle?* Führen Sie sich klar vor Augen, dass Ihr Publikum nicht aus Langeweile in Ihre Präsentation geht. Enttäuschen Sie diese Erwartungen nicht!

4   Professionelle Layoutvorlagen einsetzen: Design und Inhalt gleichberechtigt darstellen

Präsentationsunterlagen sind Visitenkarten der Unternehmenskommunikation

Präsentationen haben sich zu einem wesentlichen Medium der geschäftlichen Kommunikation entwickelt. Sie wirken nach innen wie nach außen. Sie erreichen in der Regel alle Stakeholder des Unternehmens. Insbesondere für Dienstleister hat die Präsentationsunterlage eine wichtige Funktion. Wo es keine physischen Produkte gibt, bleibt sie über die erbrachte Dienstleistung hinaus bestehen.

Und diese Chance lassen sich die Kommunikationsabteilungen nicht entgehen, um die Corporate Identity zu platzieren. Sie entwickeln oft unter Einbeziehung von Designagenturen Layoutvorlagen, die die visuellen Kernelemente der Corporate Identity widerspiegeln: Sie positionieren Firmen- und gegebenenfalls auch Projektlogos. Sie verwenden unternehmenseigene Farbskalen und nutzen eine markante Firmenfarbe als Hintergrund. Einzelne Unternehmen lassen sich sogar eigene Schrifttypen entwickeln, die die Unterlage sofort erkennbar machen. Und sie verwenden Fotos, die Produktbereiche oder Werte des Unternehmens vermitteln.

Doch vor lauter Corporate Design gehen zuweilen die Präsentationsinhalte unter

Eigentlich sollen Präsentationsunterlagen die inhaltliche Kommunikation zu einem konkreten Thema unterstützen. Tatsächlich schießt das Design häufig über das Ziel hinaus. Es werden zu viele und optisch zu dominante Corporate-Design-Elemente eingesetzt.

Folglich dominiert das Design die Wahrnehmung des Empfängers beim Betrachten der Unterlage. Die Präsentationsinhalte leiden: Entweder lassen zahlreiche Designelemente keinen Platz mehr für Inhalte, oder die Designelemente springen dem Leser so stark ins Auge, dass Inhalte zwangsläufig in den Hintergrund treten. Zum Beispiel nehmen Logos oder Bilder Platz ein, der dann nicht mehr für Überschrift oder Visualisierung zur Verfügung steht. Und selbst wenn es nur wenige und kleine Designelemente gibt, so können diese immer noch ablenken. Zum Beispiel üben vielfältige und markante Farben starke optische Reize auf das Auge des Lesers aus, komplexe Hintergrundbilder verwirren, und unterschiedliche Formen, Schriftgrößen oder Ähnliches machen das Layout unruhig.

Nutzen Sie Layoutvorlagen, die Design und Inhalt angemessen kombinieren

Stellen Sie also sicher, dass Ihre Präsentation inhaltlich wirkt. Sie referieren schließlich nicht über die Corporate Identity Ihrer Organistion, sondern über ein inhaltliches Thema. Je nach Spielraum sollten Sie zwei Dinge tun: Um überhaupt pyramidal präsentieren zu können, müssen Sie die Pflicht erfüllen – Raum für Inhalt schaffen. Um dem Empfänger darüber hinaus die Wahrnehmung zu erleichtern, sollten Sie als Kür die Layoutvorlagen für die pyramidale Präsentation optimieren.

4.1   Die pyramidale Pflicht erfüllen: Oben eine zweizeilige Kernaussage, unten Platz zur Visualisierung

Damit Sie pyramidal kommunizieren können, muss Ihr Layout zwei Anforderungen erfüllen: Sie müssen oben die Überschrift als Kernaussage ausformulieren können. Und Sie müssen unten ausreichend Platz haben für die Visualisierung der Details. Der Platz unten ist meistens vorhanden. Schwieriger sieht es mit der Überschrift aus.

Bei vielen klassischen Präsentationen stehen oben nur Schlagwörter, etwa *Projektorganisation* oder *Erfolgsfaktoren*. Die Schlagwörter bereiten den Leser auf die folgenden Details vor – und werden von diesem oft gar nicht wahrgenommen.

Die pyramidale Präsentation aber verleiht der Überschrift eine herausgehobene Funktion: Als Kernaussage fasst sie die Botschaft der gesamten Folie zusammen. Der Leser nimmt sie als Erstes auf und entscheidet dann, ob er sich die Details überhaupt anschaut.

Folglich muss die Überschrift im Layout Kernaussagen erlauben. Bewährt haben sich zweizeilige Überschriften in einer Schriftgröße zwischen 18 und 24 Punkt. Zwei Zeilen sind ein fairer Ausgleich zwischen Sender und Empfänger. Der Sender kann so auch komplexe Inhalte vermitteln. Der Empfänger wird bewahrt vor langen, unverständlichen Sätzen. Schriftgrößen zwischen 18 und 24 Punkt in Fettdruck sind bei Präsentationen vor bis zu 20 Personen ideal. Sie heben sich klar ab gegenüber kleineren Schriftgrößen in der Visualisierungsfläche, die ihrerseits auch von Teilnehmern in der letzten Reihe gut erkannt werden. Für Präsentationen vor größerem Publikum müssen Sie eventuell größere Schriften nutzen.

Kernaussage und Visualisierung sind deutlich
voneinander abgegrenzt

**Die Folienüberschrift tritt durch Position und Größe hervor –
in zwei Zeilen, damit eine Botschaft hineinpasst**

Die Visualisierung bekommt genügend Platz zur Detaillierung – mit wenigen, einheitlichen
Gestaltungsarten

17   Optional Hinweis   Optional Navigator   **BEISPIEL** AG

Optisch abgegrenzt haben Layoutelemente
feste Plätze – am besten unten

4.2 Die kommunikative Kür meistern: Zurückhaltendes Layout und verständliche Inhalte

Können Sie Ihre Layoutvorlagen selbst erstellen, dann nutzen Sie Ihre Gestaltungsfreiheit über die pyramidalen Mindestanforderungen hinaus. Damit stellen Sie sicher, dass sich Ihre inhaltlichen Botschaften dem Empfänger gut erschließen. Sind Sie hingegen an bestimmte Layoutvorlagen gebunden, dann können Sie diese bei Bedarf nur großzügig interpretieren …

4.2.1 Layoutelemente möglichst in einem visuell abgegrenzten Bereich anordnen

Erst die erforderlichen Elemente der Layoutvorlage definieren

Sammeln Sie zunächst alle Designelemente oder Platzhalter, die auf der Präsentationsunterlage untergebracht werden müssen.

— **Designelemente sind zum Beispiel Logos, Fotos oder Farben der Corporate Identity.** Bedenken Sie, dass viele Präsentationen sogar mehrere Logos führen müssen: zum Beispiel von Absender, Empfänger oder Sponsor. Die Kommunikation wichtiger Projekte wird mit eigenen Projektlogos unterstützt. Hinterfragen Sie jedes einzelne Element kritisch – es macht Ihre Folien voller und reduziert damit die Verständlichkeit. Wenn Sie sehr viele Logos haben, überlegen Sie, ob diese wirklich auf jeder Folie erscheinen müssen. Vielleicht können Sie sie alternativ auf einer Folie sammeln – sei es auf der letzten Folie oder auch auf dem Deckblatt.

— **Platzhalter ordnen weitere, spezifisch pyramidale und allgemeine Informationen im Layout an.** Spezifisch pyramidal sollten Sie für etwas komplexere Präsentationsthemen Navigatoren und Hinweise vorsehen. Navigatoren geben dem Leser durch kleine Bilder oder Texte Orientierung – sie beanspruchen eine maximal briefmarkengroße Fläche auf dem Schaubild. Hinweise zeigen Besonderheiten einzelner Folien auf – sie bestehen aus kurzen, einzeiligen Texten wie zum Beispiel *Backup*, *Beispiel* oder *Entwurf.* Als allgemeine Informationen sollten Sie Seitenzahlen vorsehen. Ob auch Speichername oder Dokumentenkennung, Datum, Autor, Urherberrechtshinweis und Ähnliches auf jeder Folie erforderlich sind, müssen Sie im Einzelfall klären. Seien Sie auch hier kritisch, um die Layoutvorlage nicht schon zu überfrachten, bevor sie mit Inhalten gefüllt wird.

Danach Fläche für Layoutelemente einrichten

Für die spätere Präsentation sollen Ihre Inhalte im Vordergrund stehen und nicht das Layout. Die einheitliche Anordnung aller Designelemente und Platzhalter wird vom Empfänger als dezent aufgenommen, weil sich das Auge sehr schnell daran gewöhnt. Deshalb sollten Sie die erforderlichen Layoutelemente in einem visuellen Block anordnen, von optisch nachrangigen Elementen wie der Seitenzahl einmal abgesehen.

— **Der Bereich sollte genau so groß sein, dass alle Elemente untergebracht werden können – ohne gedrängt zu wirken.** Streben Sie dabei eine logische Anordnung der Layoutelemente an – zum Beispiel getrennt nach Firmenbildern, spezifisch pyramidalen und allgemeinen Informationen. Versuchen Sie, die Darstellung der Elemente, zum Beispiel Schriftgrößen, weitestgehend zu standardisieren.

— **Der Bereich sollte optisch klar von den Präsentationsinhalten abgegrenzt werden.** Dies kann durch eine Hintergrundfarbe oder eine Linie erfolgen. Häufig reicht eine imaginäre Linie. Diese erzeugen Sie durch eine Ausrichtung aller Layoutelemente an dieser Linie sowie einen ausreichenden und einheitlichen Abstand der Layoutelemente von den Inhalten.

— **Der Bereich sollte abhängig von der Wichtigkeit des Firmendesigns positioniert werden.** Für die Anordnung einer einheitlichen Fläche für Designelemente gibt es drei grundsätzliche Optionen und viele Mischlösungen. Entscheiden Sie danach, was Ihnen am wichtigsten ist:

- **Unten, wenn möglich.** Im Sinne maximaler Ergebnisorientierung ist die Anordnung der Layoutelemente am unteren Rand am besten. Ihre Präsentationsinhalte stehen im Vordergrund, weil der Empfänger die Folie von oben links nach unten rechts aufnimmt. Naturgemäß leiden Designelemente unter dieser Anordnung. Logos oder Bilder stehen unten, was der Unternehmenskommunikation oft missfällt. Nutzen Sie diese Variante dann, wenn dies akzeptabel ist.
- **Links seitlich als pragmatischer Kompromiss.** Ein seitlicher Balken bietet die Möglichkeit, das Firmenlogo prominent oben links zu platzieren – ohne die Inhalte zu überlagern. Die Kernaussage steht ebenfalls oben, sie wird nur etwas kürzer. Verwenden Sie diese Variante insbesondere, wenn Sie sehr hochformatige Logos oder Bilder positionieren müssen, weil diese unten oder oben viel von der Visualisierungsfläche nehmen. Umgekehrt ist diese Darstellung nachteilig, wenn das Logo eine sehr breite Form hat.
- **Oben nur im Ausnahmefall.** Ein Querbalken oberhalb der Schaubildinhalte führt leicht zu optischer Dominanz des Layouts. Die inhaltlich wichtige Kernaussage wirkt „gedeckelt". Layoutelemente oben sollten Sie daher möglichst nur verwenden, wenn Sie mehrere Logos prominent darstellen müssen und keines davon – im seitlichen Balken – unterhalb des anderen stehen darf. Positionieren Sie alle Logos dann oben nebeneinander und in weiterer Folge die übrigen Layoutelemente. Verstärken Sie die Wirkung der Kernaussage durch einen relativ großen Abstand und eine größere Schrift, auch wenn dies zu Lasten der Visualisierungsfläche geht.

4.2.2   Für Kernaussage und Visualisierung einheitliche Gestaltungsregeln festlegen

Vor der Visualisierung von Inhalten liegt noch die Kommunikationsstrukturierung. Dennoch ist die Verständlichkeit Ihrer Darstellungen weitgehend unabhängig von konkreten Inhalten. Deshalb sollten Sie bereits bei der Gestaltung der Layoutvorlagen Grundregeln festlegen. Je nachdem wie häufig Sie in Ihrer Layoutvorlage Präsentationen erstellen, lohnt es sich, diese detailliert zu dokumentieren. Beachten Sie bei der Festlegung von Gestaltungsregeln drei Anforderungen:

Erlauben Sie nur wenige Formatierungsoptionen

Sorgen Sie für Ruhe auf den Folien. Je restriktiver Sie Gestaltungsregeln definieren, desto einheitlicher wird das optische Bild. Es setzt weniger visuelle Reize und vermeidet auf diese Weise Ablenkungen des Lesers. Gestaltungsregeln schränken die vielfältigen Formatierungsoptionen der Präsentationssoftware ein: So genügt in der Regel eine einzige Schriftart für die Präsentation. Erlauben Sie nur Fettdruck für Hervorhebungen und Kursivtypen für Zitate. Unterstreichungen und Schattierung sind meistens verzichtbar. Analog wählen Sie jeweils maximal drei Schriftgrößen, Strichbreiten, Hintergrundfarben und Ähnliches. Definieren Sie einheitlich, ob grafische Formen eckige oder abgerundete Ecken haben sollen und so weiter. Zu guter Letzt legen einheitliche Gestaltungsregeln auch fest, ob Sie für Texte die Regeln der neuen deutschen Rechtschreibung anwenden oder nicht.

Definieren Sie angemessene Mindestgrößen

Bedenken Sie die Lesbarkeit der Folien. Damit das Publikum Ihre Inhalte überhaupt lesen kann, dürfen Sie Mindestgrößen nicht unterschreiten. Erlauben Sie keine Schriftgrößen unter 12 Punkt, wenn die Folien vor Publikum vorgetragen werden. Wenn die Unterlage nur verteilt wird, sollten Sie nicht unter 10 Punkt gehen. Lediglich Fußnoten oder Ähnliches dürfen jeweils 2 Punkt kleiner sein. Prüfen Sie auch für andere Formatierungsoptionen, zum Beispiel Strichbreiten, die Lesbarkeit.

Schaffen Sie klare optische Abstände

Unterstützen Sie das Verständnis der pyramidalen Struktur. Auf der pyramidalen Folie vermittelt die Kernaussage die wesentliche Botschaft. Die Visualisierung bietet bei Bedarf Details zu deren Verständnis. Damit sich diese Hierarchie klar erschließt, sollten die Formatierungsoptionen einen optischen Abstand zwischen Kernaussage und Visualisierungsfläche wahren. So verhindern Sie, dass die pyramidal nachrangigen Details der prominenten Kernaussage optisch Konkurrenz machen. Konkret: Zwischen der Schriftgröße der Kernaussage und der größten zulässigen Schriftgröße in der Visualisierungsfläche sollte ein Abstand von mindestens 4 Punkt bestehen. Auch die erlaubten Farben dürfen nicht zu stark ins Auge springen. Setzen Sie dezente Farben anstelle von Signaltönen ein. Für die weiteren Gestaltungsoptionen gilt dies analog.

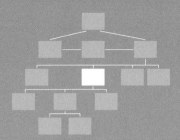

Empfängerorientierte Kommunikations-strukturen entwickeln

Die Kernfrage des Empfängers mit der eigenen Kernaussage passgenau beantworten

Die Kernaussage logisch-stringent untermauern – aus eigenen Inhalten eine schlüssige Argumentation machen

Die Struktur in mehreren Schleifen weiter detaillieren – nach Maß schneidern

Sind alle Voraussetzungen erfüllt, starten Sie mit der Kommunikationsstrukturierung. Die pyramidale Kommunikationsstruktur ist Grundlage der späteren Präsentation. Sie beschreibt die Kernaussage und die untermauernden Details. Sie macht die logischen Beziehungen zwischen den Aussagen transparent – sowohl vertikal als auch horizontal. Aus der Kommunikationsstruktur leiten Sie später Ihre Präsentationsfolien ab.

Für effiziente Kommunikation wird Ihr Vorgehen maßgeblich vom Informationsbedürfnis des Empfängers geprägt. Dies spiegelt sich in den drei grundsätzlichen Schritten wider: Zuerst beantworten Sie mit Ihrer Kernaussage passgenau die Kernfrage Ihres Empfängers. Dann konkretisieren oder begründen Sie Ihre Kernaussage abhängig von der Einstellung Ihres Empfängers. Abschließend detaillieren Sie die Struktur dort weiter, wo Ihr Empfänger absehbar weitere Details braucht.

Um Missverständnisse zu vermeiden: Ihre Präsentationssoftware benötigen Sie noch nicht. Auch andere technische Hilfsmittel sind überflüssig. Papier und Stift reichen völlig. Schöne Gestaltung ist nicht nötig, manchmal gar hinderlich. Sie ist nicht nötig, weil Sie die Struktur nur für sich selbst erstellen. Sie wird allenfalls zur Abstimmung im internen Kreis verwendet. Hinderlich ist sie, wenn die schöne Form Sie bremst, einen Entwurf schnell wieder zu verwerfen, obwohl dieser sich als ungeeignet erweist.

Die Kommunikationsstrukturierung können Sie alleine oder im Team vornehmen. Zur besseren Verständlichkeit gehen unsere Formulierungen davon aus, dass Sie alleine arbeiten. Natürlich können Sie ebenso im Team arbeiten – an Flipchart oder Moderationswand.

Die Kommunikationsstrukturierung basiert auf Ihren individuellen Inhalten. Seien Sie mit Ihren Aussagen ehrlich. Bedenken Sie, dass Sie Ihre Botschaften auch und gerade in der pyramidalen Präsentation stichhaltig belegen müssen. Andernfalls wird Ihr Empfänger Lücken erkennen. In unseren Erläuterungen beschäftigen wir uns nicht mit inhaltlicher Richtigkeit oder Sinnhaftigkeit, sondern allein mit kommunikativer Effizienz. Wir setzen voraus, dass Ihre Ergebnisse hieb- und stichfest sind.

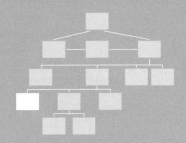

Die Kernfrage des Empfängers mit
der eigenen Kernaussage passgenau
beantworten

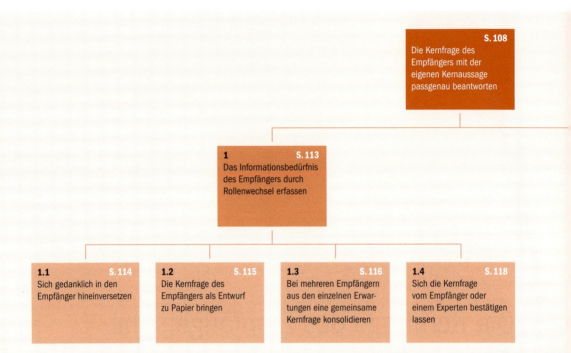

111 Vorgehen: Kommen Sie mit pyramidalen Präsentationen auf den Punkt – in vier Schritten zum professionellen Auftritt
Empfängerorientierte Kommunikationsstrukturen entwickeln
Die Kernfrage des Empfängers mit der eigenen Kernaussage passgenau beantworten

2   S. 119
Auf Basis der eigenen Ergebnisse und Ziele die Kernaussage passgenau formulieren und prüfen

2.1   S. 120
Im ersten Entwurf der Kernaussage vielfältige Anforderungen in einem Satz widerspiegeln

2.2   S. 125
Die passgenaue Beantwortung der Kernfrage des Empfängers prüfen

2.1.1   S. 120
Grammatikalisch vollständige Sätze formulieren – am besten an der Kernfrage ansetzen

2.1.2   S. 121
Mit der Tendenz der Botschaft anfangen – an harten Fakten oder persönlicher Positionierung ansetzen

2.1.3   S. 123
Das eigene kommunikative Ziel formulieren – nur informieren oder gleich auffordern

2.1.4   S. 124
Inhaltliche Besonderheiten berücksichtigen – Widersprüche, Prioritäten oder Ausnahmen deutlich machen

Summary   ## Die Kernfrage des Empfängers mit der eigenen Kernaussage passgenau beantworten

113 Vorgehen: Kommen Sie mit pyramidalen Präsentationen auf den Punkt – in vier Schritten zum professionellen Auftritt
Empfängerorientierte Kommunikationsstrukturen entwickeln
Die Kernfrage des Empfängers mit der eigenen Kernaussage passgenau beantworten

Die Versuchungen von Copy-Paste sind groß und nachvollziehbar. Wenn eine Präsentation sich in der Vergangenheit schon bewährt hat, dann kann man sie doch kurzerhand wiederverwerten – ganz oder zumindest in Teilen. Das erspart Ihnen zunächst Arbeit. Außerdem erhöht der frühere Erfolg das Selbstbewusstsein beim Vortrag.

Doch die Gefahr lauert: Erfolg in der Vergangenheit garantiert keinen Erfolg in der Zukunft. Jede Präsentation soll ein Informationsbedürfnis befriedigen. Aber jeder Mensch und jedes Publikum hat sehr unterschiedliche Erwartungen an eine Präsentation. Sie variieren aufgrund unterschiedlicher Vorkenntnisse, Einstellungen oder Rahmenbedingungen. Wer ein Produkt noch manuell fertigt, den interessieren die Vorteile von Automatisierung. Wer bereits automatisiert hat, der will die richtigen Anlageneinstellungen für maximale Produktivität wissen. Wer das missachtet, wird scheitern: Die in der Vergangenheit erfolgreiche Präsentationen verfehlt die Erwartungen eines anderen Publikums. Das betrifft pyramidal aufgebaute Präsentationen übrigens ganz besonders: Prägnante Kernaussage, schlüssige Struktur, anschauliche Visualisierung – nur leider am Thema vorbei.

Betrachten Sie daher zunächst jede Präsentation als neue Herausforderung. Orientieren Sie sich nicht an bestehenden Präsentationen. Beantworten Sie die zentrale Frage des Empfängers mit Ihrer Kernaussage. Nur wenn sich bei der weiteren Strukturierung herausstellt, dass die für den neuen Empfänger erforderlichen Botschaften wirklich mit einer früheren Präsentation deckungsgleich sind, können Sie Teile der Präsentationsunterlagen wieder aufgreifen.

1   Das Informationsbedürfnis des Empfängers durch Rollenwechsel erfassen

Bevor Sie Ihre Ergebnisse zu Papier bringen, sollten Sie zunächst die Erwartung des Empfängers kennenlernen. Wenn Ihnen das zu theoretisch erscheint, machen Sie sich die praktischen Vorteile bewusst: Je genauer Sie das Informationsbedürfnis Ihres Empfängers kennen, desto effizienter können Sie es anschließend befriedigen. Das bedeutet nicht nur mehr Qualität für den Empfänger, sondern auch weniger Arbeit für Sie.

Übertreiben Sie auch nicht. Orientieren Sie sich an der 80:20-Regel. Sie besagt, dass man mit den ersten Schritten die größten Fortschritte schafft – konkret man bereits mit 20 Prozent des Aufwandes 80 Prozent des Ergebnisses erreicht. Und aus unserer Erfahrung ist ein 80-prozentiges Verständnis der Erwartungen des oder der Empfänger bereits ein wesentlicher Schritt für eine erfolgreiche Präsentation. Daher machen Sie sich in bis zu vier Schritten pragmatisch Gedanken.

1.1   Sich gedanklich in den Empfänger hineinversetzen

Damit Sie das Informationsbedürfnis Ihres Empfängers genau treffen, müssen Sie sich intensiv mit ihm beschäftigen. Das geht am besten, indem Sie seine Gedanken selbst durchdenken. Versuchen Sie also, sich bewusst in Ihren Empfänger hineinzuversetzen. Bei mehreren Empfängern müssen Sie das für jeden einzelnen tun.

Je besser Sie den Empfänger kennen, desto leichter gelingt das Hineinversetzen. Aber auch bei einem weitgehend unbekannten Empfänger sollten Sie es versuchen. Orientieren Sie sich zur Not an allgemeinen Rollenbildern, die sich aus der Branche, der Funktion oder der Position Ihres Empfängers ergeben. Für sehr wichtige Präsentationen sollten Sie eventuell andere Menschen zum Empfänger befragen, Einschätzungen zur Unternehmenskultur oder anderweitige Informationen über sein Umfeld erheben. So gewinnen Sie trotz Nebelschwaden ein möglichst gutes Bild vom Empfänger.

Aus der Wahrnehmung Ihres Empfängers spielen Sie seine Gedankenwelt durch. Konzentrieren Sie sich dabei nicht allein auf Ihre anstehende Präsentation. Bedenken Sie auch andere Faktoren, die den Empfänger beschäftigen.

Verstehen Sie Motivationen und Positionen zum eigentlichen Thema

Überlegen Sie zum Beispiel, ob der Empfänger die Präsentation selbst aktiv angefordert hat. Oder die Präsentation wurde von außen an ihn herangetragen – sei es von Ihnen, durch eine Empfehlung oder einen Vorgesetzten von ihm. Geht es um die Abschlusspräsentation für ein Projekt, bedenken Sie ursprüngliche Erwartungen und wichtige Entwicklungen im Projektverlauf. Vollziehen Sie nach, ob der Empfänger von Ihrer Präsentation persönlich stark betroffen ist oder nicht. Machen Sie sich bewusst, ob sich der Empfänger zum Thema schon öffentlich positioniert hat oder sich eher bedeckt verhielt.

Erkennen Sie andere beeinflussende Faktoren

Blicken Sie über den Tellerrand hinaus, welche anderen Themen den Empfänger beschäftigen – sachlich oder emotional, beruflich oder privat. Die aktuelle Konjunkturentwicklung, die Lage der eigenen Organisation, parallele Projekte, anstehende organisatorische Veränderungen und vieles andere mehr können sich im Kopf des Empfängers tummeln. Auch Gefühle beeinflussen seine Gedanken – zum Beispiel politische Beziehungsgeflechte, Ansehen oder Einfluss. Zu guter Letzt sollten Sie auch Privates im Auge haben – vielleicht ergeben sich daraus Gedanken, die das Berufliche überlagern.

115   Vorgehen: Kommen Sie mit pyramidalen Präsentationen auf den Punkt – in vier Schritten zum professionellen Auftritt
Empfängerorientierte Kommunikationsstrukturen entwickeln
Die Kernfrage des Empfängers mit der eigenen Kernaussage passgenau beantworten

1.2   Die Kernfrage des Empfängers als Entwurf zu Papier bringen

Sind Sie gedanklich mit Ihrem Empfänger verschmolzen, schreiben Sie sein Informationsbedürfnis nieder. Formulieren Sie seine Erwartung als offene Frage. Sie beginnt in der Regel mit einem offenen Fragewort, zum Beispiel *Wie, Welche, Wo* oder *Wie viel*. Die offene Frage lässt sich nicht mit Ja oder Nein beantworten.

Über je mehr Erfahrungen Sie mit dem Empfänger oder der Präsentationssituation verfügen, desto leichter geht Ihnen die Formulierung von der Hand. Haben Sie Ihre Ergebnisse mit einer pyramidalen Vorgehensstruktur entwickelt, dann ist die dafür verwendete Kernfrage ein erster Richtwert. Prüfen Sie aber, ob sie immer noch gültig ist oder sich durch Entwicklungen im Projektverlauf verschoben hat.

Versuchen Sie, mit Ihrer Kernfrage die Erwartung des Empfängers so authentisch wie möglich widerzugeben, indem Sie die Konkretisierung, Stimmung und den gedanklichen Horizont des Empfängers zum Thema bedenken.

Die Kernfrage so weit konkretisieren, wie es der Blickwinkel des Empfängers zulässt

Überlegen Sie, ob der Empfänger eine sehr offene oder eine eher präzise Erwartung hat. Das spiegelt sich in der Kernfrage wider, offen zum Beispiel *Mit welchen Maßnahmen können wir die Effizienz in der Logistik steigern?* oder sehr präzise *Wie verändert das neue IT-System die Einhaltung unserer zugesagten Liefertermine?* Orientieren Sie sich zur Konkretisierung an der hierarchischen Position Ihres Empfängers innerhalb der Organisation: Tendenziell haben Fachkräfte deutlich konkretere Erwartungen als Führungskräfte. Diese bedenken stärker auch Interdependezen zu anderen Bereichen. Während ein Verkaufsmitarbeiter fragt *Was bringt mir das neue IT-System bei meinen Akquisitionsgesprächen?*, denkt die Geschäftlsleitung ganzheitlicher, etwa *Wie verändert das neue IT-System unsere Ertrags- und Vermögensentwicklung?*.

In der Kernfrage auch die Stimmung des Empfängers zum Thema widerspiegeln

Wägen Sie ab, ob die Kernfrage den Empfänger im Kopf oder eher im Bauch beschäftigt. Auch das drückt sich in der Kernfrage aus, sachlich zum Beispiel *Welche organisatorischen Änderungen betreffen unseren Bereich?* oder emotionaler *Was kommt da auf meine Leute und mich zu?* Scheuen Sie auch bei Abneigung des Empfängers gegenüber Ihnen persönlich, gegenüber Ihrem Thema oder der von Ihnen repräsentierten Organisation nicht vor einer authentischen Kernfrage zurück, zum Beispiel mit der Formulierung *Was soll ich mir denn den Vortrag noch antun?* Auch das kann die Erwartung des Empfängers auf den Punkt bringen. Nehmen Sie auch Bedenken des Empfängers bewusst in die Kernfrage auf, zum Beispiel *Wie können wir die Mitarbeiter, nach drei erfolglosen Versuchen in der Vergangenheit, jetzt für einen vierten Versuch motivieren?*

Zu guter Letzt auch weitergehende Überlegungen des Empfängers aufgreifen

Prüfen Sie wiederum aus Sicht des Empfängers, ob dieser „nur" an der Analyse interessiert ist oder darüber hinaus schon in Handlungen denkt. Während die analyseorientierte Kernfrage lautet *Wie gut halten wir unsere zugesagten Liefertermine ein?* fragt der handlungsorientierte Empfänger *Welche Maßnahmen sollten wir ergreifen, um zugesagte Liefertermine noch besser einzuhalten?* Die handlungsorientierte Kernfrage schließt weitergehende Überlegungen ein, die sich in Abhängigkeit von der Kernaussage oft ergeben. Gleichzeitig können Sie beruhigt sein, mit der Frage allein noch keine Fakten zu schaffen. Denn auch eine handlungsorientierte Kernfrage können Sie ohne Handlung beantworten, zum Beispiel mit der Kernaussage *Es sind keine Maßnahmen zur Verbesserung unserer Liefertreue erforderlich.* Deshalb sollten Sie aus unserer Erfahrung die Kernfrage im Zweifel ruhig handlungsorientiert formulieren.

1.3   Bei mehreren Empfängern aus den einzelnen Erwartungen eine gemeinsame Kernfrage konsolidieren

Viele Präsentationen werden vor mehreren Empfängern vorgetragen, Präsentationsunterlagen an noch größere Personenkreise verteilt. Und die Heterogenität des Publikums macht die Kommunikation anspruchsvoller. Unterschiedliche Bedürfnisse müssen in einem Dokument und einem Vortrag befriedigt werden. Deshalb müssen Sie bei heterogenem Publikum eine gemeinsame Kernfrage für alle Empfänger herausarbeiten.

Versetzen Sie sich zunächst – wie oben beschrieben – in jeden einzelnen Empfänger und formulieren Sie deren individuellen Kernfragen. In aller Regel werden Sie bei Ihren Rollenwechseln wesentliche Gemeinsamkeiten zwischen Empfängern feststellen. Bilden Sie dann Gruppen von Empfängern mit gemeinsamer Kernfrage. Überlegen Sie aber gut, ob Sie den Gruppen pragmatisch Prioritäten für Ihren Präsentationserfolg zuordnen. Die Verlockung, sich zum Beispiel primär an der Geschäftsführung zu orientieren und andere Teilnehmer zu vernachlässigen, ist nachvollziehbar und zugleich riskant. Sie erleichtert die Vorbereitung der Präsentation. Sie birgt aber Gefahren, wenn sich die Geschäftsführung auch vom Eindruck der anderen Teilnehmer leiten lässt.

Bei sehr wichtigen Präsentationen mit sehr politischen Beziehungsgeflechten unter den Empfängern sollten Sie diese gründlich analysieren. Visualisieren Sie zum Beispiel in einer Kraftfeldanalyse die Beziehungen zwischen Menschen – positiv und negativ, intensiv oder schwach. So erkennen Sie die wesentlichen Fraktionen in Ihrem Publikum – auch über formale Organisationsstrukturen hinweg. Weitere Details zur Kraftfeldanalyse finden Sie zum Beispiel in Nicolai Andlers Buch „Tools für Projektmanagement, Workshop und Consulting".

117 Vorgehen: Kommen Sie mit pyramidalen Präsentationen auf den Punkt – in vier Schritten zum professionellen Auftritt
Empfängerorientierte Kommunikationsstrukturen entwickeln
Die Kernfrage des Empfängers mit der eigenen Kernaussage passgenau beantworten

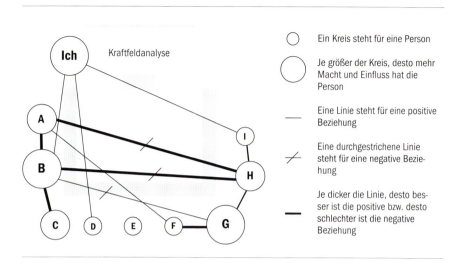

Sobald Sie für jeden Empfänger oder jede Gruppe von Empfängern eine Kernfrage skizziert haben, konsolidieren Sie daraus eine zentrale Kernfrage für das Publikum. Sie umschreibt in einer Frage die Erwartung aller Empfänger. Unvermeidlich wird die Kernfrage immer schwammiger, je heterogener Ihr Publikum ist. Setzen Sie bei der Konsolidierung an den logischen Bezügen zwischen den einzelnen Erwartungen an.

Für voneinander unabhängige Erwartungen die Kernfrage sequenziell verlängern

Wollen heterogene Empfänger Antworten auf unterschiedliche Aspekte zum Thema, dann wird die Kernfrage schlicht länger. Sie reiht die parallelen Erwartungen aneinander. Zum Beispiel: Der Logistikleiter denkt primär an die Qualität gegenüber den Kunden – seine Kernfrage lautet *Wie verändert das neue IT-System die Einhaltung unserer zugesagten Liefertermine?* Mitarbeiter hingegen fragen sich *Wie verändert das neue IT-System unsere Arbeitsbedingungen?* Der Umweltbeauftrage fragt nach der Ökobilanz und so weiter. Fügen Sie nun die Kernfragen aneinander, so kommen Sie auf die gemeinsame Kernfrage *Wie wirkt sich das neue IT-System aus auf die Einhaltung unserer zugesagten Liefertermine, die Arbeitsbedingungen der Mitarbeiter und unsere Ökobilanz?*

Für einander einschränkende Erwartungen die Kernfrage präzisieren

Überlappen sich die Erwartungen unterschiedlicher Empfänger teilweise, dann wird die Kernfrage fokussierter. Mehrere Anforderungen reduzieren die Kernfrage auf den kleinsten gemeinsamen Nenner. Wieder ein Beispiel: Der Logistikleiter fragt allgemein *Mit welchen Maßnahmen können wir unsere zugesagten Liefertermine besser einhalten?* Die Geschäftsführung fordert schnelle Erfolge. Den Finanzleiter sorgen knappe Investitionsmittel und so weiter. Die gemeinsame Kernfrage lautet *Mit welchen kurzfristig wirkenden Maßnahmen ohne signifikanten Investitionsbedarf können wir die Liefertermintreue steigern?* Im Extremfall schließen sich die Erwartungen unterschiedlicher Empfänger gänzlich aus. In diesen Fällen wird die Auflösung des logischen Gegensatzes selbst zur zentralen Kernfrage. Wenn sich der Vertriebsleiter um die Kunden sorgt, der Finanzleiter gleichzeitig kein Geld hergeben will, dann lautet der Konflikt *Wie priorisieren wir in unserer aktuellen Situation Kundenzufriedenheit und Sparziele?*

Für voneinander abhängige Erwartungen die Kernfrage abstrahieren

Handelt es sich um eine logische Abfolge von Fragen zum gemeinsamen Thema, dann wird die Kernfrage allgemeiner. Sie umfasst sowohl Voraussetzungen als auch Folgen. Beispiel: Der Controller fragt zunächst *Wie gut halten wir unsere Liefertermine gegenüber Kunden überhaupt ein?* Der Logistikleiter will definitiv etwas tun – er fragt: *Welche Maßnahmen zur Verbesserung der Liefertreue sind sinnvoll?* Die Finanzabteilung fragt sich, ob Investitionen in die Logistik erforderlich sein werden. Die IT-Abteilung fragt, ob IT-Unterstützung erforderlich ist. Die gemeinsame Kernfrage könnte lauten *Was sollten wir zur Verbesserung unserer Liefertermintreue tun?* Die Frage ist relativ kurz und fasst dennoch alle Aspekte der verschiedenen Empfänger zusammen: Zur Rechtfertigung von Maßnahmen muss die Frage des Controllers beantwortet werden. Stellt sich nämlich heraus, dass die Liefertermine zuverlässig eingehalten werden, lautet die Antwort einfach *Wir sollten gar nichts tun!* Der Logistikleiter bekommt konkrete Vorschläge auf Basis der Abwägung unterschiedlicher Optionen. Die Beschreibung der Umsetzung dieser Maßnahmen beantwortet schließlich die Fragen von Finanz- und IT-Abteilung.

1.4   Sich die Kernfrage vom Empfänger oder einem Experten bestätigen lassen

Bevor Sie die Kernfrage Ihres oder Ihrer Empfänger beantworten, holen Sie sich dazu noch ein Feedback ein. Prüfen Sie, ob Sie den Punkt getroffen haben, ob alle Aspekte berücksichtigt sind. Gegebenenfalls passen Sie Ihre Kernfrage nochmals an – auf Basis einer oder mehrerer Rückmeldungen.

Erbitten Sie das Feedback unbedingt auf Basis Ihrer ausformulierten Kernaussage. Legen Sie diese schriftlich auf den Tisch. Gegebenenfalls erläutern Sie dazu Ihre Annahmen. Je näher Sie an den Empfänger herankommen, desto authentischer wird das Feedback – und desto besser in der Folge Ihre spätere Präsentation:

119   Vorgehen: Kommen Sie mit pyramidalen Präsentationen auf den Punkt – in vier Schritten zum professionellen Auftritt
Empfängerorientierte Kommunikationsstrukturen entwickeln
Die Kernfrage des Empfängers mit der eigenen Kernaussage passgenau beantworten

Im Idealfall den Empfänger selbst fragen. Zumindest bei internen Präsentationen können Sie Ihren Auftraggeber häufig direkt kontaktieren. Schreiben Sie ihm in einer kurzen E-Mail die Kernfrage, die Sie aus seinem Auftrag abgeleitet haben. Achten Sie weiterhin darauf, dass es sich um eine offene Frage handelt. Mit etwas Glück bekommen Sie nur ein kurzes *O.K.* zurück. Eventuell schränkt der Empfänger die Kernfrage ein. Im schlimmsten Fall stellen Sie an dieser Stelle ein grundsätzliches Missverständnis fest – gut, dass Sie noch nicht richtig mit der Ausarbeitung angefangen haben. Es bleibt genug Zeit, das Missverständnis zu korrigieren. Bei mehreren Empfängern brauchen Sie in der Regel nicht allen Teilnehmern eine E-Mail zu schicken. Meist reicht ein wesentlicher Repräsentant, mit dem Sie die gemeinsame Kernfrage besprechen. Vielleicht haben Sie einen Projektsponsor oder -paten. Am besten besprechen Sie mit ihm persönlich Ihre Einschätzung zu den einzelnen Präsentationsteilnehmern und die von Ihnen abgeleitete gemeinsamen Kernfrage.

Als Alternative andere Experten nutzen. Wenn ein direktes Feedback zur Kernfrage nicht möglich ist, probieren Sie es indirekt. Dies ist vor allem bei externen Präsentationen erforderlich. Fragen Sie andere Menschen an, die Ihren Empfänger oder Ihre Präsentationssituation kennen. Fragen Sie zum Beispiel Kollegen oder Vorgesetzte, die in der Vergangenheit ähnliche Präsentationen gemeistert haben, worauf es ankommen wird. Bei externen Vorträgen sollten Sie Veranstaltungsleiter oder Organisatoren ansprechen.

2   Auf Basis der eigenen Ergebnisse und Ziele die Kernaussage passgenau formulieren und prüfen

Wenn Sie die Kernfrage formuliert haben, dann geht es nun an deren Beantwortung. Das tun Sie in der Kernaussage. Deren Grundlage sind Ihre Ergebnisse.

Kernfrage

- Drückt die Erwartung des Empfängers aus
- Als offene, möglichst präzise Frage formuliert
- Vorher idealerweise mit dem Empfänger abgestimmt

Kernaussage

- Fasst die Botschaft des Senders zusammen
- Als Aussage formuliert – Information oder Aufforderung
- Geht auf die wesentlichen Aspekte der Kernfrage ein

Idealtypisch gehen Sie top-down vor. Alternativ können Sie die Kernaussage auch bottom-up entwickeln. Dabei sammeln Sie zunächst einige Detailaussagen auf Ihrem Papier und verdichten daraus dann die Kernaussage. Das erleichtert den Einstieg. Wenn Sie sicher in Ihrem Thema sind, wechseln Sie zum Top-down-Vorgehen.

Die folgende Beschreibung bezieht sich auf das Top-down-Vorgehen. Damit orientieren Sie sich konsequent an der Erwartung Ihres Empfängers.

2.1 Im ersten Entwurf der Kernaussage vielfältige Anforderungen in einem Satz widerspiegeln

Herzlich willkommen zum häufig schwierigsten Schritt beim pyramidalen Strukturieren: dem Formulieren einer knackigen Kernaussage. War Ihnen diese nicht von vornherein vorgegeben, dann müssen Sie in der Kernaussage alle inhaltlichen Überlegungen zusammenfassen. Sie verdichten jetzt die Ergebnisse aus womöglich vielen Monaten intensiver Arbeit zu einer Botschaft. Das Kommunizieren mit klaren Botschaften ist – neben der logischen Struktur – wesentliches Element der pyramidalen Präsentation. Und die Kernaussage der Gesamtpräsentation ist die höchste Aggregation aller Aussagen.

Entwerfen Sie Ihre inhaltliche Antwort auf die Kernfrage. Dafür durchdenken Sie wesentliche Erkenntnisse und gleichen diese mit der Erwartung des Empfängers ab. Erinnern Sie sich bei Selbstzweifeln stets daran, dass es sich um einen Entwurf handelt, der sich in der Regel während der weiteren Strukturierung noch ändert. Bringen Sie Ihren Entwurf unmittelbar zu Papier. Und verwerfen Sie ihn gleich wieder, wenn Sie eine bessere Idee haben. Machen Sie in vier Schritten aus Ihrem Wissen eine pyramidale Kernaussage.

2.1.1 Grammatikalisch vollständige Sätze formulieren – am besten an der Kernfrage ansetzen

In der schriftlichen, geschäftlichen Kommunikation, insbesondere der Präsentation, dominieren meist Schlagwörter

Viele Autoren meiden Verben wie der Teufel das Weihwasser. Sie konstruieren abenteuerliche Folgen von mehreren Substantiven und Adjektiven, anstatt ein einziges Verb einzubauen. Grund dafür kann aus unserer Sicht nur sein, dabei eine bindende Wirkung zu befürchten. Das schriftliche Dokument bleibt ja erhalten. Denn im mündlichen Gespräch brächte es kaum jemand fertig, eine offene Frage allein mit Schlagwörtern zu beantworten. Probieren Sie es aus, indem Sie die Frage beantworten *Was sollten wir am nächsten Sonntag tun?* Ihre mündliche Aussage wird ver-

121 Vorgehen: Kommen Sie mit pyramidalen Präsentationen auf den Punkt – in vier Schritten zum professionellen Auftritt
Empfängerorientierte Kommunikationsstrukturen entwickeln
Die Kernfrage des Empfängers mit der eigenen Kernaussage passgenau beantworten

mutlich ein Verb enthalten. Sobald wir aber Papier beschreiben, scheint eine psychologische Barriere zu greifen. Wir wollen uns nicht festlegen, stattdessen soll der Empfänger lieber selbst auf die Antwort kommen. So tun wir uns mit Verben in einer geschäftlichen Präsentation erkennbar schwer. Wir schreiben allenfalls Substantivierungen wie zum Beispiel *Einführung* statt *einführen*.

Doch nur mit Verben können wir tatsächlich Antworten geben

Wenn uns der Empfänger eine Kernfrage aufgibt, dann ist das sprachliche Gegenstück unbestritten eine Antwort. Doch Schlagwörter allein lassen Interpretationsspielraum für den Empfänger. Mit *Umsatzentwicklung Skandinavien* kann kein Empfänger etwas anfangen. Er müsste die Daten selbst auswerten. Hätte er das wirklich gewollt, hätte er uns sicher nicht gefragt *Wie entwickeln sich unsere Umsätze?* Stattdessen hätte er uns gleich aufgefordert *Bringen Sie mir mal die Umsatzzahlen für Skandinavien vorbei, damit ich die in Ruhe auswerten kann.* Auch das substantivierte Verb löst dieses Problem nicht. *Umsatzsteigerung in Skandinavien* kann eine erfreuliche aktuelle Entwicklung beschreiben. Es könnte aber auch ein ambitioniertes Ziel für das nächste Geschäftsjahr meinen.

Deshalb müssen Sie ganze Sätze formulieren, die Ihre wesentliche Botschaft unmissverständlich transportieren

Sprechen Sie am besten Ihren ersten spontanen Gedanken laut aus. Notieren Sie ihn dann als Entwurf Ihrer Kernaussage. In vielen Fällen können Sie für die Antwort wesentliche Teile der Frage aufgreifen – zum Beispiel *Nächsten Sonntag sollten wir Oma besuchen!* Diese Technik führt Sie gleich zur nächsten Anforderung. Denn Sie werden die Frage nach den Skandinavien-Umsätzen sicher nicht beantworten mit *Unsere Umsätze in Skandinavien haben sich entwickelt!*, oder?

2.1.2 Mit der Tendenz der Botschaft anfangen – an harten Fakten oder persönlicher Positionierung ansetzen

Bewerten Sie Ihre Ergebnisse zunächst grundsätzlich. Unterscheiden Sie tendenziell zwischen einer guten oder schlechten Botschaft. Diese einfache Differenzierung schafft eine erste Einordnung. Gleichzeitig stellt sie sicher, dass Sie nicht – wie gewohnt – Ihr Vorgehen dokumentieren. Die Kernaussage *Wir haben den Umsatz analysiert* hat noch keine Tendenz. Schreiben Sie stattdessen entweder *Die Umsätze sind gestiegen* oder *Die Umsätze sind gesunken*. Natürlich ist *Die Umsätze sind gleich geblieben* auch möglich.

Quantitative Aussagen sind ein einfacher Einstieg

Mit Zahlen beschreiben Sie absolute Zustände, wie *Wir haben in Skandinavien über 10 Mio. Euro umgesetzt* oder *Firma Müller verfügt in Brasilien über ein Netz von 100 Servicestandorten*. Noch interessanter für Ihr Publikum sind relative Aussagen, die zwei Werte ins Verhältnis setzen, etwa *Unsere Umsätze in Skandinavien liegen 20 Prozent unter Budget*. Auch für eigentlich nicht-quantitative Themen erleichtert einfache Quantifizierung Ihnen den Einstieg, zum Beispiel *Drei Maßnahmen sollen die Motivation der Verkäufer steigern*. In vielen Fällen können Sie die einfache Quantifizierung später durch eine konkretere Kernaussage ersetzen.

Qualitative Aussagen werten Ihre Botschaft durch eigene Positionierung auf

In vielen Fällen ist eine Quantifizierung nicht möglich oder alleine wenig hilfreich. Die Kernfrage *Welche Ursachen hat unser Umsatzrückgang?* werden Sie kaum mit Zahlen beantworten können. Auch die Information der 100 Servicestandorte der Firma Müller in Brasilien bringt den Empfänger vermutlich nicht weiter. Erst qualitative Bewertung macht diese Aussagen wertvoll. Daher müssen Sie sich in diesen Fällen klar positionieren, zum Beispiel *Ursache der Umsatzrückgänge ist die schlechte Motivation der Verkäufer* oder *Das leistungsstarke Servicenetz der Firma Müller mit über 100 Standorten garantiert uns einen sicheren Geschäftsbetrieb in Brasilien*. Positionierungen sind auch nötig für viele Routine-Kernfragen, zum Beispiel aus dem Projektmanagement oder Controlling wie etwa *Wie ist der Status des Projektes?* oder *Wie ist die aktuelle Geschäftslage?* Wenn Ihnen die Positionierung schwerfällt, bedenken Sie wieder, dass erstens der Entwurf nicht so in der Präsentationsunterlage erscheint, zweitens Ihr Empfänger Ihre Meinung explizit haben wollte und Sie drittens Ihre Meinung Im Folgenden noch erläutern werden.

Wenn Sie so früh mit der Kommunikationsstrukturierung begonnen haben, dass Sie sich inhaltlich noch nicht im Klaren sind, dann formulieren Sie zunächst einen scheinbar banalen Platzhalter, etwa *Der Umsatzrückgang hat Ursachen*. Auch diesen konkretisieren Sie später auf Basis der Untermauerung.

Bedenken Sie, wenn Sie Ihre Position definieren, dass auch das Erkennen von Unsicherheiten oder Wissenslücken ein wertvoller Beitrag ist. Formulieren Sie einfach *Zur Beurteilung des Servicenetzes der Firma Müller fehlt uns das Wissen über die regionale Verteilung*. Oder fordern Sie eine Projekterweiterung, etwa *Zur abschließenden Beurteilung des Servicenetzes der Firma Müller sollten wir noch die regionale Verteilung der Standorte analysieren*. Das führt Sie gleich zur nächsten Anforderung – Ihrem eigenen Kommunikationsziel.

123   Vorgehen: Kommen Sie mit pyramidalen Präsentationen auf den Punkt – in vier Schritten zum professionellen Auftritt
Empfängerorientierte Kommunikationsstrukturen entwickeln
Die Kernfrage des Empfängers mit der eigenen Kernaussage passgenau beantworten

2.1.3   Das eigene kommunikative Ziel formulieren – nur informieren oder gleich auffordern

Im Rahmen der Präsentation müssen Sie nicht nur die Kernfrage des Empfängers beantworten. Sie dürfen darüber hinaus eigene Ziele verfolgen. Cicero sieht drei kommunikative Ziele: Docere – informieren oder aufzeigen. Movere – überzeugen oder in Bewegung bringen. Und delectare – unterhalten und amüsieren. Letzteres sollte in der geschäftlichen Kommunikation nie primäres Ziel sein, allenfalls begleitend. Es bleiben also zwei Ziele: Entweder Sie wollen Ihren Empfänger informieren, oder Sie wollen ihn zu einer Handlung auffordern. Bei der Information beschränken Sie sich darauf, Ihrem Empfänger neues Wissen zu vermitteln. Controllingberichte sind typischerweise rein informativ, ebenso Marktanalysen oder Firmenprofile. Der Empfänger nimmt Ihre Neuigkeiten zur Kenntnis – mehr nicht. Bei der Aufforderung zur Handlung wollen Sie hingegen eine Reaktion des Empfängers hervorrufen. Nach Ihrer Präsentation soll er etwas tun – in der Regel eine Entscheidung fällen. Die Verkaufspräsentation zum Beispiel dient dazu, eine Kaufentscheidung herbeizuführen.

Das eigene Ziel spiegelt sich in Ihrer Formulierung wider. Probieren Sie es aus: Die Kernaussage *Ich bin unterbezahlt* kann Ihr Chef durchaus wohlwollend zur Kenntnis nehmen. Nur ändert sich auf Ihrem Gehaltszettel nichts. Die Aussage *Sie sollten mein Gehalt erhöhen!* führt zu einer Gehaltserhöhung, wenn sie solide untermauert ist.

Entscheiden Sie im Einzelfall, ob Ihnen die Information reicht oder ob Sie eine Aufforderung formulieren müssen. Für die Information wählen Sie beschreibende Aussagen wie zum Beispiel *Durch ein neues Vergütungssystem lässt sich die Motivation unserer Verkäufer erhöhen*, oder *Unsere Umsätze in Skandinavien liegen 20 Prozent unter Budget*. Wollen Sie hingegen zu etwas auffordern, dann sagen Sie das auch deutlich. Die deutsche Sprache hält dafür den Imperativ bereit, konkret *Führen Sie ein neues Vergütungssystem ein, um die Motivation unserer Verkäufer zu steigern!* Schreiben Sie das ruhig, denn es bringt auf den Punkt, was Sie wollen, und erscheint ja so nicht in den Unterlagen. Dezentere Formulierungen erreichen das gleiche Ziel, etwa *Wir sollten ein neues Vergütungssystem einführen, um die Motivation unserer Verkäufer zu steigern*. Sie können auch rein suggestiv auffordern, etwa mit der Formulierung *Die Einführung eines neuen Vergütungssystems ist die beste Möglichkeit zur Steigerung der Motivation unserer Verkäufer*. Doch schießen Sie in Ihrer Zurückhaltung nicht zu kurz: *Die Einführung eines neuen Vergütungssystems ist eine Möglichkeit zur Steigerung der Motivation unserer Verkäufer* ist keine Aufforderung mehr. Sie impliziert vielmehr, dass es noch andere Möglichkeiten gibt.

2.1.4 Inhaltliche Besonderheiten berücksichtigen – Widersprüche, Prioritäten oder Ausnahmen deutlich machen

Klare Positionen sind aus Sicht des Empfängers leichter zu verstehen, folglich wünschenswert. Doch leider ist die Realität oft vielschichtiger. Sie kennt neben Schwarz und Weiß noch diverse Grautöne. Nutzen Sie drei bewährte Formulierungen, um solche Besonderheiten in Ihrer Kernaussage zu berücksichtigen.

Widersprüche aktiv ansprechen – etwa mit Trotz-Formulierungen

Nach sorgfältigem Abwägen von Vor- und Nachteilen sind sie zu einer Lösung gekommen. Diese hat nicht nur Vorteile, sondern ebenso Schwächen. Unter dem Strich halten Sie die Lösung für sinnvoll. Dann sollte die Kernaussage nicht nur aus dem Vorschlag bestehen. Sprechen Sie stattdessen die nachvollziehbaren Vorbehalte offen an, zum Beispiel *Trotz der höheren Kosten sollten wir ein neues Vergütungssystem einführen*. So bringen Sie gleich zum Ausdruck, dass es nicht nur Vorteile gibt.

Bei vielen Aspekten Prioritäten hervorheben – etwa mit Insbesondere-Formulierungen

Sie haben gleich ein ganzes Bündel von Schwachstellen oder Lösungen identifiziert. Es gibt keinen passenden Oberbegriff. Sagen Sie das genau so, zum Beispiel *Zur Steigerung der Motivation unserer Verkäufer gibt es vielfältige Ansätze*. Vielleicht können Sie einzelne Aspekte hervorheben, ohne die anderen zu vernachlässigen, zum Beispiel mit der Formulierung *Vor allem durch ein neues Vergütungssystem sollten wir die Motivation unserer Verkäufer steigern*. Die Formulierung *vor allem* macht deutlich, dass der hervorgehobene Aspekt wichtig ist, aber alleine nicht ausreicht. Die Formulierung *unter anderem* bedeutet, dass der Aspekt nur beispielhaften Charakter hat.

Ausnahmen explizit erwähnen – etwa mit Außer-Formulierungen

Sie haben eine grundsätzliche Antwort auf die Kernfrage gefunden. Sie gilt aber nicht überall. Jetzt ist die Formulierung *außer* Ihre erste Wahl. Schreiben Sie zum Beispiel *Mit einem neuen Vergütungssystem für alle Verkäufer, außer Key Account Manager, können wir den Umsatzrückgängen entgegenwirken*.

125   Vorgehen: Kommen Sie mit pyramidalen Präsentationen auf den Punkt – in vier Schritten zum professionellen Auftritt
Empfängerorientierte Kommunikationsstrukturen entwickeln
Die Kernfrage des Empfängers mit der eigenen Kernaussage passgenau beantworten

2.2   Die passgenaue Beantwortung der Kernfrage des Empfängers prüfen

Inzwischen haben Sie eine Kernfrage und eine Kernaussage als ersten Entwurf – zwei Sätze, mehr nicht. Gleichen Sie diese nun ab. Prüfen Sie und lassen Sie prüfen, ob Ihre Kernaussage die Kernfrage des Empfängers tatsächlich beantwortet.

Prüfen Sie selbst

Lesen Sie sich selbst Kernfrage und Kernaussage nacheinander vor. Überlegen Sie nicht, ob Ihre Aussage inhaltlich richtig ist. Inhaltliche Überlegungen verwirren jetzt nur. Gehen Sie weiterhin davon aus, dass Sie vorher inhaltlich gute Arbeit geleistet haben. Beides muss nur sprachlich passen. Die Frage *Wie geht es Dir?* ist durch die Antwort *Mir geht es schlecht* hervorragend beantwortet – tut uns inhaltlich zwar leid, aber die Kommunikation ist hocheffizient. Die Antworten *Ich freue mich auf das Wochenende* oder *Ich habe gestern im Lotto gewonnen* beantworten die Frage hingegen ebenso wenig wie *Mir geht es besser als meiner Frau.*

Holen Sie sich Feedback ein

Das Beispiel mit der Frage nach dem Wohlbefinden mag banal erscheinen. Es verdeutlicht aber, dass man das passgenaue Zusammenspiel von Kernfrage und Kernaussage beurteilen kann, ohne sich mit den Inhalten auseinanderzusetzen. Und das gilt auch für deutlich komplexere Themen. Deshalb bitten Sie einen Dritten um Feedback. Wählen Sie ruhig einen Feedbackpartner aus dem privaten Umfeld. Je weniger er vom Thema versteht, desto besser beurteilt er die sprachliche Kongruenz. Legen Sie ihm einfach Kernfrage und Kernaussage auf einem Blatt Papier vor und beobachten Sie seinen Gesichtsausdruck. Das reicht. Er wird Ihnen Verständnis oder einen logischen Bruch zwischen beiden Sätzen signalisieren.

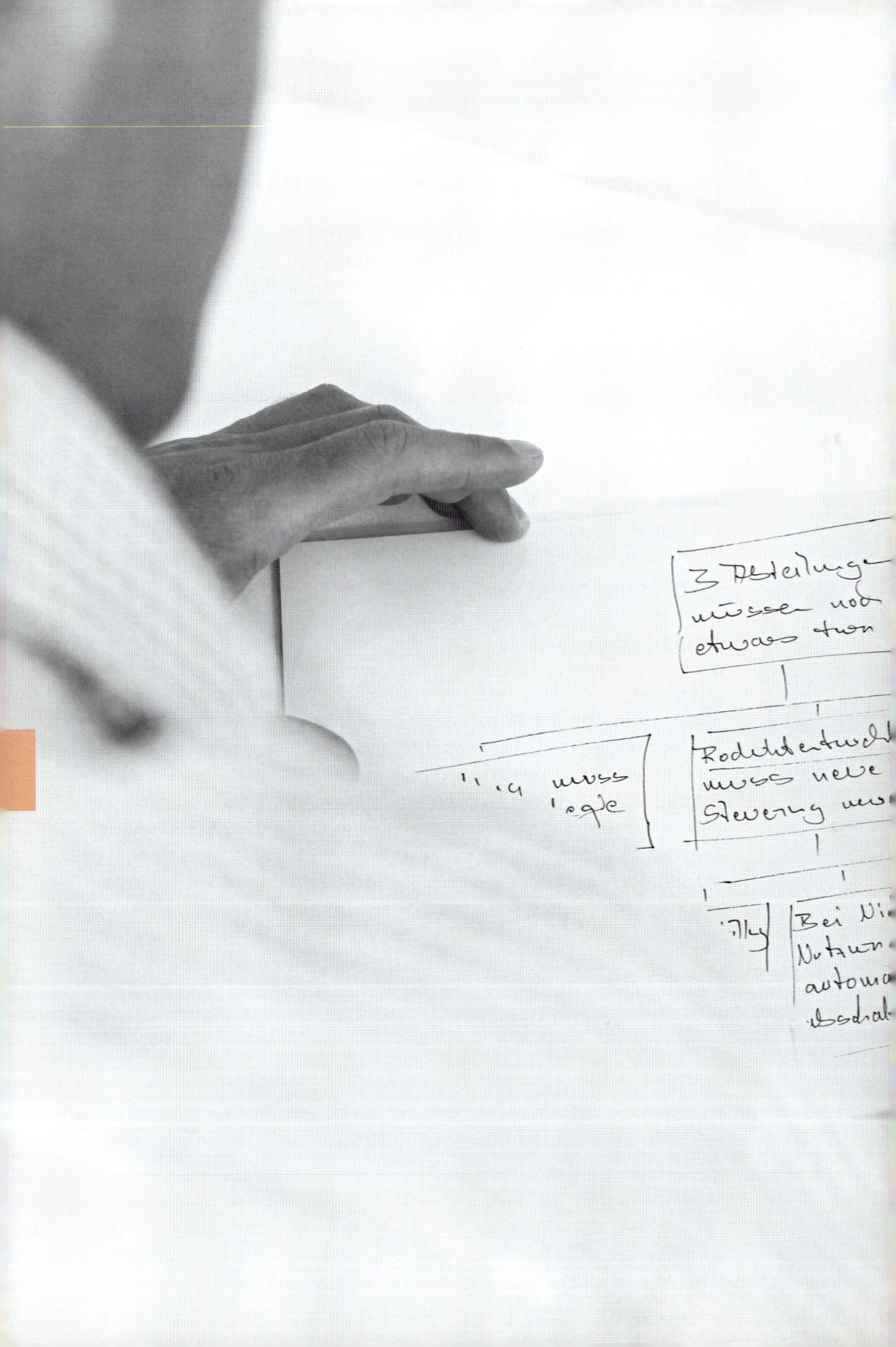
etwas tun
muss neue
Bei

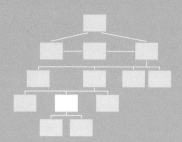

Die Kernaussage logisch-stringent untermauern – aus eigenen Inhalten eine schlüssige Argumentation machen

Positiv oder neutral aufgenommene Aussagen mit der pyramidalen Gruppe SAUBER® konkretisieren

Negativ oder indifferent aufgenommene Aussagen mit der pyramidalen Kette zwingend begründen

Mit der Kernaussage steht die Spitze Ihrer Pyramide. Im nächsten Schritt untermauern Sie diese zentrale Botschaft mit detaillierten Argumenten.

Prüfen Sie zunächst die Einstellung des Empfängers zu Ihrer Kernaussage. Der Empfänger kann die Kernaussage grundsätzlich positiv oder negativ aufnehmen. Davon hängt ab, ob Sie Ihre Kernaussage mit einer pyramidalen Gruppe konkretisieren oder mit einer pyramidalen Kette begründen.

Begründen Sie Ihre Kernaussage in zwei Situationen jedoch immer mit einer Kette: zum einen, wenn Sie sich trotz intensiver Prüfung nicht sicher sind, wie der Empfänger Ihre Kernaussage aufnehmen wird. Zum anderen, wenn Sie gleichzeitig sowohl positiv als auch negativ eingestellte Empfänger haben.

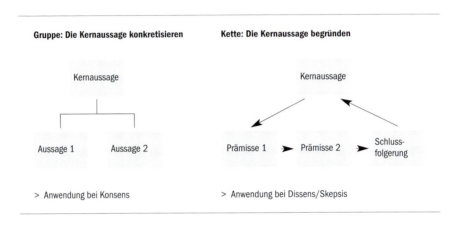

Prüfen Sie in zwei Schritten, ob der Empfänger Ihre Kernaussage absehbar positiv-neutral oder negativ-skeptisch aufnimmt

Differenzieren Sie, ob der Empfänger erst gute Argumente für das *Warum?* braucht oder gleich Details zum *Wie?* Betrachten Sie dafür seine Einstellung zum Inhalt. Ergänzend können Sie die vermutliche Einstellung anhand Ihrer Formulierung validieren.

Primär inhaltlich Ihr Ergebnis mit der Erwartung des Empfängers abgleichen. Vordergründig lassen sich gute und schlechte Nachrichten leicht unterscheiden. Aus neutraler Sicht haben Sie Ihrem Empfänger entweder Positives zu kommunizieren, zum Beispiel erfreuliche Entwicklungen oder Lösungen. Oder Sie haben grundsätzlich schlechte Nachrichten, wie unerfreuliche Entwicklungen oder Probleme. An dieser einfachen Differenzierung ändern auch sprachliche Tricks nichts, wie man Schlechtes gut ausdrückt. Ein Problem bleibt inhaltlich ein Problem – und wird nicht zur Herausforderung.

129   Vorgehen: Kommen Sie mit pyramidalen Präsentationen auf den Punkt – in vier Schritten zum professionellen Auftritt
Empfängerorientierte Kommunikationsstrukturen entwickeln
Die Kernaussage logisch-stringent untermauern – aus eigenen Inhalten eine schlüssige Argumentation machen

Aber die Erwartung des Empfängers relativiert dessen Wahrnehmung. Schlecht ist nicht immer schlecht und gut nicht immer gut. Auch Ihr Empfänger macht sich im Vorfeld Ihrer Präsentation unweigerlich Gedanken. Er entwickelt eine Erwartung. Diese Erwartung wird die Messlatte seiner Reaktion sein.

Bewerten Sie Ihr Ergebnis daher im Verhältnis zur Erwartung des Empfängers: Analysieren Sie zunächst seine Erwartungen an Ihr Präsentationsthema. Machen Sie sich wiederum ein möglichst umfassendes Bild – berücksichtigen Sie alle Faktoren, die den Empfänger beeinflussen. Dann entscheiden Sie, ob Ihr Ergebnis besser oder schlechter ist als von Ihrem Empfänger erwartet. So kann auch eine grundsätzlich schlechte Nachricht für Ihren Empfänger durchaus erfreulich sein, wenn dieser nämlich noch Schlimmeres befürchtet hatte. Umgekehrt verfehlen auch gute Ergebnisse zuweilen die Erwartungen. So bestraften die Börsen schon manches Unternehmen mit Kursverlusten ausgerechnet an dem Tag, an dem man einen Gewinn verkündet hat. Der Grund: Der „Markt" hatte höhere Gewinne erwartet. Sogar eine gute oder sehr gute Nachricht kann vom Empfänger skeptisch aufgenommen werden. Sie ist für ihn zu schön, um wahr zu sein. Er zweifelt sie allein deshalb an, weil sie seiner Erwartung widerspricht.

Entscheiden Sie, ob Sie von einer positiv-neutralen Aufnahme Ihrer Kernaussage durch den Empfänger ausgehen können, oder ob Sie sich auf eine negativ-skeptische Einstellung vorbereiten müssen. Haben Sie Zweifel, gehen Sie sicherheitshalber von einer negativen Haltung aus.

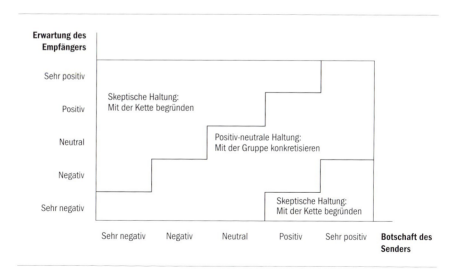

Ergänzend sprachlich die Formulierung der Kernaussage validieren. Wenn Sie die Einstellung Ihres Empfängers erkannt haben, prüfen Sie diese nochmals anhand Ihrer Kernaussage. Die Formulierung lässt erkennen, ob die Botschaft absehbar positiv oder negativ aufgenommen wird. Dies ist völlig unabhängig von Ihren Inhalten. Bestätigen Sie so Ihre Einschätzung. Holen Sie sich für die sprachliche Validierung auch die Meinung eines Dritten ein – man muss dafür weder Empfänger noch Inhalte kennen. Gegebenenfalls formulieren Sie die Kernaussage nochmals um, damit sie mit der erwarteten Einstellung des Empfängers harmoniert.

— Deskriptive Kernaussagen, reine Quantifikationen oder banale Platzhalter sprechen für eine positive Aufnahme:

- **Rein deskriptive Kernaussagen werden neutral aufgenommen.** Nehmen wir das Beispiel *Der südafrikanische Markt hat sich stark verändert*. Die Veränderung an sich verwundert niemanden, man fragt danach, wie er sich verändert hat. Erst die detaillierten Ausführungen dazu könnten skeptisch aufgenommen werden.
- **Kernaussagen, die eine Quantifizierung umschreiben, werden zunächst auch neutral aufgenommen.** Das gilt selbst wenn es sich um negative Inhalte handelt, zum Beispiel *Aus drei Gründen sollten wir die Finanzbuchhaltung kurzfristig outsourcen*. Der Empfänger fragt hier jedoch erst, welche denn die guten Gründe sind. Erst bei den Gründen selbst wird er vermutlich kritisch nachhaken.
- **Auch Platzhalter, die zwar eine Tendenz enthalten, aber wenig konkret sind, nimmt das Publikum zunächst neutral auf.** Wir hatten oben das Beispiel *Der Umsatzrückgang hat Ursachen*. Diese Aussage ist so banal, dass niemand nach dem *Warum?* fragen wird. Der Empfänger wird intuitiv fragen *Welche?* Wie bei der reinen Quantifikation können Sie zunächst mit der pyramidalen Gruppe die Ursachen konkretisieren. Erst auf der Ebene konkreter Ursachen kann die Einstellung des Empfängers negativ sein.

— Aufforderungen oder offensichtliche Widersprüche legen eine negative Einstellung nahe:

- **Aufforderungen erzeugen bei vielen Empfängern reflexartig Skepsis.** Nehmen wir das Beispiel *Wir sollten unser Werbebudget erhöhen* oder *Wir sollten die Finanzbuchhaltung kurzfristig outsourcen*. Der Empfänger wird – unabhängig vom Inhalt – zunächst negativ reagieren. Das liegt nicht nur darin begründet, dass die wenigsten Menschen gerne Budgets erhöhen oder Buchhaltungen outsourcen. Veränderungen gegenüber reagiert der Mensch grundsätzlich zurückhaltend, erst recht kurzfristigen.
- **Kernaussagen, die in ihrer Formulierung bereits eine Abwägung widerspiegeln, rufen selbst Skepsis hervor.** Nehmen wir das Beispiel *Trotz unbestrittener Lücken im Süden garantiert uns das Servicenetz der Firma Müller*

131 Vorgehen: Kommen Sie mit pyramidalen Präsentationen auf den Punkt – in vier Schritten zum professionellen Auftritt
Empfängerorientierte Kommunikationsstrukturen entwickeln
Die Kernaussage logisch-stringent untermauern – aus eigenen Inhalten eine schlüssige Argumentation machen

einen sicheren Geschäftsbetrieb in Brasilien. Die Formulierung spricht vermutlich bereits bekannte Bedenken an. Sie weckt möglicherweise „schlafende Hunde". Der Empfänger wird die Bedenken vermutlich aufgreifen und Ihre Kernaussage zunächst kritisch hinterfragen.

Bleiben Ihnen Zweifel, sollten Sie sich auf eine Begründung vorbereiten

Können Sie auch nach intensiver Prüfung im Vorfeld keine eindeutige Einstellung des Publikums ausmachen, dann könnten Sie natürlich Lotto spielen. Mit etwas Glück akzeptiert das Publikum Ihre Kernaussage. Doch das Risiko wäre unverhältnismäßig hoch, dass sich Ihr Publikum in der Präsentation als kritisch entpuppt. Deshalb raten wir dringend, dass Sie im Zweifel eine Kette zur Begründung Ihrer Kernaussage vorbereiten.

Auch bei mehreren, heterogenen Empfängern sollten Sie sich an den Skeptikern orientieren

Analog zur Entwicklung der Kernfrage benötigen Sie auch für ein breites Publikum eine gemeinsame Einstellung. Beginnen Sie wieder mit der Analyse der Einstellungen der einzelnen Empfänger. Sobald Sie den ersten relevanten Empfänger mit einer negativen Einstellung identifiziert haben, brechen Sie die Analyse ab. Legen Sie für Ihre Kernaussage eine skeptische Haltung zugrunde.

In demokratischen Prozessen kommt es darauf an, die Mehrheit zu gewinnen – rein quantitativ. Geschäftliche Prozesse hingegen folgen idealtypisch logischen Regeln. Das bessere Argument gewinnt. Deshalb muss die geschäftliche Präsentation bereits einem einzigen Skeptiker eine stichhaltige Begründung liefern. Bereiten Sie auch in diesem Fall eine pyramidale Kette vor. Es gilt das Prinzip des kleinsten gemeinsamen Nenners. Umgekehrt: Nur wenn alle relevanten Empfänger Ihre Kernaussage positiv aufnehmen, können Sie auf eine Begründung verzichten.

Positiv oder neutral aufgenommene Aussagen mit der pyramidalen Gruppe SAUBER® konkretisieren

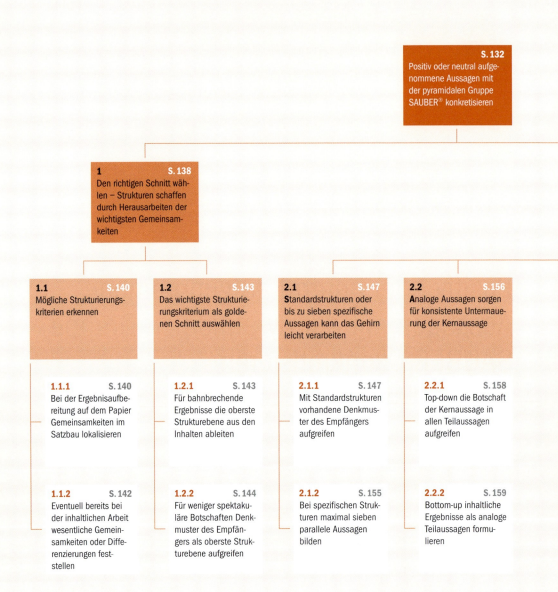

135 Vorgehen: Kommen Sie mit pyramidalen Präsentationen auf den Punkt – in vier Schritten zum professionellen Auftritt
Empfängerorientierte Kommunikationsstrukturen entwickeln
Die Kernaussage logisch-stringent untermauern – aus eigenen Inhalten eine schlüssige Argumentation machen
Positiv oder neutral aufgenommene Aussagen mit der pyramidalen Gruppe SAUBER® konkretisieren

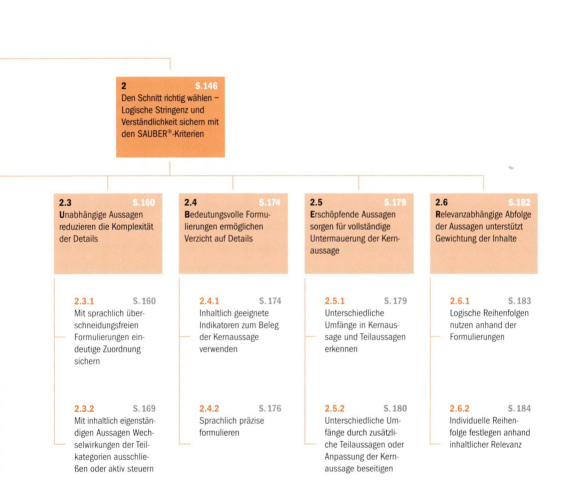

Summary

Positiv oder neutral aufgenommene Aussagen mit der pyramidalen Gruppe SAUBER® konkretisieren

137   Vorgehen: Kommen Sie mit pyramidalen Präsentationen auf den Punkt – in vier Schritten zum professionellen Auftritt
  Empfängerorientierte Kommunikationsstrukturen entwickeln
    Die Kernaussage logisch-stringent untermauern – aus eigenen Inhalten eine schlüssige Argumentation machen
      Positiv oder neutral aufgenommene Aussagen mit der pyramidalen Gruppe SAUBER® konkretisieren

Mit der pyramidalen Gruppe konkretisieren Sie Ihre positiv aufgenommene Kernaussage. Sie bricht die noch relativ allgemeine Kernaussage in etwas konkretere, parallele Teilaussagen herunter. Stellen Sie sich beim Strukturieren das mühsame Auflösen eines verknoteten Wollknäuels vor. Die ursprünglich verworrenen Bestandteile müssen voneinander getrennt werden. Je mehr Teile es sind und je stärker sie miteinander verwoben sind, desto schwieriger wird es.

Man spricht vom induktiven Schließen. Sie bestimmen Kategorien, die gemeinsame Eigenschaften haben. So steht am Ende ein transparentes, für jedermann leicht erfassbares Bild: Das Gehirn des Empfängers kann die einzelnen Bestandteile der Reihe nach erschließen.

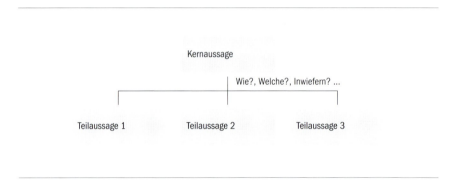

Ihre parallelen Teilaussagen gliedern Sie in zweierlei Hinsicht richtig: Sie müssen den richtigen Schnitt zur Beherrschung der Komplexität wählen. Und Sie müssen den Schnitt richtig wählen, um ein einheitliches Verständnis zu sichern.

1 Den richtigen Schnitt wählen – Strukturen schaffen durch Herausarbeiten der wichtigsten Gemeinsamkeiten

Es gibt so viele mögliche Strukturen, wie Wege nach Rom führen

Sie können ein und dasselbe Thema auf sehr unterschiedliche Weise strukturieren. All diese Strukturen können logisch-stringent sein.

Strukturen sind definierte Kategorien, die durch gemeinsame Eigenschaften der Inhalte entstehen. Details, die eine Eigenschaft gemein haben, gehören in eine Teilkategorie. Sie grenzen sich grundsätzlich ab gegenüber Details, die diese Eigenschaft nicht haben. Diese Gegenüberstellung ist notwendig: Haben nämlich alle Details eine Gemeinsamkeit, eignet sie sich nicht zur Unterscheidung. Sie ist kein

139 Vorgehen: Kommen Sie mit pyramidalen Präsentationen auf den Punkt – in vier Schritten zum professionellen Auftritt
Empfängerorientierte Kommunikationsstrukturen entwickeln
Die Kernaussage logisch-stringent untermauern – aus eigenen Inhalten eine schlüssige Argumentation machen
Positiv oder neutral aufgenommene Aussagen mit der pyramidalen Gruppe SAUBER® konkretisieren

Strukturkriterium mehr. Insofern können Strukturen beides sein: Gemeinsamkeiten mehrerer Details und Unterschiede zu anderen Details.

Dennoch lassen sich meist unterschiedliche Gemeinsamkeiten der Inhalte finden. Jedes komplexe Thema lässt sich aus unterschiedlichen Blickwinkeln betrachten. Das Beispiel *Der südafrikanische Markt hat sich stark verändert* ließe sich zum Beispiel zeitlich gliedern, wie *Vor dem Jahr 2008 passierte …* und *Seit 2008 passierte …* Zu einem grundsätzlich alternativen Aufbau führt eine Gliederung nach den Subjekten der Veränderung, zum Beispiel *Die Nachfrager haben …* und *Die Anbieter haben …* Oder die Struktur gliedert sich am Verb der Veränderung, zum Beispiel *Neu entstanden sind …* und *Verschwunden sind …* Die Aufzählung ließe sich beliebig fortsetzen.

Insofern gibt es stets vielfältige Möglichkeiten, die Details gedanklich zu ordnen. Das lässt sich gut anhand von Unternehmen nachvollziehen, die sich regelmäßig restrukturieren: Gestern hatten sie funktionale Strukturen mit fachlich definierten Organisationseinheiten. Heute verfügen sie über divisionale Strukturen, bei denen die Organisationseinheiten Produktgruppen widerspiegeln. Und morgen soll es eine marktorientierte Struktur sein, bei der die Organisationseinheiten die Kundensegmente widerspiegeln.

Doch leider kann der Empfänger nicht mehrere Betrachtungswinkel gleichzeitig einnehmen

Wie bereits dargelegt, arbeitet das menschliche Gehirn streng sequenziell. Es erledigt einen gedanklichen Schritt nach dem anderen. Mehrere parallele Strukturen werfen permanenent die Frage auf, welche Struktur denn nun wichtiger ist – ein Problem, unter dem Matrixorganisationen regelmäßig leiden. Stellen Sie als Sender das wichtigere Strukturierungskriterium nicht heraus, dann trifft Ihr Empfänger unbewusst seine eigene Wahl.

Daher müssen Sie aus der Vielzahl möglicher Strukturen die für Ihren Empfänger wichtigste herausfinden

Suchen Sie den goldenen Schnitt, das wichtigste Strukturkriterium für Ihren Empfänger. Bemühen Sie sich dafür intensiv, zunächt viele relevante Strukturierungskriterien zu erkennen. Erst wenn Sie das Thema solide durchdrungen haben, wählen Sie das wichtigste Kriterium aus.

Die zweidimensionale Pyramide – missverständliche Bezeichnung für unmissverständliche Kommunikation

Legt man die strengen Maßstäbe, die wir später noch erarbeiten werden, für den Begriff der pyramidalen Kommunikation an, kommt man zu einem überraschenden Ergebnis: Er ist bei genauer Betrachtung falsch. Die Pyramide – wie wir sie aus Ägypten kennen – ist ein dreidimensionaler Körper. Wäre das nicht so, könnte man schlecht Pyramiden hinaufklettern.

Die pyramidale Kommunikation erlaubt hingegen nur eine Vertiefung in eine Dimension. Sie müssen sich für ein eindeutiges Strukturierungskriterium entscheiden. Im Ergebnis bleibt die pyramidale Kommunikationsstruktur ein zweidimensionales Gebilde. Die Analogie zur traditionellen Pyramide hinkt damit.

Dennoch: Der Begriff der pyramidalen Strukturierung ist eingeführt. Und die Alternative wäre nicht verlockender: Wie wir später noch feststellen, werden einzelne Teilaspekte unterschiedlich stark vertieft. Dadurch entsteht meistens auch kein gleichseitiges Dreieck, sondern ein sehr unregelmäßiger Körper. Die korrekte Bezeichnung der „Vieleck-mit-Spitze-Strukturierung" klingt umständlich. So nehmen wir den kleinen Mangel lieber in Kauf – und bleiben bei pyramidaler Strukturierung.

1.1   Mögliche Strukturierungskriterien erkennen

1.1.1   Bei der Ergebnisaufbereitung auf dem Papier Gemeinsamkeiten im Satzbau lokalisieren

Schreiben Sie Ihre Ergebnisse auf. Denn gemeinsame Eigenschaften drücken sich sprachlich aus. Gibt es wiederkehrende Satzteile, liegen Gemeinsamkeiten vor. Das kann sich auf alle Satzbestandteile beziehen – gemeinsame Subjekte, Verben, Objekte, Adjektive oder Adverbien. Nehmen wir ein Bündel von acht Maßnahmen:

(1) *Der Vertrieb wird kurzfristig Maßnahmen zur Verbesserung der Kundenzufriedenheit erarbeiten*
(2) *Die Produktion wird langfristig durch Schließung eines US-amerikanischen Standorts Kosten senken*
(3) *Der Einkauf wird kurzfristig neue Beschaffungsmöglichkeiten in Osteuropa zur Kostensenkung prüfen*
(4) *Die Personalabteilung wird kurzfristig ein neues Bonussystem zur Steigerung der Mitarbeiterzufriedenheit einführen*

141 Vorgehen: Kommen Sie mit pyramidalen Präsentationen auf den Punkt – in vier Schritten zum professionellen Auftritt
Empfängerorientierte Kommunikationsstrukturen entwickeln
Die Kernaussage logisch-stringent untermauern – aus eigenen Inhalten eine schlüssige Argumentation machen
Positiv oder neutral aufgenommene Aussagen mit der pyramidalen Gruppe SAUBER® konkretisieren

(5) *Der Vertrieb wird langfristig eine eigene Einheit für Top-Kunden aufbauen*

(6) *Die Personalabteilung wird kurzfristig zusätzliche Kundenbetreuer in Asien einstellen*

(7) *Die Produktion wird langfristig neue und kostengünstigere Produktionstechnologien analysieren*

(8) *Der Einkauf wird kurzfristig eine Reihe von unsicheren Lieferanten streichen*

Lokalisieren Sie nun Schritt für Schritt die Gemeinsamkeiten dieser Sätze. Gehen Sie die einzelnen Satzteile systematisch durch:

— **Das Subjekt fällt als Strukturierungskriterium besonders leicht auf, weil es jeweils am Satzanfang steht.** Es handelt sich um vier Organisationseinheiten, die die Maßnahmen durchführen. Für das Strukturierungskriterium V*erantwortlicher* gibt es vier variable Attribute: *Vertrieb* (1, 5), *Produktion* (2, 7), *Einkauf* (3, 8) und *Personalabteilung* (4, 6).

— **Das Prädikat oder Verb zeigt sogar zwei Arten von Gemeinsamkeiten, mithin zwei mögliche Strukturierungskriterien.** Es beschreibt einerseits die Art der Aktivität und andererseits ihre Richtung. Zunächst fallen zwei Arten von Aktivitäten ins Auge. Sie unterscheiden sich in Analysen und tatsächliche Veränderungen. Das ergibt die variablen Attribute *Analysen* (1, 3, 7) und *Veränderungen* (2, 4, 5, 6, 8). Auch die Richtung der Aktivitäten ist unschwer erkennbar. Einige Aktivitäten schaffen Neues, andere streichen Bestehendes. Die variablen Attribute lauten *Erweiterungen* (1, 3, 4, 5, 6, 7) und *Reduzierungen* (2, 8).

— **Im Objekt liegen Gemeinsamkeiten in den Ergebnissen der Maßnahmen.** Drei Effekte lassen sich erkennen: *Kundenzufriedenheit* (1, 5, 6), *Kosten* (2, 3, 7, 8) und *Mitarbeiterzufriedenheit* (4).

— **Auch das durchgängig verwendete Adverb, wann die Maßnahmen wirken, kann als Struktur verwendet werden.** Hier lassen sich die acht Aussagen zwei Ausprägungen zuordnen: *Kurzfristig* (1, 3, 4, 6, 8) und *Langfristig* (2, 5, 7).

— **Weitere Gemeinsamkeiten entstehen durch Attribute, die einzelne Details haben und andere nicht.** Die Zerlegung von Sätzen fokussiert primär Gemeinsamkeiten. Aber auch Unterschiede, also Nicht-Geschriebenes wirkt strukturbildend. So beschreiben drei Punkte regional beschränkte Maßnahmen. Daraus ergibt sich die Gliederung in *Regional* (2, 3, 6) und *Überregional* (1, 4, 5, 7, 8).

Das Beispiel ist bewusst anschaulich gewählt. Bei unverständlicheren Formulierungen behelfen Sie sich, indem Sie nur den jeweiligen Satzteil aufschreiben. Das sieht für die Verben zum Beispiel so aus:

erarbeiten — senken — prüfen — einführen — aufbauen — einstellen — analysieren — streichen

Diese vereinfachte Darstellung verdeutlicht bereits die unterschiedliche Art der Aktivität: Erarbeiten, Prüfen und Analysieren sind konzeptionelle Maßnahmen, bei allen anderen wird schon umgesetzt. Mit der gleichen Technik isolieren Sie auch Subjekte oder andere Satzteile aus komplexen Formulierungen.

1.1.2   Eventuell bereits bei der inhaltlichen Arbeit wesentliche Gemeinsamkeiten oder Differenzierungen feststellen

Identifizieren relevanter Strukturkriterien geht über die Kommunikation hinaus. In Projekten oder ähnlichen Vorhaben können und müssen Sie bei der Ergebnisgenerierung selbst Strukturen definieren – anhand derer Sie Ihre Aufgabe bearbeiten. Bei reinen Berichten sind die Strukturen der Ergebnisgenerierung meist vorab definiert – der Controllingbericht speist sich aus festen, möglicherweise automatisierten Erhebungen.

Je offener aber Ihr Ergebnis, desto größer ist die Chance, neue relevante Strukturkriterien zu bestimmen. Haben Sie konzeptionellen Freiraum, dann gewinnen Sie bei der Bearbeitung fast automatisch immer neue Blickwinkel. Bei der Projektarbeit ist es durchgängige Aufgabe und entscheidet maßgeblich über die Qualität Ihrer Arbeit. Denn Erfolg hat, wer als Erster erkennt, worauf es morgen ankommt.

Die Arbeit findet im Kopf statt und erfordert eine gute Auffassungsgabe. Während der Bearbeitung merken Sie, dass bisher verwendete Strukturen zur Lösung eines Problems nicht taugen. Eine intensive Auseinandersetzung mit dem Thema, solide und vielschichtige Analysen eröffnen zunächst Ihnen selbst neue Sichtweisen. Zum Beispiel: Ein Projektteam zur Analyse der Distributionslogistik erkennt, dass die bestehenden regionalen Lager in Europa überholt sind. Stattdessen kommt es darauf an, kritische Teile sehr schnell auszuliefern. Nicht-kritische Teile dürfen länger dauern.

Gruppenarbeit hilft durch Reflexion und konträre Perspektiven. Diskutieren und hinterfragen Sie Ihre Ergebnisse wenn möglich im Team oder mit Kollegen. Auch ein nicht im Thema verhafteter Gesprächspartner kann Ihnen wertvolle Hinweise geben. Häufig erkennt gerade er in Ihren engagierten Erläuterungen im Nebensatz den wesentlichen Schnitt, zum Beispiel *Das mag im Inland gehen, aber nicht im Ausland.* In diesem Fall sind *Inland* und *Ausland* ein wichtiges Strukturierungskriterium für Ihre Präsentation.

143   Vorgehen: Kommen Sie mit pyramidalen Präsentationen auf den Punkt – in vier Schritten zum professionellen Auftritt
Empfängerorientierte Kommunikationsstrukturen entwickeln
Die Kernaussage logisch-stringent untermauern – aus eigenen Inhalten eine schlüssige Argumentation machen
Positiv oder neutral aufgenommene Aussagen mit der pyramidalen Gruppe SAUBER® konkretisieren

1.2   Das wichtigste Strukturierungskriterium als goldenen Schnitt auswählen

Folgen Sie nicht gleich der erstbesten Strukturierungsmöglichkeit. Das oberste Strukturkriterium der pyramidalen Präsentation ist zu wichtig: Es nimmt die wesentliche Einteilung der Einzelaspekte vor und prägt später maßgeblich das Verständnis Ihrer Präsentation – vom Aufbau der Präsentationsunterlage bis hin zu Vortrag und Diskussionsführung. Orientieren Sie sich bei der Auswahl der obersten Gliederungsebene an Ihren inhaltlichen Erkenntnissen oder Erwartungen und Denkmustern Ihres Empfängers. Notieren Sie nicht berücksichtigte Strukturkriterien – sie können zur weiteren Untermauerung gebraucht werden.

1.2.1   Für bahnbrechende Ergebnisse die oberste Strukturebene aus den Inhalten ableiten

Zum Glück hat jeder Mensch etablierte Denkmuster. Sie helfen dem Gehirn beim Umgang mit Komplexität. In seinem Streben nach Einfachheit durchleutet das Gehirn alles Neue nach bereits Bekanntem – und ordnet es sodann vertrauten und beherrschten Denkmustern unter. Das ist in vielen Fällen eine unbewusste, aber nicht zu unterschätzende Hilfe. Zumal etablierte Denkmuster nicht mit Vorurteilen gleichgesetzt werden dürfen. Sie bewerten noch nicht, sie ordnen nur ein.

Doch, wo neue Sichtweisen benötigt werden, müssen etablierte Denkmuster bewusst aufgebrochen werden. Für bahnbrechende Ergebnisse muss die Vereinfachungsautomatik des Gehirns außer Kraft gesetzt werden. Das Gehirn wird gezwungen, eine neue Struktur gedanklich zu durchdringen. Das fordert den Menschen zunächst heraus. Anschließend erleichtert es sein Verständnis, weil es den Blick auf eine neue entscheidende Differenzierung eröffnet.

Nutzen Sie für innovative Ergebnisse daher ergebnisgetriebene Strukturen als oberste Gliederungsebene. Solche Erkenntnisse oder Empfehlungen rechtfertigen ausnahmsweise, die Kommunikationsstrukturierung einmal nicht primär an den Erwartungen des Empfängers auszurichten. Erst konkretisieren Sie die neue Struktur, dann prüfen Sie deren Innovationskraft.

Zunächst müssen Sie die neue wesentliche Strukturierung konkretisieren

Haben Sie während der inhaltlichen Arbeit eine bahnbrechende Erkenntnis gewonnen, formulieren Sie diese aus. Wir hatten oben das Beispiel der Distributionslogistik. In diesem Fall müssen Sie Ihrem Publikum diese Erkenntnis vermitteln, zum Beispiel mit der Kernaussage *Wir sollten unser Logistikkonzept neuen zeitlichen Anforde-*

rungen anpassen. Ihr folgen Teilaussagen wie *Kritische Teile sollten wir per Kurierdienst verschicken* und *Unkritische Teile können mit normalen Speditionen distribuiert werden.* Mit der Ausformulierung der Teilaussagen stellen Sie sicher, dass die Differenzierung wesentlich ist: Sowohl die kritischen Teile als auch die unkritischen Teile zeigen ein inhaltlich fundamental unterschiedliches Ergebnis. Übergehen Sie diesen Test nicht. Häufig lösen sich vermeintlich entscheidende Differenzierungen in Luft auf, weil sich die Unterschiede nicht eindeutig ausdrücken lassen.

Prüfen Sie dann die Innovationskraft der neuen Struktur

Das Beispiel der Distributionslogistik zeigt das Dilemma der Strukturauswahl. Die Differenzierung ist für viele Unternehmen nicht mehr innovativ, sondern längst gängige Praxis. Daher sollten Sie die Entscheidung zur inhaltlichen Strukturierung anhand des Reifegrades des jeweiligen Empfängers prüfen. Entscheiden Sie das jeweils im Einzelfall. Was im einen Unternehmen oder für den einen Empfänger eine verbreitete Sichtweise ist, kann woanders neu sein – und umgekehrt. Orientieren Sie sich bei der Beurteilung an bestehenden Strukturen der Organisation, zum Beispiel dem Organigramm oder wichtigen Prozessen. Sie sind in der Regel Ausdruck bestehender Denkweisen. Bedenken Sie, dass auch die Rückkehr zu einer früher schon verwendeten Struktur möglich und gleichzeitig bahnbrechend sein kann. Ist die von Ihnen präferierte Struktur für den Empfänger innovativ, dann nutzen Sie sie als oberste Ebene Ihrer Kommunikationsstruktur.

1.2.2 Für weniger spektakuläre Botschaften Denkmuster des Empfängers als oberste Strukturebene aufgreifen

In allen anderen Fällen versetzen Sie sich wiederum in Ihren Empfänger, um ihm die Präsentation verständlich zu gliedern. Sowohl der Empfänger als auch der Sender verfügen über etablierte Denkmuster. Und Sie wollen, dass Ihr Empfänger Sie gut versteht. Deshalb nutzen Sie nicht die eigenen, sondern die Denkmuster Ihres Empfängers.

Nehmen Sie wiederum die Perspektive des Empfängers ein. Stellen Sie die in der Erarbeitung gewählte Denkstruktur zurück und beschäftigen Sie sich stattdessen mit der Kernfrage des Empfängers. Als Beispiel hat Ihr Team Verbesserungspotenziale in einzelnen Abteilungen erarbeitet. Nur wenn auch die Kernfrage lautet *Welche Verbesserungspotenziale bestehen in den Abteilungen?,* dürfen Sie die Abteilungsstruktur auch als Gliederung für die Ergebnispräsentation verwenden. Lautet die Kernfrage hingegen *Welche Verbesserungen können wie schnell umgesetzt werden?,* müssen Sie von der Vorgehensstruktur grundlegend abweichen, in diesem Fall hin zu einer zeitlichen Struktur. Steigern Sie den Nutzen Ihrer Präsentation für den Empfänger in drei Schritten:

145   Vorgehen: Kommen Sie mit pyramidalen Präsentationen auf den Punkt – in vier Schritten zum professionellen Auftritt
Empfängerorientierte Kommunikationsstrukturen entwickeln
Die Kernaussage logisch-stringent untermauern – aus eigenen Inhalten eine schlüssige Argumentation machen
Positiv oder neutral aufgenommene Aussagen mit der pyramidalen Gruppe SAUBER® konkretisieren

Betrachten Sie die Präsentation zumindest mit den Augen des Empfängers

Präsentiert der Produktionsleiter der Marketingabteilung eine neues Produktionsverfahren, dann sieht er selbst primär die Veränderungen gegenüber dem alten Verfahren. Aus Sicht der Marketingabteilung kommt es darauf jedoch nicht an. Stattdessen zählen die Auswirkungen auf die produzierten Produkte. Beides sind unterschiedliche Kriterien, die in vielfältigen Beziehungen zueinander stehen. Eine Verfahrensänderung kann sich eins zu eins in einer Produktänderung widerspiegeln. Eine Verfahrensänderung kann mehrere Produktänderungen ergeben, wie auch mehrere Verfahrensänderungen zusammen erst zu einer Produktänderung führen können. Vor allem können Verfahrensänderungen positiv für die Produktionseffizienz sein, dabei aber das Produkt selbst verschlechtern. Um hier unangenehme Überraschungen zu vermeiden, gliedern Sie Ihre Präsentation folglich konsequent nach den Denkmustern des Empfängers – also positiven und negativen Auswirkungen auf die Produkte.

Noch besser ist, wenn Sie den Empfänger hinter dem Empfänger bedenken

Stellt die Marketingabteilung nun den Verkäufern die neuen Produkte vor, dann sollte sie nicht Produktänderungen in den Vordergrund stellen. Verkäufer würden sich unmittelbar damit beschäftigen, wie sie diese Änderungen in ihre Argumentation gegenüber Kunden einbauen. Gliedern Sie in diesem Fall die Präsentation direkt nach dem vermarktbaren Nutzen für den Kunden – was wiederum ein weiteres, völlig neues Gliederungskriterium darstellt.

Im Idealfall beschäftigen Sie sich auch aus Sicht des Empfängers mit dem Präsentationsthema – zusätzlich zu Ihrer eigentlichen Aufgabe

Berichtet der Produktionsleiter zum Beispiel über geplante Produktionsmengen in den kommenden Monaten, sind Produktionslinien sein wesentliches Denkmuster. Typischerweise würde er sie als Gliederung für die Präsentation seiner Produktionsmengen verwenden. Präsentiert er jedoch vor Verkäufern, sind diesen die Produktionslinien vermutlich fremd und außerdem gleichgültig. Ihr Denken ist vordergründig geprägt von den Produkten. So weit, so gut. Wenn Sie sich nun intensiver mit dem Empfänger beschäftigen, können Sie auch hintergründige Denkmuster erkennen. Vielleicht denken die Verkäufer – aus leidvoller Erfahrung – bei den Produktionsmengen gleich daran, welche Produkte aktuell stark nachgefragt werden und welche weniger stark. Können Sie solche Überlegungen erkennen, ist der Grundstein für eine perfekt empfängerorientierte Präsentation gelegt. Sie recherchieren zunächst die Absatzerwartungen und kombinieren diese mit Ihren Produktionskapazitäten. Heraus kommt die Gliederung *Lieferschwierigkeiten zeichnen sich ab bei den Produkten …* und *Gesichert ist die Lieferfähigkeit bei den Produkten …*

2   Den Schnitt richtig wählen – Logische Stringenz und Verständlichkeit sichern mit den SAUBER®-Kriterien

Ihre Kommunikationsstruktur muss SAUBER® sein

Jeder Mensch denkt in seinen eigenen Strukturen. Er hat sie sein Leben lang aus Veranlagungen und Erfahrungen entwickelt. Das Gehirn setzt sie ein – ohne ihre logische Stringenz zu hinterfragen. Im Gegenteil: Der einzelne Mensch findet seine Strukturen absolut einleuchtend. Das ist subjektive Klarheit. Kommunikation besteht aber aus der Interaktion von mindestens zwei Menschen. Sie wollen einander verstehen, obwohl sie unterschiedliche Hintergründe und Erfahrungen haben. Im Extremfall kommen sie aus völlig unterschiedlichen Kulturkreisen. Bei Präsentationen sind häufig sehr viele Menschen vor Ort. Deshalb muss die Kommunikation allgemeingültigen Regeln folgen. Die parallelen Teilaussagen müssen für jeden Menschen das Gleiche bedeuten. Wir brauchen objektive Klarheit. Dazu dienen sechs handwerkliche Anforderungen – unsere SAUBER®-Regeln. Auch sie basieren auf kulturellen Grundlagen, die Sender und Empfänger gemeinsam sein müssen – allen voran einer gemeinsamen Sprache. Darauf aufbauend sorgen die SAUBER®-Regeln für logische Stringenz und verständliche Teilaussagen.

S	tandardstrukturen oder bis zu sieben
A	naloge,
U	nabhängige,
B	edeutungsvolle,
E	rschöpfende und
R	elevanzgereihte Teilaussagen.

Sie müssen Ihre Struktur in einem gedanklichen Prozess entwickeln

Alle sechs SAUBER®-Anforderungen müssen gleichermaßen erfüllt werden. Das fordert wiederum die sequenzielle Arbeitsweise des Gehirns heraus. Deshalb müssen Sie quasi am Stück strukturieren – in sehr engen gedanklichen Schleifen. Das erfordert Ruhe und angemessene Zeit.

147   Vorgehen: Kommen Sie mit pyramidalen Präsentationen auf den Punkt – in vier Schritten zum professionellen Auftritt
Empfängerorientierte Kommunikationsstrukturen entwickeln
Die Kernaussage logisch-stringent untermauern – aus eigenen Inhalten eine schlüssige Argumentation machen
Positiv oder neutral aufgenommene Aussagen mit der pyramidalen Gruppe SAUBER® konkretisieren

Stellen Sie sich daher auf ein anspruchsvolles iteratives Vorgehen ein

Beginnen Sie mit Ihrer Kernaussage. Als Grundlage beschäftigen Sie sich zunächst mit den sechs folgenden Anforderungen. Dann entwerfen Sie erste parallele Teilaussagen unter der Kernaussage. Gleichen Sie diese unmittelbar anhand der SAUBER®-Kriterien ab.

Passen Sie Ihre Formulierungen an. Verwerfen Sie Ihren Entwurf, wenn Sie nicht weiterkommen. Probieren Sie einen alternativen Ansatz. Prüfen Sie nochmals sorgfältig, dass Ihre Teilaussagen SAUBER® sind, bevor Sie Ihre pyramidale Gruppe akzeptieren. Wenn Ihre Kommunikationsstruktur nur aus dieser einen Ebene besteht, holen Sie sich wiederum Feedback. Bei einer komplexeren Struktur mit mehreren Ebenen können Sie damit meist warten, bis Sie auch die Vertiefung strukturiert haben.

2.1   Standardstrukturen oder bis zu sieben spezifische Aussagen kann das Gehirn leicht verarbeiten

2.1.1   Mit Standardstrukturen vorhandene Denkmuster des Empfängers aufgreifen

Standardstrukturen sind bereits bekannte und etablierte Gliederungen. Das Gehirn hat dafür feste Denkmuster angelegt. Durch wiederkehrende Nutzung werden diese schnell aufgerufen. Das Gehirn muss die Struktur nicht erst durchdringen. Ein typisches Beispiel ist die Gliederung der Menschen in *männlich* und *weiblich*. Sie wird von Kindesbeinen an erlernt und danach nie wieder vergessen. So sind unbestrittene Standardstrukturen die einfachste Art, ein gemeinsames Verständnis mit dem Empfänger zu schaffen. Er kann sich optimal auf Ihre Präsentationsinhalte fokussieren.

Und Standardstrukturen enthalten bereits das Fundament für logische Stringenz. Der „Erfolg" von Standardstrukturen basiert auf ihrer bewährten Allgemeinverständlichkeit. Sie erfüllen die SAUBER®-Kriterien unabhängig und erschöpfend von vornherein. Das ermöglicht bereits eine klare Struktur – aber eben noch keine verständlichen Aussagen.

Sofern inhaltlich geboten, sollten Sie mit Standardstrukturen ein einfaches Denkmuster anlegen. Anschließend kümmern Sie sich um die übrigen SAUBER®-Kriterien. In ihnen haben Standardstrukturen häufig noch Mängel. So ist die gern verwendete Gliederung *Jung* und *Alt* zum Beispiel noch nicht bedeutungsvoll. Jeder Mensch hat diesbezüglich eine eigene Definition – vermutlich abhängig vom eigenen Alter. Sie werden die Altersgruppen später also genau angeben. Auch die Herausforderungen an analoge und relevanzgereihte Teilaussagen bleiben noch offen.

Standardstrukturen für die geschäftliche Präsentation gibt es vor allem auf drei Ebenen. Sie können sie verwenden, wenn sowohl Sender als auch Empfänger der gleichen Ebene angehören:

Die gemeinsame Sprache bietet viele hilfreiche Strukturen

Auch wenn es nicht die Muttersprache sein muss, so ist die Grundlage jeder geschäftlichen Präsentation, dass Sender und Empfänger eine gemeinsame Sprache sprechen und verstehen. Mit sprachlichen Strukturen können Sie also immer arbeiten. Und hier bestehen bereits eine Vielzahl möglicher Strukturen, wie zum Beispiel *Vor-* und *Nachteile*. Sie sind sprachliche Ausprägungen von positiven und negativen Bewertungen – und erschließen sich als solche unmittelbar jedem, der die deutsche Sprache beherrscht. Das bedeutet nicht, dass Ihr Empfänger Ihrer inhaltlichen Einschätzung folgt. Aber er wird Vor- und Nachteile als solche weitestgehend gleich definieren. Dabei verfügt die Sprache über eigenständige Begriffspaare, um Gegenüberstellungen zu schaffen – ein anderes Beispiel ist *intern* und *extern*. In anderen Fällen setzt sie ein Präfix voran, das die Gegenüberstellung verdeutlicht – zum Beispiel *wichtig* und *unwichtig* oder *direkt* und *indirekt*.

Berufsgruppen und Branchen pflegen eigene Strukturen

Wenn Sie und Ihr Empfänger im gleichen beruflichen Umfeld arbeiten, können Sie weitere Standardstrukturen heranziehen. Dabei handelt es sich um gemeinsame Definitionen, die innerhalb einer Berufsgruppe oder Branche gelten. Zum Beispiel gliedern alle Ärzte zwischen *extrinsischen* und *intrinsischen Gerinnungskaskaden*. Laien müssen das nicht verstehen. Ärzte untereinander verstehen sich, ohne einander zuvor gesehen zu haben. Dabei sind einzelne Berufsgruppen besonders privilegiert, zum Beispiel Juristen, denn gesetzliche Normen müssen per definition logisch stringent gegliedert sein. So kennt das Handelsgesetzbuch vier Aufwandsarten: *Materialaufwand, Personalaufwand, Sonstiger Aufwand* und *Abschreibung*. Auch die Mathematik setzt logisch einwandfreie Strukturen ein. Das Betriebsergebnis ergibt sich beispielsweise vereinfacht als Saldo von *Umsatz* und *Kosten*. Manch branchenspezifische Struktur schafft mit der Zeit sogar den Aufstieg zur allgemeingültigen, sprachlichen Struktur – so nutzen wir *Hardware* und *Software* heute auch für Differenzierungen außerhalb der IT. Die Vielzahl dieser Strukturen darf nicht zu deren blindem Einsatz verleiten. Sie müssen in jedem Einzelfall prüfen, ob Ihr Empfänger mit der Struktur tatsächlich vertraut ist.

149   Vorgehen: Kommen Sie mit pyramidalen Präsentationen auf den Punkt – in vier Schritten zum professionellen Auftritt
Empfängerorientierte Kommunikationsstrukturen entwickeln
Die Kernaussage logisch-stringent untermauern – aus eigenen Inhalten eine schlüssige Argumentation machen
Positiv oder neutral aufgenommene Aussagen mit der pyramidalen Gruppe SAUBER® konkretisieren

Organisationen definieren interne Strukturen

Für einen noch kleineren Empfängerkreis können Sie ogranisationsinterne Strukturen aufgreifen. Solche Strukturen schaffen sich Unternehmen, indem sie zum Beispiel
regionale Einheiten bilden, Produktsegmente definieren oder sich schlicht auf
gemeinsame Begriffsdefinitionen verständigen. Die Anzahl organisationsinterner
Strukturen ist nahezu unbegrenzt. Sie können intern problemlos verwendet werden.
Allerdings sind die Definitionen oft von Unternehmen zu Unternehmen unterschiedlich – allein wir kennen drei Unternehmen, die die Region Südost-Europa jeweils
sehr unterschiedlich definieren. Deshalb dürfen Sie bei externen Präsentationen
nicht Ihre eigene Definition voraussetzen, sondern Sie müssen entweder die Struktur
Ihres Empfängers in Erfahrung bringen oder auf eine allgemeinere Struktur auswei-
chen. Bedenken Sie auch, dass – insbesondere bei großen Konzernen – unterschiedliche organisationsinterne Strukturen bestehen. So gliedern diverse Teileinheiten
innerhalb der Deutschen Bahn AG unterschiedlich viele und unterschiedlich zuge-
schnittene Regionen in Deutschland. Da ist die *Region Nord* auch innerhalb eines
Konzerns unterschiedlich definiert.

Bibliothek

Bibliothek der Standardstrukturen:
Mit sprachlich etablierten Denkmustern SAUBER®e Gruppen aufbauen

Ein unerschöpfliches Reservoir von Standardstrukturen erleichtert den Einstieg in die
SAUBER®e Strukturierung von Gruppen. Wir gliedern unsere Strukturbibliothek in vier Bereiche. Die Beispiele orientieren sich aber alle am geschäftlichen Umfeld:

	Sprachlich	**Geschäftlich**
Allgemein	1 **Allgemein sprachliche Strukturen** greifen übergreifen-de Begriffsmuster auf und kön-nen geschäftlich, aber auch dar-über hinaus eingesetzt werden	2 **Allgemein geschäftliche Strukturen** kommen aus dem beruflichen Umfeld und betreffen dabei unterschied-liche Bereiche
Spezifisch	4 **Spezifisch sprachliche Strukturen** kommen aus konkre-ten Lebensbereichen und sind so weit verbreitet, dass sie sich für geschäftliche Kommunikation eignen können	3 **Spezifisch geschäftliche Strukturen** kommen häufig in Marketing/Vertrieb oder Operationsfunktionen vor

Standardstrukturen reichen alleine noch nicht aus. Sie sollen Sie zur logischen Gliederung inspirieren. Anhand Ihrer Inhalte formulieren Sie daraus SAUBER®e Teilaussagen.

1. Allgemein sprachliche Strukturen

Personenkreise

Ich/Wir – Andere	*Wir müssen ein Pflichtenheft erarbeiten – Die Lieferanten müssen den Sensor entwickeln*
Gemeinsam – Einzeln	*Alle gemeinsam diskutieren wir die Optionen – Der Chef entscheidet*
Intern – Extern	*Intern kümmern wir uns um die Gästeliste – Extern wird das Catering geplant*
Frauen – Männer	*Frauen achten beim Kauf vor allem auf Design und Preis der Leuchte – Männer achten auf Langlebigkeit und Montage der Leuchte*
Jung – Alt	*Junge Kunden haben überwiegend den Spartarif gebucht – Ältere Kunden haben überwiegend den Premiumtarif gebucht*
Macher – Zauderer	*Zu den Machern zählen die Mitarbeiter A und B – Zu den Zauderern gehören vor allem die Kollegen C und D*

Zeitliche Strukturen

Kurzfristig – Langfristig	*Kurzfristig sollen Überstunden gefahren werden – Langfristig brauchen wir eine neue Linie*
Erst – Dann	*Im 1. Schritt müssen Sie ein Grobkonzept erstellen – Im 2. Schritt müssen Sie die prinzipielle Machbarkeit nachweisen – Im 3. Schritt müssen Sie die Machbarkeit im Gerät nachweisen*
Vergangenheit – Zukunft	*Früher haben wir auf die Kernenergie gesetzt – Künftig werden wir alternative Energien forcieren*
Vor – Nach	*Vor dem Serienanlauf müssen wir die Werkzeuge prüfen – Nach dem Serienanlauf müssen wir die Ersatzteilverfügbarkeit klären*
Vor der Zeit – Pünktlich – Verspätet	*Vor Plan wird die Linie 1 in Betrieb gehen – Pünktlich wird die Linie 2 in Betrieb gehen – Verspätungen gibt es bei der Linie 3*

151   Vorgehen: Kommen Sie mit pyramidalen Präsentationen auf den Punkt – in vier Schritten zum professionellen Auftritt
    Empfängerorientierte Kommunikationsstrukturen entwickeln
        Die Kernaussage logisch-stringent untermauern – aus eigenen Inhalten eine schlüssige Argumentation machen
            Positiv oder neutral aufgenommene Aussagen mit der pyramidalen Gruppe SAUBER® konkretisieren

Bibliothek

Dauerhaft – Temporär	*Dauerhaft wirkt unser neues Lieferantenmanagement – Vorübergehend erhöhen wir den Anteil der Qualitätskontrollen*
Schnell – Langsam	*Schnell können wir eine handschriftliche Skizze erstellen – Länger dauert eine CAD-Zeichnung*
Nach Monaten	*Im Januar haben wir einen Großauftrag aus Indien erhalten – Im Februar litten wir unter Lieferausfällen im Werk Dublin – Im März …*
Nach Quartalen	*Im ersten Quartal leidet der Arbeitsmarkt unter der Winterarbeitslosigkeit – Im zweiten Quartal hängt die Erholung von der konjunkturellen Lage ab – Im dritten Quartal …*

Örtliche Strukturen

Inland – Ausland	*Im Inland beschäftigen komplexe Steuergesetze unsere Personalabteilung – Im Ausland liegt die Herausforderung in der Mitarbeiter-Qualifikation*
Stadt – Land	*In der Stadt werden SUVs überwiegend aus Imagegründen eingesetzt – In ländlichen Regionen wird meist ihre Funktion benötigt*
Stationär – Online	*Im stationären Handel entstehen Beratungskosten von 15 Euro je Kunde – Im Onlinehandel entstehen Beratungskosten von 8 Euro je Kunde*
Nach Regionen	*In Skandinavien steigt die Nachfrage um 12 Prozent – Im Baltikum steigt die Nachfrage um 16 Prozent*

Aktivitäten/Maßnahmen

Zwingend – Optional	*Zwingend müssen wir die Anlage C austauschen, um lieferfähig zu bleiben – Optional können wir bei Anlage F ein Ratiopotenzial heben*
Ausbauen – Beibehalten – Reduzieren	*Ausbauen wollen wir das Fondsgeschäft in Italien – Beibehalten wollen wir das Kleinkundengeschäft in Griechenland – Zurückfahren wollen wir den Aktienhandel*
Weg/Input – Ziel/Output	*Umgesetzt wurden Balanced ScoreCard und höhere Provisionen – Erreicht wurden 8 Prozent Mehrumsatz und bessere Stimmung im Team*

Informieren – Entscheiden	*Informieren wollen wir über die Ergebnisse in Projekt A – Entscheidungen benötigen wir zu Projekt B*
Umsetzen – Prüfen – Verwerfen	*Umsetzen können wir das neue Galvanikverfahren – Prüfen sollten wir die Anschaffung einer neuen Lackieranlage – Verwerfen sollten wir das Outsourcen der Gussteile*

Eigenschaften

Alt – Neu	*Die bestehenden Produkte müssen für die neue Richtlinie angepasst werden – Neue Produkte benötigen wir für Sensorik und Pneumatik*
Erledigt – Offen	*Erledigt wurden die Reklamationen A und B – Noch offen sind die Reklamationen C und D*
Sicher – Unsicher	*Zuverlässig planen können wir mit acht neuen Varianten – Unsicher sind drei weitere Varianten*
Quantitativ – Qualitativ	*Quantitativ erwarten wir 700 zusätzliche Bewerbungen – Qualitativ versprechen wir uns zusätzlich eine bessere Reputation bei Forschungsinstituten*
Einfach - Schwierig	*Einfach wird die Erweiterung der Lagerhalle – Schwierig wird die Sanierung der Pumpanlage*
Positiv – Negativ	*Positiv sind gute Verkehrsanbindung und kooperative Behörden – Negativ sind instabile Stromversorgung und geringe Hygienestandards*
Objektiv – Subjektiv	*Objektiv belegen können wir den Vorwurf zu geringer Lichteinstrahlung – Subjektiv bleibt der Vorwurf störender Nebengeräusche*
Hard – Soft	*Hard-Skills lernt man am besten im Seminar – Soft-Skills lernt man besser im Coaching*
Theoretisch – Praktisch	*Theoretisch müssen die Messungen von drei Mitarbeitern beaufsichtigt werden – Praktisch sind meist mehr als fünf Mitarbeiter vor Ort*

2. Allgemein geschäftliche Strukturen

Umsatz – Kosten	*Den Umsatz steigern wir durch eine Marketingoffensive – Die Kosten halten wir durch strikte Ausgabendisziplin konstant*

153 Vorgehen: Kommen Sie mit pyramidalen Präsentationen auf den Punkt – in vier Schritten zum professionellen Auftritt
Empfängerorientierte Kommunikationsstrukturen entwickeln
Die Kernaussage logisch-stringent untermauern – aus eigenen Inhalten eine schlüssige Argumentation machen
Positiv oder neutral aufgenommene Aussagen mit der pyramidalen Gruppe SAUBER® konkretisieren

Bibliothek

Nach Geschäftsfeldern	*Das Geschäftsfeld Wäschetrockner erwirtschaftet zwei Drittel des Gesamtumsatzes – Das Geschäftsfeld Kühlschränke erwirtschaftet 20 Prozent des Gesamtumsatzes – Das Geschäftsfeld Kaffeemaschinen erwirtschaftet die verbleibenden 13 Prozent*
Aufbau-/Ablauforganisation	*Unsere Aufbauorganisation ist für die Zukunft gut aufgestellt – Unsere Ablauforganisation zeigt Defizite im Schnittstellenmanagement*
Nach Stakeholdern	*Die Mitarbeiter erfreuen sich angenehmer Arbeitsbedingungen – Die Lieferanten schätzen die konstanten Abnahmemengen – Die Kunden beschweren sich über Qualitätsmängel – Die Eigentümer bekommen immer weniger Dividende – Die Öffentlichkeit profitiert vom sozialen Engagement*
Führungskräfte – Mitarbeiter	*Die Führungskräfte erhalten eine Kurzschulung – Die Mitarbeiter machen ein ganztägiges Seminar*
Festangestellte – Freie Mitarbeiter	*Für Festangestellte sollte das Kantinenessen mit 2 Euro pro Tag subventioniert werden – für freie Mitarbeiter soll es keine Subventionierung geben*
Nach Funktionen	*Die Buchhaltung hat vier Mitarbeiter aufgestockt – Das Controlling hat drei Mitarbeiter aufgestockt – Das Cash-Management hat zwei Mitarbeiter aufgestockt*
Nach Standorten	*Im Werk Biblis bauen wir Wäschetrockner – Im Werk Melk bauen wir Kühlschränke – Im Werk Schaffhausen bauen wir Kaffeemaschinen*

3. Spezifisch geschäftliche Strukturen

Vertrieb/Marketing-Strukturen

Neukunden – Bestandskunden	*Neukunden gewinnen wir durch verstärkte Messepräsenz – Bestandskunden halten wir durch ein Bonusprogramm*
Geschäftskunden – Privatkunden	*Das Geschäftskundensegment hat derzeit eine Doppelspitze – Das Privatkundensegment hat einen Leiter*
Nach Marken	*Mit Adda greifen wir in Spanien und Portugal an – Mit Bullu gehen wir in den belgischen Markt – Calli bieten wir in Portugal und Belgien an*

Nach dem Marketing-Mix	*Die Produktpolitik ist durch häufige Innovationen gekennzeichnet – Die Preispolitik spricht klar das Premiumsegment an – Die Vertriebswegepolitik setzt auf einen breiten Mix unterschiedlicher Kanäle – Die Werbepolitik arbeitet überwiegend mit Zeitungsanzeigen*
Nach Zielgruppen	*Technikfreaks werden von Anton analysiert – Sparfüchse werden von Berta analysiert*

Operations-Strukturen

Serienfertigung – Einzelfertigung	*Teile aus der Serienfertigung sind binnen acht Tagen verfügbar – Teile aus der Einzelfertigung benötigen mindestens vier Wochen*
Direkte Kosten – Indirekte Kosten	*Direkte Kosten sollen im Projekt betrachtet werden – Indirekte Kosten werden nicht betrachtet*
Automatisch – Manuell	*Automatisiert wurde die Kleinteilekommissionierung – Manuell erfolgen alle übrigen Lagertägigkeiten*
Zeit – Kosten – Qualität	*Die Durchlaufzeit kann um sechs Stunden reduziert werden – Die Kosten lassen sich um 90 Euro senken – Die Qualität lässt sich nicht mehr verbessern*
Nach Prozessschritten	*Die Entwicklung muss die neue Funktion in die Steuerung integrieren – Die Fertigung muss präzise Verlötung gewährleisten – Der Vertrieb muss die Funktion bewerben*

4. Spezifisch sprachliche Strukturen

Nach steuerlichen Einkunftsarten	*Landwirtschaftliche Erträge sinken kontinuierlich – Erträge aus Gewerbebetrieb bleiben konstant – Erträge aus nicht-selbstständiger Tätigkeit steigen kontinuierlich – ...*
Nach Versicherungsarten	*Gesetzliche Krankenversicherungen müssen wegen des Gesetzes nur kleine Änderungen ihrer Bedingungen vornehmen – Private Krankenversicherungen müssen ihre Bedingungen grundlegend überarbeiten*
Nach Flugklassen	*First-Class reisen Vorstände auf Langstrecken – Business-Class reisen Führungskräfte – Economy-Class reisen alle anderen Mitarbeiter*

155 Vorgehen: Kommen Sie mit pyramidalen Präsentationen auf den Punkt – in vier Schritten zum professionellen Auftritt
Empfängerorientierte Kommunikationsstrukturen entwickeln
Die Kernaussage logisch-stringent untermauern – aus eigenen Inhalten eine schlüssige Argumentation machen
Positiv oder neutral aufgenommene Aussagen mit der pyramidalen Gruppe SAUBER® konkretisieren

Bibliothek

Nach Kraftstoffarten	*Diesel-Fahrzeuge sind für Vertriebsmitarbeiter vorzuziehen – Benzin-Fahrzeuge sind für die Logistikfahrzeuge am besten*
Nach Verwaltungsstufen	*Beim Bund besteht ein Haushaltsüberschuss – die Länder weisen ausgeglichene Haushalte aus – die Kommunen haben ein Haushaltsdefizit*
Nach Staatsgewalten	*Die Legislative entspricht wesentlichen Standards – Die Judikative leidet noch unter zu wenigen qualifizierten Richtern – In der Exekutive ist Korruption noch immer verbreitet*

und viele andere mehr …

2.1.2 Bei spezifischen Strukturen maximal sieben parallele Aussagen bilden

Standardstrukturen sind in ihrer Anzahl weitgehend unbegrenzt. Das Alphabet zum Beispiel ist eine 26er-Struktur, die wir nahezu jederzeit ohne großen Denkaufwand abrufen können. Das Alphabet wird in der Grundschule vermittelt und anschließend täglich angewandt. Das verankert diese Struktur fest in unserem Gehirn. Sie ist sogar Grundlage für weitere logische Abwandlungen, nämlich das Bilden und Erkennen von Wörtern und Sätzen, mithin neuen Strukturen. In der Folge hat jeder Mensch in seinem Gehirn ein riesiges Reservoir an Strukturen.

Die Fähigkeit unseres Gehirns, neue Strukturen zu übernehmen, ist hingegen stark eingeschränkt. Die Zugangskapazität zum Gehirn steht in eklatantem Missverhältnis zum Bestand. Der Mensch kann durchschnittlich nicht mehr als sieben parallele Aussagen verarbeiten. George A. Miller bewies bereits 1967 in „The Magical Number Seven, Plus or Minus Two" diese Beschränkung des Kurzzeitgedächtnisses – in „Psychology of Communications, Seven Essays". Stellen wir uns vor, Sie präsentieren Vorschläge zur Produktivitätssteigerung: Informativ lautet Ihre Kernaussage zunächst nur *Wir können die Produktivität steigern.* Folgten darunter zahlreiche Maßnahmen ohne unmittelbar nachvollziehbare Denkmuster, steuern automatisch Effizienzmechanismen den Einlass. Das Gehirn verarbeitet die Vorschläge einzeln. Doch bevor es neue spezifische Strukturen erlernen kann, vereinfacht das Gehirn gnadenlos: Zunächst versucht das Gehirn, die Maßnahmen einer bekannten Struktur zuzuordnen, zum Beispiel nach Produktivitätsverbesserungen in einzelnen Prozessschritten oder Abteilungen. Nimmt die Liste kein Ende, wird das Hirn radikaler: Es gliedert die Maßnahmen zum Beispiel noch *Muss ich mir merken* und *Ist erst mal unwichtig.* Scheitert auch dieser Versuch, riegelt es einfach ab: Wir vergessen die Punkte unmittelbar nach der Wahrnehmung wieder. Probieren Sie es aus, indem Sie eine Liste mit zwanzig Begriffen durchlesen und anschließend das Blatt umdrehen. Wer noch sieben Begriffe wiedergeben kann ist Durchschnitt.

Deshalb sollte Ihre pyramidale Gruppe aus maximal sieben Teilaussagen bestehen. Tragen Sie der begrenzten Aufnahmefähigkeit Ihrer Empfänger Rechnung, indem Sie selbst so weit wie möglich vereinfachen. Dafür stehen zwei Wege zur Verfügung.

Durch das Einfügen höherer Strukturebenen die Anzahl reduzieren

Durchforsten Sie Ihre Teilaussagen nach Gemeinsamkeiten, die sich zur Gruppierung eignen. Vielleicht finden Sie noch allgemeine Strukturierungskriterien. Damit nehmen Sie aktiv vorweg, was Ihr Empfänger andernfalls ohnehin unbewusst tut. Sammeln Sie weitere Gliederungskriterien – wie die oben genannten Prozessschritte oder Abteilungen, aber auch andere wie zum Beispiel den Investitionsbedarf. Nehmen Sie dafür ruhig wieder die Perspektive des Empfängers ein: Die Struktur *Muss ich mir merken* und *Ist erst mal unwichtig* führt so zum Gliederungskriterium der Priorität. Wählen Sie – wie oben beschrieben – das wichtigste Kriterium aus. Dann ordnen Sie die Maßnahmen der gewählten Struktur zu, zum Beispiel in die Ausprägungen *Ohne Investition*, *Mit Investitionen unter 10.000 Euro* und *Mit Investitionen über 10.000 Euro*. Damit besteht Ihre Struktur zunächst aus drei Teilaussagen, die zahlreichen Einzelmaßnahmen sind eine Strukturebene nach unten gerutscht.

Durch die Kategorie *Sonstige* weniger wichtige Teilaussagen zusammenfassen

Bewerten Sie Ihre Teilaussagen im Hinblick auf ihre Bedeutung für die Kernaussage. Gibt es mehrere Aussagen von nachrangiger Wichtigkeit, dann sammeln Sie diese in der Kategorie *Sonstige*. Auch sie ist Ausdruck des Gliederungskriteriums der Priorität – diesmal jedoch mit der noch folgenden Ebenenaggregation. Bis zu sechs Teilaussagen bilden auf der ersten Strukturebene die prioritären Maßnahmen ab. Alle anderen kommen in ein Sammelbecken. Dieses detaillieren Sie erst auf der nächsten Strukturebene.

2.2   Analoge Aussagen sorgen für konsistente Untermauerung der Kernaussage

Grundsätzlich müssen auch die parallelen Teilkategorien der pyramidalen Kommunikationsstruktur als Aussagen formuliert werden. Nur mit Aussagen, also sprachlich vollständigen Sätzen mit Verb, kann der Empfänger Ergebnisse sofort verstehen – ohne sie sich selbst zu erarbeiten. Nimmt der Empfänger dieses Angebot bei der Kernausage noch nicht an, geben Sie ihm auf der nächsten Ebene eine neuerliche Chance. Deshalb bleibt die klare Botschaft auch auf tieferen Ebenen wesent-

157 Vorgehen: Kommen Sie mit pyramidalen Präsentationen auf den Punkt – in vier Schritten zum professionellen Auftritt
Empfängerorientierte Kommunikationsstrukturen entwickeln
Die Kernaussage logisch-stringent untermauern – aus eigenen Inhalten eine schlüssige Argumentation machen
Positiv oder neutral aufgenommene Aussagen mit der pyramidalen Gruppe SAUBER® konkretisieren

liches Element pyramidaler Strukturen. Im Übrigen ist die Botschaft der Unteraussage in vielen Fällen Kernaussage der darunterliegenden Vertiefung.

Doch nur analoge Formulierungen der Teilaussagen machen die Kernaussage nachvollziehbar und unmissverständlich: Sie garantieren inhaltlich die konsistente Untermauerung der Kernaussage, weil sie die oben in den Raum gestellte Aussage unten konkret untermauern. Das garantiert, dass die Teilaussagen nicht an der Kernaussage vorbeigehen können, also: Das eine behauptet, aber das andere untermauert. Außerdem vermeiden analoge Teilaussagen Missverständnisse, weil keine inhaltlichen Interpretationsspielräume bestehen und sprachliche Ablenkungen ausbleiben. Beispiele machen die Notwendigkeit analoger Aussagen deutlich:

— Die Kernaussage *Die politische Lage im Land ist instabil* braucht konkrete Beschreibungen der Instabilität, wie etwa *Gewerkschaften mobilisieren ihre Mitglieder* und *Demonstranten und Polizei liefern sich gewaltsame Zusammenstöße*. Ungeeignet wäre hingegen eine Teilaussage wie *Im 20. Jahrhundert gab es regelmäßig Putschversuche durch das Militär.* Die historische Aussage eignet sich nicht zur Unterstützung einer aktuellen Lagebeschreibung. Die Teilaussage *Ausländer sollten das Land verlassen* mag inhaltlich geboten sein. Analog ist sie deswegen noch lange nicht, weil es sich um eine Empfehlung handelt. Nicht einmal eine Umformulierung hilft: *Ausländer wurden von ihren Botschaften aufgefordert, das Land zu verlassen.* Denn die Lage ist ja nicht deswegen instabil, weil Ausländer zur Ausreise aufgefordert wurden. Vielmehr ist die Aufforderung durch die Botschaften Folge der instabilen Lage im Land.

— Barbara Minto arbeitet in ihrem Buch mit dem allein politisch fragwürdigen Beispiel *Der Einmarsch in Polen mit Panzern steht kurz bevor.* Als Teilaussagen nutzt sie *Französische Panzer stehen an der polnischen Grenze*, *Deutsche Panzer stehen an der polnischen Grenze* und *Russische Panzer stehen an der polnischen Grenze.* Die drei Teilaussagen mögen untereinander gleichartig formuliert sein. Die Kernaussage unterstützen sie aus unserer Sicht aber nicht. Es gibt in der Geschichte glücklicherweise Fälle, in denen Panzer an der Grenze nicht unbedingt zum Einmarsch führten. Die Kernaussage schießt hier über das Ziel hinaus. Ein Transfer ins Alltagsmileu unterstreicht das Problem: Zwei Teilaussagen *David spielt auf dem Balkon* und *Marlene spielt auf dem Balkon* eignen sich nicht zur Untermauerung der Kernaussage *Die Kinder springen gleich vom Balkon.* Das mag die besorgte Mutter zwar denken. Logisch schlüssig wäre zunächst *Beide Kinder spielen auf dem Balkon.* Will man einen Schritt weitergehen, könnte man allenfalls sagen *Unter bestimmten Umständen können die Kinder vom Balkon springen.* Doch diese Umformulierung verdeutlicht, dass zur Untermauerung nun gänzlich andere Aussagen benötigt werden, nämlich die Konkretisierung der Umstände.

Formulieren Sie daher konsequent analoge Aussagen für Ihre Gruppe. Greifen Sie in Ihren Teilaussagen die Kernaussage sprachlich auf und konkretisieren Sie sie inhaltlich. So sind die Teilaussagen untereinander inhaltlich und sprachlich konsistent. Dafür stehen Ihnen zwei Wege offen – von der Kernaussage in die Details und umgekehrt. Sie können grundsätzlich in beide Richtungen beginnen – je nach Qualität Ihrer Kernaussage: Bei einer prägnanten Kernaussage fangen Sie top-down an. Bei einer noch offen gehaltenen Kernaussage beginnen Sie bottom-up. Auf alle Fälle sollten Sie Ihre Richtung mindestens einmal wechseln, um Ihre Struktur zu prüfen.

2.2.1   Top-down die Botschaft der Kernaussage in allen Teilaussagen aufgreifen

Idealtypisch haben Sie bereits eine prägnante Kernaussage formuliert. Greifen Sie diese nun auf und erweitern Sie sie um parallele Konkretisierungen, indem Sie Ihre inhaltlichen Ergebnisse in die Kernaussage integrieren. Gehen Sie zunächst in zwei Schritten vor, mit zunehmender Erfahrung verschmelzen diese zu einem.

Zunächst verlängern Sie die Kernaussage durch einen zusätzlichen Satzteil

Nehmen wir zum Beispiel die Kernaussage *Wir können die Produktionsanlage optimieren*. Zur Konkretisierung fragen Sie sich nun *wie?*, *wo?*, *wer?*, *womit* oder Ähnliches. Auf Basis Ihrer inhaltlichen Ergebnisse erweitern Sie die Kernaussage. Im Beispiel hängen Sie etwa hinten an *Wir können die Produktionsanlage optimieren, indem wir die Anlaufzeit verkürzen* und *Wir können die Produktionsanlage optimieren, indem wir den Energieverbrauch senken*. Schon haben Sie zwei parallele Teilaussagen geschaffen. Die sprachliche Erweiterung um ein variables Attribut stellt sicher, dass die Kernaussage analog konkretisiert wurde: Inhaltlich sind beides unstrittig Möglichkeiten zur Optimierung der Anlage. Formal haben beide Aussagen den gleichen Satzbau. Achten Sie darauf, dass die sprachliche Erweiterung stets nur an einer und immer der gleichen Stelle erfolgt – in diesem Fall *indem wir … tun*. Die Erweiterung erfolgt außerdem stets in einem durchgängigen Attribut, in diesem Fall der Maßnahme. Wenn Sie aufgrund bahnbrechender Erkenntnisse oder aus Empfängerorientierung heraus schon ein Strukturkriterium ausgewählt haben, erweitern Sie die Kernaussage schlicht um dessen Ausprägungen. Für das Logistikkonzept von Seite 142 waren das *Kritische Teile* und *Unkritische Teile*.

Wenn möglich, ersetzen Sie im zweiten Schritt einen Teil der Kernaussage durch eine konkretere Formulierung

Für kurze und einfache Sätze formulieren Sie diese derart um, dass die eingeschobene Erweiterung im Hauptsatz aufgeht. Die beiden Teilaussagen lauten schlicht *Wir können die Anlaufzeit verkürzen* und *Wir können den Energieverbrauch senken*. Sie

159   Vorgehen: Kommen Sie mit pyramidalen Präsentationen auf den Punkt – in vier Schritten zum professionellen Auftritt
            Empfängerorientierte Kommunikationsstrukturen entwickeln
            Die Kernaussage logisch-stringent untermauern – aus eigenen Inhalten eine schlüssige Argumentation machen
            Positiv oder neutral aufgenommene Aussagen mit der pyramidalen Gruppe SAUBER® konkretisieren

werden einfacher und bleiben dennoch analog: Aus der Formulierung beider Sätze geht hervor, dass es sich um Optimierungsmöglichkeiten handelt. Der Bezug zur Produktionsanlage muss nicht wiederholt werden, weil die Kernaussage das Verständnis des Empfängers schon darauf gelenkt hat. Formulieren Sie auch bei späteren Anpassungen gedanklich immer wieder zurück in die ursprüngliche, umständliche Ausdrucksweise. Damit stellen Sie sicher, dass die Analogie zur Kernaussage gewahrt bleibt.

Obwohl die meisten Menschen beim Top-down-Vorgehen mit den wichtigsten Punkten beginnen, sollten Sie auch die inhaltliche Vollständigkeit der Aussagen prüfen. Dafür müssen Sie Ihre Ergebnisse sorgfältig reflektieren und gegebenenfalls weitere Aussagen ergänzen.

2.2.2   Bottom-up inhaltliche Ergebnisse als analoge Teilaussagen formulieren

Starten Sie bottom-up, wenn Ihre Kernaussage noch vage formuliert ist oder ein reiner Platzhalter, wie das vorangegangene Beispiel *Der Umsatzrückgang hat Ursachen*. In diesem Fall arbeiten Sie zunächst mit Ihren inhaltlichen Details. Später konkretisieren Sie Ihre Kernaussage. Gehen Sie in drei Schritten vor.

Sammeln Sie im ersten Schritt Ihre inhaltlichen Ergebnisse

Arbeiten Sie ruhig noch mit Stichworten. Wo möglich integrieren Sie bereits Verben. Beachten Sie die Brainstorming-Regel, Beiträge nicht unmittelbar zu bewerten. Schreiben Sie Ihre Ergebnisse nieder, etwa *Preisdruck vom Wettbewerb*, *Insolvenz des Kunden Schmidt*, *Werbebudget erhöht*, *Produktion hatte Qualitätsprobleme* und *Unter anderem deshalb Sonderrabatte*. Wenn Sie aufgrund bahnbrechender Erkenntnisse oder aus Empfängerorientierung heraus schon ein Strukturkriterium ausgewählt haben, gruppieren Sie Ihre Ergebnisse entsprechend. Das könnten zum Beispiel *interne* und *externe Ursachen* gewesen sein.

Filtern Sie die inhaltlich relevanten Ergebnisse heraus

Machen Sie sich die von der Erwartung des Empfängers abhängige Aussageart bewusst – hierfür ist auch eine vage Kernaussage absolut ausreichend: Im Beispiel sollen Ursachen für den Umsatzrückgang dargestellt werden. Hinterfragen Sie Ihre Ergebnisse, ob Sie die Aussage wirklich konkretisieren. So fällt schon einmal der Beitrag *Werbebudget erhöht* heraus. Er begründet inhaltlich keinen Umsatzrückgang.

Formulieren Sie für die verbleibenden Ergebnisse nun analoge Teilaussagen

Orientieren Sie sich dabei an den beiden beim Top-down-Vorgehen beschriebenen sprachlichen Schritten. Beginnen Sie zum Beispiel mit *Der Preisdruck vom Wettbe-*

werb hat unseren Umsatz gedrückt, *Die Insolvenz des Kunden Schmidt hat unseren Umsatz gedrückt* und so weiter. Auf alle Fälle sollten Sie die Stringenz der Teilaussagen prüfen – sowohl im Verhältnis zur Kernaussage oben als auch untereinander.

2.3   Unabhängige Aussagen reduzieren die Komplexität der Details

Sprachlich und inhaltlich unabhängige Aussagen ermöglichen eine einfache Bearbeitung. Sie ersetzen unterschiedliche Sichtweisen und Wechselwirkungen zwischen Aussagen durch logische Stringenz. Die Unabhängigkeit der Aussagen ist die zentrale Anforderung an logische Stringenz – und gleichzeitig ihre größte Herausforderung.

2.3.1   Mit sprachlich überschneidungsfreien Formulierungen eindeutige Zuordnung sichern

Mit analogen Formulierungen haben Sie bereits den Grundstein für logische Einheitlichkeit geschaffen

Rein sprachlich können analoge Teilaussagen nicht unterschiedliche Dimensionen beschreiben. Je konsequenter Sie ein konsistentes variables Attribut in den Teilaussagen formuliert haben, desto stringenter sind diese. Sie werden es kaum schaffen, unterschiedliche Dimensionen analog zu formulieren, wie folgendes Beispiele belegt: *Für die Schlosser sollen Zangen angeschafft werden*, *Für die Elektriker sollen Schlagbohrmaschinen angeschafft werden*, *Für Werk A sollen Schraubenzieher angeschafft werden* und *Für Werk B sollen Stichsägen angeschafft werden*. Bereits die Formulierung ist holprig. Es wurde nicht durchgängig mit dem gleichen Attribut gearbeitet: Die beiden ersten Teilaussagen nutzen als variables Attribut den Nutzer der Werkzeuge, die beiden letzten hingegen den Einsatzort der Werkzeuge.

Bei den Aussagen *Die Umsatzrendite ist gesunken*, *Die Materialquote ist konstant geblieben* und *Der F&E-Anteil sollte erhöht werden* springt ins Auge, dass es zwei variable Attribute gibt. Alle drei Aussagen beschreiben die Veränderungen von Kennzahlen. Mit der dritten Aussage plötzlich wird ein zweiter Satzteil verändert, nämlich das Verb: Die ersten beiden Teilaussagen beschrieben Fakten, bei der dritten handelt es sich um eine Forderung. In der Folge lässt sich auch keine eindimensionale Kernaussage formulieren.

Doch logische Konflikte lassen Interpretationsspielräume in der Zuordnung

Trotz dieser sprachlichen Hilfe reichen analoge Formulierungen allein für logische Stringenz nicht aus. Nur logisch disjunkte Teilkategorien sind eindeutig und damit zulässig. Ein gedanklicher Ausflug in die Mengenlehre veranschaulicht logische Be-

161 Vorgehen: Kommen Sie mit pyramidalen Präsentationen auf den Punkt – in vier Schritten zum professionellen Auftritt
Empfängerorientierte Kommunikationsstrukturen entwickeln
Die Kernaussage logisch-stringent untermauern – aus eigenen Inhalten eine schlüssige Argumentation machen
Positiv oder neutral aufgenommene Aussagen mit der pyramidalen Gruppe SAUBER® konkretisieren

ziehungen. Dabei wollen wir in unseren Beispielen die logischen Beziehungen zwischen Kategorien verdeutlichen. Wir verzichten bewusst auf ausformulierte Sätze, beschränken uns auf logische Kategorien. Sie müssen in der praktischen Umsetzung bei analogen Teilaussagen bleiben. Die logischen Kategorien sind dabei Ausprägungen Ihres Strukturierungskriteriums und variable Attribute in ihrer Formulierung.

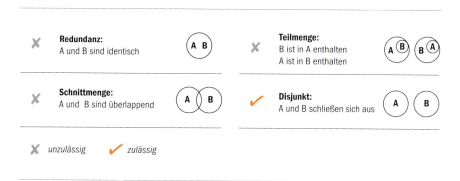

— Im Extremfall **Redundanz umfassen beide Kategorien den gleichen Inhalt.** Es gibt zwischen Sender und Empfänger keine einvernehmlichen Defintionen, welcher Kategorie eine konkretes Detail zugeordnet ist. Die Kategorien erscheinen allenfalls sprachlich unterschiedlich, weil Synonyme eingesetzt wurden – zum Beispiel die Teilkategorien *Maßnahmen zur Gewinnsteigerung* und *Maßnahmen zur Profitmaximierung*.

— Bei der **Schnittmenge umfassen zwei oder mehrere Kategorien sowohl einen gemeinsamen als auch getrennte Inhalte.** Auch hier bleibt offen, wo Details aus dem gemeinsamen Teil zuzuordnen sind. Nehmen wir wieder das Beispiel *Wir können die Produktionsanlage optimieren.* Die Teilaussagen *Wir können Maßnahmen ohne Investitionsbedarf ergreifen* und *Wir können sofort wirksame Maßnahmen ergreifen* sind analog, aber nicht überschneidungsfrei. Eine Maßnahme kann sowohl ohne Investitionen möglich sein als auch sofort wirken.

— Im Fall der **Teilmenge ist eine Kategorie zur Gänze Teil einer anderen Kategorie.** Der Empfänger stolpert zunächst über die unterschiedlichen logischen Ebenen und muss diese selbst durchdringen. Wir hatten das Beispiel der Ursachen des Umsatzrückgangs mit den Teilaussagen *Produktion hatte Qualitätsprobleme* und *Unter anderem deshalb Sonderrabatte*. Das Beispiel haben wir bewusst so offensichtlich gewählt: Beides sind unbestritten Ursachen, die man auch analog formulieren kann. Dennoch springt ins Auge, dass die Teilaussage *Produktion hatte Qualitätsprobleme* wiederum Ursache ist für *Unter anderem deshalb Sonderrabatte*. Beide Teilaussagen haben somit eine vertikale Beziehung zueinander: Die Qualitätsprobleme haben unmittelbar keine Auswirkung auf den Umsatz. Sie sind jedoch eine Unterursache, die Sonderrabatte notwendig gemacht hat.

— Allein disjunkte Kategorien haben keine Überschneidungen. Mangels Schnittmengen ist die Zuordnung eindeutig. Die Kategorien können völlig losgelöst voneinander sein. Sie dürfen aneinander angrenzen – wie zum Beispiel die deutschen Bundesländer *Bayern* und *Hessen* oder *Vor 2013* und *Ab 2013*. Eine Kategorie darf sogar von einer anderen umschlossen werden – wie zum Beispiel bei den Bundesländern *Berlin* und *Brandenburg* oder in Österreich *Wien* und *Niederösterreich*. Unabhängig von den Inhalten, die sprachliche Struktur ist unmissverständlich: Details können von Sender und Empfänger eindeutig abgegrenzt werden.

Daher müssen Sie logische Konflikte so auflösen, dass nur überschneidungsfreie Formulierungen übrig bleiben

Logische Redundanzen lösen wir noch sehr einfach auf. Bei Schnittmengen und Teilmengen tun wir uns deutlich schwerer. Dabei fordern uns Erkennen und Lösen der Konflikte gleichermaßen. Arbeiten Sie drei Probleme systematisch ab.

2.3.1.1   Bei hartnäckigen Redundanzen eine Kategorie ersatzlos streichen

Zum Erkennen von Redundanzen stellen Sie sich für Ihre Teilaussagen Konkretisierungen vor – beantworten Sie sich selbst die Frage *Was meine ich damit zum Beispiel?* Wenn Sie bottom-up vorgegangen sind, haben Sie bereits konkrete Aussagen. Prüfen Sie nun, ob Sie alle konkreten Aussagen einer Kategorie auch einer anderen Kategorie zuordnen könnten. Ist das der Fall, müssen Sie von einer Redundanz ausgehen. Zur Lösung überlegen Sie zunächst, worin gegebenenfalls doch eine Differenzierung der konkreten Aussagen bestehen könnte. Denn irgendetwas wird Sie zu den zwei Kategorien verleitet haben. Nehmen wir wieder das Beispiel der *Maßnahmen zur Gewinnsteigerung* beziehungsweise *Profitmaximierung*. Vielleicht erkennen Sie anhand Ihrer Konkretisierungen ja, dass die verschiedenen Maßnahmen teilweise auf das *Ergebnis der gewöhnlichen Geschäftstätigkeit* und teilweise auf das *Finanzergebnis* wirken. In diesem Fall ändern Sie die Bezeichnungen der beiden Kategorien so, dass die Differenzierung erkennbar wird. Können Sie die betreffenden Konkretisierungen beim besten Willen nicht sinnvoll aufteilen, geben Sie eine Kategorie ersatzlos auf. Ihre pyramidale Gruppe hat dann eine Kategorie weniger. Alle konkreten Aussagen werden später unter der verbleibenden Kategorie angeordnet.

2.3.1.2   Bei Schnittmengen sich für ein eindeutiges Strukturierungskriterium entscheiden

Zum Erkennen von Schnittmengen nutzen Sie wiederum beispielhafte, konkrete Aussagen. Prüfen Sie, ob sich nur einzelne Aussagen mehreren Kategorien zuordnen lassen, während andere eindeutig sind. Strukturieren wir als Beispiel die Gattung

163   Vorgehen: Kommen Sie mit pyramidalen Präsentationen auf den Punkt – in vier Schritten zum professionellen Auftritt
Empfängerorientierte Kommunikationsstrukturen entwickeln
Die Kernaussage logisch-stringent untermauern – aus eigenen Inhalten eine schlüssige Argumentation machen
Positiv oder neutral aufgenommene Aussagen mit der pyramidalen Gruppe SAUBER® konkretisieren

Mensch. Davon gibt es viele konkrete Ausprägungen. Mögliche Kategorien können sein *jung* und *groß*, noch nicht bedeutungsvoll und ohne vollständigen Satz. Darunter lassen sich sowohl junge Kleine als auch alte Große eindeutig zuordnen. Unklar sind die jungen Großen, weil sie der Beschreibung beider Kategorien entsprechen. Verdächtiges Indiz für Schnittmengen sind Wortelemente, die sich in mehreren Kategorien wiederfinden. So legen die Begriffe *Haustüren* und *Feuerschutztüren* den Verdacht nahe, dass es Überschneidungen gibt. Die Differenzierung könnte hier allenfalls über das vorgestellte *Haus-* respektive *Feuerschutz-* entstehen, was man prüfen muss. Umgekehrt ist die Prüfung nicht erforderlich, wenn die Sprache bereits durchgängig differenziert, etwa bei *Haustüren* und *Feuerschutzwänden.*

Wählen Sie zunächst das wichtigere Strukturkriterium

Das Beispiel *jung* und *groß* vermischt zwei Strukturierungskriterien, *Alter* und *Größe.* Ihre jeweiligen Ausprägungen dürfen nicht auf einer Ebene verbleiben. Sie müssen sich für ein Kriterium entscheiden. Es wird zum goldenen Schnitt.

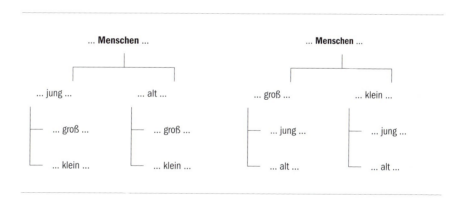

Entscheiden Sie sich für das Alter als oberstes Strukturierungskriterium, entstehen die Ausprägungen *jung* und *alt.* Wählen Sie hingegen die Größe als oberstes Kriterium entstehen die Ausprägungen *groß* und *klein.* In beiden Fällen sorgt die eindeutige Gegenüberstellung für die Überschneidungsfreiheit der Aussagen. Das jeweils andere Strukturierungskriterium können Sie darunter zur weiteren Differenzierung nutzen.

Eine weitere Strukturierung ist zwingend erforderlich, wenn einzelne Ausprägungen für Ihr Thema nicht vorkommen. Im Beispiel kommen etwa *alte kleine Menschen* nicht vor. Im linken Fall kommt jetzt unter die Ausprägung jung die weitere Differenzierung in *groß* und *klein,* unter die Ausprägung *alt* jedoch nur *groß.* Im rechten Beispiel kommt unter die Ausprägung *groß* die Differenzierung in *jung* und *alt,* unter die Ausprägung *klein* jedoch nur *jung* – siehe nächste Seite.

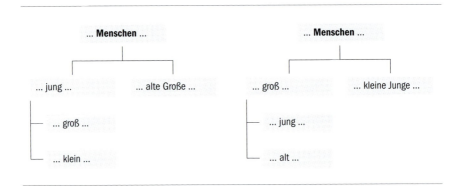

Die Systematik der Lösung ist vergleichbar – gerade bei diesem einfachen Beispiel. Wählen Sie dennoch sorgfältig, wie ab Seite 143 beschrieben. Im Beispiel der anzuschaffenden Werkzeuge wird sich die Präsentation darin unterscheiden, ob Sie an dieser Stelle zwischen *Nutzergruppen* oder *Einsatzorten* differenzieren.

Vereinfachen Sie anschließend Ihre Struktur durch Konsolidierung der unterschiedlichen Ebenen

Konsequentes Auflösen von teilweisen Schnittmengen bringt häufig viele unterschiedliche Strukturierungskriterien ans Licht. In der weiteren Detaillierung führt dies zu einer oft als überflüssig empfundenen Aufblähung. Konsolidieren Sie Ihre Struktur daher nach Möglichkeit in zwei Punkten.

— Lösen Sie Eins-zu-eins-Beziehungen auf. Im Beispiel ergab sich links die Kategorie *alt* mit der einzigen Unterkategorie *groß*. Hier bestand eine vertikale Eins-zu-eins-Beziehung. Doch diese reduziert keine Komplexität, weil nichts mehr gegliedert wird. Verschmelzen Sie daher beide Ebenen zu einer. Sie formulieren die Kategorie *alte Große*, ohne dass ein neuer Konflikt entsteht. Unterschätzen Sie diese Wirkung nicht: Indem Sie Eins-zu-eins-Beziehungen auflösen, entpuppen

165   Vorgehen: Kommen Sie mit pyramidalen Präsentationen auf den Punkt – in vier Schritten zum professionellen Auftritt
Empfängerorientierte Kommunikationsstrukturen entwickeln
Die Kernaussage logisch-stringent untermauern – aus eigenen Inhalten eine schlüssige Argumentation machen
Positiv oder neutral aufgenommene Aussagen mit der pyramidalen Gruppe SAUBER® konkretisieren

sich viele zunächst unübersichtliche und komplex anmutende Strukturen als relativ einfach. Wir werden Eins-zu-eins-Beziehungen später bei der systematischen Untermauerung Ihrer Struktur nochmals aufgreifen. Im Extremfall war Ihre ganze Differenzierung überflüssig: Gibt es unter der Kategorie *alt* weder *groß* noch *klein* und unter *jung* nur *groß*, dann bleibt von der zweistufigen Struktur nur ein einzelner Ast übrig. Die beiden Kriterien *jung* und *groß* dienen nicht der Strukturierung verschiedener Einheiten. Ihre Verknüpfung definiert eine fokussierte Einheit, die *großen Jungen* oder die *jungen Großen*. Statt einer Gegenüberstellung hätten wir eine Teilmenge, die wir im folgenden Kapitel genauer betrachten.

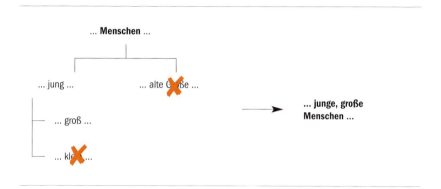

— **Gliedern Sie in eindeutigen Situationen zwei Kriterien auf einer Ebene.** Ausnahmsweise dürfen Sie auch mal fünf gerade sein lassen und Ihrem Empfänger eine etwas höhere Komplexität zumuten – allerdings nur bei sehr einfachen Strukturen und bei inhaltlich gleicher Untermauerung. Beispiele sind Busfahrpläne an vielen Straßenecken. Sie gliedern in der Regel *Montag bis Freitag, Samstag* sowie *Sonn- und Feiertag*. Nach den strengen Regeln der Überschneidungsfreiheit darf das nicht sein. Schließlich kann ein Feiertag auch mal ein Montag oder ein anderer Wochentag sein. Theoretisch müsste man zunächst *normale Tage* und *Feiertage* gliedern. Auf zweiter Ebene unter den normalen Tagen stünden die Unterkategorien *Montag bis Freitag, Samstag* und *Sonntag*. Ja, auch der Sonntag gehört zu den *normalen* Tagen, denn er ist nicht automatisch gesetzlicher Feiertag. Laut Bundesarbeitsgericht sind zum Beispiel Oster- und Pfingstsonntag nur ganz normale Sonntage. Oster- und Pfingstmontag hingegen sind gesetzliche Feiertage. Kann aber der Empfänger aufgrund der logischen Einfachheit beide Ebenen in einem Schritt erfassen, ist die vorgenommene Konsolidierung in eine Ebene zumutbar. Zwingende Voraussetzung ist natürlich, dass beide Kategorien die gleichen inhaltlichen Details enthalten. Im Beispiel fahren die Busse am Feiertag und am Sonntag zu den gleichen Zeiten. Gäbe es hier Unterschiede, wäre ein Zusammenlegen schon allein deshalb unsinnig, weil Sie die konsolidierte Kategorie auf einer tieferen Ebene wieder differenzieren müssten. Prüfen Sie daher sorgfältig, ob Sie bewusst konsolidieren können. Tun Sie es nur bei sehr einfachen Strukturen wie in diesem Beispiel. Machen Sie sich vorab bewusst, dass Ihre Ergebnisse für Sie vielleicht einfach und logisch sein mögen, für Ihren Empfänger sind die Anforderungen jedoch deutlich höher. Es muss eine Ausnahme bleiben: Nur wenn Sie Ihrem Empfänger das Verständnis sicher zutrauen, verschmelzen Sie zwei Strukturkriterien auf einer Ebene.

2.3.1.3 Bei Teilmengen die logische Hierarchie der Teilaussagen herausarbeiten

Erst die Teilaussagen analysieren

Zum Erkennen von Teilmengen vergleichen Sie die parallelen Kategorien selbst. Beispielhafte Konkretisierungen brauchen Sie nicht. Mathematisch müssten Sie prüfen, ob eine ganze Kategorie selbst Bestandteil einer anderen, größeren Kategorie ist. Nehmen wir die beispielhaften Kategorien *Menschen*, *Lebewesen* und *Dinge*. Nun ist der Mensch selbst ein Lebewesen, umgekehrt ist aber nicht jedes Lebewesen ein Mensch. Es besteht eine vertikale Beziehung zwischen beiden Kategorien. Innerhalb einer grundsätzlichen Kategorie gibt es unterschiedliche Detaillierungsebenen.

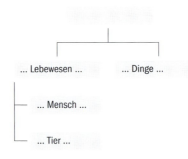

Leider lassen sich vertikale Beziehungen bei Präsentationsinhalten oft schwieriger erkennen als in der Mengenlehre oder dem genannten Beispiel. Dafür müssen Sie die Kategorien kritisch hinterfragen. Achten Sie auf zwei Arten von Teilmengen:

— **Bei Ursache-Wirkungs-Beziehungen bedingt eine Kategorie logisch eine andere.** Sie muss ihr zwingend vorausgehen. So können sehr lange und komplex erscheinende Darstellungen bei nüchterner Betrachtung eine einzige Verkettung von Ursache-Wirkungs-Beziehungen sein. Nehmen wir das Beispiel *Die aktuellen Zahlungsschwierigkeiten sind auf die immer noch ausstehende Restzahlung eines Kunden zurückzuführen, der die Endabnahme wegen eines fehlenden Zukaufteils verweigert, bei dem der Lieferant Qulitätsschwierigkeiten hat, die*

167 Vorgehen: Kommen Sie mit pyramidalen Präsentationen auf den Punkt – in vier Schritten zum professionellen Auftritt
Empfängerorientierte Kommunikationsstrukturen entwickeln
Die Kernaussage logisch-stringent untermauern – aus eigenen Inhalten eine schlüssige Argumentation machen
Positiv oder neutral aufgenommene Aussagen mit der pyramidalen Gruppe SAUBER® konkretisieren

wir erst vergangene Woche durch Zufall erkennen konnten, weil wir unsere regelmäßigen Audits im vergangenen Jahr eingestellt hatten. Im Beispiel verbergen sich mehrere Ursache-Wirkungs-Beziehungen. Die eingestellten Audits sind demnach originäre Ursache für die aktuellen Zahlungsschwierigkeiten. Zum Erkennen solcher Beziehungen sprechen Sie folgende, beispielhafte Formulierungen gedanklich durch: A ist erforderlich für B. B passiert erst, wenn A passiert ist. A führt zu B. Oder in modernem Business-Deutsch: A zahlt auf B ein. Wo immer eine dieser Aussagen zutrifft, liegt eine vertikale Beziehung vor – mit A als Teilmenge oder Unterkategorie von B.

— Bei unterschiedlichen hierarchischen Ebenen ist eine Kategorie als Unterkategorie einer anderen, nämlich der Oberkategorie, definiert. Sie gehört sprachlich dazu. So gibt es zahlreiche unstrittig definierte Hierarchien, zum Beispiel *Kontinente, Länder, Regionen, Städte, Stadtteile, Straßen* und *Häuser*. Auch Verben können zwischen Ober- und Unterkategorien unterscheiden, zum Beispiel *Verändern* als Oberkategorie mit den Unterkategorien *Verbessern* und *Verschlechtern*. Zum Erkennen von Oberkategorien dienen folgende beispielhafte Formulierungen: A gehört zu B. A ist eine Unterart von B. B ist Oberbegriff unter anderem auch für A. Oder in modernem Business-Deutsch: A lässt sich unter B subsumieren. Erweiterungen von Wortstämmen sind ein offensichtliches Zeichen für definierte Teilmengen. Der Kanarienvogel ist zum Beispiel eine Unterkategorie des Vogels. Doch Vorsicht ist geboten. Maus und Fledermaus sind zwar beide Säugetiere, darunter ist die Maus aber ein Nagetier, während die Fledermaus zur Gattung der Fledertiere gehört. Wenn Sie eine Teilmenge erkennen, so ist die allgemeinere Formulierung B stets die Oberkategorie und die spezifischere A die Unterkategorie.

Dann Teilmengen visualisieren

Bereits bei mittel-komplexen Themen sollten Sie erkannte Abhängigkeiten auf Papier notieren. Für die meisten Präsentationsinhalte sind Teilmengen deutlich komplexer als im Beispiel der durch eingestellte Audits verursachten Zahlungsschwierigkeiten. Stattdessen gibt es vielfältige Ursachen, die an unterschiedlichen Stellen zusammenfließen. Diese Komplexität sollten Sie zunächst visualisieren. Wählen Sie die Visualisierungsform aus, die Ihnen am meisten zusagt. Das muss noch nicht pyramidal sein:

— Für prozessuale Themen empfehlen wir das Fischgrät-Diagramm. Es gliedert Ursachen oder Wirkungen horizontal. Der Kopf des Fisches ist Ihre Kernaussage. An der zentralen Achse hängen die Hauptkategorien, auf die wiederum Unterkategorien stoßen und so weiter. Das Fischgrät-Diagramm stammt ursprünglich aus der Prozessanalyse und beginnt standardmäßig mit den Kategorien *Menschen, Maschinen, Methoden* und *Mitwelt*, einem etwas gestelzten Synonym für Umweltfaktoren. Sie können diese Kategorien gut nutzen, wenn Sie Ursachen, Unterursachen und Unterunterursachen für ein Problem gliedern. Das Fischgrät-Diagramm besticht dadurch, dass es in unserer vertrauten Leserichtung veranschaulicht, wie einzelne Kategorien aufeinander und schließlich auf die Kernaussage wirken. Sie können Fischgrät-Diagramme nämlich in beiden Richtungen nutzen: Wenn Sie die Ursachen für ein Problem visualisieren, steht das Problem hinten, also rechts, wie im abgebildeten Beispiel. Wenn Sie hingegen die Wirkungen einer Maßnahme darstellen, sollten Sie die Maßnahme nach links stellen und daraus fließen nach rechts die diversen Wirkungen.

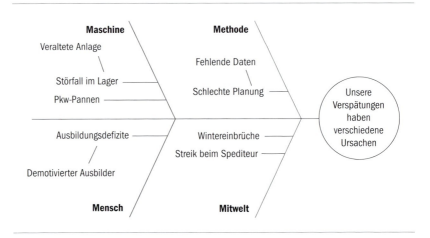

— **Für statische Themen können Sie pyramidal strukturieren – also von oben nach unten.** Sie stellen allgemeinere Aussagen oben dar und fügen darunter spezifischere ein. Visuell unterstreicht diese Darstellung, dass es sich um unterschiedliche hierarchische Ebenen handelt. Sie macht deutlich, was wozu gehört.

— **Mind-Mapping greift aus unserer Sicht am wenigsten eine logische Lesefolge auf.** Es stellt die zentrale Aufgabe in die Mitte und daraus führen diverse Äste, die sich weiter verzweigen. In unserer Wahrnehmung betont diese Darstellung weder Ursache-Wirkungs-Beziehungen noch klare hierarchische Ebenen. Dieses Defizit ist nachvollziehbar, weil Mind-Mapping ursprünglich eine Kreativitätstechnik ist. In diesem Fall ist Offenheit im Denken wichtiger als kausale Beziehungen.

Abschließend logische Konsistenz der Teilaussagen schaffen

Nun bauen Sie Ihre Teilaussagen wiederum pyramidal auf. Haben Sie mit Fischgrät oder in anderer Form visualisiert, müssen Sie die Darstellung zunächst in die pyramidale Darstellung übertragen. Parallel sorgen Sie für eine logische Konsistenz der Aussagen. Dafür bewältigen Sie wiederum zwei Herausforderungen.

169 Vorgehen: Kommen Sie mit pyramidalen Präsentationen auf den Punkt – in vier Schritten zum professionellen Auftritt
Empfängerorientierte Kommunikationsstrukturen entwickeln
Die Kernaussage logisch-stringent untermauern – aus eigenen Inhalten eine schlüssige Argumentation machen
Positiv oder neutral aufgenommene Aussagen mit der pyramidalen Gruppe SAUBER® konkretisieren

— **Noch fehlende Oberkategorien ergänzen.** Die Visualisierung der Teilmengen zeigt, an welchen Stellen zwei oder mehrere Kategorien zusammenlaufen. Und wenn an dieser Stelle eine zusammenfassende Aussage fehlt, müssen Sie diese jetzt einfügen. Nur so kann Ihr Empfänger später selbst entscheiden, bis zu welcher Ebene er in die Details einsteigen möchte. Stellen Sie sicher, dass alle Aussagen auf einer pyramidalen Ebene auch logisch gleichartig sind, als klar erkennbares Strukturkriterium. Sind die Definitionen nicht offensichtlich, müssen Sie sich fragen, was die tieferen Kategorien gemeinsam haben. Die Antwort darauf wird zur zusammenfassenden Aussage. Fällt eine prägnante Oberkategorie schwer, wählen Sie eine abstrakte Formulierung, in die Sie die Floskel wie *zum Beispiel* integrieren. Als Beispiel verwenden Sie dann die wichtigste oder die zwei, drei wichtigsten Unterkategorien. Die Beispiele machen die abstrakte Kategorie greifbar. Zur Not helfen allgemeine Sammelbegriffe wie *Andere Ursachen* oder *Flankierende Maßnahmen*.

— **Für hierarchisch asymmetrische Inhalte logisch einheitliche Teilaussagen formulieren.** Ihre Inhalte können durchaus asymmetrisch sein. Parallele Teilaussagen gehören unterschiedlichen Ebenen an – in einem Bereich allgemein, im anderen sehr spezifisch. Während der allgemeine Inhalt auf einer höheren Ebene erscheint, liegt der spezifische mehrere Ebenen tiefer. Die ergänzten Oberkategorien sorgen für eine oder mehrere Eins-zu-eins-Beziehungen, die Sie wiederum auflösen können. Im Vergleich zur Schnittmenge stellen Teilmengen jedoch höhere Ansprüche an die Formulierung, damit die logische Konsistenz der Kategorien gewahrt bleibt. Nehmen wir ein Beispiel *Das neue Produkt wurde in den USA, in Japan und Oberwächtersbach erfolgreich getestet.* Die logische Konsistenz der Kategorien ergibt sich dadurch, dass zu den Kategorien *USA* und *Japan* hierarchisch zunächst *Deutschland* passen würde. Hier besteht aber eine – wie auch immer inhaltlich zu erklärende – Eins-zu-eins-Beziehung von Deutschland über das Bundesland Hessen bis zur Stadt Wächtersbach. Sinnvoller wäre folglich *Das Produkt wurde in den USA erfolgreich getestet, Das Produkt wurde in Japan erfolgreich getestet* und *Für Deutschland wurde in der hessischen Stadt Oberwächtersbach ein erfolgreicher Test durchgeführt.* Nun gehören alle Formulierungen sprachlich der gleichen Ebene an. Gleichzeitig verhehlen Sie nicht, dass das Ergebnis für Deutschland etwas eingeschränkt ist.

2.3.2 Mit inhaltlich eigenständigen Aussagen Wechselwirkungen der Teilkategorien ausschließen oder aktiv steuern

Ihre sprachlich überschneidungsfreien Formulierungen schaffen die logische Eindeutigkeit Ihrer Teilaussagen – es gibt kein unterschiedliches Verständnis mehr zwischen Ihnen und Ihren Empfängern. Aber das schützt nicht vor inhaltlichen Irrtümern. Deshalb sollten Sie neben der sprachlichen Überschneidungsfreiheit auch die inhaltliche Eigenständigkeit Ihrer Teilaussagen gewährleisten.

Wie immer bei inhaltlichen Aspekten hängen diese stark von konkreten Themen und Ergebnissen ab. Die folgenden Überlegungen beziehen sich auf Wechselwirkungen, die wir in unserer Praxis häufig beobachten.

Überlegen Sie zunächst, welche Art einer pyramidalen Gruppe vorliegt: Die komplementäre Gruppe mit einander ergänzenden Teilaussagen ist der Regelfall. Bei ihr kommt es darauf an, dass der Empfänger keine inhaltlichen Abhängigkeiten der Teilaussagen herstellen kann. Alternativen mit einander ausschließenden Teilaussagen und Prozesse mit aufeinander aufbauenden Teilaussagen sind Ausnahmen. Hier gilt es, bestehende Abhängigkeiten deutlich zu machen und damit eine stringente Diskussion zu ermöglichen.

Für komplementäre Gruppen auch inhaltliche Abhängigkeiten ausschließen

Die komplementäre Gruppe besteht aus einander ergänzenden Teilaussagen. Sie alle wirken in die gleiche Richtung und unterstützen gemeinsam die Kernaussage – allenfalls unterschiedlich stark. Die parallelelen Teilaussagen lassen sich sprachlich am besten mit dem Wort *und* verbinden. Beispiele sind die bereits angesprochenen Ursachen für Umsatzverluste. *Sonderrabatte*, die *Insolvenz eines Kunden* und *Preisdruck vom Wettbewerber*. Alles sind Ursachen, die gleichzeitig aber eigenständig wirken. Ähnlich könnten Sie verschiedene Wirkungen einer Maßnahme darstellen, zum Beispiel *Die neue Produktionsanlage wird die Produktqualität erhöhen* und *Die neue Produktionsanlage wird den Materialeinsatz reduzieren*. Beides wird passieren. Auch nüchterne Controllingberichte bestehen meist aus komplementären Aussagen, zum Beispiel *In der Region Nord stieg der Umsatz um 3 Prozent* und *In der Region Süd sank der Umsatz um 5 Prozent*.

Und dank dieser Anordnung der Aussagen können Sie auch Teilerfolge feiern. Die Kernaussage bleibt selbst dann grundsätzlich gültig, wenn eine oder mehrere Teilaussagen vom Empfänger widerlegt werden. Die betreffende Teilaussage fällt dann aus der Argumentation heraus. Die anderen gelten unberührt weiter. Tendenziell gilt dabei: Je mehr parallele Teilaussagen, desto stabiler wird die Kernaussage. Akzeptiert Ihr Publikum zum Beispiel eine Ursache für die Umsatzverluste nicht, so sind die anderen weiterhin richtig. Sie können diese immer noch vortragen und Ihr Publikum davon überzeugen. Wenn Sie grundsätzlich richtigliegen, geht die widerlegte Teilaussage meist unter. Bei genauerer Betrachtung können bei Widerspruch drei Dinge mit der Kernaussage geschehen:

— **Quantifizierte Kernaussagen werden nur in ihrer Höhe geschmälert.** Schreiben Sie zum Beispiel *Wir erwarten Mehrumsätze von insgesamt 300 Mio. Euro – zu gleichen Teilen aus Polen, Tschechien und Ungarn*. Kann das Publikum Ihre Erwartungen an Ungarn nicht nachvollziehen, für die anderen beiden Länder

171 Vorgehen: Kommen Sie mit pyramidalen Präsentationen auf den Punkt – in vier Schritten zum professionellen Auftritt
Empfängerorientierte Kommunikationsstrukturen entwickeln
Die Kernaussage logisch-stringent untermauern – aus eigenen Inhalten eine schlüssige Argumentation machen
Positiv oder neutral aufgenommene Aussagen mit der pyramidalen Gruppe SAUBER® konkretisieren

aber schon, dann bleiben immerhin Mehrumsätze in Höhe von 200 Mio. Euro.

— **Differenzierende Kernaussagen können sich – nur unter bestimmten Umständen – inhaltlich verschieben.** Sie haben zum Beispiel die Kernaussage *Wir erwarten im nächsten Jahr gleichbleibende Kosten im Einkauf* mit den Teilaussagen *Bei der einen Hälfte des Einkaufsvolumens erwarten wir Preissenkungen von 5 Prozent* und *Bei der anderen Hälfte des Einkaufsvolumens erwarten wir Preiserhöhungen von 5 Prozent.* Stellen wir uns nun vor, dass die erwarteten Preissenkungen nicht akzeptiert werden. Jetzt ändert sich die Kernaussage insofern, dass unter dem Strich eine Erhöhung des Materialaufwands bleibt. Der Fall ist unwahrscheinlich, weil Sie vermutlich auch die beiden Teilaussagen wieder mit mehreren parallelen Teilaussagen unterstützen werden. Sie sind also ihrerseits breit abgesichert.

— **Kernaussagen fallen nur dann ganz in sich zusammen, wenn wirklich alle Teilaussagen vom Publikum widerlegt werden.** Hält keine Teilaussage kritischer Hinterfragung stand, dann schmilzt die Kernaussage in sich zusammen. Deshalb ist ein gutes Argument besser als mehrere schlechte.

Um Ihrer Kernaussage ein stabiles Fundament zu geben, müssen Sie sicherstellen, dass die Teilaussagen unstrittig einzeln diskutiert werden: Das geht über gemeinsames sprachliches Verständnis hinaus. Sorgen Sie dafür, dass das sprachlich mühsam aufgelöste Wollknäuel inhaltlich nicht doch wieder verfilzt. In der Praxis besteht Gefahr inbesondere bei inhaltlichen Abhängigkeiten und gegenläufigen Effekten. Beide Punkte sollten Sie aktiv ansprechen, bevor Ihre Inhalte vom Publikum zerlegt werden:

— **Inhaltliche Abhängigkeiten bestehen, wenn zwei Dinge einander bedingen.** Das eine ist nicht ohne das andere möglich. Theoretisch haben Sie das bereits beim Feststellen von Teilmengen erkannt – etwa mit der Formulierung *A ist erforderlich für B.* Die Praxis lehrt aber, dass die rein sprachliche Logik oft nicht ausreicht: Nehmen wir als Beispiel die Teilaussagen *Im Geschäftsbereich A investieren und Geschäftsbereich B verkaufen.* Beide Vorschläge sind sprachlich überschneidungsfrei. Das Verständnis für beide Maßnahmen ist eindeutig. Dennoch können sie miteinander verbunden sein, zum Beispiel durch beschränkte Finanzmittel, wenn nur durch den Verkauf die Investitionen zu finanzieren sind. Auch beschränkte Managementkapazitäten können eine inhaltliche Abhängigkeit herstellen. Bedenken Sie die inhaltliche Eigenständigkeit beider Teilaussagen sorgfältig und frühzeitig. Spätestens Ihr Publikum wird es tun. Müssen Sie feststellen, dass beide Aussagen inhaltlich voneinander abhängig sind, verschmelzen Sie beide Teilaussagen in eine. Es entsteht eine Paketlösung *Durch Verkauf des Geschäftsbereichs B Investitionen in Geschäftsbereich A finanzieren.* Auf der nächsten Strukturebene werden Sie vermutlich begründen müssen, warum beide Dinge zusammengehören. Kommen Sie hingegen zur Überzeugung, dass beide

Teilaussagen inhaltlich eigenständig sind, betonen Sie dies aktiv, indem Sie die zweite Teilaussage mit der Formulierung *Unabhängig davon ...* einleiten.

— **Gegenläufige Effekte können entstehen, wenn zwei Dinge die gleiche Intention verfolgen, dabei aber unterschiedlich wirken.** Die beiden Ideen kannibalisieren sich wechselseitig. Nehmen wir auch hier ein plakatives Beispiel mit der Kernaussage *Wir wollen den Umsatz erhöhen* und den Teilaussagen *Im Filialgeschäft wollen wir den Umsatz durch eine Preiserhöhung steigern* sowie *Im Onlinevertrieb wollen wir den Umsatz durch Mengenwachstum bei niedrigeren Preisen steigern.* Auch hier bestehen keine Zweifel am überschneidungsfreien Verständnis beider Teilaussagen. Inhaltlich ist hingegen höchst fragwürdig, ob beides so möglich sein wird. Die Vermutung liegt nahe, dass die Preissteigerung im Filialgeschäft scheitert, wenn gleichzeitig das Preisniveau im Onlinevertrieb gesenkt wird. Prüfen Sie ihre inhaltlichen Ergebnisse kritisch. Wenn Ihr Publikum gegenläufige Effekte unterstellen könnte, für Sie beide Teilaussagen aber inhaltlich eigenständig sind, hebeln Sie die Kannibalisierungsgefahr zunächst aus, etwa mit der Kernaussage *Gerade durch stärkere Preisdifferenzierung wollen wir den Umsatz steigern.* Auch bei dieser Formulierung müssen Sie vermutlich von einer negativ-skeptischen Haltung Ihres Publikums ausgehen und die Kernaussage mit der Kette zunächst begründen, bevor Sie auf der nächsten Ebene die Differenzierung konkretisieren.

Bei Alternativen inhaltliche Systematik der Auswahlmöglichkeiten transparent machen

Alternativen sind einander ausschließende Wege zum gleichen Ziel. Sie werden bei Auswahlentscheidungen eingesetzt. Das Publikum erkennt, dass Sie mehrere Lösungsmöglichkeiten betrachtet haben, oder es hat selbst die Wahl. Die parallelen Teilaussagen lassen sich sprachlich mit *entweder ... oder* verbinden. Nehmen Sie als Beispiel die Farbe bei der Auswahl eines Neuwagens. Sie müssen aus mehreren Alternativen genau eine auswählen. Es ist nur eine Farbe möglich. Für Alternativen reichen sprachlich analoge, überschneidungsfreie Teilaussagen.

Jedoch werden Alternativen gerne mit Optionen verwechselt. Verschiedene Optionen werden allein mit dem Wort *oder* verbunden, was im Gegensatz zur Alternative durchaus mehrere Auswahlen erlaubt. Optionen schließen einander nicht notwendigerweise aus. Beim Autokauf bieten sich Ihnen zum Beispiel die völlig unabhängigen Optionen eines Schiebedachs und einer Anhängerkupplung. Ein buntes Durcheinander von Alternativen und Optionen birgt im Vortrag die Gefahr einer fröhlichen Diskussion, welche Kombinationen miteinander möglich sind und welche nicht.

173   Vorgehen: Kommen Sie mit pyramidalen Präsentationen auf den Punkt – in vier Schritten zum professionellen Auftritt
Empfängerorientierte Kommunikationsstrukturen entwickeln
Die Kernaussage logisch-stringent untermauern – aus eigenen Inhalten eine schlüssige Argumentation machen
Positiv oder neutral aufgenommene Aussagen mit der pyramidalen Gruppe SAUBER® konkretisieren

Um den roten Faden nicht zu verlieren, müssen Sie inhaltlich stringent strukturieren. Machen Sie sich bewusst, welche Teilaussagen tatsächlich einander ausschließende Alternativen sind. Und welche Teilaussagen Optionen sind, die man quasi zusätzlich „dazubuchen" kann. Haben Sie nur Optionen, so stellen Sie das mit Ihrer Formulierung klar. Ihre Teilaussagen entsprechen dann einer komplementären Gruppe. Haben Sie nur Alternativen, machen Sie das mit der Kernaussage deutlich, zum Beispiel *Wir müssen uns heute zwischen A und B entscheiden*. Ist Ihre Auswahl so komplex, dass beides darin vorkommt, müssen Sie zunächst die Struktur der Auswahl selbst deutlich machen. Visualisieren Sie Beziehungen zwischen den verschiedenen Möglichkeiten. Die Alternativen eignen sich als höheres Strukturkriterium. Darunter gliedern Sie die Optionen. Dabei darf eine Option bei mehreren Alternativen offenstehen. Zum Beispiel können Sie beim Autokauf bei verschiedenen Farben noch die Option *Metallic* auswählen. Nur wenn alle Optionen für alle Alternativen möglich sind, bauen Sie eine Strukturebene *Alternativen* und *Optionen* ein, mit den Teilaussagen *Wir müssen uns heute zwischen den Alternativen A und B entscheiden* sowie *Dazu können wir jeweils die Optionen X, Y und Z auswählen*. Was auch immer Ihre konkreten Ergebnisse hergeben, die inhaltliche Auseinandersetzung mit der Systematik der Auswahlmöglichkeiten ermöglicht die stringente, eigenständige Diskussion Ihrer Teilaussagen.

Bei Prozessen die eigenständige Bearbeitbarkeit der Schritte beachten

Prozesse sind aufeinander aufbauende Schritte zu einem Ziel. Sie stellen eine zeitliche Folge dar. Die Teilaussagen können am besten mit dem Wort *dann* verbunden werden. Die erste Teilaussage stellt den Beginn dar, die letzte das Ende des Prozesses. Teilaussagen eines Prozesses dürfen nicht im engeren Sinne unabhängig sein, weil sie sich wechselseitig voraussetzen. Änderungen an Schritt 1 können somit gravierende Auswirkungen auf Schritt 2 und alle folgenden Schritte haben. Folglich müssen Prozesse lediglich eine unabhängige Diskussion der voneinander abhängigen Teilaussagen erlauben. Nach unserer Erfahrung müssen Sie dabei zwei Punkte beachten:

— **Konzentrieren Sie sich auf Prozesse.** Die zeitliche Abfolge ist wesentliches Merkmal eines Prozesses. Aber viele mehrdeutige Definitionen wie Arbeitspakete oder Teilaufgaben lassen dies offen. Prüfen Sie daher, ob Ihre Teilaussagen wirklich voneinander abhängig sind. Enthält Ihr Projektplan beispielsweise die Teilaufgaben *Marktpotenzial in Asien erheben*, *Marktpotenzial in Europa erheben* und *Marktpotenzial in Nordamerika erheben*, so kann man die drei Teilaufgaben durchaus parallel durchführen. Sie mögen aus Gründen der Kapazität sequenziell bearbeitet werden, eine logische Erfordernis besteht indes nicht. Die Teilaufgaben wären folglich wie eine komplementäre Gruppe zu betrachten.

— Grenzen Sie wirklich aufeinander folgende Teilaufgaben so ab, dass sie eigenständig diskutiert werden können. Auch wenn sie fließend ineinander übergehen, müssen Sie die relevanten Schnittpunkte der Prozesskette identifizieren
und deutlich machen. Die Schnittpunkte bestimmen sich zum Beispiel anhand
unterschiedlicher Methoden. Vermeiden Sie Teilaufgaben, die keinen eigenstän-
digen Handlungsspielraum lassen. Machen Sie die Eigenständigkeit der Teilaussagen deutlich, indem Sie zum Beispiel klar definierte Zwischenziele in die Formulierung aufnehmen. Oder betonen Sie die Teilbarkeit durch Erwähnung des
Durchführungsverantwortlichen. Nehmen wir wieder ein stark vereinfachtes
Beispiel *Der Vertrieb erarbeitet eine Liste potenzieller Kunden, Die Geschäftsführung wählt daraus strategische Zielkunden aus* und *Die Marketingabteilung
verschickt danach die Einladungen zur Produktpräsentation*. Die Teilaussagen
bauen nach wie vor erkennbar aufeinander auf. Fällt der erste Schritt weg, werden vermutlich auch die übrigen beiden obsolet. Die Ausformulierung der Teilaussagen mit den Verantwortlichen jeweils als Subjekte ermöglicht gleichwohl
eine weitestgehend unabhängige Betrachtung.

2.4   Bedeutungsvolle Formulierungen ermöglichen Verzicht auf Details

Wie die Tageszeitung ermöglicht die pyramidale Präsentation dem Empfänger, auf
Details zu verzichten. Er kann sich stattdessen auf eine höhere Aggregationsebene
beschränken. Eine bedeutungslose Formulierung stünde dem aber im Wege. Der
Empfänger müsste sich unweigerlich mit den Details auseinandersetzen und sich
seine eigene Meinung bilden. Deshalb müssen Sie Ihrem Empfänger bedeutungsvolle Aussagen anbieten – auf allen Ebenen Ihrer Kommunikationsstruktur. Bedeutungsvolle Aussagen haben eine inhaltliche und eine sprachliche Dimension.

2.4.1   Inhaltlich geeignete Indikatoren zum Beleg der Kernaussage verwenden

Damit die Teilaussagen die Kernaussage untermauern, haben Sie sie bereits analog
formuliert. Zur Konkretisierung müssen Sie spezifischer werden. Der richtige Indikator macht Ihre Ergebnisse inhaltlich unangreifbar. Ihn zu identifizieren, ist die weitere
wichtige Aufgabe bei der Ergebnisgenerierung. Wir können deshalb an dieser Stelle
nur allgemein darauf hinweisen: Überlegen Sie gut, auf welche Indikatoren Sie Ihr
Ergebnis stützen. Sie haben die Wahl zwischen bestehenden und neuen Indikatoren.

Bestehende, anerkannte Indikatoren nutzen

So vielfältig wie Themen von Präsentationen, so vielfältig sind auch mögliche Indikatoren. In vielen Fällen bieten Wissenschaft und Praxis für einzelne Aussagen be-

175 Vorgehen: Kommen Sie mit pyramidalen Präsentationen auf den Punkt – in vier Schritten zum professionellen Auftritt
Empfängerorientierte Kommunikationsstrukturen entwickeln
Die Kernaussage logisch-stringent untermauern – aus eigenen Inhalten eine schlüssige Argumentation machen
Positiv oder neutral aufgenommene Aussagen mit der pyramidalen Gruppe SAUBER® konkretisieren

währte Indikatoren. Wo sinnvoll, bedienen Sie sich unternehmensinterner Kennzahlen. Sie genießen oft eine höhere Akzeptanz als externe Indikatoren.

Können Sie sich für Ihre Inhalte nicht auf einen einzigen Indikator festlegen oder Sie zweifeln daran, welchen Indikator Ihr Publikum akzeptiert, dann berücksichtigen Sie das in Ihrer Kommunikation. Betrachten wir wieder ein Beispiel: Lange galt der Body-Mass-Index als entscheidender Indikator zur Beurteilung der Wahrscheinlichkeit von Herzinfarkten oder Schlaganfällen, also das Verhältnis aus Gewicht und der potenzierten Größe. Neue Studien jedoch belegen, dass die Waist-to-Hight-Ratio viel aussagekräftiger ist, also das Verhältnis zwischen Bauchumfang und Größe. Ihre Argumentation wäre mithin angreifbar, wenn Sie nicht den vom Empfänger akzeptierten Indikator verwenden. Das ist wie erwähnt primär eine inhaltliche Frage, die wir lieber den Experten überlassen wollen. Fahren Sie in diesem Fall mehrgleisig und nehmen Sie beide. Dafür schreiben Sie eine allgemeine Aussage, unter der Sie wiederum die verschiedenen Indikatoren gliedern. Im Beispiel käme heraus *Alle relevanten Indikatoren weisen auf ein erhöhtes Risiko* mit den Teilaussagen *Der Body-Mass-Index zeigt …* und *Die Waist-to-Hight-Ratio zeigt …* Bedauerlicherweise scheitert dieser Ansatz, wenn beide Indikatoren zu inhaltlich unterschiedlichen Ergebnissen kommen. In diesem Fall müssen Sie Ihre Kernaussage entweder differenzieren, zum Beispiel *Die relevanten Indikatoren erlauben keine eindeutige Risikoaussage*. Oder Sie legen sich auf einen Indikator fest. Dann müssen Sie aber mit Hilfe einer Kette begründen, warum dies der inhaltlich gebotene Indikator ist.

Eigene Indikatoren definieren

Bei konzeptionell neuen, vielleicht schwammigen Themen fehlen häufig anerkannte Indikatoren. So fällt es etwa schwer, umweltverträgliches Verhalten von Menschen zu indizieren. Man könnte eine negative Korrelation zur PS-Zahl des Autos herstellen. Oder man nimmt den Anteil von Bio-Produkten im Haushalt. Beide Versuche sind erkennbar unbefriedigend.

In diesen Fällen müssen Sie selbst geeignete Indikatoren definieren und sodann inhaltlich analysieren. Sie umschreiben zunächst die von Ihnen gewählte Kategorie. Für die anschließende Analyse ist wichtig, dass noch genügend Zeit bleibt. Lässt sich Ihre Kernaussage auf Basis der Analysen nicht halten, haben Sie ein Problem: Sie müssen Ihre Kernaussage anpassen und im Extremfall ganz aufgeben. Optimal ist, wenn der gewählte Indikator die Kernaussage bestätigt.

Die Definition spezifischer Indikatoren führt zuweilen zu sehr sperrigen Formulierungen. Lassen Sie sich davon zunächst nicht abschrecken. Nur so lässt sich eine noch nicht etablierte Spezifikation eingrenzen. Ein allgemeingültiges Beispiel dominiert jedes Jahr für etwa drei Tage die Medien: Da treffen sich nämlich die Regierungschefs der wichtigsten Länder der Welt zum G8-Gipfel. Da die Definition der wichtigsten Länder der Welt Raum für Interpretationen lässt, folgt meist der umständliche

Zusatz vom *G8-Gipfel der sieben führenden Industrienationen und Russlands*. Ob inhaltlich relevant oder nicht: Erst die Indizierung erklärt die Teilnehmerrunde.

Für die Kommunikation bestehen bei eigenen, spezifisch entwickelten Indikatoren folglich insgesamt drei Anforderungen: Zunächst müssen Sie inhaltlich nachvollziehbar und zutreffend definiert sein. Und genau das darf man bei der Formulierung der sieben führenden Industrienationen bezweifeln. Wir zumindest konnten keinen einzigen konkreteren Indikator recherchieren, demzufolge Kanada aktuell zu den sieben führenden Industrienationen zählt. Sorry Kanada, es müsste inhaltlich richtig wohl eher heißen *Der G8-Gipfel der irgendwann mal gewesenen sieben führenden Industrienationen und Russlands*. Daneben gelten umso mehr für spezifisch entwickelte Indikatoren die beiden oben genannten Herausforderungen: Versuchen Sie, möglichst viele parallele Indikatoren zu nutzen, um Ihre Ergebnisse auf ein breites Fundament zu stellen. Begründen Sie mit pyramidalen Ketten auf tieferer Ebene die Sinnhaftigkeit der einzelnen Indikatoren.

2.4.2   Sprachlich präzise formulieren

Neben der inhaltlichen Eignung muss die bedeutungsvolle Aussage auch sprachlich treffend sein. Andernfalls muss Ihr Empfänger in die Details einsteigen, um sein Verständnis zu schärfen. Die schwammige Aussage nimmt ihm die Chance, gleich seine Zustimmung zu Ihrer Botschaft zu erkennen. Für präzise Formulierungen gehen Sie in zwei Schritten vor.

Mehrdeutige Begriffe in den Formulierungen durch eindeutige ersetzen

Der Einsatz von Sprache durch viele Menschen führt zu unterschiedlicher Nutzung von Begriffen. Und abweichende Definitionen führen zu Missverständnissen. Deshalb sollten Sie mehrdeutige Begriffe grundsätzlich vermeiden.

Mehrdeutig sind meist Begriffe, die auf zwei unterschiedlichen logischen Ebenen zum Einsatz kommen. Hierarchische Teilmengen werden mit dem gleichen Begriff belegt. Ein Beispiel: Die Formulierung *Ich bin nächste Woche in Amerika* kann vom Empfänger unterschiedlich aufgenommen werden. Es könnte der amerikanische Kontinent gemeint sein, also die Oberkategorie. Im Sprachgebrauch wird der Begriff *Amerika* häufig als Synonym verwendet für die *Vereinigten Staaten von Amerika*, also eine Unterkategorie. Wir verwenden das Beispiel, weil in unmittelbarer logischer Nähe der nächste doppelt belegte Begriff lauert: Wer nämlich meint, mit der Formulierung *Ich bin nächste Woche in den Vereinigten Staaten* präziser zu sein, der irrt leider. Es gibt neben den USA auch andere Vereinigte Staaten. Zum Beispiel nennt sich schon das Nachbarland im Süden formal *Vereinigte Staaten von Mexiko*.

Folglich sollten Sie sämtliche Ihrer Formulierungen dahingehend prüfen, ob ein anderer Empfänger für den gleichen Begriff eine andere Definition verwendet. Orien-

177 Vorgehen: Kommen Sie mit pyramidalen Präsentationen auf den Punkt – in vier Schritten zum professionellen Auftritt
Empfängerorientierte Kommunikationsstrukturen entwickeln
Die Kernaussage logisch-stringent untermauern – aus eigenen Inhalten eine schlüssige Argumentation machen
Positiv oder neutral aufgenommene Aussagen mit der pyramidalen Gruppe SAUBER® konkretisieren

tieren Sie sich dabei wieder an den drei Zielgruppen, die wir für etablierte Standardstrukturen herangezogen hatten: Organisationsintern oder innerhalb Ihrer Branche und Berufsgruppe ist die Gefahr etwas geringer, bei entfernteren Empfängern oder allgemeinen Begriffen steigt die Wahrscheinlichkeit abweichender Begrifflichkeiten. Seien Sie im Interesse präziser Botschaften bewusst kritisch und beachten Sie sprachliche Erosionen. So wollen uns Politiker gerne glauben machen, dass sie sparen, wenn sie Ausgaben streichen und so das Haushaltsdefizit verringern. Das ist aber allenfalls eine Einsparung. Sparen, wie wir es als Kinder gelernt haben, bedeutet, Geld zurückzulegen. Und davon sind viele öffentliche Haushalte weit entfernt. Erkennen Sie einen mehrdeutigen Begriff, sollten Sie ihn am besten gänzlich vermeiden. Das heißt, Sie verwenden auf beiden Ebenen eindeutige Formulierungen. Im Beispiel hieße das entweder *Ich bin nächste Woche auf dem amerikanischen Kontinent* oder *Ich bin nächste Woche in den Vereinigten Staaten von Amerika*.

Formulierungen auf allen Ebenen quantifizieren oder veranschaulichen

Damit der Empfänger schnell und einfach verstehen kann, müssen Inhalte immer konkreter werden. Die Kernaussage beantwortet die Kernfrage so konkret wie möglich, und die Teilaussagen liefern einen angemessen höheren Detaillierungsgrad. Optimieren Sie mithin Kernaussage und Teilaussagen:

— Schon die Kernaussage so präzise wie möglich formulieren. Die Kernaussage ist aufgrund der pyramidalen Form naturgemäß generischer als die Teilaussagen. Aber auch sie sollte den Anspruch haben, das Ergebnis so präzise wie möglich zu vermitteln. Lassen Sie Ihre eingangs entworfene Kernaussage zunächst weg. Bei einem Platzhalter wie *Der Umsatzrückgang hat Ursachen* fällt das ohnedies nicht schwer. Verdecken Sie sie einfach auf Ihrem Papier. Suchen Sie stattdessen Oberbegriffe, die alle darunterliegenden Details zusammenfassen – aber auch nicht mehr. Die Suche nach dem prägnantesten Oberbegriff führt gelegentlich zu so lustigen Worten wie der *Sättigungsbeilage* als Oberkategorie für *Reis, Kartoffeln, Nudeln oder Ähnliches*. Aber wenn der Begriff Ihre Inhalte sprachlich trifft, dann ist das völlig in Ordnung. Der Begriff *Nahrungsmittel* wäre vielleicht zu weitgehend. Finden Sie einen treffenderen Begriff, dann korrigieren Sie die Kernaussage. Wenn auch die Untermauerung keine treffendere Formulierung anbietet, so bleibt die Kernaussage generisch, zum Beispiel *Der Umsatzrückgang hat vielfältige Ursachen*. Prüfen Sie nach jeder Änderung, ob die ursprüngliche Kernfrage des Empfängers noch beantwortet wird.

— In den Teilaussagen den richtigen Grad der Vertiefung finden. Die Teilaussagen müssen konkreter werden, wie die pyramidale Form nach unten breiter wird. Und die Teilaussagen müssen dem Empfänger einen substanziell höheren Informationswert bieten. Der muss wiederum darauf beschränkt sein, dass der

Empfänger ihn in nur einem gedanklichen Schritt verarbeiten kann. Stellen wir uns vor, Sie erweitern die Kernaussage nur um die Ausprägungen Ihres Strukturierungskriteriums, zum Beispiel *Der Umsatzrückgang hat interne Ursachen* und *Der Umsatzrückgang hat externe Ursachen*: Sie unterstützen zwar das Verständnis der Struktur. Eine darüber hinausgehende Konkretisierung bleiben Sie schuldig. Danach müsste der Empfänger auf der nächst tieferen Ebene suchen. Interne und externe Ursachen müssen also auf dieser Ebene bereits konkretisiert werden.

Damit der Empfänger möglichst frühzeitig eine konkrete Vorstellung bekommt, sollten Sie auf allen Ebenen Quantifizierungen und Veranschaulichungen einsetzen. Sie erhöhen die Informationsdichte:

— **Harte Fakten mit konkreten Zahlen oder Bandbreiten quantifizieren.** Aus Sicht des Empfängers sind Zahlen stets am besten. Absolute Zahlen, Anteile, Steigerungsraten oder Ähnliches vermitteln in der Regel ein gestochen scharfes Bild. Unter der Aussage *Der neue Niederflurbus wird in fünf Jahren einen Umsatz von 2 Mrd. Euro generieren* kann sich der Empfänger deutlich mehr vorstellen als bei *Das neue Produkt wird langfristig nennenswerten Umsatz generieren*. Quantifizieren Sie daher wo immer möglich. Der Mathematik sei Dank müssen Sie die Quantifizierung oft nur anhand der darunterliegenden Details ermitteln. Wo eine konkrete Zahl nicht möglich ist, geben Sie eine Bandbreite an. Das ist angezeigt bei hoher inhaltlicher Unsicherheit. Diese Vorgehensweise ist zudem nachvollziehbar, wenn Sie später an Ihren Aussagen gemessen werden könnten. Die Bandbreite nimmt etwas Schärfe, zum Beispiel in der Aussage *Der neue Bus wird einen Umsatz zwischen 1,5 und 2,5 Mrd. Euro generieren*. Sie bleibt dennoch prägnanter als die schwammige Formulierung vom nennenswerten Umsatz. Belegen Sie auch etablierte Formulierungen mit Zahlen. Wir hatten bereits die Kategorisierung *jung* und *alt*. Auch häufige Verwendung ändert nichts daran, dass es an einer eindeutigen Definition fehlt. Hier hilft Quantifizierung, etwa *Menschen unter 30 Jahren* und *Menschen über 30 Jahren*. Wo Sie die Grenze ziehen, bleibt Ihnen überlassen. Die Grenze offenzulassen, wäre im Hinblick auf das gemeinsame Verständnis fahrlässig. Gestehen Sie sich beim Betrachten Ihrer Inhalte ein, dass viele Aussagen für Sie selbst zwar klar definiert sein mögen. Ihre Empfänger folgen dieser Definition aber nicht unbedingt.

— **Weiche Aussagen mit Analogien oder Erklärungen veranschaulichen.** Sind Quantifizierungen nicht sinnvoll, sollten Sie Ihre Aussage anderweitig veranschaulichen. Probates Mittel sind Analogien. Hier gewinnt der Empfänger Klarheit durch Vergleich mit einem bekannten Zustand, zum Beispiel *Das Design des neuen Niederflurbusses gleicht dem früheren Modell X*. Jede Analogie erfordert, dass sie dem Empfänger bekannt ist. Können wir das voraussetzen, dann

179 Vorgehen: Kommen Sie mit pyramidalen Präsentationen auf den Punkt – in vier Schritten zum professionellen Auftritt
Empfängerorientierte Kommunikationsstrukturen entwickeln
Die Kernaussage logisch-stringent untermauern – aus eigenen Inhalten eine schlüssige Argumentation machen
Positiv oder neutral aufgenommene Aussagen mit der pyramidalen Gruppe SAUBER® konkretisieren

ist die Formulierung deutlich anschaulicher als jeder Versuch der Umschreibung des Designs mit schwammigen Worten. Die Analogie kann sich auf frühere Zustände im gleichen Bereich oder auf parallele Zustände in einem anderen Bereich beziehen. Grundsätzlich gilt: Je näher die Analogie, desto besser wird Ihr Empfänger sie aufnehmen. Auch weiche Aussagen sollten Sie möglichst spezifisch erklären. Die Formulierung *Der neue Niederflurbus hat ein sehr schönes Design* ist höchst subjektiv. Ihr Empfänger kann Ihnen glauben oder nicht. Nur ein erläuternder Einschub bietet die Chance zum unmittelbaren Verständnis, etwa *Dank seiner geraden Linien und zurückgenommenen Form hat der neue Niederflurbus ein sehr schönes Design.*

2.5 Erschöpfende Aussagen sorgen für vollständige Untermauerung der Kernaussage

Naturgemäß stellen Kernaussagen allgemeinere Aussagen in den Raum als die untermauernden Teilaussagen. Und der Empfänger prüft anhand der Teilaussagen die Richtigkeit der Kernaussage. Deshalb müssen Sie mit erschöpfenden Teilaussagen eine vollständige Untermauerung gewährleisten. Es dürfen keine „weißen Flecken" in der Argumentation bleiben.

2.5.1 Unterschiedliche Umfänge in Kernaussage und Teilaussagen erkennen

Überlegen Sie zunächst, was Sie mit Ihrer Kernaussage behaupten. Fragen Sie sich dann kritisch, ob Ihre Teilaussagen diesem Anspruch gerecht werden. Für den Abgleich empfehlen wir ein zweiseitiges Vorgehen – von oben nach unten und von unten nach oben: Decken Sie mit einem Papier die jeweils andere Ebene erst ab. Lesen Sie die Kernaussage beziehungsweise die Teilaussagen. Überlegen Sie, was Ihr Empfänger darunter beziehungsweise darüber erwarten wird. Nehmen Sie dann das Papier weg und vergleichen Sie die Erwartung mit Ihren Teilaussagen beziehungsweise Ihrer Kernaussage. Die Prüfung kann unterschiedlich anspruchsvoll ausfallen. Es hängt davon ab, wie konkret Ihre Kernaussage ist:

— Bei bedeutungsschwachen Kernaussagen sind Sie immer erschöpfend. Kernaussagen wie *Wir empfehlen diverse Marketingmaßnahmen* sind vordergründig angenehm. Sobald Sie darunter zwei Marketingmaßnahmen konkretisieren, ist die Struktur formal erschöpfend. Nur reißen Sie mit der schwammigen Kernaussage vermutlich die vorangegangene Hürde bedeutungsvoller Formulierungen.

— Bei einfach quantifizierten Kernaussagen müssen Sie nur nachzählen. Für die Kernaussage *Wir empfehlen drei Marketingmaßnahmen* ist die Prüfung relativ einfach. Zählen Sie nach, ob Ihre Struktur aus drei Maßnahmen besteht. Doch auch einfach quanitifizierte Kernaussagen sind in der Regel wenig bedeutungsvoll.

— **Bei Kernaussagen mit einem Bezug müssen Sie diesen nachvollziehen.** Nehmen wir die Kernaussage *Wir empfehlen die vier in der letzten Sitzung bereits skizzierten Maßnahmen.* In diesem Fall kommt es darauf an, was in der letzten Sitzung skizziert wurde. Das sollten Sie abgleichen.

— **Bei Kernaussagen, die sich auf Standardstrukturen berufen, müssen Sie Ihre Teilaussagen der Standardstruktur gegenüberstellen.** Die Kernaussage *Eine SWOT-Analyse der vier skizzierten Marketingmaßnahmen zeigt …* erfordert darüber hinaus, dass Ihr Empfänger die SWOT-Analyse kennt. Und Ihre Teilaussagen müssen Stärken, Schwächen, Chancen und Gefahren widerspiegeln.

— **Bei sehr bedeutungsvollen Kernaussagen wird die Prüfung zur inhaltlichen Aufgabe.** Die Kernaussage *Von allen modernen Marketinginstrumenten ist x am besten* wird Ihrem Empfänger vermutlich am meisten dienen. Sie sollten daher nach Möglichkeit genauso formulieren. Allerdings legt der umfassende Anspruch der Kernaussage die Latte sehr hoch. Sie dürfen keine Maßnahme unberücksichtigt gelassen haben, die man fairerweise als modern bezeichnen kann. Insbesondere Entscheidungen benötigen absolutistische Aussagen – so ist die Aussage *Mit Maßnahme A kann man das Problem lösen* weniger hilfreich als die Aussage *Von allen möglichen Maßnahmen ist A am besten geeignet, das Problem zu lösen.* Prüfen Sie sorgfältig, ob Sie dafür alle Aspekte berücksichtigt haben. Andernfalls wird es Ihr Empfänger tun.

2.5.2 Unterschiedliche Umfänge durch zusätzliche Teilaussagen oder Anpassung der Kernaussage beseitigen

Kernaussage und Teilaussagen können in zwei Richtungen voneinander abweichen: Ist die Kernaussage umfassender als die Teilaussagen, haben Sie häufig ein unangenehmes Problem. Gehen die Teilaussagen über die Kernaussage hinaus, haben Sie allenfalls ein Luxusproblem.

Bei nicht-erschöpfenden Teilaussagen inhaltlich nacharbeiten oder Offenbarungseid leisten

Idealerweise fehlende Inhalte ergänzen. Bleibt noch ausreichend Zeit bis zur Präsentation, sollten Sie die fehlenden Aspekte nachholen. Stellen Sie zum Beispiel fest, dass Sie eine moderne Marketingmaßnahme nicht analysiert hatten, dann sollten Sie das schleunigst tun. Erarbeiten Sie das fehlende Ergebnis, formulieren Sie es als Botschaft und ergänzen Sie Ihre Struktur um diese Teilaussage. Die Erweiterung schafft die Breite zur Untermauerung der Kernaussage. Vergessen Sie nach Einfügen der neuen Aussage nicht eine neuerliche Prüfung Ihrer Struktur anhand der SAUBER®-Kriterien.

181 Vorgehen: Kommen Sie mit pyramidalen Präsentationen auf den Punkt – in vier Schritten zum professionellen Auftritt
Empfängerorientierte Kommunikationsstrukturen entwickeln
Die Kernaussage logisch-stringent untermauern – aus eigenen Inhalten eine schlüssige Argumentation machen
Positiv oder neutral aufgenommene Aussagen mit der pyramidalen Gruppe SAUBER® konkretisieren

Zur Not die Kernaussage inhaltlich reduzieren. Können Sie die fehlenden Inhalte nicht mehr beschaffen, dann müssen Sie wohl oder übel Ihre Kernaussage auf den schmaleren Umfang fokussieren. Das macht die Präsentation zumindest in sich unangreifbar. Inhaltlich ist das nur bei der einfach quantifizierten Kernaussage kein Problem: Statt drei schreiben Sie, dass Sie zwei Maßnahmen empfehlen. Das fällt dem Empfänger vermutlich nicht auf. Doch in den meisten Fällen sorgt die Reduzierung der Kernaussage unweigerlich dafür, dass die ursprüngliche Kernfrage des Empfängers nicht mehr passgenau beantwortet wird. Sie müssen daher in irgendeiner Weise einen Offenbarungseid leisten – versuchen Sie zunächst einen kleinen:

— **Akzeptable Eingrenzungen durch relativierende Formulierungen vornehmen.** In vielen Fällen wird Ihr Ergebnis nicht grundsätzlich in Frage gestellt werden. Wir hatten bereits das Beispiel *Das Produkt wurde in USA erfolgreich getestet.* Bei dieser Formulierung könnten Sie bei kritischen Empfängern ins Straucheln geraten, wenn Sie das Produkt nicht in allen 52 Staaten der USA getestet haben. In diesem Fall hilft vielleicht der Einschub *Das Produkt wurde in USA repräsentativ erfolgreich getestet.* Vorausgesetzt die Repräsentativität der Tests lässt sich belegen, wird der Anspruch der erschöpfenden Aussage erfüllt. Andere bewährte Einschübe zur dezenten Relativierung sind Begriffe wie relevant, wichtig, primär und so weiter. Zum Beispiel *Wir haben alle relevanten modernen Marketingmaßnahmen analysiert.* In der geschäftlichen Sprache gibt es inzwischen spezielle Wörter für solche Situationen – zum Beispiel *Key Success Faktors, Haupthandlungsfelder* oder *strategische Stoßrichtungen.* Sie suggerieren eine hohe Bedeutung. Andererseits sind sie schwer greifbar im Hinblick auf die Vollständigkeit der Inhalte.

— **Inakzeptable Eingrenzungen begründen und Lösungsweg aufzeigen.** Zu große Diskrepanzen zwischen Kernaussage und Untermauerung lassen sich nicht relativieren. Sollten Sie zum Beispiel globale Marktchancen für Damenoberbekleidung vorstellen und Ihnen liegen nur Ergebnisse für Europa vor, dann bleibt nur der Offenbarungseid. Begründen Sie in diesem Fall, warum die Studie nicht im erwarteten Umfang erarbeitet werden konnte. Gehen Sie in die Offensive und stellen Sie einen Projektplan vor, wie die fehlenden Ergebnisse in einem Folgeprojekt erarbeitet werden können. Das dämpft häufig die Unzufriedenheit des Empfängers.

Bei überzähligen Teilaussagen Aspekte streichen oder die Kernaussage erweitern

Der Fall, dass Sie mehr Details erarbeitet haben als zur Beantwortung der Kernaussage erforderlich, lässt auf ineffizientes Vorgehen schließen. Für die Kommunikation hingegen ist es kein wirkliches Problem. Korrigieren Sie den Umstand:

— **Bei Ablenkungsgefahr irrelevante Teilaspekte streichen.** Haben Sie Teilaspekte erarbeitet, die über die Beantwortung der Kernfrage hinausgehen, sollten Sie diese in der Regel ersatzlos streichen, auch wenn es schwerfällt. Hat Ihr Empfänger nur nach den Marktchancen für Damenoberbekleidung in Europa gefragt, dann will er auch nur diese hören oder lesen. Hätten Sie nun auch andere Regionen analysiert, bestehen zwei Gefahren: Einerseits können die zusätzlichen Inhalte Ihren Empfänger inhaltlich verwirren, weil sie zusätzliche Komplexität schaffen, insbesondere wenn sie Widersprüche hervorrufen. Stellen wir uns zum Beispiel vor, dass die Absatzchancen für Damenoberbekleidung in Europa grundlegend abweichen vom Potenzial in anderen Kontinenten. Andererseits kann sich Ihr Empfänger fragen, warum Sie sich zum Beispiel mit Asien beschäftigt haben, obwohl der Projektauftrag nur Europa galt. Beide Faktoren lenken den Empfänger ab. Das Verständnis leidet definitiv, eventuell auch die Beziehungsebene.

— **Bei Profilierungschance die Kernaussage erweitern.** Nur wenn Sie davon ausgehen können, dass Ihre Mehrarbeit vom Empfänger positiv aufgenommen wird, dann belassen Sie die Teilaussagen unverändert und formulieren die Kernaussage um. Das ist regelmäßig der Fall bei einfach quantifizierten Kernaussagen wie *Wir empfehlen vier Marketingmaßnahmen*. Es ist einfach eine Teilaussage mehr. Der Empfänger wird es nicht merken. Auch bei vereinbarten Bezügen können Sie meist Punkte sammeln. Ergänzen Sie die Kernaussage zum Beispiel in *Wir empfehlen die vier bereits skizzierten und zwei weitere, interessante Marketingmaßnahmen*. Beim Empfänger entsteht der Eindruck, dass Sie Ihren Job gemacht haben und über den Tellerrand hinausgeblickt haben. Bei konkreteren Kernaussagen ist das Abwägen zwischen Ablenkungsgefahr und Profilierungschance schwieriger. Schätzen Sie die Chance größer ein als die Gefahr, dann nehmen Sie die zusätzlichen Teilaspekte in Ihre Kernaussage auf. Wir nehmen noch mal die Marktstudie – allerdings erwartet der Empfänger nur Aussagen zu Europa. Jetzt können Sie formulieren *Europa bietet großes Absatzpotenzial für Damenoberbekleidung – und liegt damit auf einer Linie mit Asien und Nordamerika*. Die Formulierung stellt Europa in den Vordergrund. Die beiden anderen Kontinente werden das Gesagte in der subjektiven Wahrnehmung unterstützen. Beachten Sie bei der späteren Untermauerung, dass Europa deutlich stärker vertieft werden muss, während Asien und Amerika abstrakt bleiben sollten.

2.6   Relevanzabhängige Abfolge der Aussagen unterstützt Gewichtung der Inhalte

Das letzte Kriterium ist das einfachste – und erklärt sich damit fast von allein. Ihre Aussagen sind bis hierhin in jeder Hinsicht parallel: Sie sind analog und bedeutungsvoll formuliert, sie untermauern die Kernaussage unabhängig und erschöpfend. Aber

183   Vorgehen: Kommen Sie mit pyramidalen Präsentationen auf den Punkt – in vier Schritten zum professionellen Auftritt
Empfängerorientierte Kommunikationsstrukturen entwickeln
Die Kernaussage logisch-stringent untermauern – aus eigenen Inhalten eine schlüssige Argumentation machen
Positiv oder neutral aufgenommene Aussagen mit der pyramidalen Gruppe SAUBER® konkretisieren

der Empfänger kann parallele Aussagen nicht verarbeiten. Er wird sie stattdessen wiederum sequenziell erschließen. Daher sollten Sie die Reihenfolge bewusst nutzen, um das Verständnis zu unterstreichen.

Da die Aufmerksamkeit des Empfängers schrittweise abnimmt, gehört die wichtigste Teilaussage an den Anfang. Der Empfänger kann sich darauf konzentrieren und wird nicht erst mit vermeintlich Unwichtigem abgelenkt. Sofern die Kommunikationspsychologie nichts anderes nahelegt, beginnen Sie mit dem wichtigsten Teilaspekt. Danach werden die Teilaspekte immer unwichtiger. Am Ende steht die am wenigsten wichtige Teilaussage – so wie die Reihung nach Relevanz das am wenigsten wichtige der sechs SAUBER®-Kriterien ist. Da alle Teilaussagen auf der gleichen Ebene Ihrer Kommunikationsstruktur stehen, drückt sich die Wichtigkeit zunächst in der Anordnung von links nach rechts aus. Im späteren Übertrag auf die Präsentation wird sich die Wichtigkeit an mehreren Stellen widerspiegeln. Oft ergibt sich die Reihenfolge logisch anhand von Zahlen oder dem gewählten Strukturierungskriterium. In anderen Fällen müssen Sie die Reihenfolge inhaltlich für den Empfänger definieren.

2.6.1   Logische Reihenfolgen nutzen anhand der Formulierungen

In vielen Fällen bedarf die Festlegung der Reihenfolge keiner neuerlichen inhaltlichen Interpretation. Sie ergibt sich auch für einen Dritten aus der Formulierung der Teilaussagen. Auffällig sind insbesondere Quantifizierungen, Fristen oder Folgen und Prioritäten in den Teilaussagen:

— **Quantitative Teilaussagen nach den höchsten Zahlen reihen.** Enthalten die Teilaussagen relevante Quantifizierungen, dann geben diese die Reihenfolge vor. Nehmen wir das Beispiel eines Investitionsprojektes mit folgenden Teilaussagen *600 Tausend Euro müssen in neue Galvanikanlage investiert werden*, *400 Tausend Euro müssen in bauliche Vorbereitungen der Halle investiert werden* und *200 Tausend Euro müssen in die Automatisierung der Teilezufuhr investiert werden*. Die jeweilige Investitionshöhe ist das Sortierungskriterium. Naturgemäß ist der höchste Betrag am wichtigsten.

— **Prozesse oder Fristen nach zeitlicher Folge reihen.** Bei inhaltlicher Abfolge spiegeln die Teilaussagen diese Reihenfolge wider. Das ist regelmäßig bei Prozessen der Fall. Es gilt aber auch für komplementäre Gruppen. Betrachten wir als Beispiel die erwarteten Effekte der Investition, mit den Teilaussagen *Im ersten Quartal erwarten wir bereits geringere Energiekosten*, *Ab dem zweiten Quartal erwarten wir Einsparungen bei den Chemiekosten* und *Ab dem dritten Quartal erwarten wir erste Steigerungen der Umsätze*. In diesem Fall bestimmt die zeitliche Folge die Reihung. Der zeitlich erste Effekt wird zur ersten Teilaussage. Bleiben Sie dem auch treu, wenn die Teilaussagen quantifiziert wären und die

Höhe der Effekte eine umgekehrte Reihenfolge nahelegen, also Chemiekosten und Mehrumsätze höher sind als die Energiekosten. Führen Sie sich dafür nochmals vor Augen, warum Sie sich die Frist als Gliederungskriterium ausgesucht hatten – vermutlich ja, weil der finanzielle Druck hoch ist.

— **Prioritäten nach der Wichtigkeit reihen.** Auch andere, nicht-zeitliche Strukturierungskriterien drücken bereits durch ihre Ausprägungen Prioritäten aus. Bleiben wir beim Beispiel der Investitionsentscheidung. Gliedern Sie zum Beispiel zwischen *zwingenden* und *optionalen* Teilen der Investition, wird klar, dass Sie mit den zwingenden Teilen beginnen. Andere Beispiele sind *direkt* und *indirekt*. Aus dem gleichen Grund gehören Kategorien wie *sonstige*, *begleitende* oder *andere* Teilaspekte stets ans Ende Ihrer pyramidalen Gruppe. Die Begriffe implizieren schon die Nachrangigkeit der Inhalte.

2.6.2 Individuelle Reihenfolge festlegen anhand inhaltlicher Relevanz

Lassen die Formulierungen keine Abfolge der Relevanz erkennen, sind Sie noch mal inhaltlich gefordert. Betrachten wir wieder zwei Teilaussagen, die Effekte der Investition in die Galvanikanlage umschreiben, zum Beispiel *Wir werden auf der Messe mehr Produktinnovationen vorstellen können* und *Wir werden einen aktuell abwanderungsgefährdeten Kunden halten können*. Beide Teilaussagen ließen sich in beliebiger Reihenfolge anordnen.

Nehmen Sie wieder die Sicht des Empfängers ein. Beurteilen Sie aus seiner Sicht die Relevanz der Teilaspekte. Berücksichtigen Sie seine Erwartungen und Sichtweisen möglichst umfassend. In unserem Beispiel ließen sich zwei Szenarien unterscheiden: Für den eher visionären, technologieorientierten, langfristig denkenden Empfänger sind vermutlich die Produktinnovationen wichtiger. Für eher pragmatische, ergebnisorientierte, kurzfristig denkende Empfänger sollte hingegen die Sicherung des abwanderungsgefährdeten Kunden im Vordergrund stehen.

**Der lange Weg zur empfängerorientierten Struktur:
Von Mintos MECE über GÜTE zu SAUBER®**

Die Anforderungen an schlüssige Kommunikationslogik bestanden schon immer. Erschlossen wurden sie schrittweise. Sie wurden ergänzt und konkretisiert – von der reinen Logik bis zur einfachen Wahrnehmung der inhaltlich unstrittigen Argumentation.

Mit ihrer **MECE**-Forderung legt Barbara Minto bereits in den 1970er-Jahren den Grundstein für den logischen Aufbau paralleler Aussagen: „**M**utually **e**xclu-

185   Vorgehen: Kommen Sie mit pyramidalen Präsentationen auf den Punkt – in vier Schritten zum professionellen Auftritt
Empfängerorientierte Kommunikationsstrukturen entwickeln
Die Kernaussage logisch-stringent untermauern – aus eigenen Inhalten eine schlüssige Argumentation machen
Positiv oder neutral aufgenommene Aussagen mit der pyramidalen Gruppe SAUBER® konkretisieren

sive – **c**ollectively **e**xhaustive." Die beiden Anforderungen nach einander ausschließenden und gesamtheitlich vollständigen Unterkategorien sind bis heute
die zentralen logischen Erfordernisse an die Struktur. Ohne sie lassen sich komplexe Sachverhalte nicht schlüssig gliedern.

Mit dem **GÜTE**-Siegel haben die Roland Berger Strategy Consultants in den
1990er-Jahren zwei Anforderungen ergänzt, die auf die Botschaften in der pyramidalen Struktur zielen: Diese sollen **G**leichartig und **T**reffend formuliert werden.
Sie stellen sicher, dass die Struktur nicht nur logisch schlüssig ist, sondern dass
der Empfänger sie auch ohne weitere Vertiefung verstehen kann. Die zweite und
vierte Stelle des GÜTE-Siegels ergibt sich aus Mintos Übersetzung ins Deutsche:
Überschneidungsfrei und **E**rschöpfend.

Unser **SAUBER**® konkretisiert und erweitert die Anforderungen weiter – mit
dem Ziel, das Verständnis zu erleichtern und den Bezug zu den Kommunikations-
inhalten zu stärken: Es beginnt mit dem Angebot etablierter **S**tandardstrukturen,
die bestehende Denkmuster aufgreifen. Andernfalls schützt das Maximum von
sieben spezifischen Aussagen die Aufnahmefähigkeit des Empfängers. **A**nalog
verdeutlicht über die Gleichartigkeit der parallelen Aussagen hinaus auch ihren
Bezug zur Kernaussage oben. **U**nabhängig ist allgemeiner als überschneidungsfrei und betont so die von vielen Sendern vernachlässigte inhaltliche Eigenständigkeit der Teilkategorien. Auch **B**edeutungsvoll erfordert zusätzlich zur treffenden Formulierung richtige Indikatoren, die die Argumentation inhaltlich unangreifbar machen. **E**rschöpfend bleibt unverändert. Und: **R**elevanzgereihte Aussagen signalisieren dem Empfänger die Wichtigkeit der Teilkategorien.

Negativ oder indifferent aufgenommene
Aussagen mit der pyramidalen Kette
zwingend begründen

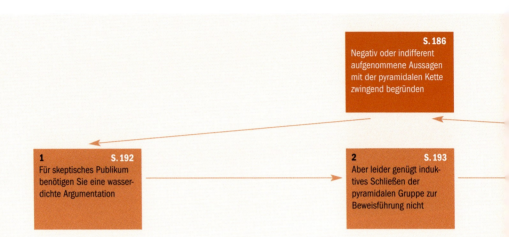

189   Vorgehen: Kommen Sie mit pyramidalen Präsentationen auf den Punkt – in vier Schritten zum professionellen Auftritt
Empfängerorientierte Kommunikationsstrukturen entwickeln
Die Kernaussage logisch-stringent untermauern – aus eigenen Inhalten eine schlüssige Argumentation machen
Negativ oder indifferent aufgenommene Aussagen mit der pyramidalen Kette zwingend begründen

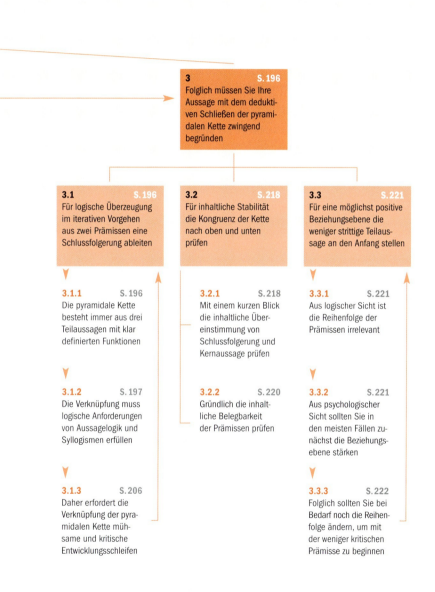

Summary

Negativ oder indifferent aufgenommene Aussagen mit der pyramidalen Kette zwingend begründen

191 Vorgehen: Kommen Sie mit pyramidalen Präsentationen auf den Punkt – in vier Schritten zum professionellen Auftritt
Empfängerorientierte Kommunikationsstrukturen entwickeln
Die Kernaussage logisch-stringent untermauern – aus eigenen Inhalten eine schlüssige Argumentation machen
Negativ oder indifferent aufgenommene Aussagen mit der pyramidalen Kette zwingend begründen

Mit der pyramidalen Kette begründen Sie Kernaussagen, die Ihr Publikum skeptisch aufnimmt oder ablehnt. Der Empfänger empfindet die Kernaussage zunächst als Behauptung. Die Kette darunter verknüpft zwei Prämissen so, dass daraus eine unstrittige Schlussfolgerung folgt. Diese dritte Aussage der Kette wiederholt inhaltlich die Kernaussage. Mit einem entscheidenden Unterschied: Der Empfänger versteht sie als logische Konsequenz der beiden vorangegangenen Prämissen. Es ist nun eine bewiesene Aussage. Sie haben den Widerstand des Publikums argumentativ überwunden.

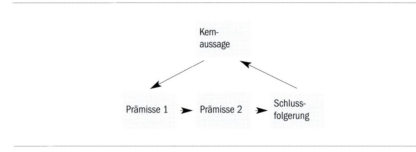

1 Für skeptisches Publikum benötigen Sie eine wasserdichte Argumentation

Hat Ihr Publikum eine negative Haltung zu Ihrer Kernaussage, so müssen Sie diesen Widerstand überwinden

Typische Beispiele sind Aufforderungen, wenn Sie ein Budget erhalten wollen oder eine Kaufentscheidung. Aber auch negative Informationen wie Projektverzögerungen oder das Scheitern einer gewünschten Lösung erfordern Beweisführung. Das Publikum nimmt die Kernaussage zwar auf. Es fehlt hingegen die Überzeugung. Das Publikum fragt nach dem *Warum*.

Faktische Möglichkeiten zur Überzeugung scheiden im geschäftlichen Umfeld meist aus

Es gibt drei faktische Möglichkeiten, den Widerstand des Publikums zu überwinden – durch hierarchische Machtposition, demokratische Mehrheit oder emotionales Gefallen. Leider sind diese drei Wege im geschäftlichen Umfeld nur in Ausnahmefällen gangbar.

Hierarchische Machtpositionen funktionieren nur von oben nach unten. Sie scheiden bei oben genannten Beispielen a priori aus, weil man Budgets in der Regel nicht bei den eigenen Mitarbeitern einholt, sondern bei Vorgesetzten. Auch gegenüber Externen werden Sie in der Regel keine Machtposition haben.

193 Vorgehen: Kommen Sie mit pyramidalen Präsentationen auf den Punkt – in vier Schritten zum professionellen Auftritt
Empfängerorientierte Kommunikationsstrukturen entwickeln
Die Kernaussage logisch-stringent untermauern – aus eigenen Inhalten eine schlüssige Argumentation machen
Negativ oder indifferent aufgenommene Aussagen mit der pyramidalen Kette zwingend begründen

Demokratische Mehrheiten spielen im geschäftlichen Umfeld eine untergeordnete Rolle. Nur wenige Entscheidungen werden demokratisch gefällt. Abgesehen davon kann auch eine demokratische Mehrheit auf Basis rationaler Überlegungen zustande gekommen sein.

Emotionales Gefallen ist für geschäftliche Überzeugung ebenfalls die Ausnahme. Wie eingangs dargestellt, fallen geschäftliche Entscheidungen überwiegend auf der Sachebene, weil Entscheider weniger persönlich betroffen sind und meist in Gremien oder organisatorischen Funktionen agieren.

Es bleibt Ihnen die logisch-schlüssige Argumentation

Bei Widerstand im geschäftlichen Umfeld bleibt nur der mühsame Weg, Ihr Publikum rational zu überzeugen. Dafür brauchen Sie Ihre guten Argumente und eine schlüssige Argumentation. Beides wird Ihr Publikum sehr genau prüfen. Auch Sie werden kritisch sein, wenn jemand Sie zu überzeugen versucht.

2 Aber leider genügt induktives Schließen der pyramidalen Gruppe zur Beweisführung nicht

Die pyramidale Gruppe verlockt dazu, mehrere parallele Argumente zur Begründung anzuführen

Viele Menschen neigen dazu, eine Aussage allein durch Beispiele zu belegen: Anstelle einer Beweisführung für einen künftigen Zustand listen sie vergleichbare Situationen auf, die zum gleichen Ergebnis geführt haben. Das reicht von eher plumpen Aussagen wie *Das war schon immer so* bis zu seriösem Benchmarking.

Diese Beispiele lassen sich als parallele Teilaussagen der pyramidalen Gruppe strukturieren: Bei der Aussage *Das war schon immer so* handelt es sich erkennbar um eine zeitliche Struktur. Man könnte zum Beispiel sagen *Im 18. Jahrhundert haben die Menschen Bücher gelesen*, *Im 19. Jahrhundert haben die Menschen Bücher gelesen* und *Im 20. Jahrhundert haben die Menschen Bücher gelesen*. Beim Benchmarking dienen zum Beispiel Wettbewerber als Strukturkriterium, etwa *Firma A verbessert mit Fernsehspots ihr Image*, *Firma B verbessert mit Fernsehspots ihr Image* und *Firma C verbessert mit Fernsehspots ihr Image*.

Erfüllen die Teilaussagen die SAUBER®-Kriterien, und dabei insbesondere die Analogie der Formulierungen und Unabhängigkeit der Beispiele, dann unterstützen die Einzelerfahrungen eine vermeintlich allgemeingültige Hypothese. Man ist geneigt zu glauben, dass Menschen grundsätzlich Bücher lesen und Fernsehspots immer das Image einer Firma verbessern.

Aber auch noch so viele parallele Aussagen beweisen deren Wahrheit als Kernaussage nicht eindeutig

Logisch ist diese Schlussfolgerung nicht zulässig. Verallgemeinernde Hypothesen genügen in keinem Fall zur zwingenden Beweisführung, weil es immer möglich ist, dass ein neues Beispiel nicht konform zur Kernaussage ist. Salopp ausgedrückt: Argumentiere nie mit Beispielen, weil immer jemand ein Gegenbeispiel findet.

Insbesondere zeitliche Strukturen legen diese Schwäche offen, wenn aus Erfahrungen der Vergangenheit für die Zukunft gefolgert wird: Fährt zum Beispiel ein Zug seit Jahren jeden Tag morgens pünktlich ab, so ist vorstellbar, dass die bis dahin sehr stabile Regel *Der Zug fährt morgens pünktlich los* eines Tages plötzlich widerlegt wird: *Heute war der Zug verspätet.* Analog möchte man aus zehn Regentagen nicht ableiten *Morgen regnet es auch.*

Aber auch zeitlich parallele Beispiele wie beim Benchmarking erlauben keine zwingende Schlussfolgerung. Selbst ein Verfahren, das bei allen Wettbewerbern positiv gewirkt hat, bietet keine Garantie für das eigene Unternehmen.

Daher ist die pyramidale Gruppe allenfalls für Indizien oder verschiedene, später noch zu begründende Aussagen einsetzbar

Mit den parallelen Teilaussagen der pyramidalen Gruppe werden Sie Ihre Kernaussage also nie zwingend belegen können. Ihr Publikum wird logisch nachvollziehbar die Gültigkeit der Beispiele für den diskutierten Einzelfall in Frage stellen. Sie werden diese Zweifel allein mit der pyramidalen Gruppe nicht eindeutig ausräumen.

Dennoch sollten Sie in zwei Fällen pyramidale Gruppen für Ihre Begründung einsetzen: Zur Not probieren Sie es mit Indizien, wenn eine wirklich zwingende Argumentation nicht möglich ist – und hoffen auf ein nachsichtiges Publikum. Im Idealfall gliedern Sie unabhängige Argumente parallel, bevor Sie sie jeweils mit einer eigenen Kette begründen. So stärken Sie Ihre Argumentation, indem Sie auf mehrere Pferde setzen.

Probieren Sie es nur dann mit Indizien, wenn zwingende Argumentation versagt

Das Publikum muss Hypothesen nicht als Beweise akzeptieren – aber es kann. Das setzt drei Dinge voraus: Die Skepsis des Empfängers ist überwiegend sachlicher und nicht emotionaler Natur. Logisch unstrittige Beweisführung ist auch aus Sicht des Empfängers extrem aufwändig. Und natürlich müssen Ihre Beispiele inhaltlich geeignet sein. Berücksichtigen Sie für einen solchen Indizienbeweis zwei Faktoren:

— Betonen Sie die SAUBER®-Kriterien Bedeutungsvoll und Erschöpfend. Tragen Sie nur Beispiele vor, die mit dem konkreten Einzelfall vergleichbar sind, also für den Empfänger bedeutungsvoll. Spricht das Publikum einzelnen Beispielen die

195 Vorgehen: Kommen Sie mit pyramidalen Präsentationen auf den Punkt – in vier Schritten zum professionellen Auftritt
Empfängerorientierte Kommunikationsstrukturen entwickeln
Die Kernaussage logisch-stringent untermauern – aus eigenen Inhalten eine schlüssige Argumentation machen
Negativ oder indifferent aufgenommene Aussagen mit der pyramidalen Kette zwingend begründen

Relevanz ab, leidet darunter meist die Glaubwürdigkeit des gesamten Indizienbeweises. Und tragen Sie nur Beispiele vor, die die Schlussfolgerung in vollem Umfang unterstützen, also für den Empfänger erschöpfend erscheinen. Erkennt das Publikum Lücken, wird es vermutlich die Schlussfolgerung offenlassen und Sie um Nacharbeit bitten.

— **Falsifizieren Sie die Gültigkeit Ihrer Beispiele.** Haben Menschen erst einmal eine Hypothese gebildet, so suchen sie meist nach der Evidenz, die die Hypothese bestätigt. Dabei ist das Gegenteil viel wichtiger: Lässt sich nämlich kein Beweis finden, der die Hypothese widerlegt, ist die Wahrscheinlichkeit größer, dass die Hypothese gilt als durch einen weiteren Beweis für die Hypothese selbst. Deshalb sollten Sie Poppers Falsifikationsprinzip der empirischen Wissenschaften nutzen: Suchen Sie aktiv nach Beispielen, die Ihre Hypothese widerlegen. Und belegen Sie, dass Sie nichts finden konnten. Wenn Sie diese Falsifikation nicht selbst vornehmen, so wird Ihr Publikum es tun.

Im Idealfall gliedern Sie unabhängige Argumente parallel, bevor Sie sie jeweils mit eigenen Ketten begründen

War der Indizienbeweis noch eine Behelfslösung, so sind unabhängige Argumente der Traum jedes Präsentators. Auch hier steht unter der Kernaussage zunächst eine pyramidale Gruppe. Doch jede Teilaussage ist ihrerseits mit einer pyramidalen Kette zwingend untermauert. Die Gruppe besteht nicht aus Indizien, sondern aus logisch belegbaren Beweisen.

Mit parallelen Beweisen setzt Ihre Argumentation auf mehrere Pferde. Sie profitieren nun von der Unabhängigkeit der einzelnen Beweise. Kann das Publikum den ersten Beweis nicht nachvollziehen, so haben Sie mit dem zweiten und dritten weitere Chancen. Grundsätzlich gilt natürlich: Je mehr Argumente Sie haben, desto wahrscheinlicher werden Sie Ihr Publikum von Ihrer Kernaussage überzeugen.

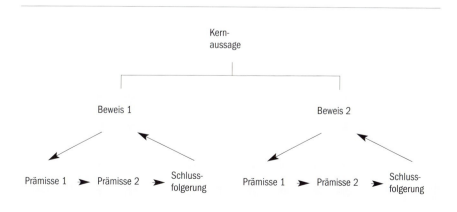

Strukturieren Sie daher mehrere Argumente, wo immer es geht, zunächst mit pyramidalen Gruppen. Achten Sie jedoch auf das SAUBER®-Kriterium der Unabhängigkeit der Argumente. Sie dürfen nicht nur ein Argument unter drei unterschiedlichen Titeln verkaufen. Das werden Sie spätestens daran erkennen, dass sich die darunterliegenden pyramidalen Ketten inhaltlich kaum unterscheiden.

3   Folglich müssen Sie Ihre Aussage mit dem deduktiven Schließen der pyramidalen Kette zwingend begründen

Ob Sie einzelne oder mehrere parallele Aussagen haben, zur Beweisführung müssen Sie diese jeweils mit einer pyramidalen Kette begründen. Dabei berücksichtigt die Kette logische, inhaltliche und emotionale Aspekte: Um logisch zu überzeugen, müssen Sie die zwei Prämissen identifizieren, die zur Schlussfolgerung führen. Für inhaltliche Unangreifbarkeit prüfen Sie, ob die Kette die Kernaussage oben bestätigt und Sie die Prämissen stichhaltig untermauern können. Für eine möglichst positive Beziehungsebene stellen Sie die „einfachere" der beiden Prämissen an den Anfang.

Der logische stringente Aufbau ist tendenziell am schwierigsten, weil es nicht auf eigene Überzeugungen, sondern anspruchsvolle Regeln ankommt. Die inhaltliche Prüfung ist zwar handwerklich einfach. Sie enttäuscht jedoch, wenn sich die für die Argumentation erforderlichen Aussagen mit den vorhandenen Ergebnissen nicht belegen lassen. Die Förderung der Beziehungsebene ist meist ebenfalls einfach, insbesondere bei solider Kenntnis des Empfängers.

Sie sollten die ersten beiden Schritte eng miteinander verzahnen: Sobald Ihr erster Entwurf einer logisch stringenten Kette vorliegt, prüfen Sie am besten die Inhalte. In der Regel wiederholt sich dieser Kreislauf mehrfach. Mit zunehmender Praxis verschmilzt beides. Die Reihenfolge der Prämissen können Sie ganz am Ende bestimmen, wenn die Prämissen logisch und inhaltlich stehen.

3.1   Für logische Überzeugung im iterativen Vorgehen aus zwei Prämissen eine Schlussfolgerung ableiten

3.1.1   Die pyramidale Kette besteht immer aus drei Teilaussagen mit klar definierten Funktionen

Eine einzelne Aussage allein taugt niemals zur Beweisführung

Sie hat keine über sich selbst hinausgehende Bedeutung. Menschen mögen die Aussage interpretieren. Aber subjektive Interpretationen sind keine logische Argumen-

197 Vorgehen: Kommen Sie mit pyramidalen Präsentationen auf den Punkt – in vier Schritten zum professionellen Auftritt
Empfängerorientierte Kommunikationsstrukturen entwickeln
Die Kernaussage logisch-stringent untermauern – aus eigenen Inhalten eine schlüssige Argumentation machen
Negativ oder indifferent aufgenommene Aussagen mit der pyramidalen Kette zwingend begründen

tation. Deshalb müssen wir zunächst davon ausgehen, dass eine Aussage nur für das steht, was sie besagt – nicht mehr und nicht weniger. Zum Beispiel ist die Aussage *Das Erdgeschoss des Hauses brennt* nur eine sachliche Zustandsbeschreibung. Sie begründet noch gar nichts.

Indem man die Aussage aber in Beziehung zu genau einer weiteren Aussage setzt, kann eine dritte, neue Aussage entstehen

Aus der Kombination von zwei Prämissen können unter bestimmten Voraussetzungen logische Konsequenzen entstehen. Ergänzen wir zum Beispiel die Aussage *Das Erdgeschoss des Hauses brennt* um die Aussage *Und ich befinde mich gerade im Obergeschoss des Hauses*. Jetzt ergibt sich die Konsequenz *Ich bin in Gefahr und sollte mich in Sicherheit bringen* – rationales Verhalten haben wir ja vorausgesetzt. Das Zusammenwirken der beiden Prämissen beweist zwingend die Schlussfolgerung.

Weitere Aussagen sollten nicht folgen: Versuchen wir, noch weitere Aussagen zu verknüpfen, entsteht beim Empfänger Interpretationsaufwand oder im schlimmsten Fall Verwirrung. Ergänzen wir im Beispiel etwa noch *Aber die Feuerwehr löscht schon fleißig*. Jetzt ist die Schlussfolgerung nicht mehr unbedingt zwingend.

Deshalb besteht die zwingende Kette stets aus drei Teilaussagen mit klar definierten Funktionen

Sie beginnt mit zwei Prämissen, die beide für sich gesehen keine über sich selbst hinausgehende Konsequenz ergeben. Sie endet mit der Schlussfolgerung, die sich aus der Verknüpfung der beiden Prämissen für den Empfänger neu und unstrittig ergibt. So ist die Kette eine Herleitung innerhalb der sonst pyramidalen Struktur.

3.1.2 Die Verknüpfung muss logische Anforderungen von Aussagelogik und Syllogismen erfüllen

Gerade bei Widerstand des Publikums muss Ihre Argumentation unumstößlich sein. Dafür dürfen Sie sich nicht allein auf eigenes logisches Verständnis verlassen. Ihnen selbst mag Ihre Argumentation absolut einleuchtend erscheinen. Bei der Interaktion mit dem Empfänger entscheidet jedoch, ob auch er Ihrer Argumentation folgt. Daher müssen Sie sich an allgemeingültige logische Regeln halten.

Logische Regeln bedingen rationales Verhalten. Und sie sind unabhängig von konkreten Inhalten. Ihre Schlüsse gelten auch bei den abwegigsten inhaltlichen Prämissen. Zwei Regeltypen sind entscheidend für die zwingende Verknüpfung der Prämissen zur Schlussfolgerung: Beim Schließen mit Implikationen definiert die Aussagelogik eindeutige Wenn-Dann-Beziehungen. Beim Schließen mit Quantoren schaffen Syllogismen Logik auch für nicht-polare, komplexere Zustände.

3.1.2.1   Für eine einfache Argumentation genügen Wenn-Dann-Beziehungen der Aussagelogik

Implikationen mittels Wenn-Dann sind die einfachste Form der Verknüpfung für pyramidale Ketten. Die Aussagelogik verknüpft zwei Prämissen mit logischen Operatoren. Eine Prämisse stellt eine konditionale Abhängigkeit zwischen zwei Kategorien her, die entweder wahr oder nicht wahr sein können, etwa *Wenn das Werbebudget erhöht wird, steigt der Umsatz*. Die zweite Prämisse beschreibt nun die Wahrheit einer der in der Implikation enthaltenen Kategorien, also entweder das Werbebudget oder den Umsatz. Beide Prämissen zusammen können nun zu einer Schlussfolgerung führen. Die Schlussfolgerung beschreibt die Wahrheit der jeweils anderen, in der Implikation enthaltenen Kategorie. Als dritte Teilaussage einer pyramidalen Kette kann die Schlussfolgerung den Beweis der Kernaussage darstellen.

Aber leider erlaubt nicht jede Implikation logisch eindeutige Schlussfolgerungen. Bei der Wenn-Dann-Beziehung als erster Prämisse kann die zweite Prämisse grundsätzlich vier unterschiedliche Zustände beschreiben. Doch nur zwei dieser Konstellationen erlauben logische zulässige Schlussfolgerungen. Die beiden anderen Fälle ergeben keine eindeutige Schlussfolgerung.

— **Nur bei Bestätigung des Vordergliedes oder Verneinung des Hintergliedes sind logisch eindeutige Schlussfolgerungen zulässig.** Nehmen wir die oben genannte Wenn-Dann-Beziehung *Wenn das Werbebudget erhöht wird, steigt der Umsatz*. Bestätigen wir in der zweiten Prämisse nun den vorderen Teil, also *Das Werbebudget wird tatsächlich erhöht*. Hier ist die logische Konsequenz leicht nachvollziehbar *Der Umsatz steigt tatsächlich*. Neben diesem Modus Ponens funktioniert auch der Umkehrschluss eindeutig, der Modus Tollens. Dabei verneinen wir den hinteren Teil, also *Der Umsatz steigt nicht*. Die logisch zulässige Schlussfolgerung ist *Das Werbebudget wurde nicht erhöht*.

— **Leider versagt das logische Schließen bei der Verneinung des Vordergliedes und der Bestätigung des Hintergliedes.** Sagen wir zum Beispiel *Das Werbebudget wird nicht erhöht*. In diesem Fall lässt sich keine eindeutige Schlussfolgerung ziehen. Der Umsatz könnte trotzdem steigen, zum Beispiel aufgrund neuer Produkte oder Ähnlichem. Das Gleiche gilt für die Bestätigung des Hintergliedes, also *Der Umsatz steigt*. Dies muss nicht zwingend auf ein erhöhtes Werbebudget zurückzuführen sein.

Folglich sind nur logisch eindeutige Implikationen für die zwingende Beweisführung in pyramidalen Ketten geeignet. Sie erfordern eine der beiden zulässigen Verknüpfungen, Modus Ponens oder Modus Tollens. Als Alternative schließt die

199 Vorgehen: Kommen Sie mit pyramidalen Präsentationen auf den Punkt – in vier Schritten zum professionellen Auftritt
Empfängerorientierte Kommunikationsstrukturen entwickeln
Die Kernaussage logisch-stringent untermauern – aus eigenen Inhalten eine schlüssige Argumentation machen
Negativ oder indifferent aufgenommene Aussagen mit der pyramidalen Kette zwingend begründen

Äquivalenzrelation Interpretationsräume mit der Beziehung *Nur wenn-dann*. Sie stellt ein symmetrisches Verhältnis zwischen beiden Kategorien her. Nur und nur dann, wenn das Werbebudget erhöht wird, steigt auch der Umsatz. Die Äuqivalenzrelation schließt alle Fälle aus, in denen der Umsatz aus anderen Gründen als einem erhöhten Werbebudget steigt. Das macht die Äquivalenzrelation logisch sehr einfach. Inhaltlich ist sie jedoch meist schwieriger zu untermauern.

3.1.2.2 Für anspruchsvollere Argumentationen fordern Syllogismen das logische Denken heraus

Wenn-Dann-Beziehungen bestechen durch ihre Einfachheit: Sie umfassen nur die beiden in der Wenn-Dann-Verknüpfung beschriebenen Kategorien. Und sie kennen für jede Aussage nur zwei Zustände: wahr oder falsch. Geschäftliche Kommunikation hingegen ist oft komplexer. Es gibt vielschichtigere Zusammenhänge, nicht nur schwarz und weiß, sondern viele Grautöne. Daher muss eine zwingende Schlussfolgerung unterschiedliche Beziehungen zwischen den Prämissen berücksichtigen.

Hierzu dienen Syllogismen. Sie sind Grundlage der auf Aristoteles zurückgehenden antiken Logik. Auch Syllogismen verbinden zwei Prämissen zu einer Schlussfolgerung. Doch sie erlauben eine zusätzliche Komplexität in der Argumentation. In zwei Bereichen: Die Erweiterung um eine dritte Kategorie ist meist noch intuitiv nachvollziehbar. Hingegen ist die oft notwendige Erweiterung um vier Quantoren in den Aussagen höchst anspruchsvoll und fehleranfällig.

Die Erweiterung um eine dritte Kategorie ist meist noch intuitiv nachvollziehbar

Syllogismen umfassen nicht nur zwei, sondern drei Kategorien. Dafür beschreiben sowohl die beiden Prämissen als auch die Schlussfolgerung jeweils zwei Kategorien. Nehmen wir ein Beispiel:

Alle Auslandslieferungen sind verspätet.
Alle Verspätungen führen zu Regressforderungen der Kunden.
Deshalb führen alle Auslandslieferungen zu Regressforderungen der Kunden.

In diesem Beispiel ist der Schluss logisch zulässig und für den Empfänger einfach nachvollziehbar. Die beiden Kategorien der Schlussfolgerung, hier *Auslandslieferungen* und *Regressforderungen*, kommen jeweils nur in einer Prämisse vor. Es sind die Randterme der Prämissen. Die dritte Kategorie, die *Verspätungen*, spielt in der Schlussfolgerung keine Rolle mehr. Als Mittelterm hat sie die logische Verknüpfung hergestellt. Und als solche waren die Verspätungen entscheidend für das Verständnis. Kaum jemand hätte sonst von Auslandslieferungen unmittelbar auf Regressforderungen der Kunden geschlossen.

Die Erweiterung um vier Quantoren in den Aussagen ist höchst anspruchsvoll und fehleranfällig

Syllogismen lassen mit vier Quantoren reale Differenzierungen abbilden

Das Beispiel mit den Auslandslieferungen, die Regressforderungen nach sich zogen, war leicht nachvollziehbar. Doch die enthaltenen Vereinfachungen sind in der Realität kaum anzutreffen. Es ist kaum vorstellbar, dass wirklich alle Lieferungen verspätet sind. Wahrscheinlich führt auch nicht jede Verspätung zu einer Regressforderung des Kunden. Die Realität ist meist differenzierter.

Sylogismen bieten vier Quantoren an, die die Aussage quantitativ und qualitativ eindeutig machen. Die Quantität beschreibt, ob die Aussage allgemein, also universell, oder nur partikulär gilt. Die Qualität beschreibt, ob die Aussage bejaht oder verneint wird.

	Universell gültig		Partikulär gültig	
Bejahend	Alle Auslandslieferungen sind verspätet	A	Einige Auslandslieferungen sind verspätet	I
Verneinend	Keine Auslandslieferung ist verspätet	E	Einige Auslandslieferungen sind nicht verspätet	O

Zwischen den vier Quantoren bestehen wiederum vier typische Zusammenhänge:

Beim kontradiktorischen Gegensatz können beide Aussagen weder gleichzeitig wahr noch gleichzeitig falsch sein. Sie müssen unterschiedliche Wahrheitswerte haben. Eine Aussage ist die Negation der anderen und umgekehrt. Dies betrifft universell bejahende und partikulär verneinende Aussagen sowie universell verneinende und partikulär bejahende Aussagen. Sind alle Auslandslieferungen verspätet, können nicht einige Auslandslieferungen nicht verspätet sein. Ist keine Auslandslieferung verspätet, können nicht einige Auslandslieferungen doch verspätet sein.

Beim konträren Gegensatz können Aussagen nicht gleichzeitig wahr, wohl aber gleichzeitig falsch sein können. Dies ist bei universell bejahenden und universell verneinenden Aussagen der Fall. Sind alle Auslandslieferungen verspätet, so kann nicht keine Auslandslieferung verspätet sein. Es könnten jedoch weder alle verspätet noch keine nicht verspätet sein.

201 Vorgehen: Kommen Sie mit pyramidalen Präsentationen auf den Punkt – in vier Schritten zum professionellen Auftritt
Empfängerorientierte Kommunikationsstrukturen entwickeln
Die Kernaussage logisch-stringent untermauern – aus eigenen Inhalten eine schlüssige Argumentation machen
Negativ oder indifferent aufgenommene Aussagen mit der pyramidalen Kette zwingend begründen

Beim subkonträren Gegensatz können beide Aussagen nicht gleichzeitig falsch, wohl aber gleichzeitig wahr sein. Dies ist bei partikulär bejahenden und partikular verneinenden Aussagen der Fall. Wenn nicht einige Auslandslieferungen verspätet sind, dann können nicht gleichzeitig auch einige Auslandslieferungen nicht verspätet sein. Es können jedoch einige Auslandslieferungen verspätet und einige Auslandslieferungen nicht verspätet sein.

Bei der Subalternation folgt eine Aussage liegt einer anderen. So schließt sowohl die universell bejahende Aussage die parikulär bejahende Aussage ein, wie auch die universell verneinende Aussage die partikulär verneinende Aussage einschließt. Sind alle Auslandslieferungen verspätet, dann ist auch die Teilmenge, nämlich einige Auslandslieferungen, verspätet. Ist keine Auslandslieferung verspätet, dann ist auch die Teilmenge, nämlich einige Auslandslieferungen, nicht verspätet.

Aber die wenigen zulässigen Schlüsse sind bei der Vielzahl logisch möglicher Syllogismen nur schwer zu erkennen

Rechnerisch denkbar für eine vorgegebene Schlussfolgerung sind insgesamt 256 logische Kombinationen. 64 Kombinationen ergeben sich daraus, dass jede der drei Aussagen vier Quantoren enthalten kann: also vier mal vier mal vier. Eine weitere Multiplikation mit vier ist notwendig, weil Rand- und Mittelterme in den beiden Prämissen vier grundlegende Figuren annehmen können.

	Prämisse 1	Prämisse 2	Schluss-folgerung
Figur 1	A – C	B – A	B – C
Figur 2	C – A	B – A	B – C
Figur 3	A – C	A – B	B – C
Figur 4	C – A	A – B	B – C

Logisch schlüssig sind jedoch nur 24 dieser Kombinationen. Die übrigen 232 Kombinationen führen zu fehlerhaften Schlussfolgerungen.

— Unterschiedliche Möglichkeiten der einzelnen Quantoren erhöhen die logische Komplexität. Fünf logische Beziehungen können zwischen zwei Kategorien A und B bestehen. Wir hatten sie beim SAUBER®-Kriterium der Unabhängigkeit von Teilaussagen behandelt: Die Kategorien können identisch sein. Oder sie überlappen einander. Oder sie schließen einander aus – im Sinne der bei den SAUBER®-

Kriterien beschriebenen Überschneidungsfreiheit. Zwei weitere Möglichkeiten ergeben sich daraus, dass die eine Kategorie in der anderen enthalten ist oder umgekehrt. Diese logischen Beziehungen hatten wir auf Seite 161 visualisiert.

Jeder Quantor beschreibt zwischen einer und vier dieser logischen Beziehungen.

	Quantor	Logische Beziehungen
A	**Universell bejahend:** Alle A sind B (2 Beziehungen)	
I	**Partikulär bejahend:** Einige A sind B (4 Beziehungen)	
E	**Universell verneinend:** Kein A ist B (1 Beziehung)	
O	**Partikulär verneinend:** Einige A sind keine B (3 Beziehungen)	

— **Doch eine Schlussfolgerung ist nur zulässig, wenn alle Kombinationen von Beziehungen in den Prämissen mit allen Kombinationen in der Schlussfolgerung vereinbar sind.** Diesen Abgleich visualisieren Eulersche Kreise. Belegen wir die Zulässigkeit eines Syllogismus:

Kein Revisor ist Vorstandsmitglied.
Alle Revisoren sind Juristen.
Daher sind einige Juristen keine Vorstandsmitglieder.

Vereinfachen wir die Aussgen zunächst für die Eulerschen Kreise.

Kein A ist B.
Alle A sind C.
Daher: Einige C sind keine B.

Nun bestimmen wir einzeln, welche logischen Beziehungen zwischen den Termen der Prämissen bestehen können. Die erste Prämisse *Kein A ist B* lässt nur zu, dass sich beide ausschließen. Für die zweite Prämisse *Alle A sind C* gibt es hingegen zwei logische Beziehungen: Sie können redundant sein oder A ist eine Teilmenge von C. Jetzt müssen wir sämtliche möglichen logischen Beziehungen zwischen

203 Vorgehen: Kommen Sie mit pyramidalen Präsentationen auf den Punkt – in vier Schritten zum professionellen Auftritt
Empfängerorientierte Kommunikationsstrukturen entwickeln
Die Kernaussage logisch-stringent untermauern – aus eigenen Inhalten eine schlüssige Argumentation machen
Negativ oder indifferent aufgenommene Aussagen mit der pyramidalen Kette zwingend begründen

den beiden Prämissen ausarbeiten. Wenn sich nun A und B ausschließen, aber A und C redundant sind, dann können sich auch B und C nur ausschließen, weil kein Jurist Vorstandsmitglied ist und umgekehrt kein Vorstandsmitglied Jurist. Wenn sich A und C ausschließen, aber A eine Teilmenge von C ist, dann können drei logische Beziehungen bestehen: B und C überlappen einander, weil Juristen auch Vorstandsmitglieder sein können und umgekehrt. B ist eine Teilmenge von C, weil alle Vorstandsmitglieder Juristen, aber nicht alle Juristen Vorstandsmitglieder sind. Oder sie schließen sich – wie oben – aus. Alle vier Kombinationen stimmen mit den drei logischen Beziehungen der Schlussfolgerung überein. Die Zulässigkeit des Syllogismus ist damit bewiesen.

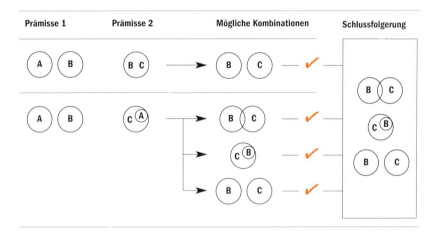

Das Beispiel ist einfach. Je eine Prämisse ist universell bejahend und universell verneinend. Somit gibt es jeweils nur zwei oder gar eine logische Beziehung. Die Eulerschen Kreise zeigen, dass selbst die Kombination dieser Prämissen vier Möglichkeiten zulässt. Quantoren mit mehreren logischen Beziehungen erhöhen den Aufwand des Abgleichens. Und: Ein einziger logischer Konflikt genügt, um die Gültigkeit einer Schlussfolgerung zu widerlegen. Betrachten wir ein komplexeres Beispiel.

Einige Forderungen sind nicht abgetreten.
Keine abgetretene Forderung besteht bei ausfallgefährdeten Kunden.
Daher bestehen bei einigen ausfallgefährdeten Kunden keine Forderungen …?

Immer noch einfach? Auch hier vereinfachen wir zunächst die Formulierungen.

Einige A sind keine B.
Kein B ist C.
Daher: Einige C sind keine A.

Jetzt erlaubt die erste Prämisse drei logische Beziehungen. Bei der zweiten ist es nur eine. Die Kombination ergibt elf logische Beziehungen. Neun bestätigen den Syllogismus, zwei widerlegen ihn. Der Syllogismus ist somit nicht zulässig.

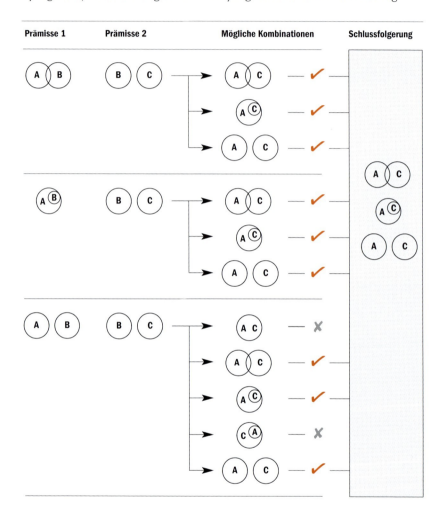

— So wird nachvollziehbar, dass ein Großteil der möglichen Syllogismen aufgrund eines oder mehrerer logischer Konflikte versagt. Im Gegensatz verbleiben nur 24 Syllogismen, die logisch eindeutige Schlüsse zulassen. Diese stellen wir Ihnen in der Bibliothek vor – ab Seite 211.

Folglich ist die Prüfung von Syllogismen sehr schwierig. Die Herausforderung liegt insbesondere in den uneinheitlichen Fällen: Mehrere Kombinationen sind mit den logischen Möglichkeiten der Schlussfolgerung vereinbar. Sie unterstützen diese mithin. Gleichzeitig bestehen einige wenige Kombinationen, die unvereinbar sind

205 Vorgehen: Kommen Sie mit pyramidalen Präsentationen auf den Punkt – in vier Schritten zum professionellen Auftritt
Empfängerorientierte Kommunikationsstrukturen entwickeln
Die Kernaussage logisch-stringent untermauern – aus eigenen Inhalten eine schlüssige Argumentation machen
Negativ oder indifferent aufgenommene Aussagen mit der pyramidalen Kette zwingend begründen

und die die Schlussfolgerung schlussendlich widerlegen. Diese zu erkennen erfordert vernetztes Denken und Konzentration. Zwei Wege stehen offen:

— **Konkret lässt sich die Gültigkeit einer Schlussfolgerung mit Hilfe Eulerscher Kreise prüfen.** Die an der Mengenlehre orientierte Darstellung hatten wir oben im Beispiel verwendet, mit sehr einfachen Beispielen. Man kann sich vorstellen, wie komplex die logische Prüfung wird, wenn die Prämissen mehr als nur eine oder zwei logische Beziehungen zulassen. Folglich ist die Prüfung mit Eulerschen Kreisen nur mit Papier, Bleistift und hoher Konzentration möglich.
— **Abstrakt lässt sich die Gültigkeit von Syllogismen anhand logischer Regeln prüfen.** Diese Regeln gelten für alle zulässigen Syllogismen. Mit ihnen können aber nur grundlegende Irrtümer erkannt werden, die viele Menschen vermutlich ohenhin aufdecken. Es gelten fünf Regeln:

1.	Für eine gültige Schlussfolgerung muss immer mindestens eine Prämisse bejahend sein – allein aus Verneinungen lässt sich nichts ableiten
2.	Für eine gültige Schlussfolgerung muss mindestens eine Prämisse universell gelten
3.	Aus zwei bejahenden Prämissen kann auch nur eine bejahende Schlussfolgerung entstehen
4.	Ist auch nur eine der beiden Prämissen verneinend, so kann auch die Schlussfolgerung nur verneinend sein
5.	Ist auch nur eine der beiden Prämissen partikulär formuliert, so kann auch die Schlussfolgerung nur partikulär gelten

Im Ergebnis sind Syllogismen für den Menschen tendenziell sehr fehleranfällig

Die logische Komplexität ist nur schwer zu durchdringen. Unsere Beispiele waren sehr einfache Sätze mit geringem inhaltlichen Anspruch. Zudem haben wir sie visualisiert. Die Psychologie beschäftigt sich umfassend mit dem logischen Denken und seinen Fehlern. Psychologen erkennen drei typische Fehlerbilder im Umgang mit Syllogismen.

Die Fehleranfälligkeit steigt, je mehr Grautöne, also partikuläre Quantoren, vorkommen. Hier stoßen unsere Denkfähigkeiten offensichtlich an ihre Grenzen. Partikuläre Quantoren erlauben drei oder gar vier logische Möglichkeiten. Werden diese auch noch miteinander kombiniert, wird die Prüfung für das Hirn sehr umfangreich.

Die Fehleranfälligkeit steigt, je weniger Hintergrundwissen vorliegt. Neben der logischen Verknüpfung binden auch die Inhalte mentale Ressourcen. Bei neuen, fremden Inhalten wird die Fähigkeit des Empfängers logisch zu denken, weiter eingeschränkt.

Die Fehleranfälligkeit steigt, wenn die Schlussfolgerungen mit den persönlichen Überzeugungen des Menschen übereinstimmen. Hier überlagert die Psychologie den Verstand. Aussagen, die uns gefallen, werden nachweislich weniger kritisch hinterfragt – unabhängig von ihrer logischen Richtigkeit.

3.1.3   Daher erfordert die Verknüpfung der pyramidalen Kette mühsame und kritische Entwicklungsschleifen

Die dritte Teilaussage Ihrer pyramidalen Kette entspricht inhaltlich der Kernaussage. Denn was Sie in der Kernaussage behaupten, genau das müssen Sie mit der Schlussfolgerung auch beweisen, nicht mehr und nicht weniger.

Wir gehen weiterhin davon aus, dass sich Ihre Kernaussage aus solider inhaltlicher Erarbeitung gegeben hat. Sie haben mithin gute Argumente dafür und müssen diese jetzt schlüssig kommunizieren. Steht das Ergebnis also fest, fehlen Ihnen „nur" noch die beiden Prämissen. In der Mathematik ergibt sich das Ergebnis von drei zum Beispiel aus der Addition von eins und zwei. Für die Aussagelogik müssen Sie analog zwei Teilaussagen verknüpfen, so dass sich die Schlussfolgerung ergibt.

Alternativ können Sie auch mit den beiden Prämissen beginnen – und dann sehen, was am Ende herauskommt. Doch dieses ergebnisoffene Vorgehen kann von der vorab definierten Kernaussage abweichen. Es bietet sich dann an, wenn Ihre Ergebnisse noch so unklar sind, dass eine klare Positionierung nicht möglich ist. Mit zunehmender Praxis können und sollten Sie beide Wege miteinander kombinieren. Sie werden alle drei Aussagen so lange bearbeiten und logisch feinschleifen, bis eine schlüssige Verknüpfung entstanden ist.

In der folgenden Anleitung unterstellen wir die Untermauerung einer gegebenen Kernaussage. Sie müssen die beiden Prämissen als zwei Sätze formulieren. Beschränken Sie sich auf das Wesentliche. Vernachlässigen Sie Kleinigkeiten. Bei Zweifeln beruhigen Sie sich damit, dass Sie noch im Entwurfsstadium sind. Sie werden Ihre Formulierungen vermutlich noch mehrfach ändern, bevor Sie sie auf die Präsentationsfolien übertragen. Trennen Sie Logik und Inhalt zunächst. Machen Sie sich bewusst, dass eine logisch stringente Argumentation inhaltlich völlig blödsinnig sein kann. Die Prämissen *Alle Elefanten sind Lebewesen* und *Alle Lebewesen können fliegen* führen logisch einwandfrei zur Schlussfolgerung *Daher können alle Elefanten fliegen.* Man wird später Schwierigkeiten haben, die zweite Prämisse inhaltlich zu belegen. Ihre Themen werden weniger absurd sein. Dennoch sollten auch Sie die Inhalte zunächst bewusst zurückstellen. Dazu kommen wir später. Für logisch stringente Ketten dürfen Sie durchaus noch hypothetische Aussagen formulieren, die Sie in einer tieferen Strukturebene wiederum begründet werden.

207   Vorgehen: Kommen Sie mit pyramidalen Präsentationen auf den Punkt – in vier Schritten zum professionellen Auftritt
Empfängerorientierte Kommunikationsstrukturen entwickeln
Die Kernaussage logisch-stringent untermauern – aus eigenen Inhalten eine schlüssige Argumentation machen
Negativ oder indifferent aufgenommene Aussagen mit der pyramidalen Kette zwingend begründen

Drei Dinge sind zu tun: Zunächst entwerfen Sie in Ihren Prämissen den notwendigen logischen Bezug. Dann werten Sie die beiden Prämissen inhaltlich auf. Abschließend prüfen Sie die Stringenz der Argumentation und vermeiden logische Fallen. Mit zunehmender Praxis werden die drei Schritte ineinander übergehen – für den Anfang hilft sequenzielles Abarbeiten.

3.1.3.1   Zunächst entwerfen Sie in Ihren Prämissen den notwendigen logischen Bezug

Zwei voneinander unabhängige Aussagen führen zu keiner relevanten Schlussfolgerung. Versuchen wir zum Beispiel, folgende Aussagen zu verknüpfen *Unsere Umsätze sind rückläufig* und *Der Wettbewerber hat ein neues attraktives Produkt auf den Markt gebracht.* So ergibt sich daraus keine deduktive Konsequenz. Allenfalls als induktive Indizien könnte man ableiten, dass es gerade nicht gut aussieht für das Unternehmen.

Die deduktive Kette hingegen braucht einen klaren Bezug der Prämissen, damit sich daraus eine neue Erkenntnis ergeben kann. Hierfür können die Prämissen wiederum in drei Beziehungen zueinander stehen: Eine Prämisse kann Teilmenge der anderen Prämisse sein. Beide Prämissen können eine gemeinsame Schnittmenge haben. Oder beide Prämissen tangieren einander. Die bei der pyramidalen Gruppe wichtigen disjunkten Teilaussagen jedoch sind für die Kette unbrauchbar.

Folglich müssen wir zunächst ein Pärchen von zwei Aussagen mit einem gemeinsamen Bezug entwerfen. Dafür stehen wiederum drei Wege offen, die logisch immer anspruchsvoller werden.

Wenn es ausreicht: Implikationen mit Wenn-Dann-Beziehungen nutzen

Wie oben bereits ausgeführt sind Wenn-Dann-Beziehungen logisch sehr einfach. Und einfache Argumentation ist immer vorteilhaft. Deshalb sind etablierte Wenn-Dann-Beziehungen wo möglich erste Wahl.

Wenn wir den Lieferanten wechseln, steigen die Einkaufskosten.
Wir müssen den Lieferanten wechseln.
Die Einkaufskosten werden steigen.

Zuerst entwickeln Sie die Urform der Implikation. Sie formulieren eine eindeutige Abhängigkeit von zwei Zuständen. Die Abhängigkeit muss entweder allgemein akzeptiert sein, oder Sie müssen sie später belegen können. In der zweiten Prämisse kommentieren Sie einen der beiden Zustände. Damit stellen Sie den Bezug zwischen beiden Prämissen her.

Wenn es funktioniert: Bestehende Aussagenpärchen eindeutig gegenüberstellen

Können Sie auf keine Wenn-Dann-Beziehung aufbauen, versuchen Sie es danach mit einer Gegenüberstellung von zwei Aussagen. Dabei beleuchten Sie einen Zustand aus zwei unterschiedlichen Perspektiven – mit eindeutiger Bewertung.

Aus Vertriebssicht ist eine Verlängerung der Haltbarkeit der Produkte sinnvoll. Aber aus Produktionssicht ist eine Verlängerung der Haltbarkeit nicht möglich. Die Haltbarkeit wird nicht verlängert.

Gehen Sie in zwei Schritten vor:

Identifizieren Sie ein inhaltlich geeignetes Pärchen horizontal oder vertikal verbundener Aussagen

Formulieren Sie den gemeinsamen Bezug in beide Aussagen hinein. Im Beispiel war das die Verlängerung der Haltbarkeit. Meist müssen Sie den gemeinsamen Bezug in der ersten Aussage ausformulieren, in der zweiten Prämisse lässt sich der Bezug abkürzen, etwa *Aber aus Produktionssicht ist das nicht möglich.*

— Horizontal verbundene Aussagenpaare betrachten ein Thema auf Augenhöhe. Die beiden Kategorien im Beispiel *Vertrieb* und *Produktion* lassen sich nicht hierarchisch ordnen. Von dieser Art gibt es zahlreiche logische Aussagenpaare, etwa *Vergangenheit* und *Zukunft, Positiv* und *Negativ, Inland* und *Ausland.* Hinzu kommen unzählige branchen- oder organisationsspezifische Strukturen, zum Beispiel *Im Personenverkehr* und *Im Güterverkehr.* Lassen Sie sich für weitere Beispiele auch inspirieren von unserer Bibliothek der Standardstrukturen ab Seite 149. Vor allem die zweigliedrigen Standards eignen sich häufig für Verkettungen.
— Bei untergeordneten Aussagenpaaren ist eine Kategorie Teilmenge der anderen. Einem grundsätzlichen Zustand stellen Sie einen spezifischen gegenüber.

Grundsätzlich ist das neue Vergütungssystem für das Unternehmen sehr sinnvoll. Aber spezifisch bei den Vertriebsmitarbeitern funktioniert es nicht. Daher sollten wir die Vertriebsmitarbeiter aus dem neuen Vergütungssystem herausnehmen.

Hier stellen Sie dem Gesamtunternehmen eine einzelne Unternehmensfunktion gegenüber. Weitere Beispiele sind *Markt* und *einzelner Anbieter, Weltmarkt* und *europäischer Markt, Unternehmen* und *einzelne Abteilung, Team* und *einzelner Mitarbeiter, Gesamtsortiment* und *einzelnes Produkt, Anlage* und *einzelne Komponente* und viele andere mehr.

209 Vorgehen: Kommen Sie mit pyramidalen Präsentationen auf den Punkt – in vier Schritten zum professionellen Auftritt
Empfängerorientierte Kommunikationsstrukturen entwickeln
Die Kernaussage logisch-stringent untermauern – aus eigenen Inhalten eine schlüssige Argumentation machen
Negativ oder indifferent aufgenommene Aussagen mit der pyramidalen Kette zwingend begründen

Stellen Sie die Beziehung der beiden Aussagen klar

Die beiden vorangegangenen Beispiele waren einfach, weil eine der Aussagen etwas kategorisch ausgeschlossen hat. Die Haltbarkeit zu verlängern war aus Produktionssicht nicht möglich. Und das neue Vergütungssystem funktionierte nicht bei den Vertriebsmitarbeitern. In vielen Fällen sind kategorische Aussagen aber nicht möglich.

Das neue IT-System bietet Chancen für die Gewinnung von Neukunden.
Aber das neue IT-System birgt auch Gefahren für die Betreuung von Altkunden.

Bei dieser Gegenüberstellung ist eine eindeutige Schlussfolgerung nicht möglich. Es besteht keine eindeutige Prioriät zwischen Neukunden und Altkunden. Daher müssen Sie die Beziehung der beiden Sichtweisen in der Formulierung klären. Partielle Widersprüche sind schwieriger, kategorische Beziehungen deutlich einfacher:

— **Für partiell widersprüchliche Gegenüberstellungen formulieren Sie, was wichtiger ist.** Ändern wir im Beispiel die zweite Prämisse etwa in *Aber dem stehen noch viel größere Risiken für die Bestandskundenbetreuung gegenüber.* Jetzt wäre eine Schlussfolgerung zulässig, auf das neue IT-System besser zu verzichten. Für Ihre Formulierung bieten sich verschiedene Formen an: Verwenden Sie Verben wie *überwiegen, überkompensieren,* oder *ins Gegenteil verkehren,* zum Beispiel *Aber die Risiken des neuen IT-Systems überwiegen diese Vorteile.* Oder Sie formulieren *ist wichtiger* oder *ist für uns entscheidender,* zum Beispiel *Aber die Risiken des neuen IT-Systems sind für uns wichtiger.*
— **Bei kategorischen Aussagen ist die Schlussfolgerung klar.** Die Beispiele haben bewiesen, kategorische Gegensätze bedürfen keiner Klärung mehr. Verlängerung der Haltbarkeit und neues Vergütungssystem für Vertriebsmitarbeiter scheiterten zwingend. Umgekehrt gilt das auch für den positiven Fall, die inhaltliche Übereinstimmung beider Blickrichtungen. Drehen wir das Beispiel, so greifen beide Prämissen harmonisch ineinander und führen zu einer klaren Schlussfolgerung.

Das neue IT-System bietet Chancen für die Gewinnung von Neukunden.
Und auch die Bestandskunden lassen sich damit besser als bisher betreuen.
Das neue IT-System macht unseren Vertrieb leistungsfähiger.

Wenn es sein muss: Die logische Verknüpfung zwischen zwei Aussagen herausarbeiten

Die beiden vorangegangenen Vorgehensweisen waren relativ einfach, weil der Bezug zwischen beiden Prämissen gegeben war. Finden Sie jedoch weder geeignete Wenn-Dann-Beziehungen noch Aussagenpärchen, bleibt nur die Königsdisziplin: Sie müssen den Mittelterm eines kategorischen Syllogismus erkennen. Der Mittelterm ist der logische Zwischenschritt auf dem Weg zur Schlussfolgerung. Starten wir wieder mit einer zwingenden Kette.

Firma Müller will die Kundenzufriedenheit verbessern.
Hohe Kundenzufriedenheit hängt stark von einer breiten Produktpalette ab.
Firma Müller braucht eine breite Produktpalette.

In diesem Fall ist die Erhöhung der Kundenzufriedenheit Mittelterm des Syllogismus. Diesen Mitteltherm zu finden, zählt zu den anspruchsvollsten Aufgaben der Präsentationsstrukturierung. Sie beansprucht gleichzeitig inhaltliche Expertise, rasche Auffassungsgabe und Kreativitiät. Ihre Expertise ist das Fundament zur Auseinandersetzung mit dem betreffenden Thema. Ihre Auffassungsgabe lässt Sie Zusammenhänge zwischen den einzelnen Aspekten erkennen. Ihre Kreativität bringt auch ungeahnte Verbindungen ans Tageslicht.

Zerlegen Sie zuerst die Schlussfolgerung

Im Syllogismus kommen die beiden wesentlichen Elemente der Schlussfolgerung bereits in den Prämissen vor. Sie sind die sogenannten Randterme. Indem Sie die zu beweisende Schlussfolgerung aufteilen, schaffen Sie sich ein Grundgerüst für die Prämissen. Verwenden Sie zum Beispiel das Subjekt der Schlussfolgerung in der ersten Prämisse und die Kombination von Verb und Objekt in der zweiten. Im Beispiel sind das einerseits *Firma Müller* und andererseits *breite Produktpalette brauchen*. Notieren Sie beides als Fragmente.

… Firma Müller …
… breite Produktpalette brauchen …
Firma Müller braucht eine breite Produktpalette.

Nun suchen Sie die fehlende Verbindung

Der Mittelterm ist die logische Verknüpfung zwischen beiden Prämissen. Überlegen Sie sich also, welches inhaltliche Glied zur Verbindung der beiden Randterme fehlt. Ein Patentrezept für die Suche gibt es nicht: Sie hängt zu stark von den jeweiligen Inhalten ab. Im Idealfall haben Sie die Verknüpfung bereits bei Ihrer vorangegangenen inhaltlichen Arbeit lokalisiert. Wenn nicht, haben wir drei Tipps:

— **Manchmal entfalten Kleinigkeiten die logisch entscheidende Wirkung.** Sie müssen eventuell die Stecknadel im Heuhaufen finden. Trotzdem hilft zunächst Abstraktion. Formulieren Sie erst eine pauschale Aussage, zum Beispiel könnte

211 Vorgehen: Kommen Sie mit pyramidalen Präsentationen auf den Punkt – in vier Schritten zum professionellen Auftritt
Empfängerorientierte Kommunikationsstrukturen entwickeln
Die Kernaussage logisch-stringent untermauern – aus eigenen Inhalten eine schlüssige Argumentation machen
Negativ oder indifferent aufgenommene Aussagen mit der pyramidalen Kette zwingend begründen

man sagen *Ich arbeite gerade an einer neuen Strategie für die Firma Müller*. Dann konkretisieren Sie schrittweise den schwammigen Begriff der Strategie, in diesem Fall die Steigerung der Kundenzufriedenheit.

— **Unterstützen Sie Ihre Suche eventuell durch eine logische Struktur.** Bewährt hat sich etwa die SWOT-Analyse. Sie umfasst mit Stärken, Schwächen, Chancen und Risiken ein breites Spektrum potenziell relevanter Aspekte. Im geschäftlichen Umfeld sollten Sie auch an Unternehmensziele, wichtige Kennzahlen oder allgemeine Erfolgsfaktoren denken. Die gedankliche Beschäftigung mit derlei Faktoren führt Sie vielleicht zum entscheidenden Punkt.

— **Passen Sie die Prämissen an, sobald Sie logische Zwischenschritte erkennen.** Häufig werden Sie feststellen, dass ein einzelnes Glied zur Verknüpfung der Prämissen nicht ausreicht. Es gibt mehrere Zwischenschritte. Stellen wir uns vor, wir müssten die Kernaussage untermauern *Firma Müller sollte die Produkte x und y einführen*. Das wird mit einer Kette nicht möglich sein. Formulieren Sie jetzt die erste Prämisse um, schreiben Sie einfach *Firma Müller sollte die Produktvielfalt steigern*. Damit machen Sie unsere bisherige Schlussfolgerung zur Prämisse einer neuen Kette. Sie haben einen Zwischenschritt integriert. Jetzt müssen Sie zwei Ketten verbinden: Das bisherige Beispiel begründet nun die eine Prämisse. Für die andere Prämisse müssen Sie das fehlende Glied noch finden, beispielsweise attraktive Wirtschaftlichkeitsberechnungen für die Produkte x und y. Den Aufbau solcher mehrstufigen Ketten werden wir zum Überwinden gedanklicher Hürden bei der weiteren Vertiefung Ihrer Struktur genauer erläutern.

Bibliothek

Bibliothek der Syllogismen:
Orientieren Sie sich für zwingende Ketten an den 24 logisch zulässigen Syllogismen

Von 256 möglichen Syllogismen erlauben nur 24 eine logische Schlussfolgerung. Aus jeder der oben genannten vier Figuren sind sechs Syllogismen zulässig. Die Figuren bestimmen die Stellung der einzelnen Attribute in den Prämissen. Die Namen der Modi lassen mit ihren Vokalen erkennen, welche Quantoren die beiden Prämissen und die Schlussfolgerung beschreiben – A, E, I oder O. Der erste Konsonant gibt an, auf welchen Syllogismus der ersten Figur der jeweilige Modus zurückgeführt werden kann.

Doch eine genauere Analyse enttäuscht: Nur ein einziger Syllogismus belegt eine universell bejahende Aussage. Für eine universell verneinende Aussage sind immerhin vier Modi geeignet. Alle übrigen beweisen nur partiell gültige Aussagen – sieben partiell bejahend und zwölf partiell verneinend. Dabei beschreiben fünf partiell gültige Syllogismen nur Teilmengen von ohnehin universell gültigen Aussagen.

Dennoch mögen die gültigen Syllogismen als Orientierung dienen, um Ihre Schlussfolgerung zwingend zu belegen.

Zur Untermauerung einer universell bejahenden Kernaussage

AAA – Modus Barbara	Die Kombination aus zwei universell bejahenden Prämissen in der ersten Figur ist der Klassiker der Argumentationslogik: *Alle Menschen sind sterblich. Alle Griechen sind Menschen. Daher sind alle Griechen sterblich.*

Zur Untermauerung einer universell verneinenden Kernaussage

EAE – Modus Celarent	Die Kombination aus universell verneinender und universell bejahender Prämisse in der ersten Figur: *Kein ausländischer Lieferant ist zertifiziert. Alle Gussteile kommen von ausländischen Lieferanten. Daher ist kein Gussteil zertifiziert.*
EAE – Modus Cesare	Die Kombination aus universell verneinender und universell bejahender Prämisse in der zweiten Figur: *Kein Mitglied der Geschäftsleitung spricht spanisch. Alle Vertriebsingenieure sprechen spanisch. Kein Vertriebsingenieur ist Mitglied der Geschäftsleitung.*
AEE – Modus Camestres	Die Kombination aus universell bejahender und universell verneinender Prämisse in der zweiten Figur: *Alle alten Standorte haben ein Kostenproblem. Kaiserslautern hat kein Kostenproblem. Kaiserslautern ist kein alter Standort.*
AEE – Modus Calemes	Die Kombination aus universell bejahender und universell verneinender Prämisse in der vierten Figur: *Alle Lieferanten werden an der Börse gehandelt. Kein börsengehandeltes Unternehmen wurde wegen Steuerhinterziehung belangt. Kein Steuerhinterzieher ist Lieferant.*

Zur Untermauerung einer partiell bejahenden Kernaussage

AII – Modus Darii	Die Kombination aus allgemein und partiell bejahender Prämisse in der ersten Figur: *Alle Verarbeitungsfehler führen zu Mehrkosten. Einige junge Mitarbeiter verursachen Verarbeitungsfehler. Daher sind einige junge Mitarbeiter für Mehrkosten verantwortlich.*
AAI – Modus Barbari	Als abgeleiteter Modus führt die Kombination zweier universell bejahenden Prämissen in der ersten Figur natürlich auch zu einer partiell bejahenden Schlussfolgerung, weil die partielle bejahende Schlussfolgerung eine Teilmenge der universell be-

213 Vorgehen: Kommen Sie mit pyramidalen Präsentationen auf den Punkt – in vier Schritten zum professionellen Auftritt
Empfängerorientierte Kommunikationsstrukturen entwickeln
Die Kernaussage logisch-stringent untermauern – aus eigenen Inhalten eine schlüssige Argumentation machen
Negativ oder indifferent aufgenommene Aussagen mit der pyramidalen Kette zwingend begründen

Bibliothek

jahenden ist: *Alle Onlinekampagnen zielen auf junge Kunden. Alle Markenartikler setzen Onlinekampagnen ein. Daher zielen einige Markenartikler auf junge Kunden.* Mit den gleichen Prämissen lässt sich im Modus Barbara schließen, dass alle Markenartikler auf junge Kunden zielen.

AII – Modus Datisi	Die Kombination aus allgemein bejahender und partiell bejahender Prämisse in der dritten Figur: *Alle Auszubildenden sind hoch motiviert. Einige Auszubildende werden nicht übernommen. Einige nicht-übernommene Auszubildende sind hoch motiviert.*
IAI – Modus Disamis	Die Kombination aus partiell bejahender und universell bejahender Prämisse in der dritten Figur: *Einige Anwender haben hohes Schulungspotenzial. Alle Anwender sind für uns neu. Einige neue Anwender haben hohes Schulungspotenzial.*
AAI – Modus Darapti	Die Kombination von zwei universell bejahenden Prämissen in der dritten Figur: *Alle Jutefasern stammen aus nachhaltiger Erzeugung. Alle Jutefasern stammen von langfristig gebundenen Lieferanten. Einige langfristig gebundene Lieferanten erzeugen nachhaltig.*
AAI – Modus Bamalip	Die Kombination von zweier universell bejahenden Prämissen in der vierten Figur: *Alle erfolgreichen Produkte sind Neueinführungen. Alle Neueinführungen wurden intern entwickelt. Einige interne Entwicklungen sind erfolgreich.*
IAI – Modus Dimatis	Die Kombination von partiell bejahender und universell bejahender Prämisse in der vierten Figur: *Einige Mitarbeiter sind Betriebsräte. Alle Betriebsräte gehören der Gewerkschaft an. Einige Gewerkschaftsmitglieder sind Mitarbeiter.*

Zur Untermauerung einer partiell verneinenden Kernaussage

EIO – Modus Ferio	Die Kombination aus universell verneinender und partiell bejahender Prämisse in der ersten Figur: *Keine Maschine verfügt über eine Präzisionswaage. Einige Maschinenbauer bedienen Maschinen. Daher nutzen einige Maschinenbauer keine Präzisionswaage.*
EAO – Modus Celaront	Als abgeleiteter Modus führt die Kombination einer universell verneinenden und einer universell bejahenden Prämisse in der ersten Figur auch zu einer

partiell verneinenden Schlussfolgerung, weil die partiell verneinende Schlussfolgerung eine Teilmenge der universell verneinenden ist: *Keine Führungskraft arbeitet im Schichtdienst. Alle Akademiker sind Führungskräfte. Einige Akademiker arbeiten nicht im Schichtdienst.* Mit den gleichen Prämissen lässt sich im Modus Celarent schließen, dass kein Akademiker im Schichtdienst arbeitet.

AOO – Modus Baroco	Die Kombination aus universell bejahender und partiell verneinender Prämisse in der zweiten Figur: *Alle im Werk A gefertigten Teile sind geprüft. Einige Teile sind nicht geprüft. Einige Teile kommen nicht aus Werk A.*
EIO – Modus Festino	Die Kombination aus universell verneinender und partiell bejahender Prämisse in der zweiten Figur: *Kein Bereichsleiter bekommt Überstunden ausbezahlt. Einige Prokuristen bekommen Überstunden ausbezahlt. Einige Prokuristen sind nicht Bereichsleiter.*
AEO – Modus Camestrop	Als abgeleiteter Modus führt die Kombination aus universell bejahender und universell verneinender Prämisse in der zweiten Figur auch zu einer partiell verneinenden Schlussfolgerung, weil diese eine Teilmenge der universell verneinenden ist: *Alle Lagerteile sind defekt. Kein Chromteil ist defekt. Einige Chromteile sind nicht Lagerteile.* Mit den gleichen Prämissen lässt sich im Modus Camestres schließen, dass kein Chromteil ein Lagerteil ist.
EAO – Modus Cesaro	Als abgeleiteter Modus führt die Kombination aus universell verneinender und universell bejahender Prämisse in der zweiten Figur auch zu einer partiell verneinenden Schlussfolgerung, weil die partiell verneinende Schlussfolgerung eine Teilmenge der universell verneinenden ist: *Kein Top-Lieferant ist Nischenanbieter. Alle Kleinunternehmen sind Nischenanbieter. Einige Kleinunternehmen sind nicht Top-Lieferanten.* Mit den gleichen Prämissen lässt sich im Modus Cesare schließen, dass kein Kleinunternehmen Top-Lieferant ist.
AOA – Modus Bocardo	Die Kombination aus partiell verneinender und universell bejahender Prämisse in der dritten Figur: *Einige Anlagen funktionieren nicht zuverlässig. Alle Anlagen sollen verkauft werden. Einige Käufer bekommen unzuverlässige Anlagen.*

215 Vorgehen: Kommen Sie mit pyramidalen Präsentationen auf den Punkt – in vier Schritten zum professionellen Auftritt
Empfängerorientierte Kommunikationsstrukturen entwickeln
Die Kernaussage logisch-stringent untermauern – aus eigenen Inhalten eine schlüssige Argumentation machen
Negativ oder indifferent aufgenommene Aussagen mit der pyramidalen Kette zwingend begründen

Bibliothek		
	EIO – Modus Ferison	Die Kombination aus universell verneinender und partiell bejahender Prämisse in der dritten Figur: *Kein Teilprojekt ist im Zeitplan. Einige Teilprojekte sind sehr relevant. Einige sehr relevante Teilprojekte sind nicht im Zeitplan.*
	EAO – Modus Felapton	Die Kombination aus universell verneinender und universell bejahender Prämisse in der dritten Figur: *Kein neuer Kunde ist umsatzsteuerbefreit. Alle neuen Kunden sind Handwerker. Einige Handwerker sind nicht umsatzsteuerbefreit.*
	EAO – Modus Fesapo	Die Kombination aus universell verneinender und universell bejahender Prämisse in der vierten Figur: *Kein Kunde ist Mitarbeiter. Alle Mitarbeiter fahren Auto. Einige Autofahrer sind nicht Kunden.*
	EIO – Modus Fresison	Die Kombination aus universell verneinender und partiell bejahender Prämisse in der vierten Figur: *Kein Projektmitarbeiter ist Verkäufer. Einige Verkäufer sind Auszubildende. Einige Auszubildende arbeiten nicht im Projekt mit.*
	AEO – Modus Calemop	Als abgeleiteter Modus führt die Kombination aus universell bejahender und partiell verneinender Prämisse in der vierten Figur auch zu einer partiell verneinenden Schlussfolgerung, weil die partiell verneinende Schlussfolgerung eine Teilmenge der universell verneinenden ist: *Alle Controller sind Mathematiker. Kein Mathematiker ist promoviert. Einige Promovierte sind nicht Controller.* Mit den gleichen Prämissen lässt sich im Modus Calemes schließen, dass kein Promovierter Controller ist.

3.1.3.2   Dann formulieren Sie die beiden Prämissen inhaltlich aus

Kleiden Sie beide Aussagen mit inhaltlichen Zusätzen aus. Das macht Ihre Aussagen bedeutungsvoller. Die Zusätze spiegeln Ihre inhaltlichen Hintergründe wider. Betrachten wir ein inhaltlich aufgewertetes Beispiel von oben:

Nach unseren Marktanalysen ist unser bisheriger Lieferant Preisführer im Markt. Aufgrund neuer Qualitätsanforderungen können wir unseren bisherigen Lieferanten nicht weiter nutzen.
Die Kalkulation muss höhere Einkaufskosten berücksichtigen.

Die ursprüngliche Wenn-Dann-Beziehung *Wenn wir den Lieferanten wechseln, steigen die Einkaufskosten* ist kaum noch zu erkennen, logisch wirkt sie jedoch weiter. Die Kette ist logisch zwingend. Analog erfolgt dies bei Aussagenpärchen und Syllogismen. Betrachten wir das beispielhafte Aussagenpaar zur Einführung eines neuen IT-Systems:

Das neue IT-System hat sich im Pilotversuch zur Gewinnung von Neukunden bewährt. Aber in der aktuellen Wettbewerbssituation sind damit einhergehende Gefahren für die Bestandskunden nicht beherrschbar.
Das neue IT-System sollte derzeit nicht eingesetzt werden.

3.1.3.3   Abschließend prüfen Sie die Stringenz der Argumentation und vermeiden logische Fallen

Prüfen Sie die entworfenen Teilaussagen sorgfältig. Sie müssen zwingend zur Kernaussage führen. Versetzen Sie sich dazu am besten in die Rolle Ihres skeptischsten Empfängers: Wird er Ihrer Schlussfolgerung folgen, wenn Sie ihn vorher von beiden Prämissen inhaltlich überzeugen konnten? Schließen Sie eine Reihe häufiger logischer Fallen aus.

Sorgen Sie für den richtigen Konkretisierungsgrad

Wenn Ihre Prämissen relativ allgemein formuliert sind, dann muss auch Ihre Schlussfolgerung eher allgemein sein. Betrachten wir folgendes Beispiel:

Die Vertriebschancen für unsere Produkte sind sehr gut.
Aber unsere Produktion hat technische Schwierigkeiten.
Wir müssen in neue Produktionsanlagen investieren.

Die Kette ist leider nicht zwingend. Es müssen nicht unbedingt Investitionen sein. Man dürfte allenfalls schließen, dass wir unsere Produktionsschwierigkeiten angehen sollten. Aber dafür sind viele Ansatzpunkte vorstellbar. Man könnte Prozesse verändern, Materiallieferanten austauschen, Motivation und Qualifikation von Mitarbeitern steigern. Man kann natürlich auch in neue Produktionsanlagen investieren.

Konkretisieren Sie Ihre Prämissen im Hinblick auf Ihre Schlussfolgerung, formulieren Sie die zweite Prämisse um *Aufgrund veralteter Anlagen hat die Produktion technische Schwierigkeiten.* Jetzt sind die geschlussfolgerten Anlageninvestitionen zulässig.

Sorgen Sie bei Bedarf für Entschlossenheit

Soll Ihre Kernaussage zu einer Handlung auffordern, dann muss sich die Entschlossenheit bereits aus den Prämissen ergeben. Das gilt etwa für die klassische Entschei-

217 Vorgehen: Kommen Sie mit pyramidalen Präsentationen auf den Punkt – in vier Schritten zum professionellen Auftritt
Empfängerorientierte Kommunikationsstrukturen entwickeln
Die Kernaussage logisch-stringent untermauern – aus eigenen Inhalten eine schlüssige Argumentation machen
Negativ oder indifferent aufgenommene Aussagen mit der pyramidalen Kette zwingend begründen

dungsvorlage. Betrachten wir das vorherige Beispiel genau, so wird deutlich, dass man nicht unbedingt investieren muss. Dafür ist die zweite Prämisse zu schwach formuliert. Technische Schwierigkeiten gibt es häufig. Böse könnte man entgegnen: *Bei Gelegenheit sollte sich mal jemand darum kümmern.*

Formulieren Sie in solchen Fällen entschlossen, etwa *Aufgrund veralteter Produktionsanlagen haben wir derzeit negative Deckungsbeiträge.* Das sollte hinreichend Handlungsdruck erzeugen.

Schließen Sie alternative Lösungen aus

Die Schlussfolgerung muss die einzige logische Konsequenz aus beiden Prämissen sein. Es darf keine alternative Lösung geben. Und darüber kann man im Beispiel streiten. Ihr Empfänger könnte mit der Idee aufwarten, die gesamte Produktion an einen qualifizierten Anbieter fremdzuvergeben. Man muss eingestehen, dass das Problem so auch gelöst wäre.

Das Ausschließen anderer Lösungen ist abhängig von der rationalen Basis des Empfängers. Meist können Sie einzelne Alternativen sofort ausschließen, wenn Sie wiederum an Ihren Empfänger denken. Sind Sie hingegen unsicher, schließen Sie die Alternativen mit Ihrer Formulierung aus. Die zweite Prämisse lautet dann etwa *Aufgrund veralteter Anlagen unserer, vom Kunden weiterhin verlangten, Eigenfertigung haben wir derzeit negative Deckungsbeiträge.*

Arbeiten Sie bei negativen Prämissen nur mit polaren Gegensätzen

Viele Ketten nutzen negative Aussagen, um daraus eine positive Schlussfolgerung zu ziehen. Das ist grundsätzlich zulässig.

Unser Vertrieb hat einen Großauftrag mit sehr kurzer Lieferzeit an der Angel.
Aber die Lieferzeiten unserer ausländischen Materiallieferanten sind dafür zu lang.
Daher müssen wir für diesen Auftrag bei inländischen Materiallieferanten einkaufen.

Die Gegenüberstellung scheint zulässig, weil *Ausland* und *Inland* einen polaren Gegensatz bilden. Alle Materiallieferanten, die nicht ausländische Lieferanten sind, müssen inländische Lieferanten sein. Problematischer wird die Konsequenz, wenn kein polares Aussagenpaar verwendet wird. Ändern wir die zweite Prämisse etwa in *Aber die Lieferzeiten unserer asiatischen Materiallieferanten sind zu lang.* Jetzt wäre die Schlussfolgerung zugunsten inländischer Lieferanten unzulässig. Man könnte ja auch amerikanische Lieferanten nehmen.

Setzen Sie negative Aussagen nur bei polaren Gegensätzen ein. Andernfalls sind Sie nur mit positiven Aussagen auf der sicheren Seite.

Ziehen Sie keine unzulässigen Umkehrschlüsse

Ein weiteres Problem negativer Prämissen ist inhaltlicher Art. Selbst wenn ein polarer Gegensatz vorliegt, lässt sich nicht unbedingt die gewünschte Schlussfolgerung ziehen. Das Gegenteil von *Die Lieferzeiten ausländischer Lieferanten sind zu lang* ist nämlich nicht zwingend *Die Lieferzeiten inländischer Lieferanten reichen aus.* Als Konsequenz könnte man aus dem Beispiel nur ableiten *Vor Auftragsannahme sollten wir die Lieferzeiten unserer inländischen Materiallieferanten prüfen.* Die zulässige Schlussfolgerung springt kürzer als die gewollte.

Wollen Sie Ihre Kernaussage unstrittig belegen, helfen auch hier nur positiv formulierte Prämissen. Schreiben Sie im Beispiel einfach *Und diese Lieferzeiten lassen sich nur durch die Nutzung inländischer Materiallieferanten gewährleisten.*

3.2   Für inhaltliche Stabilität die Kongruenz der Kette nach oben und unten prüfen

Bisher haben wir uns auf die logische Stringenz der pyramidalen Kette konzentriert. Jetzt gilt es, den inhaltlichen Bezug sicherzustellen. Schließlich hilft eine logisch brillante Argumentation nicht, wenn die Inhalte nicht stimmen. Daher stehen jetzt Ihre Kommunikationsinhalte im Vordergrund.

Sie müssen zweierlei tun: Nach oben prüfen Sie pro forma die inhaltliche Übereinstimmung von Schlussfolgerung und Kernaussage. Nach unten prüfen Sie gründlich, ob Sie die erforderlichen Prämissen inhaltlich stichhaltig untermauern können. Auch hier werden beide Schritte mit zunehmender Praxis ineinander übergehen.

3.2.1   Mit einem kurzen Blick die inhaltliche Übereinstimmung von Schlussfolgerung und Kernaussage prüfen

Wie oben ausgeführt, muss die Schlussfolgerung die Kernaussage inhaltlich belegen. Nur so überzeugen Sie Ihr skeptisches Publikum. Beide sagen also inhaltlich das Gleiche. Nun haben Sie für logische Stringenz an den Teilaussagen der Kette intensiv geschliffen. Dabei veränderte sich möglicherweise auch die Schlussfolgerung. Deshalb prüfen Sie die inhaltliche Übereinstimmung nochmals, wenn Sie beim Streben nach logischer Stringenz die Schlussfolgerung angepasst haben.

Vergleichen Sie Kernaussage und Schlussfolgerung

Die inhatliche Botschaft muss übereinstimmen, nur die Formulierungen dürfen abweichen. Insbesondere zwei sinnvolle Abweichungen sind zulässig und oft sinnvoll:

219   Vorgehen: Kommen Sie mit pyramidalen Präsentationen auf den Punkt – in vier Schritten zum professionellen Auftritt
   Empfängerorientierte Kommunikationsstrukturen entwickeln
   Die Kernaussage logisch-stringent untermauern – aus eigenen Inhalten eine schlüssige Argumentation machen
   Negativ oder indifferent aufgenommene Aussagen mit der pyramidalen Kette zwingend begründen

— Ihre Kernaussage darf mit weiteren Aspekten umfassender sein als die Schlussfolgerung. Die Kernaussage kann als Spitze der Pyramide über die Schlussfolgerung hinausgehen. Wichtige Elemente der Prämissen fließen in die Kernaussage ein. Das können Ziele, Marktentwicklungen oder Ähnliches sein.
    Betrachten wir zum Beispiel eine Verkaufspräsentation. Hier besagt die Schlussfolgerung typischerweise, dass der Kunde die angebotene Leistung kaufen sollte. Eine solch knappe Kernaussage würde die Gesamtbotschaft stark verkürzen. In diesem Fall darf die Kernaussage beispielsweise den Vorteil des Kunden mit aufgreifen, etwa in der Formulierung *Zur Verbesserung der Produktivität sollten Sie unsere neue Anlagentechnologie einsetzen.* Die Verbesserung der Produktivität war Teil der Prämissen, möglicherweise sogar ihr logischer Bezug. Die Kernaussage wird damit zur Klammer über alle drei Teilaussagen.

— Ihre Schlussfolgerung darf mit weiteren Details konkreter sein als die Kernaussage. Anstelle einer reinen Wiederholung der Kernaussage darf die Schlussfolgerung eine weitere Konkretisierung enthalten. Sie beschreibt damit weitere Aspekte zur Ausgestaltung der Schlussfolgerung. Für die Verkaufspräsentation könnte die Schlussfolgerung etwa lauten *Daher sollten Sie durch Einsatz unserer Technologie Ihre Produktionslinien Y und Z 15 Prozent produktiver machen.*

Erkennen Sie eine inhaltliche Diskrepanz zwischen Kernaussage und Schlussfolgerung, dann müssen Sie Übereinstimmung schaffen

Für inhaltliche Übereinstimmung von Kernaussage und Schlussfolgerungen stehen Ihnen naturgemäß zwei Wege offen. Sie können die Struktur unten anpassen oder die Kernaussage oben, je nachdem was, Ihnen wichtiger ist.

— Bei vorgegebener Kernaussage müssen Sie die Struktur überarbeiten. Wollen Sie von Ihrer Kernaussage nicht abrücken, gehen Sie in eine neue Strukturierungsrunde. In den meisten Fällen reicht die Schlussfolgerung der Kette nicht zum Beleg der behaupteten Kernaussage. Sie müssen weitere Argumente nachliefern. Vielleicht fehlt nur ein Zwischenschritt, wie oben beschrieben bei der Suche des Mittelterms eines Syllogismus. So drehen Sie eine Runde nach der anderen, bis die behauptete Kernaussage inhaltlich mit der Schlussfolgerung der Kette übereinstimmt. Wenn Sie von Ihrer Kernaussage inhaltlich überzeugt sind, sollten Sie sich zwingen, so lange zu suchen, bis alles passt.

— Bei offenem Ergebnis müssen Sie die Kernaussage anpassen. Finden Sie bei ausdauernder Suche keine zwingende Verknüpfung zum Beleg der Schlussfolgerung, dann müssen Sie wohl oder übel bei Ihrer ursprünglichen Kernaussage zurückrudern. Reduzieren Sie die Kernaussage auf den tatsächlich belegbaren Teil. Sie wird dadurch meist inhaltlich abstrakter und sprachlich zurückhaltender.

Gleichen Sie die geänderte Kernaussage wieder mit der Kernfrage des Empfängers ab. Vielleicht ändert sich auch Ihr kommunikatives Ziel. Damit kann oft der nächste Schritt eingeleitet werden, zum Beispiel wenn Sie statt einer bestimmten Lösung nur einen grundsätzlichen Handlungsbedarf nachweisen konnten. Dann wird aus der infomierenden Kernaussage *Lösung A ist am besten zur Reduzierung unserer Bestände geeignet* womöglich eine auffordernde wie *Wir sollten in einem Folgeprojekt Möglichkeiten zur Bestandsreduzierung erarbeiten.*

3.2.2   Gründlich die inhaltliche Belegbarkeit der Prämissen prüfen

War die Prüfung der Übereinstimmung von Schlussfolgerung und Kernaussage nur formaler Art, ist die Belegbarkeit der Prämissen eine inhaltliche Herausforderung. Nur beide Prämissen der Kette zusammen ergeben logisch die Schlussfolgerung. Wird nur eine Aussage vom Empfänger abgelehnt, reißt die Kette. Deshalb benötigt eine erfolgreiche Kette inhaltlich unstrittige oder belegbare Teilaussagen. Frühzeitiges Prüfen erspart Strukturierungsaufwand. Merken Sie an dieser Stelle, dass Argumente fehlen, müssen Sie Teilaussagen inhaltlich ändern. Aufgrund der logischen Verknüpfung hat das Auswirkungen auf die gesamte Struktur, bis hin zur Kernaussage. Trösten Sie sich: Es ist besser, mit der zweitbesten Lösung durchzukommen, als mit der besten zu scheitern. Folglich sollten Sie bereits an dieser Stelle die Belegbarkeit Ihrer Aussagen prüfen. Gehen Sie in zwei Schritten vor: Beurteilen Sie aus Sicht Ihres Publikums, ob es die Aussage inhaltlich akzeptieren wird oder nicht. Falls Sie die Aussage belegen müssen, dann fragen Sie Ihr eigenes Gewissen.

Beurteilen Sie, ob Ihr Publikum die Aussage inhaltlich vollständig akzeptieren wird oder nicht

Sie müssen nur Aussagen belegen, die Ihr Publikum negativ aufnehmen wird. Wie bereits bei der Kernaussage geschehen, versetzen Sie sich wieder in Ihren Empfänger und hinterfragen seine Einstellung zu den beiden Teilaussagen. Nur Prämissen, die Sie wirklich belegen müssen, sind für die inhaltliche Prüfung relevant. Nur diese müssen Sie dem nächsten Prüfungsschritt unterziehen. Dabei achten Sie auf zwei widersprüchliche Besonderheiten:

— Lassen Sie sich nicht von reinem Konkretisierungsbedarf ablenken. Unterstellen Sie Ihrem Publikum nur Interesse an konkreteren Details zu einer Prämisse, so ist das unkritisch. Die Aussage muss nicht weiter geprüft werden. Nehmen Sie nur solche Aussagen, die das Publikum inhaltlich in Frage stellen wird.
— Prüfen Sie jedes Wort der Prämissen. Häufig sind für logische Stringenz Spezifizierungen etwa in Adjektiven oder Adverbien notwendig, die inhaltlich nicht selbstverständlich sind. Nehmen wir das Beispiel *Die IT-Abteilung muss noch in*

221 Vorgehen: Kommen Sie mit pyramidalen Präsentationen auf den Punkt – in vier Schritten zum professionellen Auftritt
Empfängerorientierte Kommunikationsstrukturen entwickeln
Die Kernaussage logisch-stringent untermauern – aus eigenen Inhalten eine schlüssige Argumentation machen
Negativ oder indifferent aufgenommene Aussagen mit der pyramidalen Kette zwingend begründen

diesem Jahr ein neues Customer-Relationship-Programm installieren. Auch wenn im Unternehmen breiter Konsens besteht, dass das Programm benötigt wird, enthält die Formulierung zwei zusätzliche Spezifizierungen: Erstens ist nicht selbstverständlich, dass die IT-Abteilung die Installation vornehmen muss. Zweitens muss die Installation nicht unbedingt noch in diesem Jahr erfolgen.

Falls Sie die Aussage belegen müssen, dann fragen Sie Ihr eigenes Gewissen

In den zweiten Prüfungsschritt gelangen nur Teilaussagen, die Sie begründen müssen. Sie werden darunter später eine oder mehrere pyramidale Ketten entwickeln. An dieser Stelle sollten Sie nur prüfen, ob Sie eine zwingende Begründung der Teilaussage finden können. Fragen Sie sich also, ob Sie gute Argumente dafür haben. Nach unserer Erfahrung ist hier das eigene Gewissen der beste Maßstab *Würde ich das selbst glauben?* Der Umkehrschluss verdeutlicht nämlich das Problem: Es ist unwahrscheinlich, dass Sie Ihren Empfänger von etwas überzeugen, wovon Sie selbst nicht überzeugt sind. Können Sie auch diese Frage mit *ja* beantworten, dann haben Sie eine logisch schlüssige und inhaltlich solide Begründung Ihrer Kernaussage.

3.3 Für eine möglichst positive Beziehungsebene die weniger strittige Teilaussage an den Anfang stellen

Ist Ihre Kette logisch stringent und inhaltlich belegbar, sollten Sie als Kür gegebenenfalls noch die Reihenfolge der beiden Teilaussagen ändern.

3.3.1 Aus logischer Sicht ist die Reihenfolge der Prämissen irrelevant

Sie können die beiden Prämissen Ihrer Kette beliebig tauschen. An der Schlussfolgerung ändert sich nichts. Das Eingangsbeispiel mit den Aussagen *Das Erdgeschoss des Hauses brennt* und *Ich befinde mich gerade im Obergeschoss des Hauses* führt zur gleichen Konsequenz wie bei umgekehrter Anordnung *Ich befinde mich gerade im Obergeschoss des Hauses* und *Im Erdgeschoss brennt es.* Allenfalls die Formulierung würde man leicht anpassen.

3.3.2 Aus psychologischer Sicht sollten Sie in den meisten Fällen zunächst die Beziehungsebene stärken

Sie haben eine inhaltliche Kontroverse mit Ihrem Empfänger. Andernfalls würden Sie keine pyramidale Kette einsetzen. Und die inhaltliche Kontroverse stellt eine Gefahr für Ihr emotionales Verhältnis zum Empfänger dar. Deshalb sollten Sie so gut es geht die Beziehungsebene zwischen dem Empfänger und Ihnen unterstützen. Indem Sie zunächst das Gemeinsame, zumindest das weniger Kritische betonen, ermöglichen Sie, dass die Kontroverse auf der inhaltlichen Ebene bleibt und nicht emotional wird.

Nur in Ausnahmefällen ist es sinnvoll, das Publikum durch eine kontroverse Aussage am Anfang wachzurütteln. Die kritische Aussage am Anfang ist unbestritten verlockend, wenn Sie beim Empfänger Problembewusstsein schaffen wollen: Sie stoßen den Empfänger erst bewusst vor den Kopf und positionieren sich danach mit der tendenziell positiveren Aussage quasi als Heilsbringer. Das Publikum empfindet dieses Vorgehen, zumindest mit etwas Abstand, häufig als Überrumpelung. Es bleibt ein negatives Gefühl, das über die konkrete Präsentation hinaus wirkt. Deshalb ist ein konträrer Beginn nur ratsam, wenn die Notwendigkeit der Sensibilisierung Ihr Interesse an einer langfristig positiven Beziehung zum Empfänger überwiegt.

3.3.3   Folglich sollten Sie bei Bedarf noch die Reihenfolge ändern, um mit der weniger kritischen Prämisse zu beginnen

Wenn es logisch egal ist, psychologisch aber eine Präferenz besteht, dann überlassen Sie die Reihenfolge Ihrer Prämissen nicht dem Zufall. Abgesehen vom Sonderfall der dramatischen Sensibilisierung des Empfängers, beginnen Sie mit der leichter akzeptierten Prämisse als gemeinsamer Basis. Die schwieriger zu akzeptierende Prämisse folgt danach als Kommentierung.

Vermutlich werden Sie mit der Änderung der Reihenfolge auch die Formulierungen anpassen. Bei größeren Änderungen prüfen Sie anschließend erneut logische Stringenz und inhaltliche Belegbarkeit der Prämissen.

Entscheiden Sie wieder aus Sicht Ihres Empfängers, welche Prämisse er leichter akzeptieren wird. Geben Sie nicht zu früh auf, wenn beide Aussagen den Empfänger abschrecken werden. Sie sollen nur die weniger strittige Aussage erkennen. Im einfachsten Fall besteht hier bereits inhaltlicher Konsens, allenfalls Konkretisierungsbedarf. Bei anspruchsvollerer Argumentation werden Sie selbst für die Basis Konsens erst herstellen müssen. Dafür werden Sie bereits die erste Prämisse mit einer weiteren Kette untermauern.

Orientieren Sie sich zur Auswahl der weniger kritischen Aussage an typischen Indizien. Bei widersprüchlichen Ergebnissen nehmen Sie eine Gesamtabwägung vor.

Positive Teilaussagen sind weniger kritisch als neutrale oder schlechte Nachrichten

Was trivial erscheint, ist dennoch erster Ansatzpunkt. Auch wenn Sie eine inhaltliche Kontroverse überwinden sollen, enthalten viele Ketten eine durchaus positive Prämisse. Sie haben zum Beispiel eine Chance identifiziert, wie etwa *Wir haben ein Absatzpotenzial von über einer Million Stück in Skandinavien.* Auch wenn Sie im Kommentar noch sagen werden, dass dafür die aktuellen Produkteigenschaften unzureichend sind, wird Ihr Empfänger das Absatzpotenzial zunächst erfreut aufnehmen.

223   Vorgehen: Kommen Sie mit pyramidalen Präsentationen auf den Punkt – in vier Schritten zum professionellen Auftritt
    Empfängerorientierte Kommunikationsstrukturen entwickeln
        Die Kernaussage logisch-stringent untermauern – aus eigenen Inhalten eine schlüssige Argumentation machen
            Negativ oder indifferent aufgenommene Aussagen mit der pyramidalen Kette zwingend begründen

Vom Empfänger übernommene Teilaussagen sind weniger kritisch als eigene

Sie zitieren in einer Prämisse Ihren Empfänger. Eventuell geben Sie Ihren Projektauf-trag wieder, zum Beispiel *Wir wollen unsere Präsenz in Skandinavien ausbauen.* Bietet der konkrete Empfänger keine Ansätze, helfen vielleicht Unternehmensziele oder Ähnliches. Auch in diesem Fall wird das Publikum Ihre Aussage wohlwollend aufnehmen.

Auch Aussagen anderer, anerkannter Quellen sind weniger kritisch als eigene Positionen

Es mag persönlich schmerzen und hat auch nichts mit Logik zu tun: Der Prophet tut sich im eigenen Land oft schwer. Beruft sich eine Aussage auf eine anerkannte Quelle, wird diese Aussage vom Publikum tendenziell leichter akzeptiert, etwa *Die Wirt-schaftsprüfer haben Abschreibungsbedarf bei Rohmaterial festgestellt.*

Allgemeingültige, akzeptierte Aussagen sind weniger kritisch als erklärungs-bedürftige

In vielen Fällen besteht zu einer Prämisse bereits allgemeines Einvernehmen, unab-hängig von der konkreten Präsentationssituation. Die Aussage ist selbstverständlich, in manchen Fällen geradezu trivial. Das können zum Beispiel grundsätzliche Ent-wicklungen sein, etwa *Die Lohnkosten in Skandinavien sind höher als in den meis-ten asiatischen Staaten.* Vorstellbar sind auch darüber hinausgehende Interpretatio-nen, beispielsweise *Aufgrund höherer Lohnkosten müssen skandinavische Unter-nehmen produktiver arbeiten als asiatische Wettbewerber.* Auch unverrückbare Rahmenbedingungen wie etwa Gesetzesänderungen fallen in diese Kategorie.

Neutrale Aussagen sind weniger kritisch als direkte Ansprachen

Riskant ist der Einstieg mit Prämissen, die den Empfänger gleich persönlich oder seine Organisation direkt ansprechen. Die Beschäftigung mit Dritten fällt den meisten Menschen leichter. Mit ihnen lässt sich leichter eine gemeinsame Basis finden.

Solide quantifizierte Aussagen sind weniger kritisch als rein qualitative Aussagen

Wie bereits beim SAUBER®-Kriterium Bedeutungsvoll dargelegt, genießen Zahlen beim Empfänger hohes Ansehen, weil sie maximale Transparenz schaffen. Der Emp-fänger setzt diese Transparenz häufig mit Richtigkeit gleich, was logisch fragwürdig ist. Dennoch genießen quantifizierte Aussagen eine höhere Akzeptanz beim Empfänger.

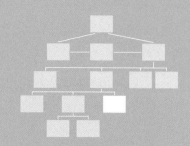

Die Struktur in mehreren Schleifen
weiter detaillieren – nach Maß
schneidern

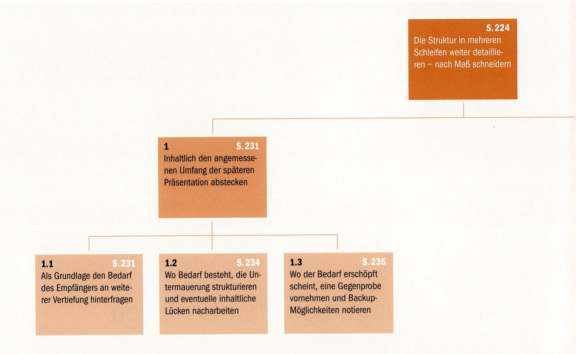

S.224
Die Struktur in mehreren Schleifen weiter detaillieren – nach Maß schneidern

1   **S.231**
Inhaltlich den angemessenen Umfang der späteren Präsentation abstecken

1.1   **S.231**
Als Grundlage den Bedarf des Empfängers an weiterer Vertiefung hinterfragen

1.2   **S.234**
Wo Bedarf besteht, die Untermauerung strukturieren und eventuelle inhaltliche Lücken nacharbeiten

1.3   **S.235**
Wo der Bedarf erschöpft scheint, eine Gegenprobe vornehmen und Backup-Möglichkeiten notieren

227   Vorgehen: Kommen Sie mit pyramidalen Präsentationen auf den Punkt – in vier Schritten zum professionellen Auftritt
           Empfängerorientierte Kommunikationsstrukturen entwickeln
                   Die Struktur in mehreren Schleifen weiter detaillieren – nach Maß schneidern

Summary

Die Struktur in mehreren Schleifen weiter detaillieren – nach Maß schneidern

229 Vorgehen: Kommen Sie mit pyramidalen Präsentationen auf den Punkt – in vier Schritten zum professionellen Auftritt
Empfängerorientierte Kommunikationsstrukturen entwickeln
Die Struktur in mehreren Schleifen weiter detaillieren – nach Maß schneidern

In den meisten Fällen werden Sie Ihre Struktur weiter vertiefen müssen. Die oberste Strukturebene haben Sie nun mit einer Gruppe oder Kette gemeistert. Sie prägt später maßgeblich den Aufbau Ihrer Unterlage und den Vortrag vor dem Publikum. Aber eine einzige Argumentationsebene reicht nur für sehr einfache Kommunikationsvorhaben. Der Empfänger wird weitere Konkretisierungen oder Begründungen benötigen, bevor er Ihre Kernaussage akzeptiert. Zumindest sollten Sie darauf vorbereitet sein. Dafür müssen Sie Ihre Struktur vertiefen. Die Inhalte, die Sie zuvor mühsam verdichtet hatten, lösen Sie schrittweise wieder auf. Ihre Pyramide bildet ihre Form aus – sie wird breiter und zugleich tiefer.

Und dies kann zu sehr komplexen Gesamtstrukturen führen. Auch für die Vertiefung orientieren Sie sich konsequent am Empfänger. Er kann auf die Teilaussagen Ihrer Gruppe oder Kette sehr unterschiedlich reagieren. Daher werden die einzelnen Teilaussagen meist auf unterschiedlich vielen Ebenen mit Gruppen und Ketten vertieft. Die Anzahl der Vertiefungsebenen variiert wie das Detailinteresse des Empfängers zu den einzelnen Teilaussagen. Deshalb ist die Form der Gesamtstruktur meist asymmetrisch. Die Untermauerung mit Gruppen oder Ketten variiert wie die Einstellung des Empfängers zu den einzelnen Teilaussagen. Deshalb ist der Aufbau der Gesamtstruktur meist eine bunte Mischung beider Konstruktionsformen.

Folglich verwenden Sie Ihre Teilaussagen nun als Kernaussagen weiterer Gruppen und Ketten. Arbeiten Sie Ast für Ast ab. Und wiederholen Sie das Vorgehen von einer Ebene zur nächsten.

Sie stellen Vertiefungsbedarf fest. Danach ermitteln Sie die jeweilige Einstellung des Empfängers, untermauern die Teilaussage wieder mit Gruppe oder Kette und prüfen abschließend die logische Stringenz.

Aufgreifen können Sie dabei die Vorgehensweise zum Ermitteln der Einstellung des Empfängers sowie zum Entwickeln und Prüfen logisch stringenter Gruppen und Ketten. Zusätzlich berücksichtigen müssen Sie zwei Aspekte: Inhaltlich müssen Sie den angemessenen Umfang der Präsentation abstecken. Logisch müssen Sie formale und gedankliche Hürden bei der Untermauerung mit Gruppen und Ketten meistern.

231 Vorgehen: Kommen Sie mit pyramidalen Präsentationen auf den Punkt – in vier Schritten zum professionellen Auftritt
Empfängerorientierte Kommunikationsstrukturen entwickeln
Die Struktur in mehreren Schleifen weiter detaillieren – nach Maß schneidern

1 Inhaltlich den angemessenen Umfang der späteren Präsentation abstecken

1.1 Als Grundlage den Bedarf des Empfängers an weiterer Vertiefung hinterfragen

Zunächst nehmen Sie wieder die Position des Empfängers ein – bei mehreren desjenigen, der das meiste Interesse zeigt. Das Sendungsbedürfnis vieler Autoren ist gerade beim Einstieg in die Details menschlich nachvollziehbar. Vielen Präsentationen geht umfangreiche inhaltliche Arbeit voraus, und der Sender möchte seinen Fleiß beweisen. Oder man hat sehr interessante Erkenntnisse gewonnen und möchte diese unbedingt loswerden. Oder man verfügt über umfangreiches Wissen und möchte das mit Stolz vortragen.

Dennoch widersprechen alle drei Fälle effizienter Ergebniskommunikation. Dem Sendungsbedürfnis des Autors würden die Interessen des Empfängers geopfert. Der Empfänger müsste sich mit Details auseinandersetzen – ob er will oder nicht. Wesentliche Vorteile des pyramidalen Präsentationsaufbaus gingen verloren.

Nach der zwischenzeitlichen, inhaltlichen Arbeit auf der ersten Strukturebene, müssen Sie daher wieder die Perspektive des Empfängers einnehmen. Versetzen Sie sich gedanklich in Ihren Empfänger hinein. Führen Sie sich seine Hintergründe und sein Denken vor Augen. Bei mehreren, heterogenen Empfängern gehen Sie grundsätzlich vom schwierigeren Fall aus.

Identifizieren Sie aus Sicht des Empfängers Detaillierungsbedarf – es gibt fünf typische Indizien. Der weitere Detaillierungsbedarf hängt vom Einzelfall ab. Es kommt darauf an, wie der jeweilige Empfänger auf die jeweilige Aussage reagieren wird. Am einfachsten fragen Sie sich selbst: *Bräuchte ich zu der Aussage weitere Details?* Beantworten Sie diese Frage aus Sicht Ihres Empfängers mit *Ja* oder kommen Sie auch nur ins Zweifeln, dann können Sie an dieser Stelle abbrechen und sich gleich der Untermauerung zuwenden. Sie müssen die Aussage mit einer Gruppe konkretisieren oder mit einer Kette begründen.

Können Sie Ihren Empfänger persönlich nur schwer einschätzen, beurteilen Sie seine Erwartungen anhand allgemeiner Charakteristika. Erkundigen Sie sich nach Möglichkeit auch bei Dritten. Die Merkmale betreffen den Typ des Empfängers: Analysieren Sie Betroffenheit, Hintergrundwissen, Position zum Thema, Auffassungsgabe und persönliche Neigung zur Vertiefung. Bilden Sie sich abschließend ein Gesamtbild. Erkennen Sie Detaillierungsbedarf oder zweifeln Sie, dann ist Vertiefung nötig.

Persönliche Betroffenheit des Empfängers spricht für Detaillierungsbedarf

Ist Ihr Empfänger von Ihren Ergebnissen unmittelbar betroffen, sollten Sie von einem sehr hohen Detaillierungsbedarf ausgehen. Er wird Ihre Ergebnisse absehbar genauer kennenlernen wollen. Betroffenheit lässt sich in zwei typische Bereiche klassifizieren: Ihr Empfänger hatte mit dem Thema Ihrer Präsentation in der Vergangenheit viel zu tun. Oder Ihr Empfänger wird durch eine von Ihnen beschriebene Veränderung in der Zukunft stark betroffen sein.

In beiden Fällen kann die Betroffenheit real oder nur gedanklich sein: Real bedeutet, dass der Empfänger tatsächlich im entsprechenden Bereich beispielsweise gearbeitet hat oder sich künftig Aufgaben für ihn ändern sollen. Bei gedanklicher Betroffenheit hat Ihr Empfänger sich zumindest konzeptionell vorab mit dem Präsentationsthema beschäftigt. Er hat selbst Lösungen für ein Problem erdacht, oder er stellt sich potenzielle Auswirkungen auf seinen Bereich vor.

Großes Hintergrundwissen des Empfängers ist Indikator für Detaillierungsbedarf

Fachspezialisten zeichnen sich durch ein tiefes Detailwissen aus, wenn auch meist in einem eng begrenzten Bereich. Bewegen Sie sich mit Ihrer Präsentation nun innerhalb dieses Bereiches, dann kann der Spezialist zu einem Gesprächspartner mit Detaillierungsbedarf werden. Im schlimmsten Fall wird er Ihre Aussagen bis ins letzte Detail mit seinem eigenen Wissen abgleichen. Während der Generalist ganzheitliche Breite benötigt, deckt der Spezialist ein eng begrenztes Feld tiefgründig ab.

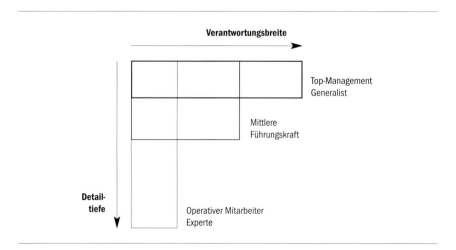

In der Tendenz ist der Spezialist somit detailbedürftiger. Für Generalisten hingegen, meist Führungskräfte, spiegelt sich notwendige inhaltliche Breite in der Kernfrage wider. Diese ist allgemeiner gehalten, ihre Pyramide inhaltlich breiter aufgestellt.

233 Vorgehen: Kommen Sie mit pyramidalen Präsentationen auf den Punkt – in vier Schritten zum professionellen Auftritt
Empfängerorientierte Kommunikationsstrukturen entwickeln
Die Struktur in mehreren Schleifen weiter detaillieren – nach Maß schneidern

Vertiefung ist seltener nötig. Für den Spezialisten müssen Sie hingegen tendenziell eine tiefere Pyramide entwickeln. Allerdings wäre auch der Umkehrschluss riskant, also Führungskräften grundsätzlich weniger Details anzubieten: Auch bei Führungskräften sollten Sie prüfen, ob diese in einzelne Bereiche detailliert einsteigen könnten, etwa aufgrund ihrer beruflichen Vergangenheit.

Bei heterogenem Publikum sollten Sie nicht der Versuchung erliegen, sich primär am Detaillierungsbedarf der oberen Führungskräfte zu orientieren. Zwar bestimmt in vielen Präsentationen die Hierarchie der Beteiligten den Diskussionsverlauf. Es kommt aber ebenso vor, dass Führungskräfte auf das Urteil einzelner Spezialisten großen Wert legen. Andernfalls müssten die Spezialisten nicht der Präsentation beiwohnen. Folglich sollten Sie hier der Maxime folgen, sich auf den schlimmsten Fall vorzubereiten. Das erfordert neben der ganzheitlichen Breite auch Detailtiefe in den Fachgebieten der Spezialisten.

Wenn politisch und zeitlich möglich, sollten Sie die Präsentation aber auf zwei Termine aufteilen: Erst klären Sie mit den Spezialisten die Details. Wenn deren Zustimmung vorliegt, tragen Sie gemeinsam den Führungskräften größere Zusammenhänge vor.

Kritische Positionen zum Thema erfordern weitere Details

Bedenken Sie die Position Ihres Empfängers zum Thema der Präsentation allgemein. Geht er bereits negativ gestimmt in die Veranstaltung, dann brauchen Sie tendenziell mehr Details. Menschen neigen dazu Dinge schneller zu akzeptieren, die mit den eigenen Anschauungen harmonieren. Abweichungen vom eigenen Weltbild werden genauer betrachtet.

Verwechseln Sie jedoch nicht Genauigkeit mit Skepsis. Die Einstellung zur jeweiligen Teilaussage werden Sie gegebenenfalls später gesondert prüfen. Viele Sender verzichten bei positiver Einstellung gleich auf weitere Details. Es ist aber durchaus vorstellbar, dass ein Empfänger trotz positiver Einstellung weitere Details benötigt, etwa mit der Frage *Wie sollen wir denn das machen?* Deshalb dürfen Sie nur die grundsätzliche Position zum Thema als einen Indikator betrachten.

Bei zäher Auffassungsgabe des Empfängers müssen Sie stärker detaillieren

Berücksichtigen Sie auch die intellektuellen Fähigkeiten Ihres Empfängers. Er muss der logischen Aggregation Ihrer Argumentation folgen. Komplexe Aussagen sollten Sie ihm mithin so tief erklären, bis sich der Detaillierungsgrad und sein Vorstellungsvermögen überschneiden. Erliegen Sie bei diesem Punkt nicht Selbstzweifeln möglicher Arroganz gegenüber Ihrem Empfänger. Halten Sie ihm zugute, dass sich der Empfänger mit Ihren Ergebnissen oder dem ganzen Präsentationsthema auf Neuland begeben mag. Sie haben vorab intensiv daran gearbeitet. Bedenken Sie auch, dass der Empfänger die tiefere Detaillierung später ja nicht abrufen muss.

Zu guter Letzt auch diskussionsfreudigen Empfängern ausreichend Stoff bieten

Der fünfte und letzte Indikator für zusätzlichen Detaillierungsbedarf liegt vermutlich in der Psyche des Menschen begründet. Jedenfalls lehrt das Leben, dass einzelne Zeitgenossen Dinge ausführlicher diskutieren als andere – und das ohne erkennbaren sachlichen Grund.

Da Sie auch diskussionsfreudigen Empfängern den Detaillierungsgrad nicht vorschreiben sollten, erfordert dies weitere Vertiefungsebenen. Im späteren Vortrag profitieren Sie übrigens häufig davon, dass der Empfänger früher oder später aufhört, nach Details zu fragen, wenn er feststellt, dass Sie ohnehin auf jede Detailfrage eine Antwort haben.

1.2   Wo Bedarf besteht, die Untermauerung strukturieren und eventuelle inhaltliche Lücken nacharbeiten

Wo Sie für den Empfänger Detaillierungsbedarf erkennen, dort ist eine weitere Gruppe oder Kette nötig. Entwickeln Sie diese, wie bereits beschrieben, ausgehend von der Einstellung des Empfängers zur jeweiligen Teilaussage.

Die Untermauerung wird zur inhaltlichen Herausforderung, wenn der Vertiefungsbedarf Sie auf Neuland führt. So werden Ihnen bei der Vertiefung von Teilaussagen drei Probleme begegnen: Detailinformationen, etwa die Ausgestaltung von Konzepten, sind noch so unklar, dass sie sich dem Empfänger nicht verständlich vermitteln lassen. Detailinformationen, etwa Analysen, sind für eine stringente Argumentation nicht hinreichend belastbar und werden vom Empfänger womöglich nicht akzeptiert. Oder trotz Ihrer grundsätzlichen Expertenrolle haben Sie sich mit einem Aspekt noch nicht genauer beschäftigt, so dass Detailinformationen gänzlich fehlen.

Diese Herausforderungen treten umso stärker auf, je mehr Sie Ihre Teilaussagen für logische Stringenz haben anpassen müssen. Sie haben damit hypothetisch die Aussagen formuliert, die für eine schlüssige Argumentation erforderlich waren, auch wenn Sie inhaltlich noch nicht sattelfest waren. Was gut war für die Stringenz, verursacht jetzt Nacharbeit. An dieser Stelle dürfen Sie sich freuen, dass Sie mit der Strukturierung Ihrer Ergebnisse nicht erst unmittelbar vor dem Präsentationstermin begonnen haben.

Nutzen Sie also die verbleibende Zeit zum Schließen der inhaltlichen Lücken. Erheben Sie Zahlen oder Einschätzungen. Gestalten Sie Ideen konkret aus. Lassen Sie sich dabei von zwei Leitplanken lenken: Einerseits erfordert der pyramidale Aufbau eine substanzielle Untermauerung der vorhandenen Aussagen. Es reicht also

235 Vorgehen: Kommen Sie mit pyramidalen Präsentationen auf den Punkt – in vier Schritten zum professionellen Auftritt
Empfängerorientierte Kommunikationsstrukturen entwickeln
Die Struktur in mehreren Schleifen weiter detaillieren – nach Maß schneidern

nicht, den gleichen Detailgrad nochmals in andere Worte zu fassen. Andererseits reichen für die Vertiefung in vielen Fällen Beispiele. Erheben Sie also eine Stichprobe, beschaffen Sie Bilder von möglichen Lösungen, stets vorausgesetzt, die Beispiele sind hinreichend repräsentativ.

1.3 Wo der Bedarf erschöpft scheint, eine Gegenprobe vornehmen und Backup-Möglichkeiten notieren

Konnten Sie weiteren Vertiefungsbedarf aus Sicht des Empfängers verneinen, dann zeichnet sich die Basis der Pyramide ab. Dennoch sollten Sie sehr vorsichtig sein: Lagen Sie mit Ihrer Einschätzung nämlich falsch, fragt der Empfänger im Vortrag nach. Sie müssen improvisieren. Das ist häufig inhaltlich schlecht und persönlich unangenehm. Deshalb sollten Sie sich ganz sicher sein, wenn Sie den Detaillierungsgrad für ausreichend halten. Grundsätzlich gilt: Lieber zwei Vertiefungsebenen zu viel als eine zu wenig.

Wir empfehlen Ihnen zweierlei: Erstens sollten Sie die ausreichenden Details durch eine Gegenprobe verifizieren. Zweitens sollten Sie zur Sicherheit noch weitere Vertiefungsmöglichkeiten festhalten.

Das Ausreichen der Details durch eine Gegenprobe verifizieren

Neben der aktiven Prüfung sollten Sie eine Gegenprobe vornehmen. Nach unserer Erfahrung sind es lediglich drei Situationen, die einen ausreichenden Detaillierungsbedarf belegen:

— Die Teilaussage ist für den Empfänger irrelevant.
— Die Teilaussage ist dem Empfänger bereits inhaltlich bekannt und wird von ihm akzeptiert.
— Die Teilaussage ist für den Empfänger auf dieser Aggregationsebene ausreichend nachvollziehbar.

Können Sie mindestens eine dieser drei Anforderungen guten Gewissens bejahen, dann sollte Ihr Detaillierungsgrad für diese Teilaussage ausreichen. Sie sind für die Präsentation absehbar gut gerüstet.

Zur Sicherheit weitere Vertiefungsmöglichkeiten festhalten

Haben Sie nach aktiver Prüfung und Gegenprobe den Boden Ihrer Pyramide gefunden, halten Sie ruhig trotzdem weitere Details vor. Sie sind Ihr Sicherheitsfallschirm. Sie bieten Sicherheit, falls Sie mir Ihrer Empfängereinschätzung falschlagen oder der

Empfänger aus nicht vorhersehbaren Gründen tiefer in die Materie einsteigen will. Beim Übertragen der Struktur in die Präsentationsunterlage werden Sie diese Vertiefungsmöglichkeiten später als Backup kenntlich machen.

Halten Sie geeignete Details fest. Investieren Sie hierzu nicht viel Zeit. Notieren Sie zunächst nur relevante Rohdaten, Quellen, Bilder und Skizzen oder Ähnliches. Mühen Sie sich nicht mit der Formulierung von Aussagen, weil Sie diese Inhalte im Vortrag nicht aktiv ansprechen werden. Schreiben Sie sie als Stichpunkte zur untersten Strukturebene dazu.

2 Logisch formale und gedankliche Hürden bei der Untermauerung meistern

Wo Sie für eine Teilaussage Detaillierungsbedarf erkannt haben, beginnt das gleiche Spiel nun von vorne. Gehen Sie wie in den beiden vorangegangenen Kapiteln beschrieben vor, wenn Sie zunächst die Einstellung des Empfängers zur jeweiligen Aussage prüfen und entsprechend eine Guppe oder Kette aufbauen.

Theoretisch dürfen sich dank der konsequenten Logik bei der Untermauerung keine weiteren Fragen stellen. Praktisch stehen viele Autoren gerade am Anfang vor der ein oder anderen Herausforderung. Berücksichtigen Sie bei der Entwicklung komplexer Gesamtstrukturen eine Reihe von Besonderheiten.

Auch wenn sich die zugrunde liegenden logischen Mechnismen dabei wiederholen, helfen Regeln und praktische Tipps bei der Untermauerung: Zwingend berücksichtigen müssen Sie zwei formale Regeln bei der Strukturierung. Optional können Sie bewährte Strukturmodule aufgreifen, um gedankliche Klippen bei der Strukturierung zu nehmen.

2.1 Zwei formale Regeln bei der Strukturierung berücksichtigen – die logische Pflicht

2.1.1 Keine weitere Kette unmittelbar unter die Schlussfolgerung einer Kette stellen

2.1.1.1 Grundsätzlich können Gruppen und Ketten beliebig kombiniert werden

Ob Sie eine Teilaussage wiederum mit einer Gruppe oder einer Kette untermauern, hängt von der Einstellung des Empfängers ab. Und die Einstellung kann von Aussage zu Aussage variieren. So entstehen bei individueller Vertiefung vielfältige Kombinationen von Gruppen und Ketten. Ist eine Aussage etwa zunächst grundsätzlich nachvollziehbar, der Empfänger versteht aber eine oder mehrere Konkretisierungen nicht,

237 Vorgehen: Kommen Sie mit pyramidalen Präsentationen auf den Punkt – in vier Schritten zum professionellen Auftritt
Empfängerorientierte Kommunikationsstrukturen entwickeln
Die Struktur in mehreren Schleifen weiter detaillieren – nach Maß schneidern

so haben Sie oben eine Gruppe, die Sie unten zumindest teilweise mit Ketten begründen. In einem anderen Fall haben Sie vielleicht eine Kette mit einer positiven und einer negativen Prämisse. Hier untermauern Sie die positive Prämisse mit einer konkretisierenden pyramidalen Gruppe, weil der Empfänger grundsätzlich zustimmt. Die negative Prämisse hingegen müssen Sie stichhaltig mit einer weiteren Kette begründen.

2.1.1.2 Doch die unmittelbare Untermauerung der Schlussfolgerung einer Kette mit einer weiteren Kette wäre unlogisch

Die Schlussfolgerung soll die darüberstehende Aussage unstrittig belegen. Sie ist das Ende der Beweisführung. Und eine bewiesene Aussage braucht keine Begründung mehr. Haben Sie ihn überzeugt, wird Ihr Empfänger nicht mehr nach dem *Warum* fragen. Er benötigt allenfalls eine Konkretisierung. Deshalb ist eine Kette unter der Schlussfolgerung einer Kette unsinnig. Es wäre eine logische Endlosschleife.

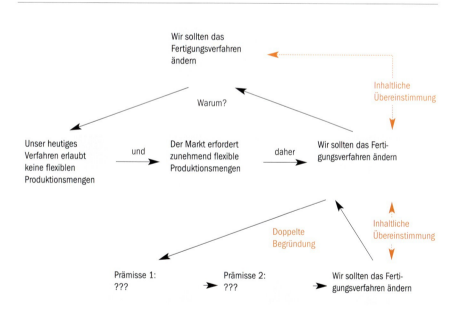

Die Kombination „Kette-unter-Schlussfolgerung" ist die einzige logisch unzulässige Kombination von Gruppen und Ketten. Und das betrifft nur die unmittelbare Untermauerung einer Schlussfolgerung. Auf tieferen Ebenen können Ketten durchaus wieder vorkommen. Überzeugen Sie Ihr Publikum etwa zunächst von einem Vorschlag und stellen anschließend drei Umsetzungsschritte vor. In diesem Fall hätten Sie auf der obersten Ebene eine Kette zur Begründung des Vorschlags. Unter deren

Schlussfolgerung folgt eine Gruppe mit den drei Umsetzungsschritten. Hat der Empfänger hier wiederum Zweifel, wieso ein Umsetzungsschritt genau so erforderlich ist, sollten und dürfen Sie diesen auf einer weiteren Ebene mit einer Kette begründen.

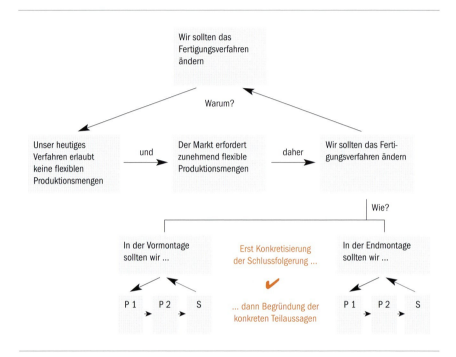

2.1.1.3   Deshalb müssen Sie „Kette-unter-Schlussfolgerung"-Kombinationen auflösen

Zur Vermeidung einer weiteren Begründung der Schlussfolgerung analysieren Sie zunächst Ihr Problem. Ärgern Sie sich nicht, dass Ihnen im Vorfeld ein logischer Fehler unterlaufen sein muss. Nutzen Sie stattdessen einen pragmatischen Ansatz zur Lösung des Problems.

Ist die Angst logisch unbegründet, dann verzichten Sie auf eine doppelte Begründung

Im einfachsten Fall sahen Sie weiteren Begründungsbedarf nur, weil Emotionen kurzzeitig die Vernunft überlagert hatten. Das ist menschlich nachvollziehbar, insbesondere an kritischen Stellen. Prüfen Sie also zunächst nochmals die logische Stringenz Ihrer ursprünglichen, oberen Kette. Reicht diese Kette zum Beweis der Kernaussage aus, so verzichten Sie auf eine weitere Begründung. Eine Wiederholung der Argumente stärkt die Argumentation nicht.

239   Vorgehen: Kommen Sie mit pyramidalen Präsentationen auf den Punkt – in vier Schritten zum professionellen Auftritt
Empfängerorientierte Kommunikationsstrukturen entwickeln
Die Struktur in mehreren Schleifen weiter detaillieren – nach Maß schneidern

War Ihre Kette logisch nicht ausreichend, dann schärfen Sie Ihre Argumentation

Bestätigt Ihre Anlayse eine unzureichende Argumentation, so besteht wirklich Begründungsbedarf. Theoretisch hätten Sie das bereits bei der Entwicklung der ursprünglichen Kette erkennen müssen, nicht erst bei deren Untermauerung. Bearbeiten Sie Ihre Kette, bis die Schlussfolgerung einleuchtend ist. Oft reichen kleinere Präzisierungen an den beiden Prämissen. Fehlen wesentliche Aspekte, müssen Sie die Struktur grundlegend anpassen, etwa indem Sie eine mehrstufige Kette entwickeln, wie wir später beim Nehmen gedanklicher Klippen ausführen werden.

Haben Sie ein zweites unabhängiges Argument entdeckt, dann strukturieren Sie beide unter einer Gruppe

Im besten Fall geht aus Ihrer Analyse ein zusätzlicher Argumentationsstrang hervor. Ihr Begründungsbedarf entspringt nicht primär dem Empfänger. Nein, Sie haben noch weitere Argumente für die Schlussfolgerung, die in den Prämissen nicht vorkommen. Prüfen Sie nun, ob beide Argumentationsstränge inhaltlich voneinander unabhängig sind. Jetzt können Sie Ihre Struktur auf eine grundsätzlich breitere Basis stellen: Nach oben kommt eine pyramidale Gruppe mit der Kernaussage *Aus zwei Gründen ...* Ihre beiden Begründungen fassen Sie in den Teilaussagen der Gruppe zusammen. Jede Teilaussage untermauern Sie mit einer weiteren Kette, einmal mit der bereits bestehenden, einmal mit der zusätzlichen Argumentation.

2.1.2   Eins-zu-eins-Beziehungen auflösen

Beim Strukturieren pyramidaler Gruppen entstehen häufig Eins-zu-eins-Beziehungen

Wir hatten Eins-zu-eins-Beziehungen bereits kennengelernt, die beim Auflösen von Schnitt- und Teilmengen im Rahmen des SAUBER®-Kriteriums der Unabhängigkeit entstanden. Sie können auch beim systematischen Vertiefen der Struktur auftreten: Denn das für den Empfänger relevanteste Strukturkriterium bestimmt die Teilaussagen der pyramidalen Gruppe. Das war der goldene Schnitt, den Sie aus der Vielzahl möglicher Strukturoptionen ausgewählt hatten. Nehmen wir eine Differenzierung zwischen *Inland* und *Ausland*. Diese war unstrittig SAUBER®. Manchmal gibt es zur Vertiefung von Teilaussagen nur einen konkretisierenden Unterpunkt, abhängig von den spezifischen Präsentationsinhalten. Gab es zum Beispiel im *Inland* mehrere berichtenswerte Aspekte, so ist es im *Ausland* nur ein einziger, relevanter Punkt. Es entsteht eine Eins-zu-eins-Beziehung mit einer allgemeinen Aussage zum *Ausland* oben und dem einen konkreten Punkt unten.

Aber die Eins-zu-eins-Beziehung reduziert keine Komplexität

Strukturen sollen komplexe Inhalte schrittweise handhabbar machen. Dazu werden die Inhalte von Ebene zu Ebene anhand eines schlüssigen Kriteriums heruntergebrochen. Doch diese Funktion erfüllt die Eins-zu-eins-Beziehung nicht. Die inhaltliche Aggregation ist auf beiden Ebenen gleich. Daher versagen Eins-zu-eins-Beziehungen grundsätzlich bei der Komplexitätsreduzierung.

Deshalb sollten Sie Eins-zu-eins-Beziehungen sprachlich auflösen

Verschmelzen Sie die beiden Teilaussagen der Eins-zu-eins-Beziehung. Aus zwei wird eins. Dadurch reduziert sich die theoretisch sehr komplexe Struktur wieder auf ihre inhaltliche Substanz. Die verbleibende Teilaussage formulieren Sie sprachlich symmetrisch, wie beim Auflösen logischer Konflikte auf Seite 169 beschrieben: Sie integrieren das Strukturierungskriterium von oben in die spezifischere, untere Aussage. Für schnelles Verständnis stellen Sie es direkt an den Anfang. Im Beispiel stehen dann folgende Teilaussagen nebeneinander *Im Inland werden wir vier Produktionsstandorte untersuchen* und *Im Ausland werden wir das Werk im mexikanischen Puebla untersuchen*. Nun können Sie im ersten Ast weiter nach Standorten gliedern. Im zweiten Ast ist diese Gliederungsebene entbehrlich.

241 Vorgehen: Kommen Sie mit pyramidalen Präsentationen auf den Punkt – in vier Schritten zum professionellen Auftritt
Empfängerorientierte Kommunikationsstrukturen entwickeln
Die Struktur in mehreren Schleifen weiter detaillieren – nach Maß schneidern

2.2 Gedankliche Klippen bei komplexen Strukturen nehmen – die argumentative Kür

Im Umgang mit vielschichtigen Strukturen hilft vor allem Übung. Eine Reihe gedanklicher Herausforderungen beobachten wir aber häufiger. Denken Sie daran – bei Bedarf.

2.2.1 Parallele Unterstrukturen unter mehreren Teilaussagen auf höhere Relevanz hinterfragen

2.2.1.1 Wenn es Ihre Empfängeranalyse will, dürfen mehrere Teilaussagen einer Ebene parallele Untergruppen haben

Es ist zulässig, mehrere Teilaussagen einer Ebene mit weiteren Gruppen nach dem gleichen Strukturierungskriterium zu untermauern. Parallele Unterstrukturen stehen nebeneinander. Die Inhalte der einzelnen Gruppen differieren, aber das Strukturierungskriterium ist gleich. Stellen wir uns vor, das Vertriebscontrolling gliedert primär nach den Vertriebsregionen und darunter nach den Produktgruppen. In diesem Fall gliedern Sie unter jeder Region genau die gleichen Produktgruppen. Es werden schließlich in allen Regionen die gleichen Produkte verkauft.

Aber die Parallelität muss Ergebnis bewusster Strukturierung sein. Viele Autoren neigen bei der Strukturierung umfangreicher Themen zur Faulheit. Haben Sie für eine Teilaussage eine geeignete pyramidale Gruppe gefunden, übertragen sie diese auf alle Teilaussagen. Sie verwenden eine Gruppe, die sich zur Untermauerung einer Teilaussage eignet, gleich auch für alle anderen Teilaussagen. Doch das widerspricht systematischer Empfängerorientierung. Möglicherweise präferiert der Vertriebsleiter der zweiten Region eine Gliederung nach Großkunden und Kleinkunden.

Parallele Gliederungen sind zulässig, wenn sie systematisch entwickelt wurden. Sie erleichtern Sender und Empfänger die Arbeit durch vertraute Denkmuster. Dies wird sich später im Einsatz von Standardfolien widerspiegeln.

2.2.1.2 Bei parallelen Unterstrukturen kann aber ein alternativer Strukturaufbau sinnvoll sein

Haben mehrere oder gar alle Teilaussagen einer Ebene die gleiche Untergruppe, so ist diese Unterstruktur für weite Teile oder das gesamte Thema wichtig. Zum Beispiel gliedern zwei pyramidale Gruppen einen Maßnahmenplan im Unternehmen. Die erste Ebene differenziert die einzelnen Abteilungen. Unter jeder Abteilung stehen einerseits aufbau- und andererseits ablauforganisatorische Maßnahmen. Das wäre eine SAUBER®e Struktur.

Wenn eine Struktur so wichtig ist, dass sie mehrfach eingesetzt wird, könnte man die Struktur genauso gut drehen – also auf erster Ebene aufbau- und ablauforganisatorische Maßnahmen und darunter die einzelnen Abteilungen. Das führt zu einem völlig neuen Denkmuster.

Folglich sind parallele Unterstrukturen auch bei systematischer Herleitung ein Indiz für die Sinnhaftigkeit einer alternativen Struktur. In vielen Fällen ist die Wahl des goldenen Schnittes eine der schwierigsten Aufgaben bei der Strukturierung. Parallele Unterstrukturen machen das deutlich.

2.2.1.3   Folglich sollten Sie parallele Unterstrukturen zum Anlass nehmen, Ihre Struktur nochmals zu hinterfragen

Entwickeln Sie bei der Vertiefung parallele Gruppen zur Untermauerung, so sollten Sie gedanklich einen alternativen Aufbau durchspielen. Unterscheiden Sie dabei, ob Sie oben eine Gruppe oder eine Kette strukturiert haben.

Steht oben eine Gruppe, an den Empfänger denken und einfach tauschen

Wie im Beispiel schon angesprochen, reicht ein Vertauschen der beiden Ebenen aus, wenn beide Ebenen aus pyramidalen Gruppen bestehen. Hier entscheidet allein das für den Empfänger wichtigere Strukturkriterium. Um im Beispiel von oben zu bleiben, für eine interne Präsentation vor den Abteilungsleitern ist die Gliederung primär nach den Abteilungen vermutlich zutreffender. Jede Abteilung erfährt genau, was sie aufbau- und ablauforganisatorisch zu tun hat. Bereiten Sie jedoch eine Präsentation für den Aufsichtsrat vor, ist die Frage durchaus relevant, ob für diesen nicht die grundsätzlichen aufbau- und ablauforganisatorischen Ansätze wichtiger sind – und nur bei Bedarf schaut man sich an, was das für einzelne Abteilungen bedeutet.

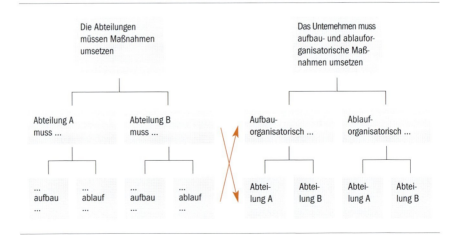

243 Vorgehen: Kommen Sie mit pyramidalen Präsentationen auf den Punkt – in vier Schritten zum professionellen Auftritt
Empfängerorientierte Kommunikationsstrukturen entwickeln
Die Struktur in mehreren Schleifen weiter detaillieren – nach Maß schneidern

Steht oben eine Kette, an die Argumente denken und eine Gruppe einschieben mit mehreren Ketten darunter

Hing die Entscheidung bei einer Gruppe auf erster Ebene vom Empfänger ab, benötigt eine Strukturänderung bei einer Kette wirklich parallele Argumente. Stellen wir uns einen Vorschlag vor, den Sie mit einer Kette begründen. Unter den beiden Prämissen steht jeweils eine Gruppe mit internen und externen Argumenten. In diesem Fall spricht viel dafür, dass es einen internen und einen externen Grund für Ihren Vorschlag gibt. Sind beide Gründe wirklich unabhängig voneinander, dann sollten Sie auch hier die Struktur tauschen: Oben entsteht eine Gruppe mit der Kernaussage *Aus internen und externen Gründen sollten wir xy tun*. Die Gruppe besteht aus zwei Teilaussagen, die ihrerseits jeweils mit einer Kette untermauert werden. Die zweite Kette mag Ihnen zunächst zusätzliche Arbeit bereiten. In der späteren Auseinandersetzung mit Ihrem Empfänger hat die Gruppe den Vorteil, dass Sie zweigleisig fahren. Wird etwa der interne Grund vom Empfänger widerlegt, können Sie dank der externen Argumentation immer noch mit Ihrem Vorschlag durchkommen.

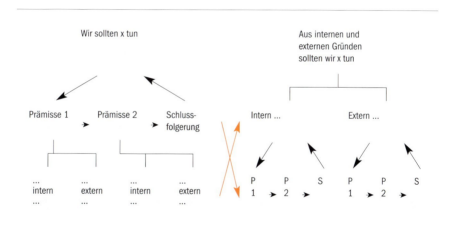

2.2.2 Mit mehrstufigen pyramidalen Ketten bei komplexen Aussagen schrittweise überzeugen

Die klassische Herleitung nimmt nach einem Zwischenschluss eine weitere Konkretisierung vor

Für komplexe Aussagen neigen wir dazu, eine zunächst gezogene Schlussfolgerung weiter zu kommentieren, um daraus eine weitere Schlussfolgerung zu ziehen. Das wiederholt sich mehrfach. Am Ende mehrerer Schleifen haben wir dem Empfänger eine sehr konkrete Aussage hergeleitet. Stellen wir uns vor, Sie wollen den Empfänger

von der Anschaffung eines bestimmten Ersatzteils für eine Erodiermaschine überzeugen. Die Herleitung könnte lauten: *Wir haben für die auf der Erodiermaschine
produzierten Produkte keine alternative Maschine.* Und *Die Produkte werden von
den Kunden stark nachgefragt.* Folglich *Wir sind auf diese Erodiermaschine ange-
wiesen.* Dann erläutern Sie *Die Erodiermaschine funktioniert derzeit wegen eines
defekten Moduls nicht.* Folglich *Wir müssen die defekte Maschine wieder in Betrieb
setzen.* Dann geht es weiter *Eine Reparatur des defekten Moduls ist technisch nicht
möglich.* Es folgt *Wir brauchen ein Ersatzteil.* Und zu guter letzt beweisen Sie *Das
vorgeschlagene Ersatzteil ist das wirtschaftlich günstigste.* Am Ende jeder Herleitung haben Sie durch einen weiteren Aspekt die Argumentation konkretisiert.

Schrittweise Eingrenzung ist weder pyramidal ergebnisorientiert noch logisch zulässig

Was dem Gedankenfluss bei der Ergebnisentwicklung entspricht, ist für die Ergebniskommunikation ungeeignet. Das lässt sich praktisch aus Sicht des Empfängers
und theoretisch anhand der pyramidalen Regeln belegen.

— **Praktisch zwingt der Zwischenschluss den Empfänger zur Auseinandersetzung mit allen Details.** Die konventionelle Herleitung spiegelt die schrittweise
   Herleitung wider. Die Lösung wird immer weiter eingegrenzt. Bis am Ende die
   konkrete Lösung übrig bleibt. Hat Ihr Empfänger die Abhängigkeit von der Maschine verstanden, folgt die nächste Eingrenzung – in diesem Fall der Handlungsbedarf. Bis Sie beim konkreten Vorschlag angelangt sind, musste der Empfänger
   alle Details selbst verarbeiten – ob er wollte oder nicht.
— **Theoretisch ist die Untermauerung einer Schlussfolgerung mit einer weiteren Kette logisch unzulässig.** Der intuitive Versuch, eine schrittweise Eingrenzung mit einer pyramidalen Struktur abzubilden, scheitert meist. Viele Autoren
   neigen dazu, den ersten Schritt mit einer Kette zu begründen. Unter die Schlussfolgerung stellen Sie dann die nächste Konkretisierung, die sie wiederum mit
   eine Kette begründen. Doch damit verletzen sie beide oben beschriebenen formalen Logikregeln: Sie haben unter der Schlussfolgerung nur eine einzige Konkretisierung, nämlich die nächste Eingrenzung. Die Eins-zu-eins-Beziehung muss
   aufgelöst werden. Damit rutscht die zweite Kette direkt unter die Schlussfolgerung der ersten. Auch das war logisch unzulässig.

Deshalb gehören bei pyramidaler Herleitung komplexer Aussagen vorangehende Schritte unter eine der beiden Prämissen

Folglich erfordert auch die pyramidale Herleitung komplexer Aussagen ein grundsätzliches Umdenken. Mit jeder weiteren Konkretisierung rutscht Ihre gedanklich

245 Vorgehen: Kommen Sie mit pyramidalen Präsentationen auf den Punkt – in vier Schritten zum professionellen Auftritt
Empfängerorientierte Kommunikationsstrukturen entwickeln
Die Struktur in mehreren Schleifen weiter detaillieren – nach Maß schneidern

erste Kette eine Ebene tiefer. Sie wird zur Untermauerung der ersten Prämisse einer weiteren Kette. Deren zweite Prämisse ist eine weitere Kommentierung, so dass auf der höheren Ebene die Schlussfolgerung konkreter wird. Auf der obersten Ebene der Struktur beginnen Sie folglich bereits mit einer relativ konkreten Prämisse als Basis – in diesem Fall mit der Aussage *Wir benötigen ein neues Ersatzteil für die Erodiermaschine*. Weil der Empfänger diese Aussage kaum unmittelbar akzeptiert, begründen Sie sie darunter auf mehreren Ebenen mit Ketten.

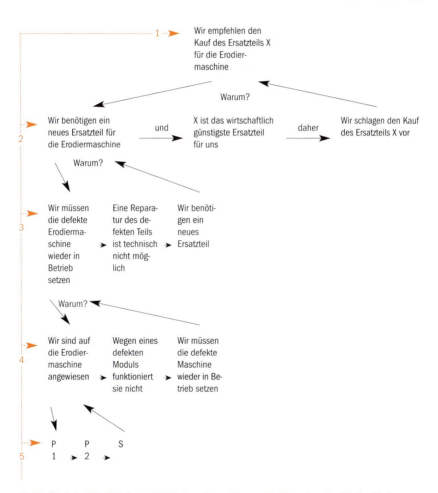

Der Empfänger hat fünf Einstiegsmöglichkeiten – je nachdem, welche Aussage er bereits akzeptiert

Im späteren Vortrag werden Sie bei Ihrem Empfänger von oben nach unten abtasten, auf welcher Ebene er Ihnen zustimmt. Im besten Fall stimmt er natürlich dem Kauf des ausgewählten Ersatzteils direkt zu. Vielleicht ist er mit Ihnen immerhin einer

Meinung, dass ein neues Ersatzteil gebraucht wird. Dann diskutieren Sie mit ihm nur über die zweite Prämisse, welches Teil das wirtschaftlichste ist. Eventuell besteht nur Einvernehmen darüber, die Maschine wieder funktionstüchtig zu machen. In diesem Fall steigen Sie auf der dritten Ebene ein und erläutern, dass dafür eine Reparatur des defekten Teils nicht möglich ist. In allen Fällen bestimmt der Empfänger den Detaillierungsgrad. Nur bei sehr skeptischen Empfängern werden Sie auf der untersten Ebene der Pyramide beginnen müssen.

2.2.3 Mit Positiv-Negativ-Argumentationen zweigleisig fahren

Die Positiv-Negativ-Struktur beschreibt bei polaren Gegensätzen beide Seiten der gleichen Medaille. Sie ist logisch eine Dopplung der Argumentation. Dennoch eignet sie sich insbesondere, wenn Ihr Ergebnis von den Vorstellungen des Empfängers abweicht. So lässt sich in schwierigen Situationen die Argumentation stärken.

Greifen wir wieder das Beispiel aus unserer mehrstufigen Kette auf. In einem Kommentar hatten wir behauptet, dass ein Ersatzteil erforderlich ist, um die Maschine wieder funktionsfähig zu machen. Stellen wir uns nun vor, dass Ihr Empfänger das defekte Teil lieber reparieren würde – etwa aus Kostengründen. Jetzt stehen Ihnen verschiedene Weg offen: Entweder argumentieren Sie nur positiv für das Ersatzteil, zum Beispiel dass das die dauerhafteste Lösung wäre. Damit ignorieren Sie die von Ihrem Empfänger präferierte Lösung. Wie bereits dargelegt, können Sie beim polaren Gegensatz auch negativ argumentieren. Wenn Sie sagen *Aber das Teil lässt sich nicht mehr dauerhaft reparieren* bleibt nur die Anschaffung eines Ersatzteils.

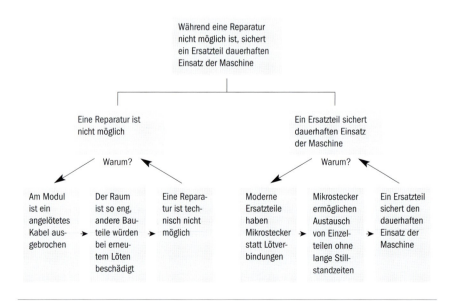

247 Vorgehen: Kommen Sie mit pyramidalen Präsentationen auf den Punkt – in vier Schritten zum professionellen Auftritt
Empfängerorientierte Kommunikationsstrukturen entwickeln
Die Struktur in mehreren Schleifen weiter detaillieren – nach Maß schneidern

Die elegante pyramidale Struktur kombiniert nun beide Wege, positiv und negativ. Unter der Aussage *Während eine Reparatur nicht möglich ist, sichert das Ersatzteil dauerhaften Einsatz der Maschine* steht nun eine Gruppe mit zwei Teilaussagen. Sowohl die negative als auch die positive Aussage werden mit einer weiteren Kette begründet. Sie profitieren wiederum von zwei unabhängigen Argumentationen. Häufig nutzen beide Ketten gemeinsame Aspekte – nur in unterschiedlicher Blickrichtung. Das kann dazu führen, dass ein einziges inhaltliches Contra beide Ketten aushebelt. Dennoch wirkt die Struktur wie die zuvor dargestellte parallele Begründung. Es muss nur eine der beiden Ketten überzeugen, um das Ersatzteil zu begründen.

2.2.4 Mit Alternativen oder Optionen inhaltliche Vielfalt pyramidal abbilden

Wir hatten bereits beim SAUBER®-Kriterium Unabhängig Alternativen und Optionen abgegrenzt. Auch sie sind im Sinne strenger Ergebnisorientierung für Empfehlungen überflüssig – wie die Positiv-Negativ-Argumentation. Natürlich können Sie Alternativen und Optionen zur Lösung eines bekannten Problems mit einer pyramidalen Gruppe nebeneinander vorstellen. Erwartet Ihr Empfänger aber von Ihnen einen eindeutigen Vorschlag, dann brauchen Sie nur den von Ihnen präferierten Weg. Zur eigenen Entscheidungsfindung mussten Sie sämtliche Möglichkeiten vergleichen, für die Kommunikation des Vorschlags kommt es nur noch auf die beste Möglichkeit an.

Dennoch wollen viele Empfänger alle Möglichkeiten sehen. Zumindest unterstellen die Sender das gerne. Nachvollziehbar ist die Betrachtung unterschiedlicher Möglichkeiten, wenn diese etwa den Projektverlauf zuvor maßgeblich geprägt haben. Oder mehrere Wege sind fast gleich gut geeignet. Das gilt umso mehr, wenn Sie einen anderen Weg vorschlagen als vom Empfänger präferiert. In der Praxis schieben viele Sender auch ihre Empfänger vor, um Ihren Fleiß bei der Beurteilung vielfältiger Möglichkeiten herauszustellen.

Egal was stimmt, Sie können Alternativen und Optionen in Ihre pyramidale Struktur integrieren: Damit stellen Sie die Vielfalt Ihrer Inhalte dar. Und der Empfänger kann immer noch entscheiden, ob und wie tief er in die einzelnen Möglichkeiten einsteigt.

Alternativen und Optionen sind das Äquivalent zur Positiv-Negativ-Betrachtung für mehrschichtige Inhalte. Ist der Gegensatz nicht polar, können durchaus mehr als zwei Wege nebeneinanderstehen.

Alternativen und Optionen lassen sich vielfältig in pyramidale Strukturen einbinden. Ihnen liegen die gleichen Prinzipien zugrunde. Drei Varianten sind besonders typisch – sie bauen aufeinander auf und bedienen ein zunehmend anspruchsvolles Kommunikationsvorhaben.

2.2.4.1   Über unterschiedliche Möglichkeiten informieren – allein oder zur konkreten Umsetzung eines Vorschlags

In der einfachsten Form stellen Sie die verschiedenen Wege nebeneinander. Die Kernaussage lautet sinngemäß *Es bestehen verschiedene Möglichkeiten.* Darunter konkretisieren Sie die Möglichkeiten. Es gelten natürlich die SAUBER®-Kriterien. Für eine unangreifbare Argumentation kommt es bei Alternativen und Optionen besonders auf eine erschöpfende Darstellung an. Sie dürfen keine Möglichkeit außer Acht lassen. Sonst wird Ihr Publikum Sie daran erinnern. Unter den Teilaussagen der ersten Ebene können Sie die Möglichkeiten weiter konkretisieren.

Alternativen und Optionen können nicht nur im Mittelpunkt Ihrer Gesamtstruktur stehen, also auf der ersten Strukturebene. Sie bieten sich auch zur Konkretisierung der Schlussfolgerung einer Kette an: Hier überzeugen Sie Ihr Publikum mit Hilfe der Kette zunächst von einem allgemeinen Handlungsbedarf. Sind Sie damit erfolgreich, eröffnen mehrere Möglichkeiten die Diskussion, wie man das konkret umsetzt – in unserem Beispiel *wo?*.

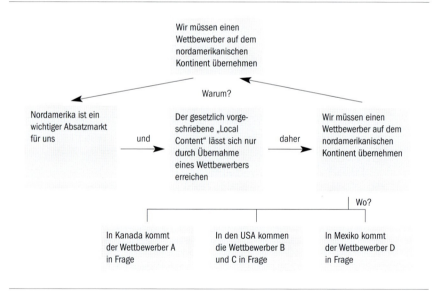

2.2.4.2   Unterschiedliche Möglichkeiten bewerten – absolute Einschätzungen ohne konkreten Vorschlag

Haben wir in der ersten Variante die Möglichkeiten nur beschrieben, integrieren wir nun Bewertungen. Indem Sie unter die parallelen Möglichkeiten jeweils eine pyramidale Kette stellen, bewerten Sie die einzelnen Wege, etwa im Hinblick auf ihre Eignung für ein gegebenes Problem. Ihre Bewertung erspart dem Empfänger, die Op-

249   Vorgehen: Kommen Sie mit pyramidalen Präsentationen auf den Punkt – in vier Schritten zum professionellen Auftritt
Empfängerorientierte Kommunikationsstrukturen entwickeln
Die Struktur in mehreren Schleifen weiter detaillieren – nach Maß schneidern

tionen selbst beurteilen zu müssen. Widerspricht Ihre Bewertung seiner Erwartung, begründet die Kette Ihre Einschätzung.

Die Bewertung einzelner Möglichkeiten ersetzt jedoch keine klare Empfehlung. Bei den Teilaussagen *Möglichkeit A ist gut* und *Möglichkeit B ist schlecht* möchte man intuitiv schließen, Möglichkeit A sollte umgesetzt werden. Aber das stimmt allenfalls bei diesem stark generalisierten Beispiel. Ändern wir die Bewertung etwa in *Möglichkeit A kostet nichts.* Jetzt stellt sich die Frage, ob Kosten das alleinige Entscheidungskriterium sind. Ebenso entsteht ein logisches Dilemma, wenn mehrere Möglichkeiten nichts kosten.

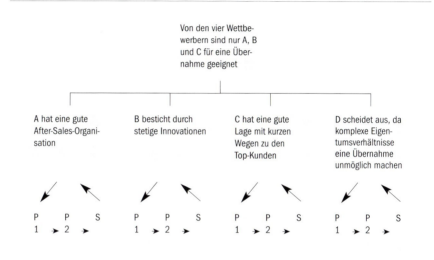

Das Beispiel zeigt: Mit bewerteten Alternativen und Optionen können Sie nur informieren. Selbst wenn das Publikum allen vier Einschätzungen folgt, bleibt offen, ob es *eine gute After-Sales-Organisation, stetige Innovationen* oder *kurze Wege zu den Top-Kunden* höher gewichtet. Wollen Sie eine konkrete Empfehlung abgeben, müssen Sie einen Schritt weitergehen. Sie vergleichen die Möglichkeiten unter dem Kommentar einer Kette – mit einer klaren Hervorhebung.

2.2.4.3 Möglichkeiten unter dem Kommentar einer Kette vergleichen – klare Empfehlung für eindeutige Kriterien

Zunächst stellen Sie eine pyramidale Kette an die Spitze Ihrer Struktur

Im Gegensatz zu verschiedenen Optionen stellt sich bei der Empfehlung in der Regel die Frage *Warum?* Dafür brauchen Sie eine Kette. Kernaussage und Schlussfolgerung lauten im Beispiel *Von den vier Kandidaten sollten wir Wettbewerber A übernehmen.*

In der ersten Prämisse definieren Sie das oder die entscheidenden Bewertungskriterien

Im Beispiel lautet die Aussage *Bei der beabsichtigten Übernahme muss unser Haupt-entscheidungskriterium ein moderner Maschinenpark sein*. In der Regel sollten Sie dieses Bewertungskriterium mit einer weiteren Kette darunter untermauern. Die Argumentation wird deutlich schwieriger, wenn es mehrere gleichrangige Bewertungskritierien gibt.

Unter die zweite Prämisse stellen Sie nun die verschiedenen Möglichkeiten – und heben Ihre präferierte eventuell hervor

Die zweite Prämisse fasst die Analyse der betrachtete Optionen zusammen. Diese stehen als pyramidale Gruppe darunter. Die Möglichkeiten werden im Hinblick auf das oder die in der ersten Prämisse definierten Kriterien bewertet. Jede Bewertung erfordert in der Regel wieder unterstützende Ketten.

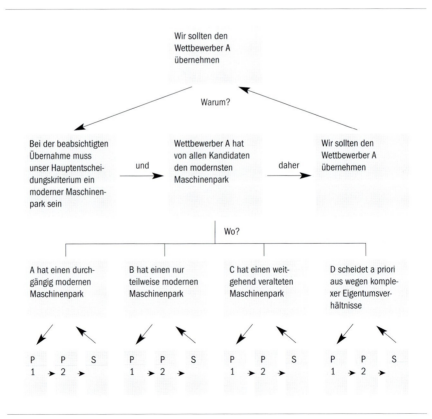

251   Vorgehen: Kommen Sie mit pyramidalen Präsentationen auf den Punkt – in vier Schritten zum professionellen Auftritt
Empfängerorientierte Kommunikationsstrukturen entwickeln
Die Struktur in mehreren Schleifen weiter detaillieren – nach Maß schneidern

Der Vergleich einander ausschließender Alternativen erfordert eine relative Positionierung zwischen den verschiedenen Möglichkeiten. Diese relative Positionierung spiegelt sich in der zweiten Prämisse wider. Im Beispiel sagen wir klar *Wettbewerber A hat von allen Kandidaten den modernsten Maschinenpark*. Die tieferen Ketten begründen für A positiv, dass der Maschinenpark sehr modern ist. Für B und C beweisen wir hingegen negativ, dass der Maschinenpark weniger modern ist. Für D belegen wir, dass diese Möglichkeit von vornherein ausscheidet.

Für einander ergänzende Optionen ist kein Vergleich nötig. Können Sie in der zweiten Prämisse mehrere Optionen positiv bewerten, dann empfiehlt die Schlussfolgerung natürlich alle sinnvollen Optionen.

Bibliothek

Bibliothek der Präsentationsstrukturen:
Wenn Konfektionsware passt, an bewährten Strukturen orientieren

Strukturieren Sie Ihre Präsentationen grundsätzlich individuell. Die Verlockung von Standardfolien ist nachvollziehbar. Doch die Inhalte variieren – gerade auch bei regelmäßiger Kommunikation, wie dem Controllingbericht. Wenn sich Ergebnisse positiv entwickeln, interessiert sich das Publikum für andere Inhalte als bei negativen Entwicklungen. Das muss die Präsentation widerspiegeln. Sie reisen ja auch mit dem Fahrrad ins Nachbardorf und mit dem Flugzeug nach Australien. Analog sollten Sie bei der Präsentation situationsspezifisch vorgehen.

Dennoch gibt es bei bestimmten Präsentationstypen Gemeinsamkeiten – Erwartungen des Empfängers ähneln sich häufig. Und Sie werden ebenso häufig vernachlässigt: Aus vertrauter Senderorientierung werden für den Empfänger wesentliche Differenzierungen nicht oder erst auf sehr tiefen Strukturebenen vorgenommen. Das vernebelt wichtige Blickwinkel.

Lassen Sie sich deshalb von bewährten pyramidalen Präsentationsmustern inspirieren. Sie greifen typische Denkweisen der Empfänger auf. Unsere Beispiele verwenden abstrakte Arbeitstitel, die beim Übertragen auf Folien konkretisiert werden müssen. Prüfen Sie deren Eignung und übertragen Sie Ihre Inhalte so weit sinnvoll:

Im Controllingbericht die wichtigsten Entwicklungen herausstellen

Controllingberichte sind in vielen Unternehmen heute schon relativ leicht zu verstehen.
Sie beschreiben die Entwicklung wesentlicher Kennzahlen im Zeitverlauf. Abhängig vom Berichtsumfang sind das allgemeine Finanzdaten wie Gewinn- und Verlustrechnung, Bilanz oder Liquidität. Fokussiertere Berichte beschränken sich auf einzelne Funktionen wie Vertriebs-, Produktions- oder auch Projektcontrolling. Dabei profitieren sie von drei, teilweise pyramidalen Besonderheiten: Erstens haben Sie meist eine logisch stringente und für den Empfänger leicht nachvollziehbare Struktur: Sie bedienen sich bestehender Denkmuster der jeweiligen Organisation – etwa Geschäftsfeldern, Abteilungen, Regionen, Produkten oder Mitarbeitern. Zweitens erleichtern quantitative Inhalte die Ableitung pyramidaler Zusammenfassungen – etwa durch Summen- oder Durchschnittsbildung. Drittens erscheinen sie

meist in regelmäßigen Intervallen, wodurch der Empfänger mit dem Aufbau schnell vertraut wird. So nimmt der Empfänger auch umfangreiche Controllingberichte relativ einfach auf.

Trotz vordergründig pyramidalem Aufbau kommt die Empfängerorientierung oft immer noch zu kurz. Wichtige Differenzierungen gehen in der Informationsfülle verloren. Zum Beispiel arbeiten viele Controllingberichte mit den Ampelfarben zur Bewertung der Kennzahlen. Grün ist gut, Gelb ist mittelmäßig und Rot ist schlecht. Diese Assoziation ist allgemeinverständlich und damit gut, ändert aber nichts an der Tatsache, dass die Differenzierung erst auf der untersten Ebene stattfindet. Aus umfangreichen Tabellen muss der Empfänger die besonders sensiblen roten Daten heraussuchen. Kreise oder Lupen über besonders wichtigen Daten wirken ähnlich. In einer senderorientierten Grundstruktur wird der Empfänger allenfalls geführt.

Der wirklich pyramidale Controllingbericht stellt die Botschaften in den Vordergrund, die für den Empfänger besonders wichtig sind. Analysieren Sie Ihre Inhalte gründlich. Notieren Sie dabei die für Ihr Publikum besonders relevanten Erkenntnisse auf einem Blatt Papier. In der Regel beschreiben Ihre Aussagen primär kritische Entwicklungen. Bedenken Sie dabei, dass eine relevante Erkenntnis sich häufig erst aus der Verknüpfung von zwei Daten ergibt. Anschließend prüfen Sie Ihre Aussagen im Hinblick auf die SAUBER®-Kriterien: Sind einzelne Erkenntnisse nicht unabhängig voneinander, lösen Sie das durch Einfügen von Zwischenebenen auf. Bezüglich des Kriteriums Erschöpfend denken Sie pragmatisch: Die Kernfrage des Empfängers lautet sicherlich nicht *Was ist im letzten Monat alles passiert?* Deshalb müssen Sie auch nicht alle Entwicklungen auflisten. Beschränken Sie sich auf die aus Empfängersicht relevanten Entwicklungen. Im besten Fall gibt es gar keine. Dann wäre die Liste leer und die Kernaussage lautet sinngemäß *Im Berichtszeitraum entwickeln sich alle relevanten Kennzahlen nach Plan.* Das ist aus Sendersicht brutal, aus Empfängersicht ist es effiziente Kommunikation. Vermutlich variiert die Anzahl der Aussagen von Bericht zu Bericht. Jede Aussage erhält später eine Seite in der Unterlage. Überlegen Sie sich nun Aussage für Aussage, welche Konkretisierung der Empfänger zur Untermauerung benötigt. Oft können Sie sich wieder Ihrer Rohdaten bedienen. Bei Verknüpfungen nutzen Sie die zugrunde liegenden Einzeldaten.

Über diesen grundsätzlichen Aufbau hinaus können Sie Ihre Struktur weiter veredeln:

Gerne auch positive Aspekte aufgreifen: Auch wenn die meisten Empfänger ihr Augenmerk primär auf kritische Entwicklungen richten, müssen Sie Ihre Auswahl nicht auf Negatives beschränken. Bei vielen Punkten lohnt sich die Ampelsystematik. Auf oberster Ebene der Struktur steht nun eine pyramidale Gruppe mit den Teilaussagen *Kritisch entwickeln sich ...*, *Aufmerksam beobachten müssen wir ...* und *Erfreulich ist ...* Auch darunter folgen die Einzelaspekte.

Zunächst die vollständigen Daten anbieten: Insbesondere bei der Umstellung eines bestehenden Berichtssystems auf pyramidalen Aufbau lassen Sie die konventionelle Betrachtung nicht gleich weg. Um in einer Übergangsphase beide Ansätze zu bieten, fügen Sie über Ihren ausgewählten Botschaften noch eine pyramidale Gruppe ein. Deren beide Teilaussagen beschreiben die Kategorien *Besonderheiten des Monats* und *Vollständige Daten*. Unter den Besonderheiten stehen die ausgewählten Botschaften. Unter den vollständigen Daten ordnen Sie, wie in der Vergangenheit, alle Daten an. So kann der Empfänger sich zunächst Ihre Auswahl anschauen. Bei Bedarf prüft er selbst die Richtigkeit Ihrer Auswahl. Wenn Sie mit der Auswahl jedoch richtigliegen und Ihre Besonderheiten später noch mit spezifischen Visualisie-

253 Vorgehen: Kommen Sie mit pyramidalen Präsentationen auf den Punkt – in vier Schritten zum professionellen Auftritt
Empfängerorientierte Kommunikationsstrukturen entwickeln
Die Struktur in mehreren Schleifen weiter detaillieren – nach Maß schneidern

rungen verständlich untermauern, dann wird Ihr Empfänger schrittweise Vertrauen aufbauen. Nur bei gravierendem Unverständnis wird er noch in die vollständigen Daten einsteigen – weswegen man diese später zum Anhang degradieren kann.

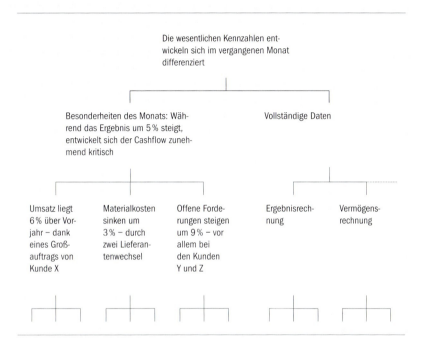

Bei Bedarf unterschiedliche Empfängergruppen ansprechen: Problemlos lassen sich auch bestehende Strukturen in den Aufbau integrieren. Richtet sich der Bericht etwa an unterschiedliche Adressatengruppen, dann sollten Sie auch die Auswahl der Besonderheiten für jede dieser Gruppen gesondert vornehmen. In den Struktur-Ast der Besonderheiten integrieren Sie auf oberster Ebene noch eine Ebene mit den entsprechenden Kategorien, etwa *Für Vertrieb und Marketing ...*, *Für Produktion und Logistik ...* und *Für die Verwaltung ...* Darunter ordnen Sie die entsprechenden Botschaften an.

Auch Empfehlungen geben: Die bisherigen Beispiele beschränkten sich auf die Information über Entwicklungen. Aber das Berichtswesen durchlebt in vielen Unternehmen derzeit einen Wandel. Es wird vom reinen Informanten zum Berater der Geschäftsleitung. Dafür müssen Sie einen Schritt weitergehen und Ihre wesentlichen Botschaften als Aufforderungen formulieren. Sie empfehlen damit dem Empfänger, bestimmte Dinge zu tun. Nachdem Sie bisher nur Fakten konkretisiert haben, brauchen Sie jetzt womöglich auch pyramidale Ketten: Sie müssen Ihre Empfehlungen zwingend belegen. Die Prämissen der Ketten speisen sich in der Regel zu weiten Teilen aus Ihren Rohdaten. Zur Erleichterung des Übergangs bietet sich wiederum eine Zwischenebene als pyramidale Gruppe an. Mit den Kategorien *Konkret sollten wir aufgrund der aktuellen Daten x tun* und *Grundsätzlich sollten wir im weiteren Vorgehen y berücksichtigen* decken Sie beide Aspekte ab: Sie geben dem Empfänger konkrete Empfehlungen. Mit der zweiten Kategorie informieren Sie über weitere relevante Entwicklungen, auch wenn sich daraus noch keine konkrete Handlung erschließt.

Firmenpräsentationen nach dem äußeren Nutzen des Unternehmens gliedern

Firmenpräsentationen dienen der Information nach außen. Sie vermitteln bestehenden oder potenziellen Geschäftspartnern ebenso wie der Öffentlichkeit wesentliche Charakteristika des Unternehmens. Unternehmen haben etwa hervor *Wir haben einen innovationen Heizungsradiator entwickelt* oder *Wir haben ein hochmodernes Logistikzentrum in Eisenach.* Im Gegensatz zur später noch betrachteten Verkaufspräsentation oder Beschlussvorlage zielen Sie nicht auf eine konkrete Reaktion des Empfängers.

Doch die weitverbreitete Innensicht von Firmenpräsentationen verfehlt den externen Empfänger. Gerade ohne konkreten Anlass muss die Präsentation für den Empfänger interessant sein. Das aber lässt sich mit der Vorstellung innovativer Methoden oder des Logistikzentrums nicht erreichen. Noch deutlicher wird es bei der Formulierung *Wir sind europäischer Marktführer bei ...* Der Empfänger nimmt das bestenfalls zur Kenntnis. Doch ihm bleibt die Frage *Na und?* So müssen Sie auch die Firmenpräsentation konsequent auf die Bedürfnisse des Empfängers ausrichten, gerade wegen ihres zurückhaltenden Anspruchs.

Die pyramidale Firmenpräsentation baut eine Beziehung auf zwischen Firma und Empfänger. Drehen Sie dafür Ihren Blickwinkel in zweierlei Hinsicht. Zum einen stellen Sie den Nutzen in den Vordergrund. Zum anderen verzichten Sie auf *Wir* als Subjekt Ihrer Aussagen. Damit ändern Sie inhaltlich gar nichts, aber die Umformulierung wirkt Wunder, zum Beispiel *Mit unseren einzigartigen XY-Radiatoren können unsere Kunden nicht nur heizen, sondern auch kühlen.* Jetzt steht nicht die stolze Innovation im Vordergrund, sondern deren Auswirkung auf die Außenwelt. Für das Logistikzentrum lautet es analog *Unsere Kunden erhalten ihre Waren dank unseres hochmodernen Servicenetzes binnen 24 Stunden.*

Für die empfängerorientierte Firmenpräsentation bieten sich insbesondere drei Standardstrukturen an:

Die wichtigsten Ressourcen des Unternehmens ansprechen. Die Gliederung nach Ressourcen stellt das eigene Unternehmen besonders positiv dar, insbesondere wenn der Nutzen für die Außenwelt austauschbar ist. Sie sprechen dabei die relevanten Betriebsmittel an, etwa innovative Methoden und Patente, eine starke Marke, hoch qualifizierte Mitarbeiter, moderne Anlagen und nicht zuletzt solide Finanzen. Gleichwohl sollten Sie auch bei dieser Struktur die Außensicht beachten und die Auswirkung der Betriebsmittel betonen. Die Aussage *Unser Ersatzteillager, das größte in Europa, bietet unseren Kunden einen Servicegrad von über 99 %* lässt Sie Ihr Ersatzteillager erwähnen, ohne den Nutzen zu vernachlässigen. Weiter geht es zum Beispiel mit *Unsere 40 Projektingenieure in Europa und Asien entwickeln pro Jahr über 100 kundenspezifische Anwendungen, Unsere Finanzkraft als börsennotiertes Unternehmen ermöglicht uns die Übernahme von zwei hochspezialisierten Anbietern* und so weiter.

Die Interessengruppen des Unternehmens ansprechen. Die bisherigen Beispiele fokussieren auf den Nutzen für den Kunden. Doch der ist häufig gar nicht der Empfänger. Eine breit angelegte Firmenpräsentation berücksichtigt daher alle Interessengruppen, neudeutsch Stakeholder. Sie umfasst neben Kunden auch Lieferanten, Mitarbeiter, Eigentümer und die Öffentlichkeit. Damit können Sie ein breites Spektrum relevanter Firmencharakteristika vermitteln. Unter der arbeitshypothetischen Kernaussage *Unsere Firma ist toll* sammeln Sie zunächst

255 Vorgehen: Kommen Sie mit pyramidalen Präsentationen auf den Punkt – in vier Schritten zum professionellen Auftritt
Empfängerorientierte Kommunikationsstrukturen entwickeln
Die Struktur in mehreren Schleifen weiter detaillieren – nach Maß schneidern

Bibliothek

konkrete Beispiele, inwiefern Ihre Firma toll ist. Diese gruppieren Sie anschließend im Hinblick auf die einzelnen Stakeholder. Anschließend formulieren Sie die Aussagen als Nutzen für die jeweiligen Interessengruppen und überprüfen sie im Hinblick auf die SAUBER®-Kriterien. In Abhängigkeit von der Einstellung des Publikums konkretisieren oder begründen Sie Ihre Aussagen. Abschließend schärfen Sie Ihre Kernaussage anhand der untermauernden Details. Das ist zugegeben oft schwierig. Doch diese Vorgehensweise erlaubt, bestimmte Faktoren hervorzuheben, etwa eine Marktführerschaft dezent zu erwähnen.

Vorhandene Missionen, Visionen, Leitsätze, Ziele oder Ähnliches aufgreifen. Viele Unternehmen haben viel Zeit und Geld investiert, Auftrag und Geist des Unternehmens in Worte zu fassen. Dafür werden eine Vielzahl von Begriffen verwendet. Die wenigsten davon sind deutsch, noch weniger sind bedeutungsvoll im Sinne von SAUBER®. Verwendet ein Unternehmen auch noch mehrere parallel, so überschneiden sich diese meist großzügig. Und dennoch können sie Grundlage für Firmenpräsentationen sein. Dafür greifen Sie die vorgegebenen Sätze auf und strukturieren sie als Teilaussagen einer Gruppe. Bei der anschließenden Untermauerung konkretisieren Sie jeden Satz im Hinblick auf seine Bedeutung für den jeweiligen Empfänger. Die Teilaussagen lauten zum Beispiel *Für unser Ziel, Top-Arbeitgeber der Branche zu werden, haben wir im vergangenen Jahr einen Betriebskindergarten eröffnet, Für unser Ziel, den CO_2-Ausstoß um 30 % zu senken, reaktivieren wir derzeit unseren Bahnanschluss* und so weiter.

Auch in der internen Abteilungspräsentation den Beitrag zum Unternehmenserfolg betonen

Analog zur externen Firmenpräsentation vermitteln auch interne Abteilungsvorstellungen oder persönliche Vorstellungen von einzelnen Mitarbeitern deren Nutzen. Die Formulierung *Wir sorgen dafür, dass das richtige Material zur richtigen Zeit in der richtigen Menge am richtigen Platz ist* klingt doch gleich viel nützlicher als *Der Einkauf stellt sich vor.*

Auch das klassische Organigramm ist als primäres Gliederungskriterium meist ungeeignet. Es führt bei Kollegen aus anderen Bereichen allenfalls zur Verwunderung, wie viele Leute sich denn mit einem solchen Thema beschäftigen können. Gliedern Sie Ihre Vorstellung vielmehr wiederum nach dem Nutzen. Notieren Sie Ihre Beiträge auf einem Blatt Papier. Häufig können Sie sich auch an vorgegebenen Unternehmens- oder Bereichszielen orientieren. Sie eignen sich dann als Strukturierungskriterium, wenn Ihre Abteilung zu mehreren Zielen beiträgt. Übrigens: Finden Sie kein Unternehmensziel, zu dem Ihre Organisationseinheit einen Beitrag leistet, dann sollten Sie sich Gedanken über die langfristige Existenzgrundlage Ihrer Arbeit machen.

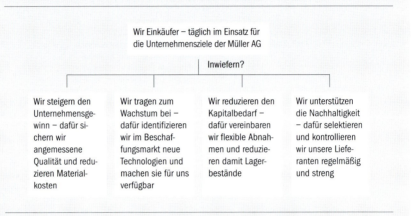

Möchten Sie mit Ihrer Abteilungspräsentation nicht nur den eigenen Nutzen vorstellen, sondern auch die Zuarbeit anderer Bereiche ansprechen, dann fügen Sie Ihrer Struktur eine weitere Gruppe auf oberster Ebene ein. Sie besteht aus den Teilkategorien *Output* und *Input*. Der *Output* entspricht dem oben beschriebenen Nutzen. Im *Input* formulieren Sie Ihre Anforderungen an die übrigen Bereiche, die sich wiederum als empfängerorientiertes Gliederungskriterium anbieten, etwa *Vom Vertrieb benötigen wir frühzeitige Informationen über neue Produktideen*, *Von der Entwicklung benötigen wir vollständige Teilespezifierungen* und so weiter. Die beliebte Darstellung der internen Prozesse wird den Empfänger vermutlich am wenigsten interessieren. Wenn Sie unbedingt wollen, dann können Sie als dritte Teilkategorie zwischen *Input* und *Output* die *Interne Verarbeitung* einfügen, zum Beispiel mit der Teilaussage *Unsere Arbeitsabläufe reichen von der Betreuung externer Entwicklungen bis zur Steuerung etablierter Lieferketten*. Auch das wäre SAUBER®.

In der Projektstatuspräsentation nicht nur an der Projektstruktur orientieren

Mit steigender Bedeutung von Projektarbeit nimmt auch die Anzahl von Projektstatuspräsentationen zu. Mit ihnen berichtet die Projektgruppe einem Leitungsgremium, mitunter Lenkungskreis benannt. In regelmäßigen Abständen bei Kaffee und Keksen diskutiert eine relativ große Runde den Projektfortschritt. Meistens kann sich die Statuspräsentation an der Gesamtstruktur orientieren. Sie greift zuvor definierte Teilprojekte und Arbeitsschritte auf. Wurden diese zu Projektbeginn SAUBER® definiert, erleichtern sie eine stringente Gesprächsführung. Ergänzend gibt es vier weitere Strukturierungskriterien, die für Statuspräsentationen typischerweise geeignet sind. Prüfen Sie, ob Sie diese in die Projektstruktur einschieben sollten – ganz oben oder auf einer tieferen Strukturebene:

257   Vorgehen: Kommen Sie mit pyramidalen Präsentationen auf den Punkt – in vier Schritten zum professionellen Auftritt
        Empfängerorientierte Kommunikationsstrukturen entwickeln
          Die Struktur in mehreren Schleifen weiter detaillieren – nach Maß schneidern

Bibliothek

Blick zurück und Blick voraus. Statuspräsentationen stellen in der Regel zurückliegende Projektschritte vor und regeln das weitere Vorgehen. Das führt zu einer zeitlichen Gliederung mit den Teilfragen *Was war?* und *Was wird?* Formulieren Sie Ihre Aussagen konsequent in der Vergangenheitsform *Wir haben ...* und Zukunftsform *Wir werden ...* So ist Ihre Struktur automatisch stringent.

Projektmanagement und Projektinhalte. Die Funktion von Projektgremien ist häufig unklar. Der Begriff einer Projektstatuspräsentation erlaubt den Schluss, es ginge nur um das Projektmanagement – also was wer wann und wie macht. Da die Entscheidungsträger die gleichen Personen sind, behandeln sie meist aber auch inhaltliche Themen zum Projekt – etwa Entscheidungen zum Projektgegenstand. Das spiegeln Sie wider durch eine höhere Strukturebene mit den Kategorien *Projektmanagement* und *Projektinhalte*. Die Kategorien erlauben eine unabhängige Diskussion. Schließlich können Sie Ihr Projekt genau nach Plan abarbeiten, nur die inhaltlichen Ergebnisse sind enttäuschend – oder umgekehrt. Herausfordernd wird allenfalls die Frage, welche der beiden Kategorien relevanter ist und zur ersten Teilaussage wird. Tendenziell sollten in der ersten Phase des Projekts die Managementthemen im Vordergrund stehen. Im weiteren Projektverlauf werden sie von den Inhalten verdrängt.

Informieren und entscheiden. Ebenso täuscht der Begriff einer Statuspräsentation darüber hinweg, dass Lenkungskreise in der Regel zentrale Entscheidungsgremien sind. Das Projektteam informiert nicht nur über seinen Projektfortschritt. Es holt auch Entscheidungen ein. Kommunizieren Sie diese unterschiedlichen Erwartungen deutlich. Die Kategorien lauten *Information* und *Entscheidungsbedarf*. Für konsequent analoge Teilaussagen beginnen Sie Ihre relevanten Punkte einerseits *Zu wissen ist, ...* und andererseits *Zu entscheiden ist, ...* Unser Beispiel veranschaulicht die Kombination von Inhalten und Projektmanagement sowie von Informationen und Entscheidungsbedarf.

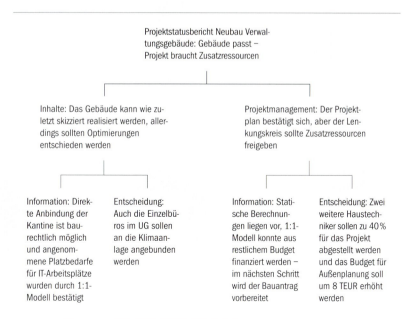

Projektstatusbericht Neubau Verwaltungsgebäude: Gebäude passt – Projekt braucht Zusatzressourcen

Inhalte: Das Gebäude kann wie zuletzt skizziert realisiert werden, allerdings sollten Optimierungen entschieden werden

Projektmanagement: Der Projektplan bestätigt sich, aber der Lenkungskreis sollte Zusatzressourcen freigeben

Information: Direkte Anbindung der Kantine ist baurechtlich möglich und angenommene Platzbedarfe für IT-Arbeitsplätze wurden durch 1:1-Modell bestätigt

Entscheidung: Auch die Einzelbüros im UG sollen an die Klimaanlage angebunden werden

Information: Statische Berechnungen liegen vor, 1:1-Modell konnte aus restlichem Budget finanziert werden – im nächsten Schritt wird der Bauantrag vorbereitet

Entscheidung: Zwei weitere Haustechniker sollen zu 40 % für das Projekt abgestellt werden und das Budget für Außenplanung soll um 8 TEUR erhöht werden

Gut gelaufen, schlecht gelaufen. Auch die einfache Gegenüberstellung von positiven und negativen Entwicklungen erleichtert das Verständnis einer Statuspräsentation. Vor allem Fehlentwicklungen sind für den Empfänger relevant. Hier kann er detaillierter einsteigen. Erfolge reichen ihm aggregiert. Neben einer getrennten Betrachtung für Teilprojekte bietet sich die Positiv-Negativ-Betrachtung auch für Projektziele an. Wurden solche zu Projektbeginn stringent definiert, strukturieren Sie pro Ziel *Erfolge* und *kritische Entwicklungen*. Fehlen spezifische Projektziele, eignet sich für den Projektstatus die Standardstruktur aus *Zeit, Kosten, Qualität*.

Mit Beschlussvorlagen zu unternehmerischen Entscheidungen auffordern

Dominieren bei den zuvor genannten Präsentationstypen regelmäßig pyramidale Gruppen auf den obersten Ebenen der Struktur, ist das für die typische Entscheidungsvorlage anders. Der Empfänger hinterfragt vorgeschlagene Änderungen an Strukturen und Abläufen zunächst kritisch, insbesondere wenn Sie dafür Gelder haben wollen. Um seine skeptische Haltung zu überwinden, wird Ihre Struktur eine oder mehrere Ketten enthalten. Die Komplexität der Kombination von Gruppen und Ketten macht es noch schwieriger, eine Standardstruktur für Entscheidungsvorlagen zu entwickeln.

Gleichwohl gibt es einige grundlegende Gemeinsamkeiten für die Argumentation in der Beschlussvorlage. Dabei konzentrieren wir uns auf die Begründung mit Hilfe einer Kette. Hier beinhalten die beiden Prämissen die Gegenüberstellung von Handlungsbedarf und Lösung – die resultierende Schlussfolgerung konkretisiert die Empfehlung:

Erst den Handlungsbedarf durch ein Problem oder Potenzial feststellen. In der ersten Prämisse stimmen Sie mit Ihrem Empfänger den Handlungsbedarf ab. Selbst wenn dieser unstrittig ist, müssen Sie ihn als Prämisse formulieren. Sie dürfen ihn nicht unausgesprochen voraussetzen. Er wird sich als essenziell für die logisch zwingende Begründung erweisen. Zitieren Sie etwa den Projektauftrag *Um im indischen Markt erfolgreicher zu agieren, wollen wir das Geschäfskonzept anpassen*. Besteht Zustimmung, braucht diese Prämisse vermutlich wenig Untermauerung. Bei eigeninitiativ vorgetragenen Empfehlungen hingegen müssen Sie den Empfänger zunächst sensibilisieren. Im negativen Fall beschreiben Sie ein Problem, das Sie kommen sehen. Im positiven Fall handelt es sich um ein Potenzial – etwa zur Umsatzsteigerung oder Kostensenkung. Der Sensibilisierungsbedarf drückt sich bereits in Ihrer Prämisse aus – statt wollen heißt es nun *Um im indischen Markt erfolgreicher zu agieren, müssen wir das Geschäftskonzept anpassen*. Ob Problem oder Potenzial, Sie werden beides mit weiteren Ketten begründen müssen. Je nach Komplexität und erwartetem Widerstand des Publikums entsteht so die oben bereits erläuterte mehrstufige Kette.

Dann die Lösung beschreiben und qualifizieren. Vollzieht der Empfänger den Handlungsbedarf absehbar nach, sprechen Sie mit der zweiten Prämisse Ihre vorgeschlagene Lösung an. Sie darf an dieser Stelle nur qualifiziert werden, die Aufforderung kommt erst in der Schlussfolgerung. Die kommentierende Prämisse belegt, dass die von Ihnen vorgeschlagene Lösung geeignet ist, das Problem zu beseitigen oder das Potenzial zu erschließen. Um das wiederum zu beweisen, brauchen Sie eine weitere Begründung. Steht nur eine Lösung zur Diskussion, untermauern Sie die kommentierende Prämisse also wieder mit einer Kette. In deren erster Prämisse beschreiben Sie die Lösung sachlich. Achten Sie bei dieser Vorstellung auf rein deskriptive Aussagen. In der zweiten Prämisse bewerten Sie die Lösung qualitativ.

259 Vorgehen: Kommen Sie mit pyramidalen Präsentationen auf den Punkt – in vier Schritten zum professionellen Auftritt
Empfängerorientierte Kommunikationsstrukturen entwickeln
Die Struktur in mehreren Schleifen weiter detaillieren – nach Maß schneidern

Bibliothek

Sie charakterisieren ihre spezifischen Besonderheiten. Als Schlussfolgerung wiederholen Sie sinngemäß, dass Ihre Lösung geeignet ist. Darunter zählen Sie die konkreten Vorteile der Lösung auf. Mit dieser Kette haben Sie nun die Eignung Ihrer Lösung bewiesen. Hat sich Ihre Lösung im Vergleich zu alternativen Ideen durchgesetzt, erfolgt die Untermauerung durch den Vergleich der unterschiedlichen Möglichkeiten – wie oben beschrieben. Oberhalb der untermauernden Kette stellen Sie zunächst mit einer Gruppe die betrachteten Möglichkeiten dar – und belegen deren Eignung oder Versagen wiederum.

Zum Schluss die Ausgestaltung und Umsetzung konkretisieren. Hat Ihr Empfänger beide Prämissen akzeptiert und waren diese zwingend miteinander verknüpft, wird er Ihrem Vorschlag folgen. Dafür bleibt ihm nur die Frage, wie er genau vorgehen soll. Daher konkretisieren Sie unter der Schlussfolgerung Ihre Vorstellungen zur genauen Ausgestaltung dr Umsetzungsschritte. Haben Sie ein Projekt vorgeschlagen, können Sie darunter die pragmatische Struktur mit den vier Teilkategorien *Vorgehen*, *Organisation*, *Zeitplan* und *Kosten* vertiefen, die wir als nächste Standardstruktur vorstellen. Stehen zur Ausgestaltung und Vorgehensweise verschiedene Wege offen, dann stellen Sie diese als alternative Möglichkeiten mit einer Gruppe dar – wie oben im Umgang mit Alternativen und Optionen ausführlich dargelegt.

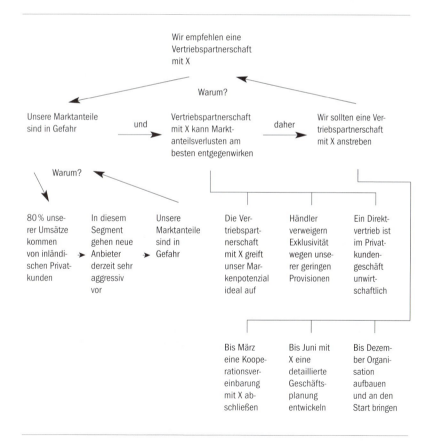

Im Beispiel belegt die erste Prämisse den Handlungsbedarf: Die Marktanteile sind in Gefahr. Die zweite Prämisse hebt die Vertriebspartnerschaft als beste Lösung hervor, im Vergleich zu anderen Ideen. Ist die Resolution akzeptiert, wird darunter das Vorgehen konkretisiert. Weitere Beispiele für Beschlussvorlagen fanden Sie bereits in den vorangegangenen Kapiteln, etwa auf den Seiten 238, 245 und 250.

Projektpläne je nach Bedeutung des Vorgehens pragmatisch oder idealtypisch aufbauen

Für die meisten Projekte reicht eine Auflistung der wichtigen Projektaspekte wie Projektphasen, Zeitplan und Projektteam. Doch formal besteht eine Abhängigkeit zwischen Vorgehen und Projektressourcen. Die Teilkategorien können nicht in allen Fällen unabhängig voneinander betrachtet werden. Deshalb ist die Bedeutung des Projektvorgehens entscheidend für die Struktur. Zwei grundsätzliche Ansätze haben sich bewährt.

Bei unspektakulärem Vorgehen relevante Projektinformationen als Gruppe anordnen

Dieser pragmatische Ansatz funktioniert insbesondere, wenn das Projektvorgehen keine wesentlichen Auswirkungen auf die Projektressourcen hat. Sie stellen ein Standardvorgehen vor, das methodisch weitgehend unbestritten ist. Änderungen am Vorgehen erfordern nicht unmittelbar auch andere Änderungen, etwa bei Projektorganisation oder Zeitplan.

In diesem Fall stellen Sie mit einer Gruppe die einzelnen Aspekte des Projektes parallel nebeneinander. In vielen Fällen unterstützt die Gruppe die Schlussfolgerung einer Kette, mit der Sie zuvor das Projekt begründet haben. Das Publikum ist nun überzeugt und will wissen, wie es weitergeht. Oder Sie entwickeln die Gruppe gleich als oberste Ebene Ihrer Struktur, etwa zur Vorstellung eines Projektes bei Konsens.

Beim Aufbau der Gruppe fällt das Projektziel logisch heraus. Es gilt für alle Teilkategorien gleichermaßen. Sie alle sollen auf das Projektziel hinwirken. Deshalb steht das Projektziel bereits in der Kernaussage. Darunter lassen sich vielfältige Details zum Projekt in der Regel in vier Teilaussagen zusammenfassen. Dem Empfänger bleibt unter dem Projektziel die Frage. *Was* macht *wer – wann* und *wie*? Daraus leiten sich vier Teilkategorien ab:

Mit dem Projektvorgehen die Was-Frage beantworten. Beschreiben Sie zunächst Ihre Projektmethodik, also was muss auf dem Weg zum Projektziel getan werden. Formulieren Sie die Aktivitäten in Verbformen, damit die Handlung deutlich wird. Auch das Vorgehen selbst können Sie pyramidal gliedern, tendenziell mit Gruppen: Bei umfangreichen Projekten gliedern Sie den Umfang als komplementäre Gruppe in handhabbare Arbeitspakete. Bei komplexen Vorgehensschritten gruppieren Sie einzelne Aktivitäten als Prozess unter gemeinsamen Oberbegriffen, klassischerweise etwa den Schritten *Analysieren*, *Konzipieren* und *Umsetzen*. Wollen Sie Zwischenergebnisse im Projekt auch qualitativ beschreiben, so gehört das ebenfalls zum Vorgehen. Integrieren Sie greifbare Anforderungen an die Qualität der Ergebnisse in die Formulierung der Vorgehensschritte.

Mit der Projektorganisation die Wer-Frage beantworten. Erläutern Sie im nächsten Schritt die unterschiedlichen Projektgremien – etwa Lenkungskreis, Projektleitung und Projektteam. Beim pragmatischen Ansatz reflektiert die Projektorganisation die in der Vorgehensweise definierten Teilprojekte. Dennoch sollten Sie die Rollen der Projektgremien grundsätzlich beschrei-

261 Vorgehen: Kommen Sie mit pyramidalen Präsentationen auf den Punkt – in vier Schritten zum professionellen Auftritt
Empfängerorientierte Kommunikationsstrukturen entwickeln
Die Struktur in mehreren Schleifen weiter detaillieren – nach Maß schneidern

Bibliothek

ben, um eine weitgehend unabhängige Diskussion zu ermöglichen. Verwenden Sie dafür allgemeine Begriffe wie zum Beispiel *Informationen erheben* und *Optionen ausgestalten* für das Projektteam und *Optionen auswählen* und *Umsetzungen freigeben* für einen Lenkungskreis.

Mit dem Zeitplan die Wann-Frage beantworten. Beim pragmatischen Ansatz ist es akzeptabel, dass auch der Zeitplan die wichtigsten Schritte aus dem Vorgehen aufgreift und sie außerdem mit der Projektorganisation verknüpft. Zum Zeitplan gehören auch die nächsten Schritte.

Mit den Projektkosten die Wie-Frage beantworten. Zu guter Letzt führen Sie Projektkosten auf. Auch sie werden faktisch vom Vorgehen abhängen. Dennoch sind Projektkosten für viele Empfänger eine sehr wichtige Information, so dass sie pragmatisch auf die gleiche Ebene dürfen.

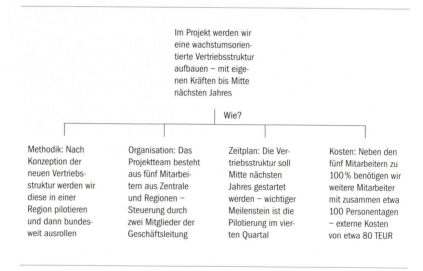

Bei unkonventioneller Vorgehensweise oder kritischen Ressourcen mit einer Kette herleiten

Der idealtypische Ansatz ist logisch unangreifbar, doch leider komplexer. Sie benötigen ihn vor allem in zwei Fällen – einerseits bei völlig neuartigen Projekttypen ohne etabliertes Vorgehen und andererseits wenn Sie sehr spezifische oder umfangreiche Projektressourcen benötigen, also zum Beispiel viel Geld.

In diesem Fall begründen Sie Ihren Projektplan mit einer Kette. In der ersten Prämisse beschreiben Sie das Projektziel. Wenn Sie das Projekt an sich noch begründen müssen, entsteht durch die Kette zur Begründung des Projektziels eine mehrstufige Kette. In der zweiten Prämisse stellen Sie Ihr Vorgehen als sinnvollen oder besten Weg zum Ziel vor. Unkonventionelles Vorgehen werden Sie wiederum mit einer neuen Kette untermauern müssen. Bei Bestätigung von Ziel und Vorgehen folgern Sie als Schluss der zentralen Kette die eher operativen Projektdetails – Zeitplan, Projektorganisation und Kosten. Im Beispiel wollen wir die Vertriebsstruktur jetzt auf Basis einer Erhebung bei allen Kunden konzipieren. Dieses Vorgehen könnte übertrieben erscheinen. Deshalb begründen wir es zunächst.

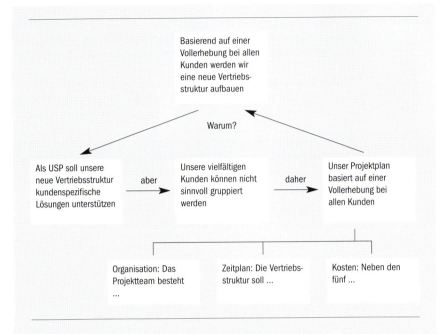

In der Geschäftsplanung künftige Entwicklungen anhand der Ergebnisstruktur beschreiben

Geschäftspläne stellen heute dar, was morgen passiert. Sie sind Entscheidungsgrundlage für Investitionen in Maschinen, neue Geschäftsfelder oder ganze Unternehmen. Deren erwartete Ergebnisauswirkungen bilden Geschäftspläne heute schon ab.

Folglich sollten Sie Geschäftspläne anhand von Ergebnisstrukturen beschreiben. Das können unternehmensspezifische Berechnungen sein. Allgemein bietet sich die Ergebnisstruktur des Handelsgesetzbuches an. Dort definiert § 275 für die Gewinn- und Verlustrechnung vereinfacht Umsatz und vier Aufwandsarten. Für alle Positionen müssen Sie den entsprechenden Betrag angeben. Aus der Saldierung ergibt sich für die Kernaussage automatisch ein Gewinn oder Verlust.

In der ersten Teilaussage die Umsatzerwartung beschreiben. Zunächst konkretisieren Sie die erwarteten Umsätze von Kunden. Brechen Sie diese etwa nach Produkten, Kundengruppen, Regionen oder ähnlichen Kriterien herunter, so tief, bis der Empfänger Ihre Erwartungen nachvollziehen kann. Auch die betriebswirtschaftliche Formel aus Absatzmenge und Preis macht Ihre Annahmen konkreter und damit besser nachvollziehbar. Bei Bedarf begründen Sie Ihre Annahmen mit Ketten.

Den Materialaufwand konkretisieren. Der für Ihre Geschäftsplanung erforderliche Materialaufwand umfasst erforderliche Rohstoffe und Zukaufteile für Ihre Produkte. Beschreiben Sie die Beschaffung anhand einzelner Komponenten Ihrer Produkte, Warengruppen im Beschaffungsmarkt oder Lieferanten. Meistens wird der Materialaufwand leichter verständlich, wenn Sie ihn pro Stück darstellen.

263   Vorgehen: Kommen Sie mit pyramidalen Präsentationen auf den Punkt – in vier Schritten zum professionellen Auftritt
Empfängerorientierte Kommunikationsstrukturen entwickeln
Die Struktur in mehreren Schleifen weiter detaillieren – nach Maß schneidern

Bibliothek

Im Personalaufwand die geplante Mitarbeiteranzahl untermauern. Der Personalaufwand ergibt sich aus der Multiplikation von Mitarbeiteranzahl und durchschnittlichen Kosten pro Mitarbeiter. Erläutern Sie also, zu welchem Zeitpunkt wie viele Mitarbeiter eingesetzt werden sollen und wie hoch die Kosten pro Mitarbeiter sein werden. Bei sehr unterschiedlichen Profilen berechnen Sie die Kosten getrennt nach Qualifikationsniveau.

In der Abschreibung das Investitionsvolumen widerspiegeln. Investitionen kommen in der Ergebnisrechnung nicht explizit vor. Dafür gehen wir unten auf die Liquiditätsplanung ein. Aber auch ohne eine solche gehören die Investitionen in die Ergebnisplanung. Sie wirken sich auf die Abschreibung aus. Die Ermittlung der ergebniswirksamen Abschreibung ist eine steuerliche oder kalkulatorische Formel.

Im sonstigen Aufwand alle übrigen Kosten sammeln. Im sonstigen Aufwand stellen Sie alle übrigen Kostenpositionen dar, die nicht den drei vorgenannten zuzuordnen sind. Hier erklären Sie zum Beispiel Raum- und Energiekosten oder externe Entwicklungs- und Beratungskosten.

Einen Schritt weiter geht die Liquiditätsplanung

Sie betrachtet eine Maßnahme nicht nur gesamt, sondern in Zeiträumen, etwa mehrere Jahre. Zeiträume erhöhen als weitere Ebene die Komplexität. Die Kernaussage wird anspruchsvoller: Sie müssen spätere Zeiträume abzinsen. Für heute bleibt der Barwert. Für die Teilaussagen zu späteren Jahren verwenden Sie die gleiche Unterstruktur.

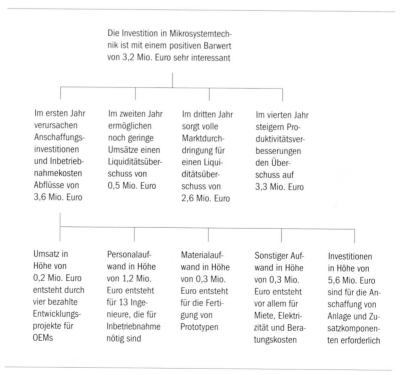

Die Investition in Mikrosystemtechnik ist mit einem positiven Barwert von 3,2 Mio. Euro sehr interessant

| Im ersten Jahr verursachen Anschaffungsinvestitionen und Inbetriebnahmekosten Abflüsse von 3,6 Mio. Euro | Im zweiten Jahr ermöglichen noch geringe Umsätze einen Liquiditätsüberschuss von 0,5 Mio. Euro | Im dritten Jahr sorgt volle Marktdurchdringung für einen Liquiditätsüberschuss von 2,6 Mio. Euro | Im vierten Jahr steigern Produktivitätsverbesserungen den Überschuss auf 3,3 Mio. Euro |

| Umsatz in Höhe von 0,2 Mio. Euro entsteht durch vier bezahlte Entwicklungsprojekte für OEMs | Personalaufwand in Höhe von 1,2 Mio. Euro entsteht für 13 Ingenieure, die für Inbetriebnahme nötig sind | Materialaufwand in Höhe von 0,3 Mio. Euro entsteht für die Fertigung von Prototypen | Sonstiger Aufwand in Höhe von 0,3 Mio. Euro entsteht vor allem für Miete, Elektrizität und Beratungskosten | Investitionen in Höhe von 5,6 Mio. Euro sind für die Anschaffung von Anlage und Zusatzkomponenten erforderlich |

Mit Verkaufspräsentationen Kunden zum Vertragsabschluss führen

Auf den ersten Blick ist die Verkaufspräsentation eine nach außen gerichtete Beschlussvorlage. Sie soll den Empfänger vom Kauf einer Ware oder Dienstleistung überzeugen. Dazu verknüpfen wir auch hier in einer Kette ein Problem bzw. Potenzial mit einer Lösung. Als Schlussfolgerung ergibt sich die Aufforderung zum Kauf. Verkaufspräsentationen haben eine hohe Bedeutung für den Verkäufer und eine hohe Aufmerksamkeit seitens des potenziellen Käufers. Selten ist der externe Empfänger bereit, dem Sender eine zweite Chance zu geben, wenn die Präsentation nicht überzeugt hat. Wie haben drei Anregungen für erfolgreiche Verkaufspräsentationen:

Zusätzlich zum Bedarf des Kunden sich selbst als besten Anbieter positionieren. Bei Verkaufspräsentationen müssen Sie in der Regel eine weitere, höhere Kette entwickeln. Beschränkt sich die interne Argumentation darauf, etwas zu tun, so reicht das für den Verkauf nicht aus. Im schlimmsten Fall überzeugen Sie Ihren Empfänger, dass er etwas kaufen soll. Und anschließend kauft der Empfänger bei Ihrem Wettbewerber. Deshalb müssen Sie in einer höheren Kette einen Bezug zwischen dem Bedarf des Empfängers und dem eigenem Angebot herstellen.

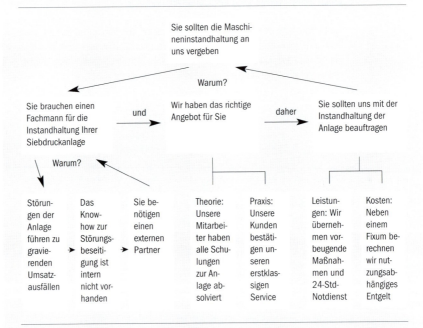

In der ersten, neutralen Prämisse argumentieren Sie weitgehend wie bei der internen Beschlussvorlage. Die Prämisse formuliert die Aufforderung, etwas zu tun. Zur Begründung verknüpfen Sie einen Handlungsbedarf mit einer Lösung. Der Handlungsbedarf kann ein Problem oder Potenzial sein, das Sie vermutlich mit einer Kette untermauern müssen. Wie ein interner Mitarbeiter überzeugen Sie den Entscheider Ihres Kunden, etwas zu tun – in diesem Fall vom Kauf.

Erst in der zweiten Prämisse kommen Sie auf Ihr eigenes Unternehmen, Ihr spezifisches Angebot und Ihre Referenzen zu sprechen. Mit dieser Reihenfolge geben Sie die weitverbreitete Neigung auf, dass Anbieter zunächst ausführlich über sich selbst referieren, bevor sie erst-

265   Vorgehen: Kommen Sie mit pyramidalen Präsentationen auf den Punkt – in vier Schritten zum professionellen Auftritt
        Empfängerorientierte Kommunikationsstrukturen entwickeln
        Die Struktur in mehreren Schleifen weiter detaillieren – nach Maß schneidern

Bibliothek

malig auf den Kunden zu sprechen kommen. Orientieren Sie die Prämisse und ihre Unter-mauerung konsequent am Bedarf des Kunden. So lautet die zweite Prämisse der Verkaufs-argumentation standardmäßig *Und für diesen Bedarf haben wir das beste Angebot.* Dieser Arbeitstitel zeigt, dass beliebte Pauschalaussagen nicht ausreichen, wie zum Beispiel *Unser Unternehmen besteht schon in vierter Generation* Stattdessen sind zwei Ansätze geeignet: Orientieren Sie sich einerseits am Aufbau der Firmenpräsentation. Argumentieren Sie anderer-seits wenn möglich zweispurig mit Referenzen. Integrieren Sie eine Gruppe mit den Kategorien *Praxis* und *Theorie*. Damit überzeugen Sie unterschiedliche Empfängertypen. Eine Aussage belegt mit Referenzen die praktische Eignung Ihres Angebots. In einer parallelen Aussage be-gründen Sie die Eignung mit konzeptionellen Argumenten. Die Reihenfolge von *Praxis* oder *Theorie* müssen Sie im Einzelfall je nach Relevanz für Ihr Publikum festlegen.

An möglichst vielen Stellen mit parallelen Begründungen arbeiten. Um die Argumentation zu stärken, sollten Sie gerade bei Verkaufspräsentationen Ihre Botschaft parallel absichern. Die zentrale obere Kette wird stabiler, wenn sowohl für den Bedarf des Kunden als auch für Ihr Angebot mehrere gute Gründe sprechen. Orientieren Sie sich an der oben beschriebenen parallelen Begründung mit Hilfe von Gruppen. Achten Sie besonders auf die SAUBER®-An-forderung inhaltlich unabhängiger Argumente.

Im Idealfall können Sie schon die erste Ebene der Präsentationsstruktur als Gruppe aufbauen. In zwei oder mehreren unabhängigen Bereichen verknüpfen Sie den Bedarf des Empfängers mit Ihrer Lösungskompetenz. Die Kernaussage der Verkaufspräsentation lautet sinngemäß *Aus drei guten Gründen sollten Sie unsere Leistungen in Anspruch nehmen.* In der Praxis wer-den einzelne Details dabei unterschiedliche Argumentationsstränge unterstützen. Zum Bei-spiel eignet sich eine Referenz für zwei Argumente. Das ist unkritisch, solange Sie die Formu-lierungen in den einzelnen Strängen konsequent auf den jeweiligen Grund fokussieren.

Bei Gegenangeboten die eigene Stärke als wichtiger begründen. Nicht wenige Verkäufer stehen vor einer besonderen Herausforderung. Der Kunde verweist auf ein Gegenangebot, das in irgendeiner Hinsicht Ihrem Angebot überlegen ist. Sagen wir als Beispiel, der Wettbe-werber ist billiger. Die Auseinandersetzung Ihres potenziellen Kundens mit dem Gegenangebot beweist, dass er seinen Bedarf akzeptiert hat. Die Ob-Frage ist geklärt. Ihn beschäftigt nur noch, welches Angebot er annehmen soll.

Entwickeln Sie nun eine Kette: Als erste Prämisse beschreiben Sie eine wesentliche Stärke Ihres Angebotes. Gegebenenfalls können Sie in einem Nebensatz sogar die Schwäche im Preis eingestehen. Formulieren Sie als Beispiel *Unser Angebot garantiert beste Maschinen-verfügbarkeit – allerdings nicht zu Dumpingpreisen.* Der Kunde wird die Aussage akzeptieren, wenn Ihr Unternehmen als Qualitätsanbieter anerkannt ist. In der zweiten Prämisse kommt der schwierige Teil: Überzeugen Sie den Empfänger, dass genau Ihre Stärke sein primäres Entscheidungskriterium sein muss. Sagen Sie etwa *Für die Wartung moderner Papiermaschi-nen ist nichts wichtiger als die maximale Verfügbarkeit der Anlage – zur Vermeidung teurer Stillstandszeiten.* Zum Beleg dieser Aussage müssen Sie potenzielle Entscheidungskriterien dahingehend bewerten, dass die Verfügbarkeit sehr wichtig ist und alle anderen Kriterien al-lenfalls zweitrangig. Folgt der Empfänger Ihrer Bewertung, so ergibt sich die Schlussfolgerung *Trotz vordergründig höherer Kosten sollten Sie für maximale Anlagenverfügbarkeit unser An-gebot vorziehen.*

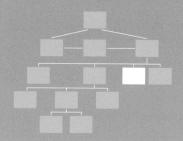

Strukturen in aussagekräftige
Präsentationsunterlagen übertragen

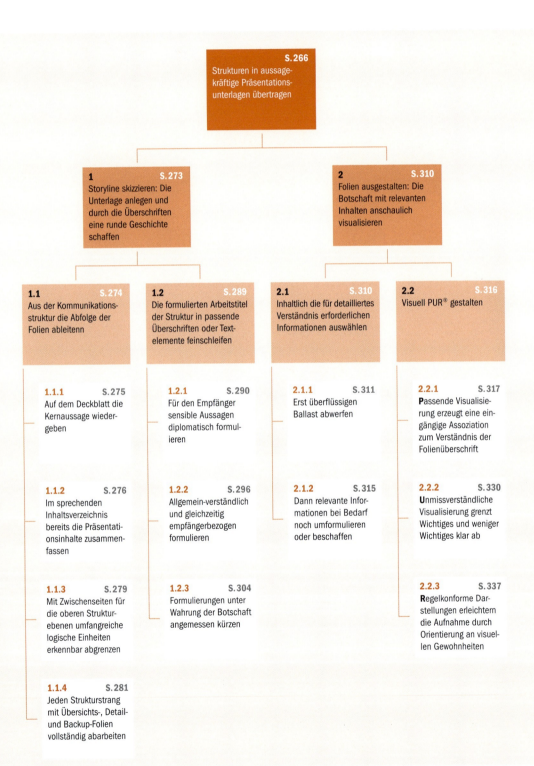

Summary

Strukturen in aussagekräftige Präsentationsunterlagen übertragen

Fortsetzung >

Fortsetzung >

Vermeiden Sie eine direkte Ansprache des Empfängers. Vermeiden Sie unnötig dramatisierende Adjektive oder Adverbien. Vermeiden Sie Reiz- wörter – wie Personalabbau, Kostensteigerungen oder ähnliche. Setzen Sie insbesondere Entscheider nicht unter Druck. Formulieren Sie auch schlechte Nachrichten noch positiv in die Zukunft gerichtet. Verwenden Sie möglichst umgangssprachliche Wendungen. Drücken Sie eventuell eigene Gefühle aus – schämen Sie sich nicht. Sprechen Sie auch posi- tive Aspekte an.

Nennen Sie Ross und Reiter – jeder Satz braucht ein Subjekt. Sagen Sie, was passiert – jeder Satz braucht ein Verb. Unterstützen Sie mit Satz- zeichen das Verständnis. Verzichten Sie auf überflüssigen Ballast – das braucht kein Satz.

Begriffe oder Sätze höherer Strukturebenen wörtlich wiederholen. Strukturrelevante Merkmale an den Satzanfang stellen. Die Sprache des Empfängers sprechen.

Mit Infinitiv- oder Partizip-Formen ganze Sätze verdichten. Substantive auf- lösen. Wenn es unbedingt sein soll und der Kontext klar ist, botschafts- nahe Schlagwörter formulieren. Wenn der Text nur ein bisschen zu lang ist, auf unwesentliche Artikel verzichten.

Grundsätzlich gehören nur Informationen auf die Folie, die die Überschrift inhaltlich untermauern. Andere Inhalte sind nur dann wichtig, wenn sie einer ganzheitlich fairen Einordnung der Botschaft dienen. Deshalb kön- nen Sie in aller Regel zunächst großzügig aussortieren.

Erfolgreiche Präsentationen bestehen aus schlüssiger Unterlage und überzeugendem Auftritt

Die fertige Präsentationsstruktur ist ein wichtiger Meilenstein – aber Sie sind noch nicht fertig: Mit der Präsentationsstruktur haben Sie die Grundlage für den Präsentationserfolg geschaffen. In ihr haben Sie nicht nur Ihre Botschaften, sondern auch die Logik Ihrer Argumentation zu Papier gebracht. Doch leider ersetzt die Struktur noch keine Kommunikation. Sie müssen sie in irgendeiner Form dem Empfänger vermitteln, mindestens in Form eines Gespräches. Ohne ein Kommunikationsmedium ist die Struktur wertlos.

Präsentationen eignen sich besonders als Medium für komplexe Inhalte. Gegenüber Gesprächen und Texten hat die Kombination von Foliensatz und Vortrag zwei grundlegende Vorteile:

— **Folien sprechen die visuelle Wahrnehmung des Empfängers an.** Unsere Augen nehmen viermal so viele Informationen auf wie alle übrigen Sinnesorgane zusammen. Und das erleichtert das Verständnis, insbesondere bei komplexen Inhalten. So sind Folien Texten und auch dem Einsatz von Körpersprache überlegen.
— **Der Vortrag ermöglicht ein sehr flexibles Eingehen auf die Bedürfnisse des Empfängers.** Im Gegensatz etwa zum Brief vertieft der Präsentator, wo nötig und überspringt, wo möglich. Und das Verhalten des Publikums lässt sich auch mit intensiver Empfängeranalyse nicht sicher vorhersagen. So ermöglicht der persönliche Vortrag maßgeschneidertes Verständnis.

Folglich übertragen Sie Ihre Präsentationsstruktur zunächst auf Folien und danach in den Vortrag. Waren bei der Strukturierung vor allem intellektuelle Fähigkeiten gefragt, wird es jetzt handwerklich.

Dennoch müssen Ihre Folien auch alleine reichen – ohne die Tonspur

Obwohl sich Präsentationsunterlage und Präsentator im Idealfall geschmeidig ergänzen, muss die Unterlage auch alleine ausreichen, um dem Empfänger die Botschaft zu vermitteln. Dafür gibt es drei gute Gründe:

— **Einzelne Empfänger können der Präsentation nicht beiwohnen und wollen sich auf anderem Weg über die Präsentationsinhalte informieren.** Zum Beispiel sind einzelne Teilnehmer kurzfristig verhindert. Auch neue Mitarbeiter arbeiten sich einfach in neue Themen ein, wenn sie selbsterklärende Präsentationsunterlagen durchgehen.
— **Die Präsentationsinhalte müssen aus anderen Gründen dokumentiert werden.** So erspart eine eigenständig wirkende Präsentationsunterlage ein klassi-

sches Protokoll. Eine einzige Unterlage dient Präsentation und Dokumentation. In wichtigen Gremien muss ein Schriftführer allenfalls nennenswerte verbale Ergänzungen des Präsentators und Rückmeldungen des Publikums festhalten. Alles andere entspricht der Unterlage.

— **Der Präsentator könnte einen schlechten Tag erwischen.** Je schwächer der Präsentator wirkt, desto stärker setzt das Publikum auf den Foliensatz. Die selbsterklärende Unterlage vertritt den strauchelnden Präsentator, wenn dieser die Inhalte nicht professionell vermittelt, etwa weil er vom Publikum oder aus völlig anderen Gründen abgelenkt ist.

Folglich transportieren Folien den pyramidalen Aufbau konsequent in Botschaften und Struktur

Jede Folie transportiert einen kleinen Ausschnitt der möglicherweise höchst komplexen Struktur. Die gesamte Präsentationsunterlage wie auch jede einzelne Folie erfüllen die beiden pyramidalen Grundprinzipien: Als Botschaften formulierte Überschriften und Textelemente erläutern die Präsentationsinhalte. Aufbau und Visualisierung erklären logische Beziehungen der Inhalte.

Gehen Sie dabei wieder pyramidal vor, vom Allgemeinen zum Detail. Zunächst bestimmen Sie die Abfolge der Folien, die sogenannte Storyline. Erst danach bekommen die Folien ihren letzten Schliff, beim Erstellen in einer Präsentationssoftware.

1   Storyline skizzieren: Die Unterlage anlegen und durch die Überschriften eine runde Geschichte schaffen

Die Storyline überträgt Ihre Argumentationsstruktur in die Abfolge mehrerer Folien. Dem pyramidalen Gedanken folgend, finden sich die wichtigsten Inhalte auf den ersten Folien wieder. Überschriften oder Textelemente drücken zentrale Botschaften aus. Die Storyline geht inhaltlich nicht über die Strukturierung hinaus. Gleichwohl erstellen Sie mit ihr für jede Folie eine Seite. Darauf steht jeweils eine Botschaft, in der Regel oben als Überschrift. In das sprechende Inhaltsverzeichnis übertragen Sie die ausformulierten Überschriften von Kapiteln und Unterkapiteln. In Übersichtsfolien halten Sie als Textelemente aggregierte Botschaften fest, die sich wiederum auf einzelnen Detailfolien wiederfinden. Die eigentliche Visualisierung bleibt noch offen.

Die Storyline ist ein wichtiger Zwischenschritt auf dem Weg zu den einzelnen Folien. Nur erfahrene Hasen dürfen bei weniger wichtigen Präsentationen darauf verzichten. Im Normalfall sollten Sie sich die Zeit dafür gleich aus mehreren Gründen nehmen:

— Gerade die pyramidal wichtigen Übersichtsfolien gewinnen an Qualität, wenn Sie diese gründlich durchdenken. Wichtige Übersichtsfolien skizzieren Sie bereits an dieser Stelle. So können Sie die Wirkung alternativer Darstellungen vergleichen und optimieren.

— Sie selbst verinnerlichen die eigene Struktur immer stärker, je mehr Sie sich damit auseinandersetzen. Das gibt Sicherheit im Hinblick auf Ihren Auftritt vor Publikum. Fragen können Sie schnell in den Zusammenhang einordnen.

— Mit der Storyline lässt sich die Fertigstellung der Präsentation gut delegieren. Helfende Hände können die Erstellung in der Präsentationssoftware problemlos übernehmen. Ein Mitarbeiter muss „nur" die einzelnen Folien ausfüllen.

— Sie übersehen frühzeitig die Anzahl der von Ihnen aktiv vorzutragenden Folien. Damit können Sie einen angemessenen Zeitraum für den Vortrag anberaumen, mit der Faustformel „Drei Minuten pro aktiv vorzutragende Folie".

Für die Storyline gibt es zwei Vorgehensweisen:

Erstellen Sie ein Präsentationsgerüst in Ihrer Präsentationssoftware

Legen Sie die einzelnen Folien an. Sie können bereits das Deckblatt ausfüllen und Zwischenblätter einfügen. Auf allen übrigen Seiten tragen Sie zunächst nur die Überschrift ein. Bei diesem Verfahren müssen Sie das sprechende Inhaltsverzeichnis und eventuell weitere Übersichtsfolien ausdrucken, um sie dann von Hand zu skizzieren.

Alternativ skizzieren Sie die Storyline auf Papier

Nehmen Sie einen Stoß Papier zur Hand. Schreiben Sie auf jede Folie die jeweilige Überschrift. Bei diesem Verfahren müssen Sie die Überschrift beim Erstellen in der Präsentationssoftware eventuell noch kürzen, sollte sie zu lang für die Formatvorgabe sein.

Egal, welchen Weg Sie wählen, für die Storyline müssen Sie zweierlei parallel tun: Leiten Sie aus der Kommunikationsstruktur die Abfolge der Folien ab. Machen Sie dabei die als Arbeitstitel formulierten Botschaften zu Überschriften oder Textelementen.

1.1   Aus der Kommunikationsstruktur die Abfolge der Folien ableiten

Jede Präsentation besteht aus unterschiedlichen Folienarten, angefangen mit dem Deckblatt bis hin zu einer Abschlussfolie. Abhängig von der Komplexität der Inhalte stehen dazwischen wenige oder viele Folien. Grundsätzlich gilt: Jedes Kästchen der Kommunikationsstruktur wird zu einer Folie. Aber es gibt Ausnahmen.

1.1.1 Auf dem Deckblatt die Kernaussage wiedergeben

Das Deckblatt ist in der Regel von vorgegebenen Layoutelementen geprägt. Neben Firmenlogo, Farben und Fotos der Corporate Identity enthält es meist formale Informationen wie Ort und Datum der Präsentation, Ihren Namen oder die Organisationseinheit. Das ist bei der pyramidalen Präsentation nicht anders. Ergänzen Sie die vorgesehenen Textfelder entsprechend.

Konsequent pyramidal transportiert das Deckblatt jedoch auch eine inhaltliche Aussage. Als wichtigster Botschaft Ihrer Präsentation gebührt der Kernaussage der prominenteste Platz im Dokument. Und der ist nun mal direkt auf dem Deckblatt. Indem Sie die Kernaussage auf dem Deckblatt wiedergeben, ermöglichen Sie Ihrem Empfänger, das wichtigste Ergebnis aufzunehmen, noch bevor er die Unterlage in die Hand nimmt. Und im besten Fall muss er das auch gar nicht mehr.

Übertragen Sie also Ihre Kernaussage auf das Deckblatt. Auf das sonst übliche Thema können Sie verzichten, weil es sich dem Empfänger aus der Kernaussage von allein erschließt. Weitere Visualisierungen gibt es auf dem Deckblatt in der Regel nicht. Aufgrund der Prominenz der pyramidalen Kernaussage sollten Sie die ersparte Zeit in den Feinschliff der Formulierung investieren, wie ab Seite 290 beschrieben. Gerade beim Deckblatt sollten Sie alle drei Register ziehen: Sie müssen angemessen diplomatisch formulieren, gleichzeitig Ihr Ergebnis in einfache, verständliche Worte fassen. Dafür dürfen Sie auf dem Deckblatt statt des grammatikalisch vollständigen Satzes eine selbsterklärende Verschlagwortung nutzen.

BEISPIEL AG ◼

Umsätze sind per Saldo stabil: Zuwächse im Ausland kompensieren Verluste im Inland

Umsatzcontrolling
München, 1. November 2013
Xaver Zahlen, Controlling

1.1.2   Im sprechenden Inhaltsverzeichnis bereits die Präsentationsinhalte zusammenfassen

Die Gliederung Ihrer Präsentationsunterlage ergibt sich aus den Einheiten der Struktur. Wie bei der konventionellen Präsentation folgt dem Deckblatt ein Inhaltsverzeichnis. Dabei können Sie die Gliederungsteile der Präsentation Ihrer Struktur entnehmen. Deren oberste Ebene bestimmt etwa die grundlegenden Abschnitte oder Kapitel der Struktur. Haben Sie unmittelbar unter Ihrer Kernaussage eine Gruppe strukturiert, entspricht die Anzahl der Teilaussagen dieser Gruppe auch der Anzahl der Abschnitte. Haben Sie hingegen eine Kette, so hat die Unterlage standardmäßig drei Abschnitte, jeweils eine für die beiden Prämissen sowie eine Schlussfolgerung. Auch die darunterliegenden Strukturebenen bilden logische Abgrenzungen, als Unterabschnitte oder Ähnliches.

Die formulierten Botschaften werten das Inhaltsverzeichnis zusätzlich zur Zusammenfassung auf. Über die Gliederung hinaus profitieren Sie davon, dass Sie Ihre Inhalte stets als Aussagen formuliert haben. Genau genommen profitiert Ihr Empfänger später davon. Die Aussagen der oberen Strukturebenen ergeben automatisch eine Zusammenfassung der gesamten Präsentation. So spielt das sprechende Inhaltsverzeichnis eine entscheidende Rolle für Ihre Präsentation. Indem Sie die wichtigsten Aussagen auf einer Folie auflisten, ermöglichen Sie dem Empfänger die zentralen Inhalte komprimiert aufzunehmen und auf einzelne Präsentationsteile selektiv einzugehen.

Die Aussagen der Pyramidenspitze in der Regel als Textfolie abbilden. Als Überschrift des sprechenden Inhaltsverzeichnisses übernehmen Sie am besten nochmals die Kernaussage der gesamten Präsentation, im Gegensatz zum Deckblatt diesmal aber ungekürzt. Sparen Sie sich Schlagworte wie *Zusammenfassung* oder *Inhaltsübersicht*. Das erkennt der Empfänger ohne diese Hilfe.

Für die Untermauerung müssen Sie zwei Dinge tun, bevor Sie die Botschaften aus der Struktur übertragen und dabei sprachlich veredeln:

1.1.2.1   Bestimmen Sie die Anzahl der zu übernehmenden Strukturebenen abhängig von Relevanz und Umfang

Übereifrige Autoren neigen dazu, im sprechenden Inhaltsverzeichnis die gesamte Präsentation abzubilden. Auf mehreren Ebenen listen sie umfangreiche Inhalte auf.

Doch dieser Ansatz verfehlt das Ziel: Das sprechende Inhaltsverzeichnis soll die Präsentation zusammenfassen, aber es soll die späteren Folien nicht überflüssig machen. So kommen grundsätzlich nur die beiden Strukturebenen direkt unter der

Kernaussage in Frage. Drei oder gar vier Ebenen würden den Aggregationsgrad extrem spreizen und den zusammenfassenden Charakter verwässern. Nur bei reinen Textdokumenten ohne Vortrag dürfen es mehr Ebenen sein, wie zum Beispiel diesem Buch. Aber es müssen gar nicht zwei Ebenen sein. Sowohl für das inhaltliche Verständnis als auch für die optische Klarheit ist weniger oft mehr. In vielen Fällen genügt es, die erste Strukturebene widerzuspiegeln.

Bestimmen Sie deshalb den Detaillierungsgrad des sprechenden Inhaltsverzeichnisses sorgfältig für den Einzelfall. Stellen Sie dabei zwei Sichtweisen gegenüber: die Relevanz der jeweiligen Inhalte für Ihren Empfänger und die gebotene Knappheit der Zusammenfassung.

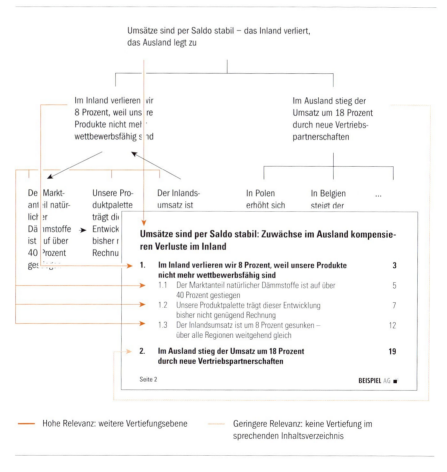

Anhand der Relevanz der Inhalte für Ihren Empfänger entscheiden Sie, welche Abschnitte überhaupt Detaillierung an prominenter Stelle verdienen. Überlegen Sie individuell, wo das Inhaltsverzeichnis sehr abstrakt bleiben kann und in welchen Abschnitten bereits mehr Details sinnvoll wären. Das kann für die einzelnen Abschnitte variieren. Wie die Gesamtstruktur müssen Sie das sprechende Inhaltsverzeichnis nicht symmetrisch aufbauen. Bei der Gruppe nimmt der Detaillierungsbedarf in der Regel ab, weil die Teilaussagen bereits nach ihrer Relevanz gereiht sind. Bei der Kette hängt es vom Einzelfall ab, welche Prämisse oder Schlussfolgerung Details an dieser Stelle verdient.

Für einen angemessenen Umfang des Inhaltsverzeichnisses orientieren Sie sich an der ungefähren Seitenzahl Ihres Dokuments. Um wirklich die Spitze einer pyramidalen Präsentation zu sein, gehen Sie zunächst von einer Seite aus. Nur wenn die Gesamtpräsentation absehbar mehr als 20 Seiten umfasst, darf sich das Inhaltsverzeichnis über zwei Seiten erstrecken. Bei mehr als 40 Seiten können sogar drei Seiten angemessen sein. Für eine optisch lockere Darstellung in großer Schriftart mit angemessenen Zeilenabständen gehen Sie maximal von zehn oder zwölf Zeilen aus. Sind Ihre Botschaften zweizeilig, was kein Problem ist, dann passen nur noch fünf bis sechs Aussagen auf eine Seite. Wollen Sie Aussagen der beiden oberen Strukturebenen übernehmen, dann müssen Sie die Aussagen beider Ebenen zählen. Auch Aussagen der ersten Ebene müssen dann im Inhaltsverzeichnis erscheinen.

1.1.2.2   Wählen Sie die geeignete Darstellungsart – in der Regel die Textfolie

Grundsätzlich ist das sprechende Inhaltsverzeichnis eine Sonderform der pyramidalen Übersichtsfolie, auf die wir später detailliert eingehen. Es ersetzt die fehlende Vertiefung der Kernaussage auf dem Deckblatt. Als Spitze der pyramidalen Struktur ist das sprechende Inhaltsverzeichnis die erste Weichenstellung für den Empfänger. Der Leser entscheidet, welche Abschnitte er sich genauer anschaut. Mit Ihrem Publikum stimmen Sie ab, welche Abschnitte Sie detailliert vorstellen und diskutieren sollen.

Aus zwei Gründen reicht dafür meist eine ansprechende Textfolie. Unabhängig vom Thema sind die Aussagen der obersten Ebenen naturgemäß sehr abstrakt, zumindest im Vergleich zu den späteren Details. Und generische Aussagen lassen sich in der Regel auch ohne umfangreiche Visualisierung aufnehmen. Als zweiter Grund entspricht die Textfolie mit ihren Seitenangaben weitgehend klassischen Erwartungen an ein Inhaltsverzeichnis. Das beruhigt insbesondere bei Ihren ersten pyramidalen Präsentationen. Arbeiten Sie deshalb standardmäßig mit einer stringent aufgebauten Textfolie. Schleifen Sie die Arbeitstitel Ihrer Struktur fein und übertragen Sie sie auf die Skizze.

Nur in Ausnahmefällen nutzen Sie für das Inhaltsverzeichnis andere Darstellungsformen. Möglich sind vor allem Textbilder, aber auch konzeptionelle Bilder bis hin zu Wirtschaftsgrafiken. Visualisieren Sie Ihre Kernaussage. Integrieren Sie die Aussagen der ersten Strukturebene in das Bild. Bei selbsterklärender Visualisierung können Sie sogar auf ganze Sätze verzichten. Doch vergessen Sie nicht die Seitenangabe, zumindest bei umfangreichen Dokumenten.

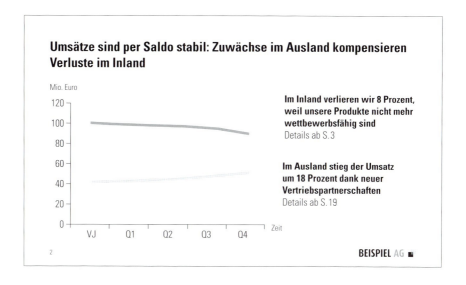

1.1.3 Mit Zwischenseiten für die oberen Strukturebenen umfangreiche logische Einheiten erkennbar abgrenzen

Trennseiten zwischen Abschnitten erleichtern dem Empfänger das Verständnis der Struktur. Klar optisch abgegrenzt gegenüber „normalen" inhaltlichen Folien verdeutlichen sie das Ende der einen logischen Einheit und den Beginn einer neuen – sowohl bei mehreren, parallelen Teilaussagen der Gruppe als auch den drei verknüpften Teilaussagen der Kette.

Insbesondere bei umfangreichen Dokumenten ist diese Erleichterung wichtig. Da der Empfänger Ihre Struktur als solche nicht sieht, muss sich die Argumentationslogik allein aus Unterlage und Vortrag erschließen. Präsentationen mit sehr weit gefassten Themen und mehreren Detaillierungsebenen werden da schnell zur Herausforderung.

Nutzen Sie bei umfangreichen Präsentationen also Zwischenseiten zur Vermittlung der Struktur. Gehen Sie in drei Schritten vor:

Überschlagen Sie mit zwei Faustformeln, ob Zwischenseiten sinnvoll sind

Einerseits muss die Gesamtpräsentation insgesamt mehr als zehn inhaltliche Seiten umfassen, ohne Deckblatt und Abschlussseite. Andererseits sollten die meisten Teilaussagen der ersten Strukturebene mit mindestens drei Folien belegt werden, exklusive Backups. Erreicht Ihre Präsentation diese Werte nicht, sollten Sie stattdessen andere Instrumente einsetzen, die das Verständnis fördern, zum Beispiel die später noch beschriebenen Navigatoren.

Fügen Sie die Zwischenseiten in Ihre Storyline ein

Jede Teilaussage der ersten Strukturebene erhält jeweils eine Folie. In vielen Unternehmen bestimmen die Präsentationsvorlagen die Gestaltung von Zwischenseiten. Für eine optimale Wirkung müssen sie sich optisch deutlich von den inhaltlichen Folien unterscheiden. Die zentrale Botschaft wird am besten mittig positioniert, ohne Überschrift und weitere Visualisierung. Die Formulierung der Botschaft übernehmen Sie wörtlich aus dem sprechenden Inhaltsverzeichnis.

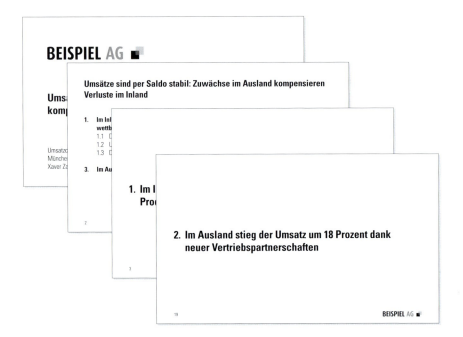

Bei sehr umfangreichen Dokumenten wiederholen Sie diese Vorgehensweise auch für die zweite und eventuell dritte Strukturebene

Prüfen Sie, ob einzelne Abschnitte ihrerseits die Voraussetzungen für den Einsatz von Zwischenseiten innerhalb des Abschnitts erfüllen. Auch Zwischenseiten müssen nicht symmetrisch eingesetzt werden: Sind Zwischenseiten für die zweite Strukturebene in einem Strukturstrang sinnvoll, können Sie in anderen durchaus darauf verzichten.

1.1.4   Jeden Strukturstrang mit Übersichts-, Detail- und Backup-Folien vollständig abarbeiten

Mit Deckblatt und sprechendem Inhaltsverzeichnis haben Sie die Spitze der Pyramide auf Folien übertragen. Ihre ersten Folien sind fertig. Eventuell haben Sie mit Zwischenseiten aus den Hauptsträngen der Struktur die Abschnitte der Präsentationsunterlage abgegrenzt. Die Vertiefung der einzelnen Abschnitte folgt wiederum zwei pyramidalen Prinzipien:

Auf allen Ebenen der Präsentation vermitteln Sie zunächst eine Zusammenfassung sämtlicher Inhalte des darunterliegenden Stranges

Wie das sprechende Inhaltsverzeichnis die Gesamtpräsentation zusammenfasst, so werden auch die einzelnen Strukturstränge darunter zunächst aggregiert dargestellt. Damit bieten Sie dem Publikum gleich die nächste Gelegenheit, Ihre Inhalte selektiv zu vertiefen. Bei umfangreichen Struktursträngen ist die zusammenfassende Folie somit eine weitere Weichenstellung: Ihr entspringen wiederum mehrere Strukturstränge.

Darunter folgen grundsätzlich sämtliche Folien dieses Vertiefungsstranges, bevor der nächste Strang beginnt

Die Folienarten zur Vertiefung stehen in einer klaren Hierarchie: Oben stehen reine Übersichtsfolien, die sich allein aus Botschaften tieferer Strukturebenen speisen. Darunter folgen Detailfolien. Sie entsprechen idealtypisch der untersten Ebene Ihrer Struktur. Gegebenenfalls folgen darunter noch Backup-Folien, die sicherheitshalber weitere Vertiefungsmöglichkeiten bereithalten.

Doch der Einsatz dieser Folienarten hängt von der Tiefe des Strukturstranges ab. Für Stränge mit vielen Ebenen müssen Sie auf mehreren Folien umfangreiche inhaltliche Substanz vermitteln. Bei kurzen Strängen hätten Sie gar nicht mehr die Inhalte, um mehrere Folien zu füllen.

Bestimmen Sie die Abfolge Ihrer Folien also in Abhängigkeit von der Anzahl der Vertiefungsebenen. Es gibt drei grundsätzliche Möglichkeiten:

Es gibt gar keine Übersichtsfolien vor den Detailfolien

Sie können die Aussagen des sprechenden Inhaltsverzeichnisses unmittelbar mit jeweils einer Detailfolie belegen. Jede Detailfolie greift eine Aussage der untersten Ebene Ihrer Struktur auf. In diesem Fall bestand Ihre Struktur offenkundig aus wenigen Ebenen. Zwischenblätter waren nicht nötig. Auch weitere Übersichtsfolien sind überflüssig. Das sprechende Inhaltsverzeichnis bleibt einzige Übersichtsfolie im Dokument.

Unser Beispiel beschreibt offensichtlich eine nur grobe Analyse der Synergiepotenziale. Es verwendet im sprechenden Inhaltsverzeichnis die reine Textfolie. Auf das Deckblatt als Seite 1 verzichten wir hier.

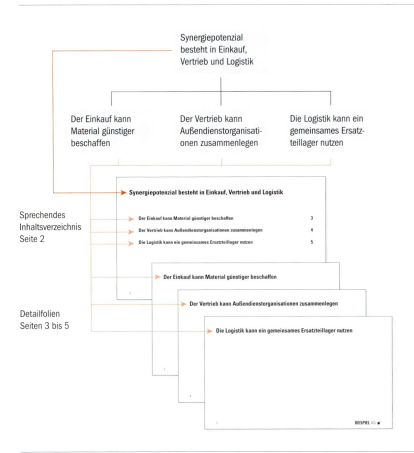

Es gibt eine Übersichtsfolie vor den Detailfolien

Ihre Struktur hat mehrere Ebenen. Nur etwa die obere Hälfte der Struktur fand Eingang ins sprechende Inhaltsverzeichnis. Bis zu den Details der untersten Strukturebene kommen noch weitere Ebenen. In diesem Fall fasst zunächst eine Übersichtsfolie die Inhalte des Abschnitts zusammen. Danach greifen Detailfolien die Textelemente der Übersichtsfolie auf.

Unser Beispiel verwendet für beide Strukturstränge zunächst jeweils eine Übersichtsfolie. Unmittelbar dahinter folgen vier bzw. drei Detailfolien. Deren Überschriften speisen sich aus den Textelementen der Übersichtsfolie. Auf Deckblatt und sprechendes Inhaltsverzeichnis als Seiten 1 und 2 verzichten wir hier.

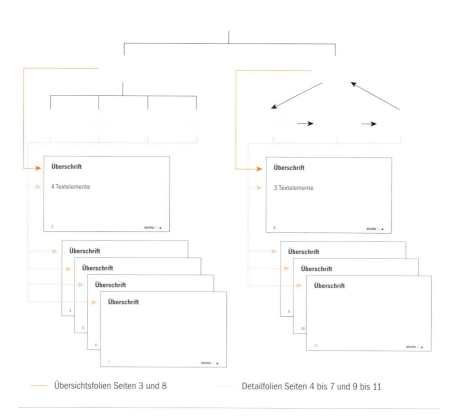

Übersichtsfolien Seiten 3 und 8   Detailfolien Seiten 4 bis 7 und 9 bis 11

Es gibt zwei oder mehrere Übersichtsfolien vor den Detailfolien

Ihre Struktur hat viele Ebenen. Das Thema war sehr komplex. Die Aussagen des sprechenden Inhaltsverzeichnisses spiegeln nur die Spitze der Pyramide wider. Vermutlich haben Sie die Abschnitte mit Zwischenseiten abgegrenzt. Die noch offenen Ebenen bis zur untersten Strukturebene können nicht mit einer Übersichtsfolie alleine behandelt werden. Auch jetzt fasst zunächst eine Übersichtsfolie die Inhalte des gesamten Abschnitts zusammen. Unmittelbar danach folgt eine weitere Übersichtsfolie, die wiederum das erste Textelement der vorangegangenen Übersichtsfolie aufgreift. Zu den Textelementen dieser zweiten Übersichtsfolie folgen Detailfolien. Danach greift eine weitere Übersichtsfolie das zweite Textelement der ersten Übersichtsfolie auf. Auch diese Übersichtsfolie wird mit unmittelbar folgenden Detailfolien versehen, bevor die Abfolge wieder auf die erste Übersichtsfolie zurückkommt. Und so weiter: Der Aufbau lässt sich für mehrere Aussagen nebeneinander wiederholen. Auch vertikal kann die Abfolge der Schaubilder zunächst durch mehrere Ebenen von Übersichtsfolien führen, bevor man die erste Detailfolie erreicht.

Im Beispiel sind die Seiten 1 und 2 wieder für Deckblatt und sprechendes Inhaltsverzeichnis reserviert. Die noch fehlenden Seiten 3 und 12 haben wir für Zwischenseiten angenommen.

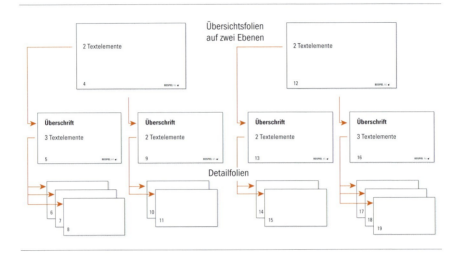

1.1.4.1   Übersichtsfolien zur schrittweisen Einführung weiterer Details anlegen

Der pyramidale Gedanke zieht sich über alle Ebenen der Präsentation hinweg. Stets erhält der Empfänger zunächst einen Überblick, bevor die Details folgen. Wie das sprechende Inhaltsverzeichnis fassen einfache Folien untermauernde Strukturstränge prägnant zusammen.

Inhaltlich sind Übersichtsfolien einfach, weil Sie sie vollständig aus der Struktur übernehmen können. Aber die Visualisierung ist wichtig und anspruchsvoll: Genügte beim sprechenden Inhaltsverzeichnis meist reiner Text, müssen Sie auf tieferen Ebenen den Kontext der Aussagen visuell verdeutlichen. Daher werden Sie in die Visualisierung der Übersichtsfolien nochmals Zeit investieren – entweder bereits jetzt, spätestens aber beim Übertragen in die Präsentationssoftware.

Beim Storylining übernehmen Sie zunächst Überschrift und Textelemente. Für wichtige Übersichtsfolien skizzieren Sie bereits die Visualisierung und legen den Einsatz von Navigatoren fest.

Übertragen Sie die oberste Botschaft des betreffenden Strukturstranges als Folienüberschrift

Übersichtsfolien fassen Strukturäste zusammen. Und an der Spitze des Strukturastes haben Sie die zentrale Botschaft. Folglich wird diese Botschaft zur Folienüberschrift.

Beginnen Sie mit der Übersichtsfolie für den ersten Abschnitt, also die erste Teilaussage unterhalb der Kernaussage Ihrer Kommunikationsstruktur. Übernehmen Sie diese Aussage oben als Folienüberschrift. Sie müssen diese auch nur einmal sprachlich feinschleifen, denn sie entspricht wortgleich dem sprechenden Inhaltsverzeichnis und gegebenenfalls der vorangegangenen Zwischenseite. Auch für die späteren Übersichtsfolien übertragen Sie einfach die Botschaften aus der vorhandenen Struktur.

Übertragen Sie eine, maximal zwei die Überschrift untermauernden Strukturebenen als Textelemente

Der Einstieg in die Details soll schrittweise erfolgen. Die Übersichtsfolie soll dem Empfänger den pyramidal gewünschten Überblick verschaffen. Außerdem ermöglicht die inhaltliche Beschränkung eine einfache Verbindung zwischen Übersichtsfolie und untermauernden Folien. Übertragen Sie also zunächst nur die Teilaussagen der Strukturebene unmittelbar unterhalb der Folienüberschrift. Schreiben Sie diese als Textelemente unter die Folienüberschrift. Zur Vereinfachung hatten wir unsere drei vorangegangenen Beispiele zur Folienabfolge darauf beschränkt.

In der Praxis können aber auch Übersichtsfolien zwei Ebenen umfassen, wie bereits das sprechende Inhaltsverzeichnis. Überlegen Sie, ob Ihr Empfänger zwei gedankliche Schritte auf einmal nehmen kann. Dazu wägen Sie inhaltliche Komplexität und visuelle Klarheit ab. Trauen Sie dem Empfänger gleich zwei Ebenen zu, dann ergänzen Sie unten auch die Teilaussagen der zweiten Ebene. Positionieren Sie diese so unter den bereits vorhandenen Textelementen, dass man ihre hierarchische Unterordnung leicht erkennen kann. Einrückungen oder Aufzählungszeichen kennzeichnen sie als sekundäre Textelemente. In der Regel nehmen Sie dazu sprachliche Verkürzungen vor, wie im parallelen sprachlichen Feinschliff beschrieben. Im Beispiel übertragen wir für den linken Strukturstrang zwei Ebenen auf eine Übersichtsfolie.

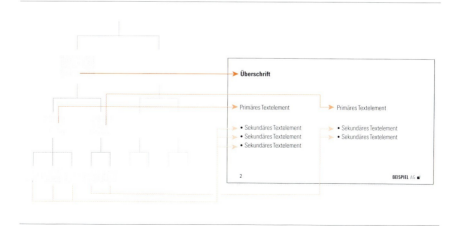

Bei wichtigen Übersichtsfolien skizzieren Sie an dieser Stelle die Visualisierung

Übersichtsfolien spielen in der pyramidalen Präsentation eine sehr wichtige Rolle. Im Gegensatz zur Zwischenseite haben sie eine eigene Visualisierung. Die Inhalte sind aber tendenziell generisch. Umso wichtiger ist, dass der Empfänger den Kontext leicht erfasst. Vor diesem Hintergrund sollten Sie wichtige Übersichtsfolien bereits beim Storylining skizzieren. Das gilt besonders, wenn Sie die Umsetzung in der Präsentationssoftware an Dritte delegieren wollen. Wichtige Übersichtsfolien sind naturgemäß solche auf höheren Strukturebenen. Auf tieferen Ebenen sind nur Bereiche wichtig, die für das Publikum besonders kritisch sind. So könnten Sie bei einer pyramidalen Kette eine Prämisse und Schlussfolgerung noch offenlassen. Für die zweite Prämisse wollen Sie hingegen die Visualisierung bereits skizzieren.

Die Vorgehensweise für anschauliche Visualisierung erläutern wir detailliert ab Seite 316. Springen Sie bei Bedarf dorthin.

Ergänzen Sie wo sinnvoll Navigatoren für besseres Verständnis des Strukturstranges

Bei komplexen Präsentationen spiegelt eine Übersichtsfolie umfangreiche Strukturstränge wider. Ihr folgen tiefere Übersichtsfolien und zahlreiche Detailfolien. Damit der Empfänger dabei nicht den Überblick verliert, sollten Sie die logische Beziehung zwischen der Übersichtsfolie und den sie vertiefenden Folien deutlich machen. Neben den im sprachlichen Feinschliff beschriebenen Wortwiederholungen bieten sich dafür Navigatoren an.

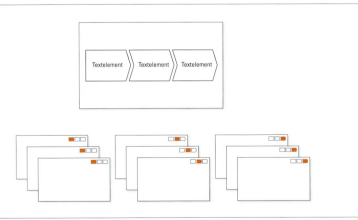

Navigatoren greifen die eingeführte Struktur der Übersichtsfolie visuell oder sprachlich auf. Auf den folgenden Folien geben sie diese Struktur verkleinert wieder und heben dabei optisch hervor, auf welchen Teil sich die Inhalte gerade beziehen. Der

Navigator selbst verschärft beim Empfänger das Verständnis Ihrer Argumentationsstruktur. Die Hervorhebung gibt ihm Orientierung. Wie das Zwischenblatt auf höheren Strukturebenen signalisiert der Navigator auf einer tieferen Ebene logische Einheiten und logische Sprünge.

Verwenden Sie stets nur einen Navigator und diesen konsequent und einfach sowie an der gleichen Stelle. Als zusätzliche visuelle Elemente machen Navigatoren die Folie zunächst unruhiger. Diese Wirkung widerspricht der Intention des Navigators, dem Empfänger Orientierung zu geben. Daher müssen Navigatoren mit Bedacht eingesetzt werden. Es gelten vier Regeln:

Kombinieren Sie niemals zwei oder gar mehrere Navigatoren auf einer Folie

Das würde den Empfänger vermutlich mehr verwirren als führen. Überlegen Sie gut, auf welcher Strukturebene der Navigator zum Einsatz kommt. Ist es eine hohe Ebene, so findet er sich auf relativ vielen Folien wieder. Dann können Sie jedoch für weitere Verzweigungen innerhalb dieses Strukturstranges keine weiteren Navigatoren einsetzen.

Setzen Sie Navigatoren konsequent auf alle Folien des entsprechenden Strukturstranges

Damit der Empfänger die Struktur schlüssig versteht, stellen Sie sicher, dass alle folgenden Seiten den Navigator tragen – bis Sie wieder auf dem hierarchischen Niveau der zugrunde liegenden Übersichtsfolie angekommen sind. Der Navigator gehört auf vertiefende Übersichts- und Detailfolien sowie auf unmittelbar in die Folienabfolge integrierte Backup-Folien.

Verwenden Sie eine einfache Form

Vielleicht haben Sie die Visualisierung der Übersichtsfolie bereits skizziert. Haben Sie das noch nicht getan, dann sollten Sie es jetzt nachholen. Bedenken Sie für die Gestaltung des Navigators, dass dieser nachher stark verkleinert auf die folgenden Folien muss. Die Form sollte daher mehr denn je einfach sein. Die strukturbestimmenden optischen Elemente müssen leicht erkennbar sein. Allerdings geben visuelle Navigatoren nur die Form der Übersichtsfolie wieder. Textelemente kommen in der verkleinerten Form nicht vor. Demgegenüber beschränken sich Textnavigatoren auf stark komprimierte Botschaften, im Zweifel nur Themen oder Schlagwörter. Hier gibt es keine Visualisierung. Die Textelemente werden als Auflistung auf allen Seiten des Strukturstranges wiedergegeben. Auf der einzelnen Seite betonen Sie das jeweils relevante Textelement durch Fettdruck.

Positionieren Sie Navigatoren stets an der gleichen Stelle auf der Folie

Um dem Empfänger die Suche zu ersparen und die Folie optisch ruhig zu halten, kommt der Navigator stets an die gleiche Stelle. Vielleicht wurde bei Gestaltung des Präsentationslayouts bereits ein Platzhalter für Navigatoren angelegt. Die durchgängige Positionierung der Navigatoren im Dokument hat beim Arbeiten mit der Präsentationssoftware den Vorteil, dass Sie diese per Copy-Paste schnell auf mehrere Folien übertragen können. Achten Sie dabei aber darauf, an welcher Stelle sich das hervorgehobene optische Element des Navigators ändert.

1.1.4.2   Detailfolien für die erwartete inhaltlich-substanziierte Argumentation anlegen

Reichen dem Empfänger im Vortrag oder beim Lesen der Unterlage die vorangegangenen Übersichtsfolien nicht aus, so sollen ihm die Detailfolien die notwendige Vertiefung anbieten. Auf diesen Folien konkretisieren Sie Ihre Inhalte.

In der Storyline legen Sie Detailfolien zunächst nur an. Sie fügen sie hinter der jeweiligen Übersichtsfolie ein und übernehmen als Überschriften die Teilaussagen der untersten Strukturebene. Die Visualisierung können Sie zunächst offenlassen. Das holen Sie nach, wenn Sie die Storyline in Ihrer Präsentationssoftware umsetzen.

1.1.4.3   Backup-Folien unmittelbar in der Folienabfolge oder als Anhang für unerwarteten Detailbedarf ergänzen

Hatten Sie bei der vertiefenden Strukturierung Ihre Präsentationsinhalte zur untersten Strukturebene bereits weitere Vertiefungsmöglichkeiten notiert, übernehmen Sie diese als Backup-Folien in Ihr Dokument. Wegen der relativ geringen Bedeutung der Backup-Folien tragen Sie als Überschrift nur ein Schlagwort ein. Bei der Umsetzung in der Präsentationssoftware werden Sie die Visualisierungsfläche füllen. Für die Einbindung von Backup-Folien gibt es zwei Möglichkeiten:

Einzelne Backups in die Folienabfolge einbinden und als Backup kennzeichnen

Lassen sich die vertiefenden Inhalte absehbar auf einer oder zwei Folien darstellen, dann ergänzen Sie diese Backup-Folien unmittelbar hinter der betreffenden Detailfolie. Die Backup-Folie greift die Detailfolie auf und ergänzt dazu vertiefende Inhalte, etwa Rohdaten aus Ihrer Erarbeitung.

Kennzeichnen Sie die Backup-Folie gleich mit einem Sticker. Der erinnert Sie daran, dass die Umsetzung in der Präsentationssoftware weniger liebevoll erfolgen darf. Ihr späterer Leser erkennt dadurch sofort die geringere Wichtigkeit dieser Folie. Sie selbst werden die eingebundene Backup-Folie im Vortrag planmäßig überspringen.

Umfangreichere Backups als Anhang an das Ende des Dokuments stellen

Handelt es sich bei den vertiefenden Inhalten hingegen um umfangreichere Inhalte, etwa größere Datentabellen, Bilderserien oder Ähnliches, dann stellen Sie die Vertiefung ans Ende der eigentlichen Folienabfolge. Das erspart Ihnen im Vortrag planmäßig das Überspringen mehrerer Seiten. Fügen Sie am Ende eine Zwischenseite für den Anhang ein und ergänzen Sie dahinter die erforderliche Anzahl von Folien.

Haben Sie für Teilaussagen unterschiedlicher Vertiefungsäste entsprechend umfangreiche Backups, sollten Sie für den Anhang selbst eine Struktur aufbauen, mit eigenem Inhaltsverzeichnis und Zwischenseiten.

Eine Kennzeichnung der einzelnen Folien als Backup ist bei diesem Aufbau überflüssig. Im Vortrag werden Sie eventuell aus der Folienabfolge über viele Seiten springen müssen, wenn das Publikum den Einstieg in die Backups fordert.

1.1.4.4 Auf der Abschlussfolie Kontaktdaten für weitere Vertiefung anbieten

Nach Deckblatt, sprechendem Inhaltsverzeichnis, eventuellen Zwischenseiten, möglichen Übersichtsfolien, zahlreichen Detailfolien und gegebenenfalls auch Backup-Folien signalisiert die Abschlussfolie schließlich das Ende des Dokuments. Fügen Sie auch diese bereits in die Storyline ein.

In vielen Organisationen ist die Abschlussfolie wiederum primär von Layout-Aspekten geprägt. Wenn Sie können, platzieren Sie auf der Abschlussfolie Ihre Kontaktdaten. Sie stellen quasi die unterste Ebene Ihrer pyramidalen Präsentationsunterlage dar und signalisieren dem Empfänger, dass er sich bei weiterem Detailbedarf mit Ihnen in Verbindung setzen kann.

Auf Floskeln wie *Vielen Dank für Ihre Aufmerksamkeit* können Sie verzichten. Das machen Sie im Vortrag besser persönlich.

1.2 Die formulierten Arbeitstitel der Struktur in passende Überschriften oder Textelemente feinschleifen

Wir hatten bei der Strukturierung mehrfach davor gewarnt, sich bereits den Kopf zu zerbrechen über die genaue Formulierung Ihrer Botschaften. Erst jetzt beim Übertragen der Struktur auf die Folien müssen Sie diesen Punkt nochmals aufgreifen.

Schleifen Sie Ihre Formulierungen nun fein. Drei Dinge sind zu tun: Sie müssen für den Empfänger sensible Aussagen diplomatisch formulieren. Sie müssen verständlich einfache Sätze bilden. Und Sie dürfen und müssen zu lange oder umständliche Aussagen kürzen.

1.2.1   Für den Empfänger sensible Aussagen diplomatisch formulieren

Auch die Beziehungsebene muss für erfolgreiche Kommunikation stimmen

Die Kommunikationsstrukturierung fand bis zu diesem Punkt überwiegend auf der Sachebene statt. Welche Frage stellt sich der Empfänger? Welche Antworten habe ich darauf. Die Sachebene konzentriert sich auf die Inhalte der Kommunikation – umgangssprachlich also Zahlen, Daten, Fakten; in unserer Sprache Informationen oder Aufforderungen. In der Folge steht die für Ihren Empfänger wesentliche Botschaft als Kernaussage am Anfang. Sachorientierung ist zwingende Voraussetzung für die wesentlichen Vorteile pyramidaler Präsentationen: Der Empfänger versteht schnell und einfach, was Sie ihm sagen wollen.

Aber der Erfolg der sachlichen Argumentation hängt entscheidend von einer positiven Beziehung zwischen Sender und Empfänger ab. Die Beziehungsebene ist zweiter Bestandteil jeder Kommunikation. Sie konzentriert sich darauf, wie kommuniziert wird. Hier wirken Gefühle, Verhaltensweisen oder Einstellungen. Paul Watzlawick vergleicht die Sachebene mit der Spitze des Eisbergs. Sie ist der sichtbare Teil. Der größere Teil findet im Verborgenen auf der Beziehungsebene statt. Insofern beeinflusst die Beziehungsebene die Sachebene stärker als umgekehrt: Bei einer gestörten Beziehungsebene nimmt der Empfänger selbst überzeugende Sachargumente nicht an.

Folglich braucht erfolgreiche Kommunikation vor stimmigen Inhalten zunächst eine positive Beziehungsebene. Wir müssen beim Empfänger vorhandene Emotionen erkennen und ernst nehmen. Dann erst können wir die Art und Weise beschreiben, wie wir unsere Sachargumente vermitteln.

Doch deutliche Kernaussagen können die Beziehungsebene zerstören

Prägnante Botschaften, prominent platziert, sind wesentliche Charakteristika pyramidaler Präsentationen. Die Kernaussage ist das Erste, das den Empfänger erreicht, von Höflichkeiten und Formalitäten im Vortrag abgesehen.

Und genau darin liegt das Risiko, den Empfänger gleich im ersten Satz zu verschrecken. Die Gefahr besteht, wenn zwei Faktoren zusammentreffen – eine schlechte Nachricht und ein sensibler Empfänger:

— **Nur schlechte Nachrichten sind gefährdet.** Gute Nachrichten sind ungefährlich. Kommunizieren Sie sie geradeheraus. Der Empfänger wird sich vermutlich freuen. Gefährlich sind hingegen Aussagen, die für den Empfänger negativ sind, zum Beispiel ein Vorwurf, eine Ablehnung, eine unangenehme Veränderung, nicht erreichte Ziele wie Mehrkosten, Verzögerungen oder Ähnliches.

— **Nur sensible Empfänger sind gefährdet.** Bei einem emotional stabilen Empfänger können Sie auch bei negativen Botschaften deutliche Worte finden. Er wird nicht erfreut sein, sich aber auf der Sachebene mit Ihren Argumenten auseinandersetzen. Gefahr besteht hingegen, wenn Ihr Empfänger weniger hart im Nehmen ist, zum Beispiel alles sehr persönlich nimmt, grundsätzlich angespannt oder stark introvertiert wirkt und leicht gereizt reagiert.

In genau dieser Konstellation zerstören deutliche Worte am Anfang die Beziehungsebene, noch bevor sachliche Argumente ins Spiel kommen. Der Empfänger reagiert emotional, irgendwo zwischen äußerem Vulkanausbruch und innerem Rückzug. Beide Fälle sind gleichermaßen fatal: Der Empfänger verweigert die weitere sachliche Auseinandersetzung mit Ihrer Botschaft. Die mühsame Kommunikationsstrukturierung war vergebens! Die Präsentation ist schon gescheitert.

Daher sollten Sie gefährliche Botschaften in diplomatische Worte kleiden

Um bei kritischer Kommunikation nicht ganz auf die pyramidalen Vorteile zu verzichten, sollten Sie zunächst diplomatische Formulierungen wählen. Diese mit Bedacht gewählten Formulierungen deuten die inhaltliche Richtung an, ohne bereits Emotionen zu wecken. Erst auf den tieferen Strukturebenen der Argumentation werden Sie deutlicher. So können Sie auch schlechte Nachrichten an sensible Empfänger pyramidal kommunizieren.

1.2.1.1   Die Notwendigkeit diplomatischer Formulierungen erkennen

Überlegen Sie sich gut, ob und an welchen Stellen Sie wirklich diplomatische Formulierungen brauchen. Aus unserer Erfahrung überschätzen viele Sender deren Notwendigkeit. Sie verwässern ohne Not Ihre Botschaft. Denn diplomatische Formulierungen nehmen Ihrer Botschaft die Präzision. Der Empfänger verliert einen wesentlichen Vorteil: Er kann die Aussage aufgrund ihrer sprachlichen Unschärfe nicht sofort für sich einordnen. Erst auf tieferen Ebenen der Präsentationsstruktur erhellt sich ihm das Bild. Insofern sind diplomatische Formulierungen immer nur eine Notlösung.

Um die Notwendigkeit diplomatischer Formulierungen zu prüfen, müssen Sie die beiden oben genannten Faktoren klären:

— **Beurteilen Sie zunächst die emotionale Stabilität Ihres Empfängers.** Die Bandbreite reicht von stoisch ruhig bis extrem cholerisch. Diese Einschätzung hängt von der jeweiligen Persönlichkeit ab. Das müssen Sie im Einzelfall beurteilen, in der Regel anhand eigener Erfahrungen oder von Dritten. Verfügen Sie über keine Informationen, sollten Sie vorsorglich von geringer emotionaler Stabilität ausgehen. Haben Sie mehrere Empfänger, sollten Sie wiederum nur die für Ihre Ziele relevanten Empfänger betrachten und sich an der am wenigsten stabilen Person orientieren.

— **Lesen Sie dann aus der Kommunikationsstruktur ab, welche Aussagen negative Reaktionen hervorrufen können.** Dabei greifen Sie zurück auf die Empfängeranalyse im Rahmen der Strukturierung. Gefährdet sind Aussagen, die Sie unmittelbar oder weiter unten durch pyramidale Ketten untermauert haben.

1.2.1.2   Bei Bedarf angemessen diplomatisch formulieren

Sind diplomatische Formulierungen notwendig, dann schwächen Sie die Aussagen sprachlich ab. Nehmen Sie die Aussage aus Ihrer Kommunikationsstruktur. Verändern Sie dann die Worte – nicht aber den inhaltlichen Kern. Ginge er verloren, bricht die gesamte Logik der Argumentationsstruktur zusammen. Diplomatische Formulierungen sollen die Beziehungsebene schützen. Sie machen aber aus einer schlechten Nachricht keine gute.

Zum Abschwächen der Sprache bieten sich verschiedene Möglichkeiten an. Nutzen Sie diese abhängig vom Einzelfall, also von der Art der Nachricht und der Persönlichkeit des Empfängers. Abschwächungen widersprechen weitgehend den später folgenden Regeln für verständliche Sprache. Aber in heiklen Situationen heiligt der Zweck die Mittel. Die abgeschwächte Formulierung übertragen Sie auf Ihre Folien.

Vermeiden Sie eine direkte Ansprache des Empfängers

Vermeiden Sie, dass sich der Empfänger persönlich angesprochen fühlt. Formulieren Sie zum Beispiel nicht *Sie haben Ihre Abläufe nicht im Griff.* Nutzen Sie stattdessen anonymisierte Formulierungen wie Passiv-Konstruktionen, zum Beispiel *Die Prozessabläufe wurden nicht konsequent befolgt.* Die deutsche Sprache hält auch die Besonderheit der Man-Formulierungen bereit *Man hat die vorgeschriebenen Prozesse nicht konsequent eingehalten.*

Vermeiden Sie unnötig dramatisierende Adjektive oder Adverbien

Nehmen Sie Ihren Aussagen etwas an Schärfe. Bei den Formulierungen *Es wurden katastrophale Fehler gemacht* und *Es wurden Fehler gemacht* ist der vom Empfänger wahrgenommene Unterschied vermutlich deutlich größer als der tatsächliche. Streuen Sie gegebenenfalls sogar abschwächende Worte ein, zum Beispiel *Es wurden punktuell Fehler gemacht.*

Vermeiden Sie Reizwörter – wie Personalabbau, Kostensteigerungen oder ähnliche

Verhindern Sie reflexartige Ablehnung bei den Empfängern. Nutzen Sie neutralere Hauptwörter, zum Beispiel *strukturelle Veränderungen*, *Investitionen* und so weiter. Doch Vorsicht: Setzen Sie keine zynischen Umschreibungen ein.

Setzen Sie insbesondere Entscheider nicht unter Druck

Formulierungen wie *Wir müssen die Preise senken* werden von vielen als Verpflichtung empfunden. Ein anderes Hilfsverb wirkt bereits viel freundlicher, zum Beispiel *Wir sollten die Preise senken*. Wem auch das zu direkt ist, der versuche *Wir empfehlen eine Preissenkung*. Oder noch schwächer *Eine Preissenkung erscheint uns ratsam*.

Formulieren Sie auch schlechte Nachrichten noch positiv in die Zukunft gerichtet

Die Hoffnung stirbt zuletzt. Statt zu schreiben *Unser Produkt ist im Test durchgefallen* formulieren Sie besser *In seiner derzeitigen Konfiguration erfüllt unser Produkt die Anforderungen nicht*. So erscheint uns auch die Bezeichnung der Schulnoten *fünf* und *sechs* fragwürdig. Bei *mangelhaft* dominiert der Mangel, während bei *ungenügend* die Verneinung dem Genügenden nur kurz im Wege steht. Die offizielle Definition, dass der Mangel in absehbarer Zeit behoben werden kann, erschließt sich nicht aus der Formulierung.

Verwenden Sie möglichst umgangssprachliche Wendungen

Eine bewusste Geschäftssprache verleiht der Botschaft zusätzlich Bedeutung und Schwere. Das schafft beim Empfänger unnötige Anspannung. Eine etwas lockerere Wortwahl überträgt sich häufig auch auf die Wahrnehmung des Empfängers. Formulieren Sie zum Beispiel statt *Unser Produkt ist im Test durchgefallen* salopper *Der Test war für unser Produkt ein Flop*. Wenn Ihnen umgangssprachliche Formulierungen für Folien zu unseriös erscheinen, dann können Sie sie zumindest im mündlichen Vortrag nutzen.

Drücken Sie eventuell eigene Gefühle aus – schämen Sie sich nicht

Wenn es die Rahmenbedingungen erlauben, stärken Sie die Beziehungsebene weiter. Lassen Sie sich ein auf die absehbare Stimmung Ihres Empfängers. So trennen Sie die Beziehung vom Inhalt. Formulieren Sie zum Beispiel statt *Unser Produkt ist im Test durchgefallen* einfühlsamer *Unser Produkt ist im Test leider durchgefallen*. Das eingeschobene *leider* bringt Ihr Bedauern zum Ausdruck. Das ändert inhaltlich nichts, aber der Empfänger merkt, dass auch Sie enttäuscht sind.

Sprechen Sie auch positive Aspekte an

So können Sie vorschnelle einseitige Betrachtungen vermeiden. Statt *Unser Produkt ist im Test durchgefallen* könnten Sie zum Beispiel sagen *Trotz des gut aufgenommenen Designs ist unser Produkt im Test durchgefallen*.

Bibliothek

Bibliothek der Formulierungen:
Von Politikern oder Beratern lernen heißt, vernebeln lernen

Es gibt eine Vielzahl diplomatischer Formulierungen, die klare Botschaften verpacken. Sie funktionieren immer nach dem gleichen Muster: In distinguierten Worten, gerne auch in englischen, klingen schlechte Nachrichten viel besser. Meister dieser Disziplin sind Berater und Politiker – teilweise um sich selbst zu profilieren, teilweise um sich selbst zu schützen.   Dass auch Empfänger diese Formulierungen mit zunehmender Nutzung immer mehr durchschauen, tut ihrer Beliebtheit keinen Abbruch. Sie führt nur leider dazu, dass diese Liste niemals aktuell sein kann.   Lassen Sie sich von einigen Beispielen inspirieren, wenn Sie auf der Suche nach dem richtigen Ton sind:

Suboptimal ist der Klassiker – so klingt gut, was schlecht ist
Irgendwo unterhalb des Besten wohnt das Schlechte. Weil dem schwer zu widersprechen ist, ist suboptimal erste Wahl für alles Schlechte dieser Erde: *Umsatzeinbrüche lassen sich auf suboptimale Vertriebskanäle zurückführen.* Und *suboptimale Instandhaltungszyklen führen zu Produktionsausfällen.* Geadelt wurde der Begriff durch einen Bundeskanzler der Bundesrepublik Deutschland: Gerhard Schröder bezeichnete so seinen rüpelhaften Auftritt der späteren Kanzlerin Angela Merkel gegenüber, im ZDF am Abend der Bundestagswahl 2005.

Strategisch herangehen – unbestritten wichtig, aber keine Ahnung, wie
Es kann ja mal vorkommen, dass Ihnen zur Untermauerung von Aussagen Details fehlen oder diese ziemlich wirr erscheinen. In diesen Fällen darf in Ihrer Aussage das Wörtchen *strategisch* nicht fehlen: *strategisches Vorgehen, strategische Defizite, strategische Potenziale.* Das beeindruckt den Empfänger. Er wird Ihnen vermutlich ohne weitere Rückfragen nachsehen, dass Sie die Unklarheiten leider auch nicht genauer beschreiben können. Wem *strategisch* zu abgedroschen erscheint, der nehme *ganzheitlich* – oder umgekehrt.

Übergeordnete Gründe – Top-Secret für den Sender und Killerargument von Vorgesetzen
Während *strategisch* noch den Anschein einer verborgenen Argumentation erweckt, schert sich *übergeordnet* darum nicht mehr. Es schließt jede inhaltliche Auseinandersetzung a priori aus. Da sich nicht alle Empfänger so abspeisen lassen, funktioniert *übergeordnet* leider nur aus einer hierarchischen Position heraus. Leider verwenden immer mehr Chefs *übergeordnet* als Killerargument für gute Präsentationen – mit einer zwingenden pyramidalen Kette: *Aus Ihrer (eingeschränkten) Sicht ist der Vorschlag absolut richtig. Aber (Ihnen) verborgene, übergeordnete Gründe sprechen dagegen. Daher greifen wir Ihren Vorschlag nicht auf.* Pech gehabt!

Abmoderieren – die versöhnliche Form des Niedermachens

Vielen Präsentatoren fällt es besonders schwer, Menschen davon zu überzeugen, ein geliebtes Projekt aufzugeben: Der Chef will es, aber die Fakten sprechen dagegen. Früher hätte man einfach gesagt *Wir sollten das Thema zu den Akten legen*. Das macht im besten Fall fassungslos, im schlimmsten Fall aggressiv. Hier raten wir zur Formulierung *Wir sollten das Thema abmoderieren*. Durch den Wortstamm der Moderation nehmen Sie sich als Sender zurück, Sie überlassen hingegen Ihrem Empfänger, selbst zur notwendigen Einsicht zu kommen. Und schließlich wahrt die weiche Formulierung Ihr Gesicht, falls die Hierarchie am Ende die Fakten schlagen sollte.

Den zeitlichen Horizont erweitern – leider sind wir nicht ganz fertig geworden

Es ist schon unangenehm genug, wenn man eine Aufgabe nicht in der vorgesehenen Zeit erledigen kann. Die Präsentation dieses Scheiterns kommt oft einem Offenbarungseid gleich. Wer hier die Form wahren will, sucht einen positiven Ausweg. Da bietet sich die Kernaussage an *Wir sollten den zeitlichen Horizont des Projektes erweitern*. Gepaart mit einer kleinen Erweiterung des Projektumfangs klingt das doch gleich visionär.

Unsere Prioritäten neu ausrichten – anderes kann nur besser sein

Neben der zeitlichen Horizonterweiterung bietet sich diese auch inhaltlich an. Eine Idee entpuppt sich als wenig sinnvoll. Sie hat aber durchaus wichtige Unterstützer. Anstatt wie beim *Abmoderieren* die Idee selbst inhaltlich anzusprechen, kann weiträumiges Umfahren der Gefahrenstelle Emotionen bremsen. Sie begeben sich auf eine höhere Ebene und sagen *Wir sollten unsere Prioritäten bei der Reduzierung der Lieferantenanzahl neu ausrichten*. Noch besser ist, Sie können gleich eine konkrete Alternative einbringen, etwa *Bei der Reduzierung unserer Lieferantenanzahl müssen wir primär die Sicherung der Lieferkette berücksichtigen*. Etwas versöhnlicher wäre *Neben der Reduzierung der Lieferantenanzahl sollten wir auch andere wichtige Ziele betrachten*.

Herausfordernder Business-Case – früher hätte man davon die Finger gelassen

Eigentlich spricht alles dagegen, aber es wird trotzdem gemacht. In diesen Fällen ist *herausfordernd* das geschliffene Synonym für unrealistisch: Der Zeitplan ist nicht zu knapp, sondern herausfordernd. Die Produkteinführung überfordert den Vertrieb nicht, sondern fordert ihn heraus. Ähnlich ersetzen *Verbesserungspotenziale* die guten alten Schwächen, *Gesprächsbedarf* ersetzt persönliche Differenzen und so weiter …

Organisationsversagen klingt dramatisch – trifft aber nicht so schwer

Oben hatten wir schon beschrieben: Persönliche Angriffe sollten grundsätzlich vermieden werden. Die CDU in Nordrhein-Westfalen ging 2010 noch einen Schritt weiter, um auch die sogenannte „politische Verantwortung" zu umgehen: Der öffentliche Vorwurf lautete, man habe bei Parteitagen Firmen Gespräche mit dem damaligen Ministerpräsident Jürgen Rüttgers verkauft – „Rent-a-Rüttgers". Und da Politiker zu brutalstmöglichen Begriffen neigen, sprach man anschließend von „Organisationsversagen". Das klang dramatisch. Für Jürgen Rüttgers blieb es dennoch zunächst folgenlos.

Sophisticated – lässt offen, ob etwas beeindruckend oder kompliziert ist

Mancher Sender will oder kann sich nicht gleich festlegen. Er macht seine eigene Position von der Rückmeldung des Empfängers abhängig. Um das zu verbergen, bieten sich mehrdeutige Worte an, wie zum Beispiel *sophisticated*: *Das Produktdesgin ist ziemlich sophisticated.*

Zeigt Ihr Empfänger einen positiven Gesichtsausdruck, dann konkretisieren Sie *Das erfüllt wirklich jeden Kundenwunsch*. Wirkt er hingegen skeptisch, dann schwenken Sie auf eine negative Linie ein *Das ist vermutlich zu kompliziert für unsere Kunden*. Flexibilität ist eben alles. Doch Vorsicht: Mehrdeutige Worte eignen sich nur für Beschreibungen – Schlussfolgerungen lassen sich daraus nicht ziehen.

Unzureichende Ordnungsstrukturen – die Präsentation war nicht erfolgreich
Und zu guter Letzt, in eigener Sache: Wenn mal eine Präsentation nicht einschlägt, dann war sie nicht chaotisch. Nein, Ihre Ordnungsstrukturen haben sich den Empfängern nur nicht ausreichend erschlossen. Geloben Sie, bis zum nächsten Mal die zugrunde liegenden logischen Denkmuster transparenter zu machen. Das ist auch wieder wie bei Politikern: Deren Politik ist nicht schlecht – es gelingt ihnen oft nur nicht, diese den Bürgern zu vermitteln.

1.2.2   Allgemein-verständlich und gleichzeitig empfängerbezogen formulieren

Bereits bei der Strukturierung hatten Sie ganze Sätze formuliert. Sie enthalten die für stringente Argumentation erforderlichen Botschaften und sind Grundlage für die Texte auf den Folien, sei es als Überschrift oder in der Visualisierung.

Aber die Wahl Ihrer Worte entscheidet über den Kommunikationserfolg. Für die Gesamtpräsentation ist geschriebene und gesprochene Sprache das wichtigste Kommunikationsmedium, noch stärker als Bilder oder Zahlen. Und verständliche Sprache erschließt sich dem Empfänger so leicht und unmissverständlich, dass er sich optimal auf Ihre Inhalte fokussiert. Daher kommt Ihren genauen Formulierungen hohe Bedeutung zu.

Folglich sollten Sie die sprachliche Qualität der Arbeitstitel aus Ihrer Präsentationsstruktur verbessern, wenn Sie die Texte übertragen. Nutzen Sie die Gelegenheit, dass Sie im Schriftlichen wichtige Formulierungen sehr sorgfältig abwägen können. Haben Sie ein Wort einmal ausgesprochen, ist es zu spät.

Beim Formulieren müssen Sie zwei Anforderungen unter einen Hut bringen: Beachten Sie allgemeine Regeln für verständliche Sprache. Und gehen Sie besonders auf Ihr Publikum ein. Je systematischer Sie die Arbeitstitel bei der Strukturierung entworfen haben, desto einfacher ist der Feinschliff.

1.2.2.1   Mit einfachen Sätzen verständlich formulieren – die allgemeinen Regeln zur Textgestaltung

Es gibt umfangreiche und gute Literatur zur Textgestaltung. Wir heben die wichtigsten Regeln für geschäftliche Kommunikation hervor.

Die deutsche Sprache benötigt für eine eindeutige Aussage mindestens ein Subjekt und ein Prädikat, zum Beispiel *Die Kinder schlafen*. Weitere Worte ermöglichen vielschichtigere Aussagen – insbesondere durch Objekte, Adjektive oder Adverbien. Ohne Subjekt oder Prädikat hingegen geht die Aussagekraft verloren. Es verbleibt Interpretationsspielraum.

Nennen Sie Ross und Reiter – jeder Satz braucht ein Subjekt

Wir beginnen viele Sätze mit einer kurzen Einleitung, etwa *Wir haben festgestellt, dass der Umsatz gesunken ist* oder *Der Monatsbericht zeigt, dass die Ausfälle in Brasilien weiter reduziert wurden* oder auch *Das Team hat ein Konzept entwickelt, mit dem Kundenanfragen schneller beantwortet werden können.* Die Einleitung betont zum Beispiel, wer etwas getan oder gesagt hat oder anderweitige Quellen.

Doch das Wichtige verstecken wir mit diesem Satzbau im Nebensatz. Das Vorgehen zum Erkenntnisgewinn stellt sich sprachlich vor die eigentliche Erkenntnis. Das ist menschlich nachvollziehbar. Für effiziente Ergebniskommunikation ist es irrelevant. Dass wir etwas festgestellt haben, ist zunächst schön. Dass der Monatsbericht etwas zeigt, ist nicht überraschend. Und dass das Team etwas entwickelt hat, war vermutlich ureigenste Aufgabe des Teams.

Anstelle einleitender Hauptsätze schreiben Sie die Hauptsache in den Hauptsatz. Die Beispiele oben könnten lauten *Der Umsatz ist gesunken, Die Ausfälle in Brasilien sind zurückgegangen* und *Wir können Kundenanfragen mit unserem Konzept künftig schneller beantworten.* So wird der zentrale Satzgegenstand zum Subjekt. Die Subjekte einleitender Hauptsätze hingegen behandeln Sie auf der späteren Folie allenfalls als das, was sie auch sind – nämlich eine Quellenangabe.

Auch beim Fokus auf den Inhalt verbleiben oft mehrere potenzielle Subjekte. Sie können vielfältig sein. Für geschäftliche Kommunikation sind drei Fälle typisch:

— **Bei Aufforderungen oder Tätigkeiten ist der Handelnde das Subjekt.** Adressieren Sie zum Beispiel eine ganze Firma, eine Abteilung, eine einzelne Person oder auch Ihren Empfänger direkt. Beispiele sind *Die Firma X muss ein neues Qualitätsmanagement einführen, Die Abteilung Y auditiert das Qualitätsmanagement* oder *Herr Z muss die Auditierungsunterlagen zusammenstellen.*
— **Bei Problemen bieten sich Ursache oder Wirkung als Subjekt an.** Die inhaltliche Botschaft bleibt gleich, aber das Subjekt schafft eine unterschiedliche Betonung. Im Beispiel *Neue Materialien erhöhen die Produktionskosten* steht die Ursache im Vordergrund. Mit *Die Produktionskosten steigen durch den Einsatz neuer Materialien* betonen Sie die Wirkung.
— **Bei Lösungen verhält es sich analog – mit der Aktion und der Auswirkung als möglichen Subjekten.** Starten Sie mit der Aktion wie *Neue Materialträger senken unseren Logistikaufwand.* Oder stellen Sie die erwartete Auswirkung in den Vordergrund, etwa *Der Logistikaufwand wird gesenkt.*

Sagen Sie, was passiert – jeder Satz braucht ein Verb

Ersetzen Sie passive durch aktive Verben

Das bewusst gewählte Subjekt allein verhindert noch keine Passivkonstruktion, wie im Beispiel *Der Logistikaufwand wird gesenkt*. Doch das passive Verb ist unspezifisch. Es provoziert sprachlich die Frage nach dem eigentlichen Subjekt Ihres Satzes: Wer oder was sorgt für die Reduzierung des Logistikaufwandes? Die Betonung Ihres Subjekts leidet. Vermeiden Sie daher passive Verben. Formulieren Sie aktiv *Der Logistikaufwand sinkt durch neue Materialträger*.

Ersetzen Sie Verneinungen durch positive Formulierungen

Wie jede Medaille zwei Seiten hat, so können Sie jede Formulierung negativ oder positiv wählen. Die inhaltliche Substanz ist gleich. Dabei hat die positive Formulierung zwei Vorteile: Sie ist sprachlich kürzer, weil das Wort *nicht* entfällt. Sie ist psychologisch attraktiver, weil sie wiederum die Beziehungsebene stärkt.

Deshalb sollten Sie in der Regel positive Formulierungen wählen. Statt *Wir müssen die Personalplanung nicht anpassen* sagen Sie besser *Wir können die Personalplanung beibehalten*. Lassen Sie sich nicht vom Inhalt ablenken. Dieser soll sich nicht ändern. Statt zu sagen *Das Projektziel ist noch nicht geklärt* formulieren Sie besser *Das Projektziel ist immer noch unklar*. Die Aussage ist inhaltlich genauso unbefriedigend. Aber sie ist sprachlich einfacher.

Ersetzen Sie zusammengesetzte Verben durch einteilige – oder halten Sie sie zumindest beieinander

Verben bestehen in der deutschen Sprache häufig aus zwei Wörtern, etwa bei *Wir lassen die Projektorganisation zunächst offen*. Das Verb *offenlassen* wird in zwei Worte geteilt und dabei obendrein gedreht. Zusammengesetzte Verben beinhalten gleich zwei sprachliche Herausforderungen:

— Einerseits kann der Empfänger leicht den Überblick verlieren. Nehmen wir das Beispiel *Der Projektleiter schlägt angesichts der absehbaren zeitlichen Verzögerungen in beiden Teilprojekten und im Hinblick auf die strengen zeitlichen Vorgaben vorsorglich die Planung von drei zusätzlichen Teamsitzungen vor*. Der Empfänger ist gefordert, das Verb *vorschlagen* zu erkennen.
— Andererseits kann zunächst eine falsche Tonalität entstehen. Nehmen wir das Beispiel *Alkohol löst viele Probleme in der Zusammenarbeit zwischen jungen und alten Mitarbeitern aus*. Das Lösen von Problemen erzeugt zunächst einen positiven Eindruck, den das letzte Wort jäh ins Gegenteil verkehrt.

Vermeiden Sie wenn möglich zusammengesetzte Verben. Es finden sich meist einteilige Synonyme, in unseren Beispielen empfiehlt etwa der Projektleiter zusätzliche Teamsitzungen und der Alkohol verursacht Probleme. Finden Sie kein einteiliges Synonym, so beachten Sie zumindest die „Sechs-Wörter-Regel": Danach sollen zwischen den beiden Teiles des Verbs maximal sechs andere Wörter stehen, etwa *Der Projektleiter schlägt drei zusätzliche Teamsitzungen vor.* Die übrigen Erklärungen fügen Sie in einem zweiten Satz an.

Beschränken Sie sich auf eine Aussage pro Satz – die wichtigste zuerst

Schachtelsätze verknüpfen mehrere Aspekte einer Botschaft, bestenfalls durch Kommata getrennt. Nehmen wir wiederum ein Beispiel *Da die neue Branchenstudie sehr interessante Erkenntnisse hervorgebracht hat, die wir im Projekt angemessen berücksichtigen sollten, schlagen wir vor, den Projektumfang zu erweitern.*

Dieser Satz wird unverständlich, weil er gleich drei Botschaften enthält. Nämlich, dass die neue Branchenstudie interessante Ergebnisse hervorgebracht hat. Außerdem, dass wir diese im Projekt angemessen berücksichtigen sollten. Und schließlich, dass der Projektumfang erweitert werden soll.

Kommunizieren Sie die Botschaften einzeln. Folgen Sie auch im Satzbau dem pyramidalen Gedanken. Wählen Sie die wesentliche aus den verschiedenen Botschaften aus. In diesem Fall ist das eindeutig der Vorschlag, den Projektumfang zu erweitern. Damit beginnen Sie. Die Kausalkette zur Begrüdung ist pyramidal eine Untermauerung und sollte konsequent zur möglichen Vertiefung nachgereicht werden. Der Satz lautet *Wir schlagen eine Erweiterung des Projektumfangs vor. So können wir alle wesentlichen Faktoren im Projekt berücksichtigen. Insbesondere aus der neuen Branchenstudie ergeben sich wichtige Impulse.*

Weitere Botschaften folgen als eigene Sätze. Trennen Sie sie vom Hauptsatz durch Punkt, Semikolon oder bei Aufzählungen auch einen Doppelpunkt. Bedenken Sie jedoch zwei Besonderheiten:

— **Die Folienüberschrift besteht stets nur aus einem Satz.** Für weitere Details hat das pyramidale Schaubild ja explizit die Visualisierungsfläche. Um dieses Angebot visuell zu verdeutlichen, verzichtet die Folienüberschrift auf einen abschließenden Punkt. Das Satzende erschließt sich dem Empfänger ohnedies aus der Formatierung.

— **Bedingungen müssen in den Hauptsatz einfließen.** Konditionalsätze beschreiben Abhängigkeiten, etwa *Wir können den Liefertermin halten, wenn der Kunde die Abmessungen bis übermorgen übermittelt und wir den Zulieferer bis Mittwoch beauftragen.* Aber angefügte Konditionalsätze bergen die Gefahr, dass der schnelle Leser gar nicht bis zur Bedingung kommt. Hocherfreut steigt er aus, nachdem er gelesen hat, dass wir den Liefertermin halten können. Dies lässt sich pyramidal durch einen kurzen Einschub lösen, zum Beispiel *Unter bestimmten Voraussetzungen können wir den Liefertermin halten.* Der Leser erkennt sofort, dass es noch Bedingungen gibt. Bei Interesse kann er darauf eingehen.

Unterstützen Sie mit Satzzeichen das Verständnis

Die Zeichensetzung hat sich in jüngerer Vergangenheit in eine fragwürdige Richtung entwickelt. Viele Autoren streuen Satzzeichen nach Gutdünken ein. Dabei sollten wir uns bewusst machen, dass häufig erst die Zeichensetzung das Verständnis einer Aussage sichert, etwa bei *Der Chef denkt der Mitarbeiter hat keine Ahnung.* Je nach Blickwinkel sind zwei Interpretationen möglich: Der eine versteht *Der Chef denkt, der Mitarbeiter hat keine Ahnung.* Ein anderer versteht *Der Chef, denkt der Mitarbeiter, hat keine Ahnung.* Erst die Interpunktion macht die Botschaft eindeutig. Vermeiden Sie durch Satzzeichen Missverständnisse des Publikums und peinliche Versprecher beim Vortrag vor Publikum.

Verzichten Sie auf überflüssigen Ballast – das braucht kein Satz

Über die zwingenden Satzbestandteile hinaus schmücken wir unsere Formulierungen gerne. Am besten lesen Sie Ihre Formulierung nach der Ausarbeitung erneut. Sie werden dabei einiges zu streichen finden.

Verzichten Sie auf überflüssige Adjektive

Adjektive sollen Besonderheiten ergänzen. In der Praxis werden sie jedoch häufig für Selbstverständlichkeiten oder Belanglosigkeiten eingesetzt. Anbieter werben beispielsweise *Wir bieten Ihnen umfangreiche professionelle Unterstützung bei Ihrer Textgestaltung.* Das Adjektiv *umfangreich* mag noch inhaltlich helfen. Andere Anbieter können sich ja auf einzelne Nischen beschränken. Das Adjektiv *professionell* hingegen ist überflüssig. Niemand würde ernsthaft *unprofessionelle* Unterstützung anpreisen. Statt selbstverständliche Adjektive für sich in Anspruch zu nehmen, ergänzen Sie besser weitere Sätze. Darin untermauern Sie die Professionalität Ihrer Leistungen inhaltlich.

Verzichten Sie auf Füllwörter

Füllwörter schleichen sich meist unbewusst in unsere Formulierungen. Typische Beispiele sind *denn, eigentlich, gewissermaßen, bekanntlich, doch, aber* und viele andere mehr. Sie tragen meist nicht zum Satzinhalt bei. Streichen Sie Füllwörter ersatzlos.

Verzichten Sie auf Worterweiterungen

Worterweiterungen ergänzen einen bestehenden Begriff. Die Erweiterungen stiften oft keinen Mehrwert. Nehmen wir den Satz *Unser neues Produkt bietet gegenüber dem Vorgänger viele Differenzierungsmöglichkeiten.* Gegenüber *Differenzierungen* ist *Differenzierungsmöglichkeiten* länger und klingt vielleicht beeindruckender. Inhaltlich reicht Differenzierungen. Durch das Verb *bieten* wird die Erweiterung *-möglichkeiten* überflüssig. Manche Dopplung versteckt sich sogar in einem Wort, zum Beispiel *vorprogrammieren.* Programm bedeutet in seiner griechischen Herkunft bereits *Vorgeschriebenes.* Das Präfix *pro* steht ebenfalls für *vor.* Zusammen entsteht sprachlich *Vor-Vorschreiben.* Doppelt mag besser halten. Sprache macht es nicht besser.

1.2.2.2 Sprachlich auf den Empfänger eingehen – die spezifischen Regeln für pyramidale Texte

Ziel der Präsentation ist die effiziente Kommunikation mit dem Empfänger, und zwar Ihrem konkreten Empfänger. Erleichtern Sie ihm das sprachliche Verständnis so gut wie möglich. Dann kann er sich voll und ganz auf Ihre Inhalte konzentrieren. Nutzen Sie dafür drei weitere Wege.

Begriffe oder Sätze höherer Strukturebenen wörtlich wiederholen

Im pyramidalen Dokument geben Sie stets erst einen Überblick, bevor die untermauernden Details folgen. Die erste Teilaussage folgt unmittelbar hinter der Übersichtsfolie. Vor der letzten Teilaussage können schon einige Seiten liegen, nämlich alle vorangegangenen Teilaussagen und deren sämtliche vertiefenden Detailfolien. Erleichtern Sie deshalb dem Empfänger die Orientierung im Dokument.

Neben Zwischenseiten und Navigatoren unterstützen wörtliche Wiederholungen das Verständnis des Dokuments. Auch wenn es langweilig erscheinen mag, der Empfänger erkennt die wortgleiche Wiederholung sofort. Sie signalisiert: Hier wird der eingangs erwähnte Punkt vertieft.

Statt mühsam nach Synonymen zu suchen, machen Sie es sich daher einfach. Wortgleiche Wiederholung findet sich im pyramidalen Dokument gleich an mehreren Stellen:

— Wiederholen Sie zwischen sprechendem Inhaltsverzeichnis und den folgenden Zwischenseiten oder Übersichtsfolien. Die Botschaft der einzelnen Kapitel kommt auf die Zwischenseite und wird zur Überschrift der ersten Folie im Kapitel. So steht der gleiche Satz bis zu dreimal im Dokument.

— Wiederholen Sie zwischen Übersichtsfolie und den sie untermauernden Detailfolien. Auch das haben Sie eventuell bereits bei der Ableitung der Folien angelegt. Je nach Ausformulierung auf der Übersichtsfolie ist es entweder die komplette Aussage oder das jeweilige Textelement. Da ein einzelnes Textelement als Überschrift einer Detailfolie nicht ausreicht, machen Sie es wieder zu einem ganzen Satz. Hierfür können Sie das Textelement zunächst kopieren und mit einem Doppelpunkt versehen. Dahinter ergänzen Sie die Aussage dazu. Indem Sie Wortwiederholungen zwischen Übersichtsfolien und Detailfolien einsetzen, entstehen automatisch auch Wortwiederholungen zwischen den einzelnen Folien der gleichen Strukturebene. Präsentieren Sie etwa mit einer pyramidalen Gruppe zwei Maßnahmen zur Umsatzsteigerung, dann erwähnen automatisch beide Detailfolien das Ziel der Umsatzsteigerung. Andere Begriffe wie etwa *Erlössteigerung* würden den Empfänger hier nur verwirren. Bei der pyramidalen Kette macht die Wortwiederholung die Beziehung zwischen den Teilaussagen offensichtlich. Vergleichen wir zwei Ketten *Minijobber sind eine attraktive Zielgruppe für uns*, aber *Geringfügig Beschäftigte zeigen eine hohe Abneigung gegenüber neuen Medien*, daher *Wir sollten für 450-Euro-Jobber konventionelle Werbeformen einsetzen*. Leichter nachollziehbar wird dies durch den Verzicht auf Synonyme. Der Satz lautet dann *Minijobber sind eine attraktive Zielgruppe für uns*, aber *Minijobber zeigen hohe Abneigung gegenüber neuen Medien*, daher *Wir sollten Minijobber mit alten Medien ansprechen*.

— **Wiederholen Sie auf der einzelnen Folie zwischen Überschrift und Visualisierung.** Mit der Kernaussage als Überschrift und Details darunter sind Ihre Folien pyramidal aufgebaut. Und auch hier profitiert der Empfänger bei der Aufnahme der Information von sprachlicher Konsistenz. In der Überschrift eingeführte Begriffe sollten sich in der Visualisierung prominent wiederfinden. Auf der einzelnen Folie werden Sie nur Textelemente oder einzelne Worte kopieren. Diese müssen Sie allerdings sprachlich einbetten, etwa mit Doppelpunkt oder Fettdruck.

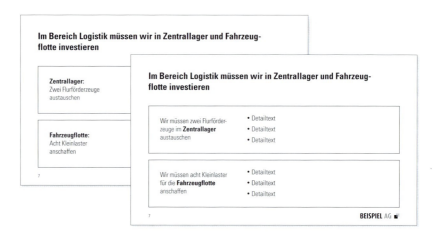

Im Beispiel zeigen wir zwei Varianten für die Überschrift *Im Bereich Logistik müssen wir in Zentrallager und Fahrzeugflotte investieren*. Die Visualisierung greift die strukturrelevanten Begriffe *Zentrallager* und *Fahrzeugflotte* auf. Die Varianten erleichtern das Verständnis auf unterschiedliche Weise: Variante 1 wiederholt die Begriffe. Nach dem Doppelpunkt folgt dann eine spezifische Aussage. Variante B bindet die Begriffe in einen ganzen Satz ein – allerdings noch nicht ganz optimal, wie der nächste Punkt zeigt.

Strukturrelevante Merkmale an den Satzanfang stellen

Stellen Sie Ihre mühsam erarbeitete Struktur in den Vordergrund, um sie dem Empfänger erfolgreich zu vermitteln. Das machen Sie über den Satzbau, indem Ihre Sätze mit den Ausprägungen Ihres Strukturierungskriteriums beginnen. Die beiden Sätze, die die Logistik-Investitionen erklären, eignen sich weiter als Beispiel. Geänderter Satzbau macht die Struktur deutlicher *Im Zentrallager müssen wir zwei Flurförderzeuge austauschen* und *Die Fahrzeugflotte muss um acht Kleinlaster ergänzt werden*.

Der typische Satzbau lautet Subjekt, Prädikat, Objekt. Das ist in vielen Fällen durchaus sinnvoll. Folgen Sie ihm insbesondere, wenn das handelnde Subjekt gleichzeitig Strukturierungskriterium ist, zum Beispiel *Der Entwickler muss Angebot und Pflichtenheft abgleichen, Der Projektcontroller muss Kosten und Budget abgleichen* und *Der Verkäufer muss eine neue Verkaufspräsentation entwickeln*.

Formulieren Sie Ihre Sätze um, wenn das Verb Strukturierungskritierium ist. Sie lauten dann *Abgeglichen werden müssen Angebot und Kosten* sowie *Entwickelt werden muss eine Verkaufspräsentation*.

Und selbst das Objekt darf vor Subjekt und Verb stehen, wenn in ihm die wesentliche Differenzierung steckt. So könnte es lauten *Als Fehlentscheidung wertete der Vorstand die Reduzierung der Belieferungshäufigkeit* und *Als Volltreffer betrachtete der Vorstand die neuen Mindestabgabemengen*. In diesem Fall sind weder das Subjekt, nämlich der Vorstand, noch das Verb, nämlich das Beurteilen, so wichtig wie *Fehlentscheidung* und *Volltreffer*.

Die Sprache des Empfängers sprechen

Sprache wird gerne missbraucht: Die einen nutzen sie, um sich etwa mit Fachausdrücken oder Fremdwörtern von anderen zu unterscheiden. Die anderen verstehen sich als Bewahrer unserer Sprache und sagen neuen Begriffen den Kampf an, insbesondere Anglizismen. Beide Überlegungen sind wenig hilfreich. Wenn Sie mit Ihrer Präsentation effizient kommunizieren wollen, dann sollten Sie sich nicht von Glaubensfragen leiten lassen, sondern eine klare kommunikative Basis schaffen.

Und dabei orientieren Sie sich wie in allen vorangegangenen Schritten am Empfänger. Ihn wollen Sie effizient erreichen. Also greifen Sie auch seine sprachlichen Gewohnheiten auf. Verwenden Sie, so gut Sie können, die Begriffe, die Ihr Empfänger verwendet. Hinterfragen Sie aus Sicht Ihres Empfängers, welche Abkürzungen er kennt und welche nicht. Und orientieren Sie sich nicht zuletzt bezüglich der Anglizismen am Sprachgebrauch des Empfängers.

1.2.3   Formulierungen unter Wahrung der Botschaft angemessen kürzen

Neben diplomatischem und sprachlichem Feinschliff müssen Sie als dritte Hürde Ihre Formulierungen oft noch kürzen. Haben Sie die Regeln der Textgestaltung befolgt, dann sollten die Formulierungen bereits kurz und prägnant sein. Und dennoch gibt es formale, optische und mentale Hürden: Formal etwa können einzelne Botschaften so lang sein, dass sie nicht in die vom Layout vorgegebene Folienüberschrift passen. Optisch führen ausführliche Formulierungen im Visualisierungsbereich zu relativ vollen Folien. Und mental haben viele Menschen Bedenken gegenüber der pyramidalen Konsequenz gleich auf dem Deckblatt: Hier ist formal und optisch genug Platz für einen grammatikalisch vollständigen Satz. Doch eben dieser löst beim Autor Unbehagen aus.

Sie dürfen jedoch Ihre bisherigen pyramidalen Errungenschaften nicht aufs Spiel setzen. So nachvollziehbar das Bestreben, weiter zu kürzen, so unstrittig muss auch der pyramidale Aufbau Ihrer Präsentation sein. Sie müssen zweierlei auf alle Fälle gewährleisten:

— **Bewahren Sie die Botschaft.** Nicht durch Schlagworte, sondern nur durch Aussagen kann der Empfänger verstehen, was Sie sagen wollen. Und dafür wird er oben einen längeren Text präferieren, wenn er sich dafür die folgenden geballten Details sparen kann. Daher muss die Botschaft nicht zwingend ein grammatikalisch vollständiger Satz sein, aber sie muss sich dem Empfänger eindeutig erschließen.
— **Liefern Sie von Ebene zu Ebene mehr Substanz.** Mit tieferem Einstieg in die pyramidale Präsentation erwartet der Empfänger detaillierte Inhalte. Vertiefende Aussagen ohne inhaltlichen Mehrwert sind überflüssig. Die pyramidale Form ginge verloren. Das spricht nicht gegen das Kürzen, aber die Zusatzinformationen der Detailebenen müssen erhalten bleiben.

Deshalb müssen Sie beim Kürzen sehr sorgfältig vorgehen. Dafür stehen Ihnen inhaltliche und sprachliche Instrumente zur Verfügung. Sie sind teilweise nur für bestimmte Texte in der Präsentation geeignet, und Sie lassen sich zum Teil kombinieren:

1.2.3.1 Inhaltlich Eingrenzungen höherer Ebenen aufgreifen oder weitere Detaillierung tieferen Ebenen überlassen

Bereits angenommene klare Eingrenzungen bei den Details weglassen

Der Empfänger erfasst bei pyramidaler Kommunikation erst die allgemeinen Informationen und dann die spezifischen. Eingrenzungen, die Sie auf höheren Ebenen Ihrer Struktur vorgenommen haben, hat er somit bereits aufgenommen. Er denkt schon in einer engeren Kategorie. Sie dürfen die Eingrenzung im Folgenden voraussetzen. Haben Sie Spezifizierungen auf tieferen Ebenen wiederholt, so bieten sie unkritisches Streichpotenzial.Das Streichen bereits vorgenommener Eingrenzungen ist auf allen Ebenen unterhalb der Kernaussage möglich. Drei typische Beispiele veranschaulichen diese prinzipielle Möglichkeit:

— **Explizit vorgetragene Einschränkungen voraussetzen und unten nicht wiederholen.** Stellen wir uns vor, Sie präsentieren eine Marktstudie über den französischen Markt. In diesem Fall haben Sie die Einschränkung auf Frankreich bereits in der Kernaussage vorgenommen – etwa in der Formulierung *In Frankreich dominieren fünf große Händler den Markt.* Wenn Sie anschließend in die Details gehen, dürfen Sie die Eingrenzung auf Frankreich also voraussetzen. In den Überschriften der Kapitel oder einzelnen Folien müssen Sie das nicht wiederholen. Entsprechende Adjektive können Sie streichen. Statt *Die französischen Konsumenten …* formulieren Sie einfach *Die Konsumenten …*   Diese Methode können Sie auf allen Ebenen unterhalb der Kernaussage einsetzen. Naturgemäß steigt ihre Bedeutung nach unten an, weil auf den oberen Ebenen immer mehr eingeschränkt wurde.
— **Bei gesichertem Verständnis Selbstverständliches weglassen und Abkürzungen nutzen.** Können Sie sich ganz sicher sein, dass Ihr Empfänger Sie richtig verstehen wird, dürfen Sie sogar Dinge voraussetzen, die Sie vorher nicht gesagt hatten.   Nehmen wir eine interne Präsentation mit einer Aussage *Wir erwarten ein Marktwachstum in den nächsten fünf Jahren in unserem Segment von über zehn Prozent.* Unter bestimmten Voraussetzungen können Sie den Einschub *in den nächsten fünf Jahren in unserem Segment* weglassen. Dafür müssen Sie allerdings zwei Bedingungen sicher bejahen: Erstens muss mit dem Publikum Einvernehmen zum Kontext der Präsentation bestehen. In diesem Fall handelt es sich etwa um eine Strategiediskussion, und fünf Jahre sind dafür eine anerkannte Planungsgröße. Zweitens sollte das Publikum eine durchgängig positive Haltung zu Ihren Aussagen haben. Ein negativ eingestellter Empfänger könnte ohne den Einschub gleich nachhaken, ob Sie überhaupt das richtige Marktsegment betrachtet haben. Diese Methode können Sie auf allen Ebenen einsetzen. Meistens sinkt aber die Notwendigkeit, je weiter Sie nach unten kommen, weil

die Aussagen bereits durch explizit genannte Einschränkungen kürzer wurden. Auch Abkürzungen straffen Ihre Formulierungen. Das mögliche Repertoire der Abkürzungen reicht von allgemeinen sprachlichen Abkürzungen wie zum Beispiel *z. B.* bis hin zu branchen- oder gar unternehmensspezifischen. Es kommt wiederum darauf an, dass der Empfänger die Abkürzung zuverlässig kennt, und das unabhängig von Ihrer konkreten Präsentation. Das in wissenschaftlichen Arbeiten geläufige Einführen von Abkürzungen sollten Sie im pyramidalen Dokument vermeiden. Hierbei wird ein Begriff zunächst erläutert, mit der Abkürzung in Klammern dahinter. In weiterer Folge wird die Abkürzung vorausgesetzt. Pyramidal müssen Sie wieder umdenken: Verzichten Sie im weiteren Verlauf auf die Erläuterung nur, solange Sie den gleichen Strukturstrang vertiefen. Hier dürfen Sie davon ausgehen, dass der Empfänger pyramidal von oben nach unten vorgeht. In anderen Struktursträngen müssen Sie die Erklärung nochmals einführen. Ihr Empfänger könnte das erste Kapitel überblättert haben.

— **Auf der einzelnen Folie sogar Verbformen voraussetzen.** Im Beispiel zeigen wir auf einer Folie zwei Vorgehensschritte im Projekt. Die beiden Schritte gliedern die Visualisierung mit den beiden Textelementen *Wettbewerber analysieren* und *Pilotmerkmale festlegen*. Beide Schritte haben wir mit relativ treffenden Verben umschrieben, nämlich *analysieren* und *festlegen*. Diese Einschränkung erlaubt es, in der darunterliegenden Konkretisierung auf Verben zu verzichten.

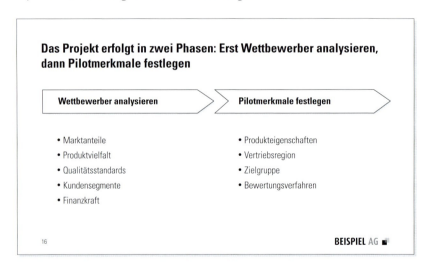

Der Empfänger bezieht das übergeordnete Verb auf die Schlagwörter und verknüpft sie zu *Marktanteile analysieren, Produktvielfalt analysieren, Qualitätsstandards analysieren* und so weiter. Sie müssen weder *analysieren* immer wiederholen, noch krampfhaft Synonyme suchen. Sie dürfen ausnahmsweise Schlagwörter einsetzen. Nutzen Sie Eingrenzungen des Verbs nur innerhalb einzelner Folien. Ein Bezug zu Verben auf früheren Folien würde den Empfänger überfordern.

Umgekehrt weitere Detaillierungen tieferen Ebenen überlassen

Wenn der pyramidale Aufbau es dem Empfänger überlässt, seinen Detaillierungsgrad selbst zu bestimmen, dann können Sie sich auch das zunutze machen. Sie müssen schließlich nicht alles in einem Satz sagen. Bei Bedarf kann und wird der Empfänger tiefer einsteigen. Sofern Sie die Details später nachliefern, bieten weniger relevante Aspekte also weiteres Streichpotenzial in Ihren Formulierungen.

Das Streichen von Details ist auf allen Ebenen möglich, natürlich abgesehen von der untersten Ebene. Auch diese Möglichkeit lässt sich anhand von vier Beispielen erklären:

— **Statt sequenzieller Aufzählungen eine Aggregation an die Spitze stellen.** Nehmen wir an, Ihre Formulierung enthält eine Auflistung mehrerer Aspekte, zum Beispiel *Ein pünktlicher Projektabschluss erfordert zusätzliche Ressourcen im Bereich Entwicklung, konsequente Einhaltung der Terminvorgaben des Kunden und den Verzicht auf neue Projektmodule.* Die Botschaft ist unbestritten treffend. Als Follienüberschrift ist sie aber vermutlich länger als vom Layout zugelassen. Wenn Sie die drei Aspekte später vertiefen, dann dürfen Sie die Überschrift einfach kürzen *Ein pünktlicher Projektabschluss erfordert drei Voraussetzungen.* Das ist kürzer. Und die Details folgen ja in weiteren Kapiteln und zumindest visuellen Elementen der Folie. Ausgelöst durch eine zu lange Formulierung, holen Sie mit dieser Vorgehensweise eine Möglichkeit nach, die wir bereits im Rahmen der Strukturierung angesprochen hatten.
— **Statt erschöpfender Betrachtung Beispiele herausheben.** Alternativ können Sie bei zahlreichen Aspekten auch einzelne hervorheben. Stellen wir uns vor, die Liste der Voraussetzungen wäre im vorangegangenen Beispiel noch länger. Eine vollständige Auflistung scheidet definitiv aus. Formulierungen wie *vor allem* oder *insbesondere* machen dem Empfänger deutlich, dass es weitere Aspekte gibt. Die Formulierung lautet zum Beispiel *Ein pünktlicher Projektabschluss erfordert vor allem zusätzliche Ressourcen im Bereich Entwicklung.* Naturgemäß vermittelt diese Formulierung eine klare Priorität der Aspekte. Erscheint Ihnen diese zu stark, nehmen Sie stattdessen die Formulierung *unter anderem.* Die Floskel *Last, but not least* hingegen widerspricht dem SAUBER®-Kriterium der relevanzgereihten Teilaussagen Ihrer pyramidalen Gruppe.
— **Statt genauer Zahlen oben nur die grobe Botschaft vermitteln.** Bei der Strukturierung hatten wir Sie dazu aufgefordert, Ihre Teilaussagen mit konkreten Zahlen möglichst bedeutungsvoll zu machen. Wenn Ihre Formulierungen jetzt jedoch zu lang sind, dann sind diese Zahlen wiederum Streichkandidaten. Statt der ausführlichen Formulierung *Das Jahresergebnis unter Berücksichtigung aktivierter Eigenleistungen ist von 220 Millionen Euro im Vorjahr auf jetzt 360 Mil-*

lionen Euro gestiegen schreiben Sie kürzer *Das Jahresergebnis unter Berücksichtigung aktivierter Eigenleistungen ist im letzten Jahr stark gestiegen.* Interessiert sich der Empfänger für weitere Details, so wird er die Zahlen in der Visualisierung leicht wiederfinden.

— **Statt letzter Präzision formale Details der Fußnote überlassen.** In einer komplexeren Welt müssen Sie oft auch umständlichere Begriffe einsetzen, um inhaltlich präzise zu argumentieren. Nur müssen Sie das nicht unbedingt an prominenter Stelle tun. Hier bieten sich etwa Fußnoten an. Mit ihnen unterschlagen Sie keinerlei sprachliche Präzision, gleichzeitig straffen Sie die Botschaft. Im vorangegangenen Beispiel heißt es so *Das Jahresergebnis*[1] *ist im letzten Jahr stark gestiegen.* Die Fußnote lösen Sie unterhalb der Visualisierung auf *1) unter Berücksichtigung aktivierter Eigenleistungen.* Wiederholen Sie diese Methode, wenn Sie den Begriff auf mehreren Folien verwenden. Tun Sie es nur einmal, besteht wiederum die Gefahr, dass der Empfänger die Präzisierung in der Fußnote nicht bewusst aufgenommen hat.

1.2.3.2   Sprachlich durch prägnante Formulierungen Längen herausnehmen

Mit Infinitiv- oder Partizip-Formen ganze Sätze verdichten

Die Wichtigkeit von Verben für pyramidale Kommunikation haben wir mehrfach betont. Das Verb macht aus Schlagwörtern Botschaften. Die Aussage *Damit wir die Wachstumsmärkte erfolgreich erschließen, sollten wir eine Anlageninvestition durchführen* ist sprachlich eindeutig, aber zugegeben auch sehr lang. Infinitiv- oder Partizip-Formen bieten die Möglichkeit, das Verb inhaltlich zu bewahren, den Satzinhalt jedoch deutlich zu kürzen. Schreiben Sie nur *Um die Wachstumsmärkte zu erschließen, eine Anlageninvestition durchführen.* Die Infinitivform verdeutlicht die Aufforderung. Voraussetzung ist lediglich, dass sich das bisherige Subjekt, also *wir*, aus dem Kontext ergibt.

Gegenüber der zukunftsgerichteten Infinitiv-Form vermittelt die Partizipform zurückliegende Fakten. Auch mit ihr lassen sich ganze Sätze oft auf zwei Wörter reduzieren. Anstelle des ganzen Satzes *Wir haben die Frachtkosten gesenkt* wird Ihr Empfänger die Botschaft auch verstehen, wenn Sie nur schreiben *Frachtkosten gesenkt.*

Infinitiv- und Partizip-Formen eignen sich zur sprachlichen Kürzung auf allen Ebenen Ihrer Präsentation: Das Deckblatt einer Entscheidungsvorlage mit der Aussage *Um die Wachstumsmärkte zu erschließen, eine Anlageninvestition durchführen* nimmt sprachliche Länge und vermittelt nebenbei eine starke Handlungsorientierung. Das Beispiel *Frachtkosten gesenkt* fasst die Erfolge einer Maßnahme zusammen, etwa mit einigen anderen Partizipformen im Visualisierungsbereich einer Folie.

Substantive auflösen

Viele Sätze oder Satzteile kommen ganz ohne Substantive aus, wenn es für das Substantiv auch ein Verb gibt. Dann bestimmt allein das Verb die Aussage. Das Beispiel lautete *Um die Wachstumsmärkte zu erschließen, eine Anlageninvestition vornehmen*. Ziel der vorgeschlagenen Investitionen ist offensichtlich das Wachstum. Man könnte also kürzer sagen *Um zu wachsen, eine Anlageninvestition vornehmen*.

Besonders auffälliges Potenzial bieten Substantivierungen. Hierbei werden zunächst mühsam aus Verben Substantive gemacht. Und das machen wir jetzt wieder rückgängig. Ein ohnedies belangloses, anderes Verb entfällt. Blicken wir jetzt auf den zweiten Teil des vorangegangenen Beispiels *Um zu wachsen, eine Anlageninvestition durchführen*. Hier ist nicht die *Durchführung* wesentlich, sondern das *Investieren*. Das sollte das Verb widerspiegeln: *Um zu wachsen, in Anlagen investieren*.

Auch das Auflösen von Substantiven eignet sich für alle Ebenen der Präsentation. Es macht die Kernaussage griffiger, kürzt bei Bedarf eine zu lange Überschrift und ermöglicht prägnante Textelemente im Visualisierungsbereich.

Wenn es unbedingt sein soll und der Kontext klar ist, botschaftsnahe Schlagwörter formulieren

Wie die Beispiele zeigen, können Sie Ihre Aussagen auch bei Wahrung des Verbs erheblich kürzen. Klassische Verschlagwortung muss also gar nicht sein. Trotzdem bleibt der Wunsch, auf dem Deckblatt auf ein Verb zu verzichten. Wir können nicht nachvollziehen, warum im Schriftlichen eine breite Ablehnung gegenüber Verben besteht, während im gesprochenen Wort aus gutem Grund niemand auf Verben zu verzichten vermag.

Aber es gibt eine Lösung: Sie formulieren aus Schlagwörtern eine Quasi-Botschaft. Die fehlenden Elemente müssen sich dem Empfänger dabei anderweitig erschließen. Wir hatten oben die Aussage *Um die Wachstumsmärkte zu erschließen, eine Anlageninvestition vornehmen*. Ergibt sich aus dem Kontext eindeutig, dass es sich um eine Entscheidungsvorlage oder eine Verkaufspräsentation handelt, lässt sich der Satz reduzieren und als Quasi-Botschaft formulieren *Mit neuen Anlagen in die Wachstumsmärkte*. Die Aufforderung wird ohne Verb vermittelt.

Kontext verdeutlichen auch Doppelpunkt-Formulierungen sehr schön. Mit ihnen schaffen Sie beim Empfänger zunächst einen gedanklichen Rahmen. Nach dem Doppelpunkt vermittelt das botschaftsnahe Schlagwort die Aussage. Doppelpunktformulierungen nutzt die Zeitung beispielsweise für Zitate. Erst wird die sprechende Person genannt, anschließend die Botschaft. Typisches Beispiel im geschäftlichen Umfeld sind regelmäßige Controllingberichte. Schreiben Sie etwa *Umsatzcontrolling September 2013: Division A leicht über Plan, Division B weiterhin unbefriedigend*. Auch ohne Verb ist die Aussage unmissverständlich.

Wenn der Text nur ein bisschen zu lang ist, auf unwesentliche Artikel verzichten

Überschreitet eine Überschrift das vorgesehene Layoutelement nur um wenige Zeichen, streichen Sie einfach Artikel. Sowohl bestimmte als auch unbestimmte Artikel sind häufig verzichtbar. Früher war ein Verzicht auf Artikel die Ausnahme. Inzwischen verbreitet sich diese Kürzung stärker. Prominente Vertreter sind Fußballprofis, die inzwischen nahezu alle auf Fragen nach Vereinswechseln gerne kurz antworten *Ich habe Vertrag.* Stilistisch mag man davon halten, was man will. Inhaltlich muss man eingestehen: Der Satz *Um die Wachstumsmärkte zu erschließen, eine Anlageninvestition vornehmen* ist genauso verständlich, wenn er heißt *Um Wachstumsmärkte zu erschließen, Anlageninvestition durchführen.*

2 Folien ausgestalten: Die Botschaft mit relevanten Inhalten anschaulich visualisieren

Mit der Storyline haben Sie einen weiteren, wichtigen Schritt zur pyramidalen Präsentation geschaffen: Die Abfolge der Präsentationsfolien steht. Oben steht auf jeder einzelnen Folie eine klare Botschaft. Für die wichtigen Übersichtsfolien haben Sie bereits weitere Textelemente oder gar eine Skizze zur Visualisierung.

Aber auch die visuelle Ausgestaltung verdient Professionalität. Der Übertrag auf Folien hat eine inhaltliche, eine visuelle und eine technische Dimension. Auf letztere verzichten wir gleich aus drei Gründen: Erstens sind wir keine Experten in der Anwendung von Präsentationssoftware. Zweitens hängen Befehle, Tipps und Tricks von der Präsentationssoftware ab, die Sie einsetzen. Und drittens gibt es dafür schon umfangreiche Literatur.

2.1 Inhaltlich die für detailliertes Verständnis erforderlichen Informationen auswählen

Brauchten Sie für Ergebnisstrukturierung und Storyline noch keine inhaltlichen Unterlagen, so ändert sich das für die Visualisierung von Detail- und Backup-Folien. Übersichtsfolien sind inhaltlich keine Herausforderung. Die zuvor ausgewählten Textelemente müssen nur in eine anschauliche Form gegossen werden. Detail- und Backup-Folien brauchen hingegen inhaltliche Substanz. Stimmte Ihre Empfängeranalyse, dann transportieren die Detailfolien genau den für Ihr Publikum relevanten Detaillierungsgrad. Die Backup-Folien gehen darüber bei Bedarf hinaus.

Auf Detail- und Backup-Folien werden Ihre Argumente nicht mehr verdichtet, sondern sehr konkret sichtbar. Mit ihnen führen Sie die inhaltliche Auseinandersetzung mit Ihrem Publikum. Erkennt das Publikum dabei eine Schwachstelle, so wird es der entsprechenden Botschaft widersprechen – mit möglichen Folgen bis hin zur Kernaussage Ihrer gesamten Präsentation. Deshalb müssen Ihre Inhalte die Botschaft stichhaltig untermauern – nicht mehr, aber auch nicht weniger.

Nehmen Sie verfügbare Unterlagen wenn möglich physisch zur Hand und gleichen Sie sie mit der Storyline ab. Prüfen Sie die Inhalte von zwei Seiten: Aus unserer Sicht hat sich bewährt, zunächst den überflüssigen Ballast zu entfernen. Danach hinterfragen Sie die Stärke der vorhandenen Argumente.

2.1.1 Erst überflüssigen Ballast abwerfen

Grundsätzlich gehören nur Informationen auf die Folie, die die Überschrift inhaltlich untermauern

Idealtypisch haben Sie die Strukturierung durchgängig am Informationsbedürfnis des Empfängers orientiert. Sie haben zunächst seine Kernfrage formuliert und diese dann passgenau beantwortet, auf Basis Ihrer inhaltlichen Erkenntnisse. Anschließend haben Sie logisch stringent die Argumente formuliert, die zur Untermauerung der Kernaussage erforderlich waren. Im Ergebnis finden sich in der Kommunikationsstruktur nur Aussagen, die zur Befriedigung des Informationsbedürfnisses des Empfängers beitragen.

Die Visualisierung muss diese Orientierung fortsetzen. Auch in der pyramidalen Präsentation enthält die Detailfolie umfangreiche und durchaus kleinteilige Inhalte, in die der Empfänger bei Interesse einsteigt. Doch überflüssige Informationen würden das Verifizieren der Aussage gleich doppelt erschweren. Der Empfänger muss zunächst quantitativ mehr Informationen verarbeiten. Und die zusätzlichen Informationen schaffen obendrein Ansatzpunkte für Ablenkungen. Leser oder Publikum können sich in Nebenaspekten verlieren und kommen von Ihrer gewollten Argumentationslinie ab. Indem sich die Visualisierung auf die Botschaft der Folie beschränkt, vollendet sie die konsequente Befriedigung des Informationsbedürfnisses des Empfängers.

Folglich sollten Sie auf der Folie nur Informationen darstellen, die die Überschrift untermauern. Lesen Sie sich die Überschrift dafür durch und hinterfragen Sie alle verfügbaren Informationen kritisch: Konkretisiert oder begründet die Information die Überschrift? Können Sie diese Frage nicht eindeutig bejahen, dann ist die Information entbehrlich. Mit diesem Fokus können Sie oft schon viel Ballast streichen.

Andere Inhalte sind nur dann wichtig, wenn sie einer ganzheitlich fairen Einordnung der Botschaft dienen

Der Empfänger will und soll sich mit Hilfe der Präsentation ein umfassendes, ehrliches Bild machen: Jeder Mensch strebt – ganz pyramidal – stets nach dem großen Ganzen. Er will möglichst umfassend alles wissen. Leider werden wir jedoch nie über vollkommenes Wissen verfügen. Deshalb will die gut gemeinte Präsentation zumindest so umfassend und fair wie möglich sein. Umgekehrt ergibt sich reichlich Manipulationspotenzial, wenn Sie böse Absichten hegen.

Für eine faire Beurteilung können Informationen hilfreich sein, die über die Untermauerung der Kernaussage hinausgehen: Die der Strukturierung zugrunde liegende Kernfrage war die zu einem bestimmten Zeitpunkt aus einem bestimmten Kenntnisstand heraus fixierte Erwartung des Empfängers. Aber neues Wissens vermag, die Erwartung durchaus zu erweitern. Somit können in Einzelfällen auch Inhalte für den Empfänger relevant sein, die über die Untermauerung der Kernaussage hinausgehen.

Folglich können ergänzende Informationen richtig und sogar wichtig sein, wobei die Entscheidung eine kritische Prüfung des Einzelfalls erfordert.

Willkommen sind Inhalte, die wesentliche neue Perspektiven eröffnen

Betrachten wir als Beispiel die „Rangliste der Prognostiker" aus der „Financial Times Deutschland" vom 16. Dezember 2011. Darin werden die Volkswirte der BHF-Bank gewürdigt, weil sie das Wirtschaftswachstum 2011 am besten vorhergesagt hatten.

Tatsächliche Entwicklung 2011

+ 3,0 % — Aktuelle Schätzung der Deutschen Bundesbank.

☺ **Prognosetreffer.** Als treffsicher gilt diesmal, wer beim Konsum einen Anstieg zwischen 1,2 und 1,8 Prozent vorhersagte, beim Export ein Wachstum zwischen acht und neun Prozent prognostizierte und bei den Ausrüstungsinvestitionen ein Plus zwischen 7,5 bis 10,5 Prozent erwartete.

☹ **Fehlprognose.** Große Fehleinschätzungen blieben nicht aus, aber entgegen gängigen Unkenrufen lagen die Auguren mit ihren BIP-Prognosen wieder gar nicht so schlecht.

Die Rangliste der Prognostiker 2011

Platz	Vorjahr	Bank/Institution	BIP	Konsum	Export	Investitionen	andere
1	50	BHF-Bank	3,0	☺	☺	☹	☺
1	–	Berenberg Bank	2,8	☺	☹	☺	☺
3	8	Maschmeyer Rürup AG	3,0	☹	☺	☺	☹
4	6	M.M. Warburg	3,1	☹	☹	☺	☹
5	2	Goldman Sachs	2,8	☹	☹	☺	☹
6	45	Kiel Economics	3,2	☹	☺	☹	☹
7	43	West LB	2,8	☺	☹	☹	☹
8	4	Commerzbank	3,0	☺	☹	☹	☹
9	44	Landesbank Berlin	2,9	☹	☹	☹	☹
10	19	SEB	2,7	☺	☺	☺	☺
11	–	ING	2,7	☺	☺	☹	☹
12	33	BNP Paribas	2,7	☺	☺	☹	☺
13	1	Allianz	2,6	☺	☺	☺	☹

Die Kernaussage könnte sinngemäß lauten *Die BHF-Bank hatte das Wachstum 2011 am besten prognostiziert.* Sie hat das tatsächliche Wachstum von 3,0 Prozent punktgenau vorhergesagt. Die Tabelle listet über 50 Banken oder andere Institute auf und liefert ergänzende Details zu einzelnen Segmenten wie Konsum, Export und so weiter. Doch sie enthält auch die Vorjahresplatzierung. Und hier kommt der Leser ins Stocken: Die auf eins platzierte BHF-Bank stand im Vorjahr offensichtlich eher am Ende der Rangliste. Sie ist damit nicht alleine. Bei vielen Instituten weichen die Platzierungen zwischen 2011 und dem Vorjahr deutlich ab.

Bei strenger Orientierung an der Kernaussage ist allein die Spalte mit der Gesamtprognose zwingend erforderlich. Die vier Detailsegmente beschreiben immerhin wesentliche Bestandteile der Gesamtprognose. Die Vorjahresplatzierung hingegen könnte einfach entfallen. Die Leistung der BHF-Volkswirte wird nicht dadurch geschmälert, dass man im Vorjahr schlechter abgeschnitten hatte. Es wurde schließlich nicht behauptet, die BHF-Bank habe schon immer die besten Prognosen abgegeben.

Dennoch mag die Zusatzinformation für den Empfänger relevant sein. Die Kernfrage drückte sein ursprüngliches Interesse aus, in diesem Fall vermutlich *Welches Institut hat in schwierigem Umfeld am besten prognostiziert?* Der Vergleich der Positionierungen eröffnet ihm jedoch eine völlig neue Perspektive. Stellen wir die Korrelation der Platzierungen 2011 und 2010 in einer passenden Wirtschaftsgrafik dar, bestätigt sich seine erste Wahrnehmung: Die Prognosen der Institute im Jahresvergleich korrelieren nicht erkennbar.

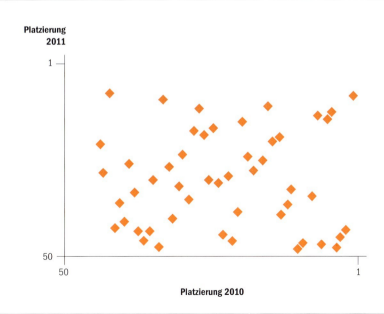

Dank der vermeintlich überflüssigen Zusatzinformation gewinnt der Empfänger womöglich eine für ihn wichtigere Erkenntnis. Er überwindet den engeren Blickwinkel seiner ursprünglichen Kernfrage.

Folglich sind relevante Zusatzinformationen für ehrliche Kommunikation notwendig. Sie beschädigen nicht die Kernaussage. Gleichzeitig erlauben sie dem Empfänger eine wichtige, weitergehende Interpretation der Kernaussage. Es liegt nun an Ihnen zu entscheiden, ob Sie eine als relevant erachtete Zusatzinformation nur darstellen oder den Empfänger bewusst darauf hinweisen. Beschränken Sie sich auf die Visualisierung, hängt es vom Empfänger ab, ob er sich die Visualisierung überhaupt anschaut und die neue Erkenntnis erfasst. Hinweisen können Sie den Empfänger durch Anpassung der Kernaussage, etwa *Bei insgesamt wenig konstanten Prognoseleistungen lag die BHF-Bank 2011 mit ihrer Prognose am besten.* Vergessen Sie aber nicht zu prüfen, ob sich diese Relativierung auf Ihre Gesamtargumentation auswirkt.

Überflüssig sind Inhalte, die keine relevante Interpretation der Kernaussage erlauben

Betrachten wir alternativ eine Folie mit der Kernaussage *Durchschnittlich nutzt der Konsument täglich 83 Minuten das Internet.* Die Visualisierung zeigt neben den 83 Minuten auch die zeitliche Entwicklung der vergangenen zehn Jahre sowie den relativen Anteil des Internets am gesamten Medienkonsum.

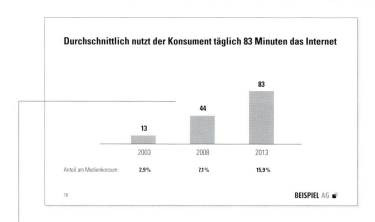

SCHLECHT: Die dargestellten Details sind im Hinblick auf die Kernaussage irrelevant.

Hier erkennen wir keine relevante Zusatzinformation: Die historische Entwicklung ist weder Teil der Kernaussage noch besonders überraschend. Das gilt sowohl für die absoluten Zahlen als auch den relativen Anteil. Die Inhalte sind vermutlich überflüssig.

Hilfreich wären konkrete Details zur heutigen Internet-Nutzung, etwa wofür die Menschen das Internet nutzen oder an welchen Orten.

Deshalb können Sie in aller Regel zunächst großzügig aussortieren

Für den Präsentationserfolg kommt es also am wenigsten darauf an, welche Informationen Sie leicht verfügbar haben. Das beliebte Recycling vorhandener Darstellungen greift zu kurz.

Prüfen Sie kritisch jede Information, Folie für Folie: Untermauert die Information direkt die Überschrift oder erlaubt sie dem Empfänger eine wichtige, weitergehende Interpretation? In diesen Fällen behalten Sie die Information bei.

Alles andere, die sogenannte Nice-to-Know-Information fliegt raus. Was nicht direkt oder indirekt dem Verständnis der Folienüberschrift dient, hat auf der pyramidalen Folie nichts zu suchen. Sie sollten physisch und mental aussortieren. Physisch legen Sie Unterlagen weg oder streichen bei Texten oder Tabellen alle Teile, die für die Kernaussage Ihrer Folie irrelevant sind. Damit gewährleisten Sie, dass weder Sie noch irgendjemand sonst auf die Idee kommt, diese Inhalte in die Präsentation zu integrieren. Mental ist das Aussortieren oft viel schwieriger. Verabschieden Sie sich gedanklich von irrelevanten Aspekten, auch wenn Sie diese für noch so interessant halten, Sie dafür schon eine anschauliche Visualisierung vor Augen haben oder Sie eben eine fertige, lieb gewonnene Visualisierung wiederverwenden wollten.

2.1.2   Dann relevante Informationen bei Bedarf noch umformulieren oder beschaffen

Ist der überflüssige Ballast entfernt, verbleiben die nackten Fakten. Und die bergen zuweilen unangenehme Überraschungen. Sie bemerken vielleicht, dass die Inhalte Ihre Aussage fast untermauern, aber eben nur fast. Denken Sie jetzt bottom-up: Hinterfragen Sie kritisch, ob die vorhandenen Inhalte die Folienüberschrift ausreichend untermauern. Fragen Sie sich wiederum *Würde ich als mein Empfänger anhand dieser Inhalte die oben stehende Aussage akzeptieren?*. Für den Präsentationserfolg kommt es darauf an, welche Informationen Ihr Empfänger zum Verständnis Ihrer Aussagen braucht. Ihr Hinterfragen kann zu drei Ergebnissen führen:

— **Passen Folienüberschrift und Inhalte zusammen, ist die inhaltliche Prüfung abgeschlossen.** Sie können sich an die Visualisierung machen.
— **Passen Überschrift und Inhalte nur thematisch, aber nicht sprachlich zusammen, dann müssen Sie die Inhalte zunächst umformulieren.** Liegt Ihnen etwa eine Workshopdokumentation mit Maßnahmen vor, dann stehen darauf vermutlich Aussagen wie *Einheitliche Out-of-Stock-Quote definieren*. Stellen wir uns jetzt die Kernaussage vor *Wir sollten Maßnahmen umsetzen, um die Kommunikation zwischen den Abteilungen zu verbessern*. Die einheitliche Out-of-Stock-Quote mag als Maßnahme durchaus geeignet sein. Ihre Formulierung ist hingegen unzureichend, weil der Bezug zur verbesserten Kommunikation

zwischen den Abteilungen fehlt. Hier müssen Sie umformulieren. Die neue Aussage lautet etwa *Mit einheitlich definierter Out-of-Stock-Quote Mengendiskrepanzen zwischen Filiale und Lager vermeiden.*

— **Fehlen die zur Untermauerung der Überschrift erforderlichen Inhalte, so müssen Sie nacharbeiten.** Hoffentlich haben Sie noch genug Zeit. Häufig sind es nur Kleinigkeiten, vielleicht fehlt ein Quotient, für den Sie in einem Kalkulationsprogramm nur zwei vorhandene Zahlen verknüpfen müssen. Manchmal offenbaren sich größere Lücken, etwa wenn Sie feststellen, bisher nur Probleme, aber keine Maßnahmen zu deren Lösung zu haben. In diesem Fall sollten Sie vermutlich kurzfristig einen weiteren Workshop anberaumen. Im schlimmsten Fall müssen Sie erkennen, dass Sie entscheidende Fakten nicht beibringen können. Lag das nur an Ihrem Zeitbudget, so müssen Sie die Präsentation eventuell verschieben. Vielleicht sind Sie aber auch einem inhaltlichen Irrtum aufgesessen. Dann ist jetzt noch Zeit, Ihre Aussagen der Realität anzupassen – mit Auswirkungen bis hin zur Kernaussage der gesamten Präsentation.

Nach Abschluss der inhaltlichen Prüfung stehen die Details fest, die auf die Folie übertragen werden.

2.2 Visuell PUR® gestalten

Wie alle Ebenen der pyramidalen Präsentation gehen Folienüberschrift und Visualisierung schlüssig ineinander über. Will der Empfänger die Überschrift genauer verstehen, kann er das dank einfacher Visualisierung. Dafür erstellen Sie Folien in Ihrer Präsentationssoftware. Folgen Sie dabei Ihrer Storyline. Haben Sie diese bereits in der Präsentationssoftware angelegt, müssen Sie nur Visualisierungen ergänzen. Haben Sie auf Papier gearbeitet, legen Sie das Dokument jetzt neu an.

Sie haben vielfältige Visualisierungen zur Auswahl, von Wirtschaftsgrafiken über konzeptionelle Bilder und Textbilder bis hin zu Tabellen, Fotos oder Fließtexten. Und die Storyline zeigt Ihnen die Relevanz der jeweiligen Folie. So differenzieren Sie bei der Visualisierung Ihr Engagement pragmatisch:

In aktive Folien sollten Sie richtig investieren

Aktive Folien sind all die, auf die Sie im Vortrag planmäßig eingehen wollen oder die der Leser potenziell anschauen wird. Nach pyramidaler Systematik sind das neben Deckblatt, sprechendem Inhaltsverzeichnis und Zwischenblättern alle Übersichts- und Detailfolien. Denken Sie hier primär an Bilder, Fotos, Textbilder oder Wirtschaftsgrafiken. Häufig lohnt es sich, die Visualisierung kurz zu skizzieren, bevor Sie sie technisch umsetzen.

Bei passiven Folien, also Backups, sparen Sie Zeit und Mühen

Das ist aus zwei Gründen zulässig: Erstens betrachtet der Empfänger diese Folien nicht, wenn Ihre Empfängeranalyse zutreffend war. Zweitens signalisiert der Empfänger beim Einstieg in Backup-Folien Interesse, so dass ihn auch einfache Rohdaten nicht abschrecken. Im Gegenteil können schlichte Tabellen mit Kalkulationen oder Fließtexte mit Originalzitaten beim detailinteressierten Empfänger Seriosität vermitteln.

Und Sie sparen Aufwand für die Visualisierung. Machen Sie sich also an die Visualisierung. Und die sollte möglichst PUR® sein. PUR® visualisiert, vermittelt Ihre Folie ihre Überschrift mit einfachen Mitteln. Die Visualisierung ist **P**assend, **U**nmissverständlich und **R**egelkonform – eben PUR®.

2.2.1 Passende Visualisierung erzeugt eine eingängige Assoziation zum Verständnis der Folienüberschrift

Suchen Sie zunächst ein passendes Bild, das die Folienüberschrift im Kopf des Empfängers verankert. Für optische Konsistenz zwischen Folienüberschrift und Visualisierung gehen Sie wieder in zwei Richtungen vor: Entwickeln Sie zunächst von der Folienüberschrift ausgehend eine passende Visualisierung. Später prüfen Sie, ob die erste optische Wahrnehmung der Visualisierung zur Folienüberschrift passt.

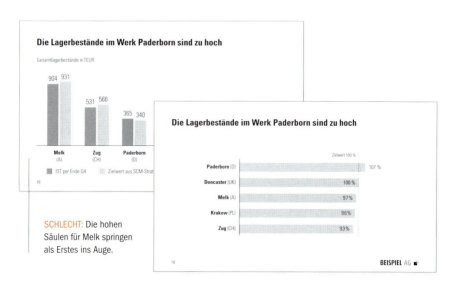

Im Beispiel untermauern wir die Kernaussage *Die Bestände im Werk Paderborn sind zu hoch*. Im linken Bild führt die erste Assoziation jedoch in die Irre: Sie lenkt das Auge auf die hohen Bestände im Werk Melk. Erst auf den zweiten Blick und einige gedankliche Anstrengungen später lässt sich die Kernaussage nachvollziehen: Die Legende zeigt, dass es sich jeweils um Ist- und Zielwert handelt. Nur im Werk Paderborn ist der Ist-Wert höher als der Ziel-Wert. Jetzt muss der Empfänger noch die Inversion bedenken. Weil Lagerbestände idealerweise gering sind, ist der höhere Ist-Wert in Paderborn negativ. Die rechte, passende Visualisierung löst dieses Problem.

Greifen Sie also wieder die Folienüberschrift auf. Fokussieren Sie sich insbesondere auf Subjekt, Prädikat und Objekt. Für die Ausgestaltung unterscheiden Sie zwischen qualitativen und quantitativen Inhalten.

2.2.1.1   Für qualitative Inhalte treffende Fotos, konzeptionelle Bilder oder anschauliche Textbilder auswählen

Qualitative Inhalte untermauern konzeptionelle Botschaften. Sie beschreiben etwa Probleme oder Lösungen. Sie stellen Abläufe dar. Qualitative Inhalte dominieren die meisten Präsentationen – abgesehen von Controllingberichten. Qualitative Folien können einzelne Zahlen enthalten, die Texte treffender machen: Das betrifft etwa Zielgrößen, wie *Wir wollen den Umsatz auf 60 Mio. EUR steigern,* oder einfache Quantifizierungen, wie *Wir müssen vier Maßnahmen umsetzen.* Für qualitative Inhalte eignen sich in abnehmender Reihenfolge Fotos, Zeichnungen und Texbilder.

Mit Fotos Botschaften zu realen Objekten und Abläufen untermauern

Durch Verkürzung von Subjekt, Verb und Objekt der Folienüberschrift springt häufig bereits ein Gerüst zur Visualisierung ins Auge. Im Idealfall gibt es dafür ein konkretes Foto, das Sie einsetzen können. Das ist die einfachste und anschaulichste Lösung.

Richtige Schusstechnik erfordert Körperspannung und Fixierung auf den Ball

21   **BEISPIEL** AG

Schließlich sagt ein Bild mehr als 1.000 Worte. Fotos eignen sich für Botschaften zu realen Objekten. Im einfachsten Fall müssen Sie das Bild nur einfügen. In Abhängigkeit von der Folienüberschrift können Sie auf Bildteile besonders hinweisen und diese mit Textelementen erklären. Im Beispiel reicht das Bild alleine. Die Fotoserie auf Seite 318 dokumentiert den perfekten Bewegungsablauf.

Mit Zeichnungen Botschaften zu abstrakteren Inhalten untermauern

Gibt es noch kein vorhandenes Bild, dann entwerfen Sie selbst eines. Skizzieren Sie Ihre ersten Gedanken zur Folienüberschrift. Dabei können Sie sich entweder streng an der Aussage orientieren, oder Sie nutzen Ihr kreatives Potenzial und arbeiten mit Analogien. Dafür übertragen Sie die Botschaft gedanklich in einen anderen inhaltlichen Bereich, für den Ihnen ein passendes Bild einfällt. Durch Texterklärungen erleichtern Sie den Transfer von der Analogie zu Ihren konkreten Inhalten.

Zeichnungen können Sie entweder handschriftlich skizzieren und einscannen oder auch in der Präsentationssoftware aufbauen – je nachdem, was Ihnen eher liegt. Auch hier lassen sich später Textelemente einfügen. Im Beispiel visualisiert Götz Wiedenroth die vielen Herausforderungen der Führungskraft.

Mit Textbildern umfangreichere Textelemente in die Visualisierung integrieren

Fällt Ihnen weder ein Fotos noch eine Zeichnung ein, dann probieren Sie es mit einem Textbild. Textbilder kombinieren Text mit grafischen Elementen. Das schafft beim Empfänger einfache visuelle Assoziationen.

Textbilder eignen sich insbesondere zur Untermauerung von Übersichtsfolien. Diese sind häufig so generisch, dass einzelne Foto oder Zeichnungen ungeeignet sind. Gleichzeitig lassen sich mit ihnen Textelemente schlüssig unterbringen. Klären Sie zunächst, ob die Visualisierung eine pyramidale Struktur darstellen soll – also Gruppe oder Kette. Für beide gibt es besonders geeignete Textbilder. Darüber hinaus besteht aber ein nahezu unerschöpfliches Reservoir passender Textbilder, das wir in der anschließenden Bibliothek beispielhaft vorstellen.

Bei Gruppen das logische Verhältnis der parallelen Teilaussagen veranschaulichen

Beim SAUBER®-Kriterium der inhaltlichen Unabhängigkeit haben wir uns mit unterschiedlichen Beziehungen beschäftigt, die zwischen den parallelen Teilaussagen bestehen. Diese geben erste Hinweise für die Visualisierung:

— Für komplementäre Gruppen die parallelen Elemente entsprechend der **Aussage anordnen.** Komplementäre Gruppen haben Sie für unterschiedliche Arten paralleler Teilaussagen eingesetzt. Entsprechend vielfältig sind die Darstellungsformen. Orientieren Sie sich also an der Folienüberschrift. Vereinfachen Sie diese wieder und leiten daraus eine geeignete Visualisierung ab. Typische Bilder für komplementäre Gruppen sind zum Beispiel:

  • **Mehrere Elemente tragen das Ganze.** Allein die bildliche Vorstellung dieser einfachen Formulierung führt unweigerlich zur Tempeldarstellung, gerne auch Brandenburger Tor genannt. Oben thront das übergeordnete Subjekt, gestützt von zwei oder mehreren Teilaspekten. Eventuell liegt unten noch ein Fundament. Die Tempeldarstellung eignet sich besonders zur Visualisierung von bis zu fünf parallelen Erfolgsfaktoren oder Bestandteilen eines Ganzen.

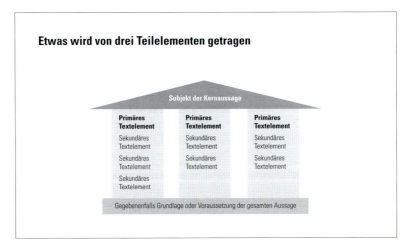

  • **Das Ganze besteht aus mehreren Elementen.** Handelt es sich bei den Teilaussagen nicht um Stützen der Kernaussage, sondern um unterschiedliche

Merkmale eines Ganzen, so sollte die Darstellung das Ganze bildlich in die einzelnen Elemente einteilen. Das Subjekt der Kernaussage ist in die Teilaussagen eingebettet oder es umfasst sie.

- **Mehrere Elemente sind Ursache für etwas – oder Auswirkungen davon.** Beschreiben die Teilaussagen Ursachen für eine Auswirkung, dann sollte die Darstellung die Leserichtung des Empfängers aufgreifen. Da Ursachen der Wirkung vorausgehen, stehen sie links, die gemeinsame Auswirkung folgt rechts. Genau umgekehrt verhält es sich bei parallelen Auswirkungen einer zentralen Maßnahme: Hier steht die Maßnahme links, und die Auswirkungen folgen rechts.

- **Mehrere Elemente streben in unterschiedliche Richtungen.** Zeigen die Formulierungen der Teilaussagen unterschiedliche Richtungen auf, so lassen sich auch daraus entsprechende Visualisierungen ableiten. Teilaussagen können auf eine Erhöhung von etwas zielen und andere auf die Reduzierung von etwas anderem. Sie können zueinander führen oder auseinander. Sie können nach innen wirken oder nach außen gerichtet sein. Sie können etwas verstärken oder etwas schwächen. Hierfür eigenen sich zum Beispiel schematische Pfeile.

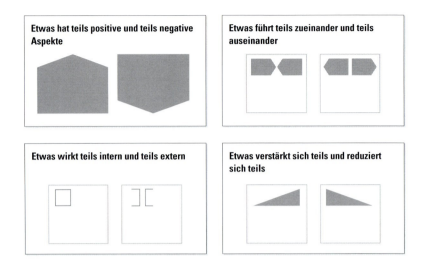

Kombinieren Sie zu guter Letzt mehrere dieser Gedanken, dann können Sie die Vielfalt anschaulicher Textbilder für komplementäre Gruppen erahnen. Durchdenken Sie im Einzelfall unterschiedliche Visualisierungsmöglichkeiten.

— Bei Alternativen die notwendigen Auswahlentscheidungen transparent machen. Die einzelnen Teilaussagen stehen im Wettbewerb zueinander. Im Gegensatz zur komplementären Gruppe muss eine einzelne Teilaussage ausgewählt werden. Aus diesen Formulierungen lassen sich wiederum zwei typische Visualisierungen für Alternativen ableiten: Zweiseitige Blockpfeile verdeutlichen den Wettbewerb der Alternativen. Pfeile, die sich in mehrere Richtungen verzweigen, greifen das Bild der Weggabelung auf, an der man sich zwischen zwei oder mehreren Möglichkeiten entscheiden muss.

 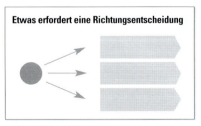

— Bei Prozessen die zeitliche Abfolge der Teilaussagen darstellen. Beim Prozess folgen die einzelnen Teilaussagen aufeinander. Sie hängen insofern zeitlich voneinander ab, dass ein Schritt erst beginnen kann, wenn ein anderer beendet wurde. Für die Visualisierung bieten sich Blockpfeile an. Sie ermöglichen nicht nur eindimensionale Abfolgen, sondern auch komplexere Bilder. Die Visualisierung zeigt den Zusammenhang der einzelnen Prozessschritte.

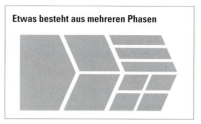

Bei Ketten die Verknüpfung der beiden Prämissen aufzeigen

Die Visualisierung pyramidaler Ketten besteht in der Regel aus drei optischen Elementen, zwei Prämissen und einer Schlussfolgerung. Auch hierfür gibt es vielfältige Bilder. Drei haben sich in unserer Erfahrung als besonders anschaulich erwiesen: Die Formel baut eine Analogie zur Mathematik auf, bei der die logische Addition der Prämissen zur Schlussfolgerung führt. Die Formel spricht insbesondere den sachorientierten Empfänger an. Bei der Prozessdarstellung verschmelzen beide Teilaussagen zur Schlussfolgerung. Sie eignet sich eher für visuelle Typen und einander ergänzende Prämissen, sprachlich tendenziell verbunden mit dem Wort *und*. Demgegenüber drückt die Gegenüberstellung zwei widersprüchliche Prämissen aus und die Schlussfolgerung daraus. Die Prämissen waren mit dem Wort *aber* oder *demgegenüber* verbunden.

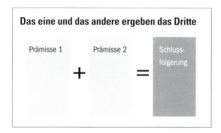

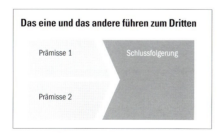

Da die Schlussfolgerung der Kette inhaltlich mit der Kernaussage, also der Folien-überschrift, übereinstimmt, können Sie in Einzelfällen auf ein visuelles Element für die Schlussfolgerung verzichten. In diesem Fall umfasst die Visualisierung nur die beiden Prämissen. Die Schlussfolgerung findet sich nur als Überschrift auf der Folie. Dieser Ansatz eignet sich insbesondere, wenn Sie die Schlussfolgerung nicht mit weiteren Details konkretisieren. Nicht verzichten dürfen Sie hingegen auf die Darstellung der Schlussfolgerung im Visualisierungsbereich, wenn Sie die Überschrift vorher diplomatisch abgeschwächt hatten. Jetzt bleiben drei Visualisierungselemente: Der Empfänger erfasst zunächst die diplomatischere Überschrift. Erst nach Aufnahme der logischen Herleitung durch die beiden Prämissen folgt die Schlussfolgerung in etwas deutlicheren Worten.

Bibliothek

Bibliothek der Visualisierungen:
Mit einfachen Textbildern komplexe Zusammenhänge visuell veranschaulichen

Es gibt so viele Bilder wie Botschaften. Entscheidend ist, das richtige Bild für die vorgegebene Botschaft zu finden. Unsere Bibliothek zeigt einige Beispiele aus unserer Projekterfahrung.

Die Beispiele basieren alle auf einem klaren Begriff – statisch oder dynamisch. Wie die ersten beiden Beispiele lässt sich oft auch eine Inversion darstellen. Die optische Darstellung kann variieren: Bei vielen Inhalten wird das Bild kleiner. Sie gewinnen Platz für viele und längere Textelemente. Bei abstrakteren Inhalten steht die visuelle Assoziation selbst im Vordergrund.

Dezentralisierung: Die Aufgaben müssen von der Zentrale in die Niederlassungen verlagert werden

BEISPIEL AG

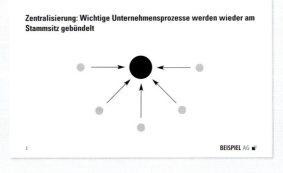

Zentralisierung: Wichtige Unternehmensprozesse werden wieder am Stammsitz gebündelt

BEISPIEL AG

Bibliothek

Erfolgsfaktoren: Das neue System muss drei Anforderungen erfüllen

BEISPIEL AG

Abhängigkeit: Wirkung des Vergütungssystems und Erfolg der Produkteinführung hängen von einander ab

BEISPIEL AG

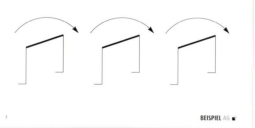

Hürden: Vor der Implementierung müssen wir noch drei Hürden nehmen

BEISPIEL AG

Widerstand: Wir erwarten Widerstand in den Bereichen Entwicklung, Materialwirtschaft und Qualitätsmanagement

BEISPIEL AG

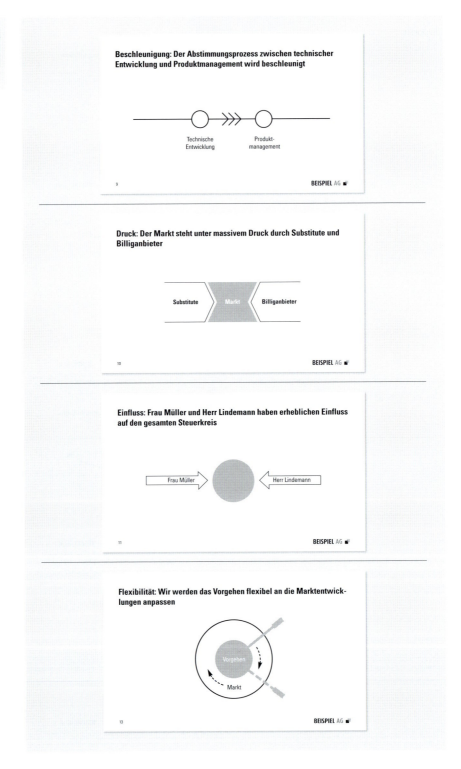

Bibliothek

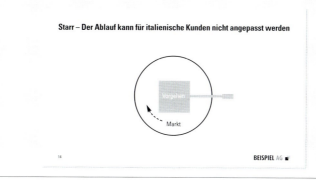

Bibliothek

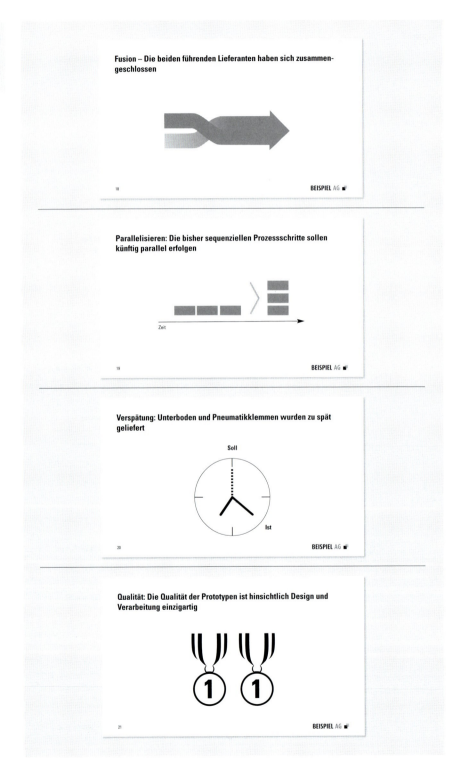

Bibliothek

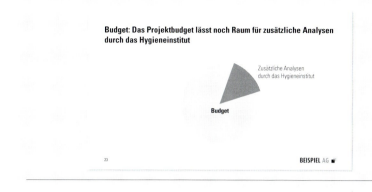

2.2.1.2 Für quantitative Inhalte passende Wirtschaftsgrafiken entwerfen

Dank Gene Zelazny ist es ein Leichtes, die richtige Wirtschaftsgrafik für Zahlen, also quantitative Inhalte, zu finden – vorausgesetzt, Sie haben als Folienüberschrift einen ganzen Satz formuliert. Gene Zelazny gliedert zunächst sechs Arten von Wirtschaftsgrafiken – in seinem Buch „Wie aus Zahlen Bilder werden". Dann beschreibt er anhand typischer Formulierungen, welche Wirtschaftsgrafik am besten passt. Die Roland Berger Strategy Consultants haben Zelaznys Vorgehen in hilfreichen Tabellen aufbereitet und vertieft. Und dank pyramidaler Präsentationsentwicklung haben Sie als Folienüberschrift jeweils einen Satz formuliert. Lesen Sie aus der Tabelle ab, welche Darstellung sich anbietet.

Ganzes und Teile	Positionen	Entwicklung	Verteilung	Korrelation
• Anteil von ...	• größer als	• wachsen	• Konzentration	• relativ zu
• Prozent	• kleiner als	• steigen	• Häufigkeit	• steigen mit
• Hälfte	• gleich	• fallen	• Verteilung	• fallen mit
• größter Teil	• an dritter Stelle	• verändern	• die meisten	• verändern sich im
• ...	• ...	• schwanken	• die wenigsten	Verhältnis zu
		• stagnieren	• ...	• gekoppelt an
		• ...		• parallel zu
				• ...

Ist die grundsätzliche Art der Wirtschaftsgrafik gewählt, suchen Sie im zweiten Schritt den konkreten Typ aus. Gehen Sie zunächst von der einfachen Darstellung aus. Die vergleichende Darstellung kommt dort zum Einsatz, wo mehrere Faktoren parallel betrachtet werden. Typische Formulierungen sind *Unsere einzelnen Divisionen haben ...* oder *Während das eine ... macht das andere ...* Die vielen Elemente kommen nur bei komplexen Botschaften in Frage. Beispiele sind die Darstellung von Regeln und Ausnahmen oder mehrere inhaltliche Dimensionen. Doch bedenken Sie auch hier, die Darstellung nicht komplizierter zu wählen als zur Untermauerung der Folienüberschrift zwingend erforderlich.

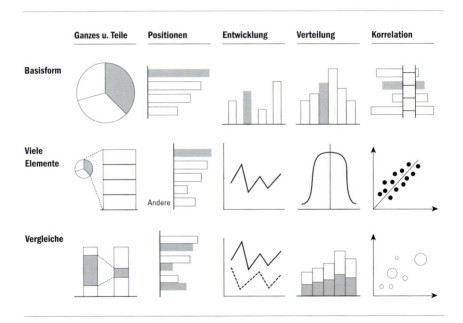

Ihre Präsentationssoftware enthält die gängigen Wirtschaftsgrafiken bereits für Sie. Benötigen Sie noch anspruchsvollere Arten von Wirtschaftsgrafiken, halten Anbieter wie thinkcell oder VisualElements geeignete Lösungen bereit. Die handwerklichen Regeln zum Aufbau von Wirtschaftsgrafiken finden Sie wiederum bei Gene Zelazny.

2.2.2 Unmissverständliche Visualisierung grenzt Wichtiges und weniger Wichtiges klar ab

Sie müssen den Empfänger visuell führen: Der Empfänger soll die Botschaft auf den ersten Blick erkennen und bei Bedarf einfach vertiefen können. Dafür muss sich ihm sofort erschließen, wie die Visualisierung zu lesen ist. Häufig ist das jedoch unklar. Trotz inhaltlicher Fokussierung und passender Visualisierung erschwert Detaildichte die Wahrnehmung. Anschauliches Beispiel ist die Matrix. Sie lässt sich – wie auch eine Tabelle – grundsätzlich horizontal und vertikal erschließen.

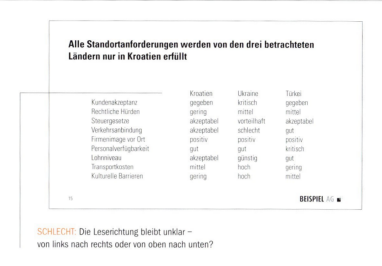

SCHLECHT: Die Leserichtung bleibt unklar –
von links nach rechts oder von oben nach unten?

Das bereits im ersten Kapitel beschriebene, schrittweises Denken unseres Gehirns zwingt uns aber zu einer Entscheidung, ob horizontal oder vertikal. Auch andere komplexe Darstellungen erschließen sich nicht immer automatisch, insbesondere Textbilder. Hier müssen Sie das Auge des Empfängers leiten.

Und das Auge des Empfänger lässt sich leicht leiten: Wir steuern unser Auge nur teilweise bewusst. Zu einem wesentlichen Teil reagieren wir reflexhaft auf optische Reize. So schauen wir beim Fußballspiel auf den sich bewegenden Ball oder die Spieler statt auf den grünen Rasen. Und wenn im Fanblock Feuerwerkskörper abgeschossen werden, dann schauen wir unweigerlich dorthin.

Durch den gezielten Einsatz optischer Reize schaffen Sie es, dass Ihr Empfänger die Visualisierung unmissverständlich erfasst. Dafür erzeugen Sie durch bewusste Hervorhebungen eine Hierarchie der Wahrnehmung, schaffen mit einfachen Mitteln optische Ordnung und ersparen dem Auge überflüssige optische Reize.

Durch gezielte Hervorhebungen eine Hierarchie der Wahrnehmung erzeugen

Wenn das Auge starken optischen Reizen folgt, dann nutzen Sie diesen Effekt. Setzen Sie Reize, die die Botschaft der Folie deutlich machen. Jedoch stellen viele Folien eher ein Feuerwerk visueller Reize dar. Hier entsteht eine Inflation der Hervorhebungen. Um nicht immer stärkere Reize suchen zu müssen, sollten Sie beim Hervorheben immer in zwei Richtungen denken: Heben Sie primäre Inhalte klar hervor. Lassen Sie sekundäre Inhalte dezent zurücktreten.

Primäre Inhalte visuell hervorheben

Die primären Inhalte entnehmen Sie am einfachsten wiederum der Folienüberschrift. Diese können einzelne Textelemente oder Zahlen, aber auch Symbole oder ganze visuelle Elemente betreffen, die Sie nun hervorheben: Für das Beispiel der Matrix machen Sie etwa die gewollte Leserichtung deutlich, indem Sie die horizontalen oder vertikalen Elemente optisch herausstellen.

Typische Instrumente für optische Hervorhebungen sind unter anderen Füllfarben, breite Linien, große Schriften oder Fettdruck. Auch durch Einkreisen auf Wirtschaftsgrafiken, durch prägnante Symbole oder Fotos führen Sie das Auge des Empfängers direkt zu den wichtigsten Aspekten.

Die Hervorhebungen müssen nicht mit den Strukturmerkmalen übereinstimmen. Eine Folie mag SAUBER® strukturiert mehrere, parallele Elemente darstellen. In der PUR®-en Visualisierung können aber nur ein oder zwei Elemente hervorgehoben sein. Auch das erkennen Sie an der Folienüberschrift. Im Idealfall ist das hervorzuhebende Element das Subjekt der Überschrift. Hat der Satz zwei oder mehrere Subjekte, dann heben Sie auch zwei oder mehrere Elemente hervor, etwa bei den Teilen eines Kuchendiagramms.

	Kroatien	Ukraine	Türkei
Kundenakzeptanz	gegeben	kritisch	gegeben
Rechtliche Hürden	gering	mittel	mittel
Steuergesetze	akzeptabel	vorteilhaft	akzeptabel
Verkehrsanbindung	akzeptabel	schlecht	gut
Firmenimage vor Ort	positiv	positiv	positiv
Personalverfügbarkeit	gut	gut	kritisch
Lohnniveau	akzeptabel	günstig	gut
Transportkosten	mittel	hoch	gering
Kulturelle Barrieren	gering	hoch	mittel

Nur Kroatien erfüllt alle Standortanforderungen

25   BEISPIEL AG

Sekundäre Inhalte zurücktreten lassen und wenn möglich zusammenfassen

Damit die Hervorhebung wirkt, muss sie sich gegenüber allen anderen Inhalten klar abgrenzen. Konsequenterweise nutzen Sie für sekundäre Inhalte jeweils die einfachste Darstellung: Stellen Sie optische Elemente ohne farblichen Hintergrund dar. Wählen Sie kleinere Schriftarten ohne Fettdruck. Verzichten Sie bei mehreren Elementen auf die optische Differenzierung der sekundären Elemente. Natürlich heben Sie die Subjekte der Kernaussage optisch hervor. Im Beispiel sind das die beiden südkoreanischen Anbieter. Alle nicht-angesprochenen Elemente belassen Sie einfach mit weißem Hintergrund. Auf diese kommt es offensichtlich nicht an.

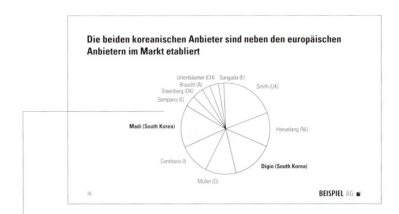

Hervorhebung wirkt auch durch schlichte Darstellung der anderen Anbieter
SCHLECHT: Kleine Anbieter schaffen zu viel Aufmerksamkeit und sollten zusammengefasst werden

Bedenken Sie die dominante Wirkung von Fotos und starken Signalfarben. Gute Fotos veranschaulichen Botschaften am treffendsten. Sie ziehen das Auge des Empfängers stärker als andere visuelle Elemente an. Prüfen Sie daher bei Fotos kritisch, ob dieser Effekt angemessen ist. Ähnliches gilt für Signalfarben. Das Corporate Design mag den Einsatz von Unternehmensfarben vorschreiben. Doch auch Farben dominieren häufig die Wahrnehmung. Zügeln Sie diese Wirkung gegebenenfalls, indem Sie starke Farben nur für Texte einsetzen oder bei Gestaltungsobjekten nur als Rahmen, nicht aber als Füllfarbe.

Die Wirkung unwesentlicher Bildteile nehmen Sie dadurch noch weiter zurück, dass Sie sie in einer visuellen Einheit zusammenfassen. Bereits bei der Strukturierung hatten wir die Kategorie *Sonstiges* eingeführt. Bemerken Sie erst bei der Visualisierung überflüssige inhaltliche Fülle, dann holen Sie die Zusammenfassung jetzt nach. So können wir im vorangegangenen Beispiel vermutlich die vier kleineren Anbieter zusammenfassen, als *Fünf Sonstige*. Das macht die Visualisierung noch klarer.

Mit einfachen Mitteln optische Ordnung schaffen

Vermeiden Sie ein Wirrwarr optischer Wahrnehmungen auf dem Schaubild. Schaffen Sie stattdessen ein ruhiges, einfaches Bild. Inhaltlich ist das dank der vorangegangenen Strukturierung gesichert, insbesonders wenn Sie konsequent analoge Teilaussagen formuliert haben. Optisch sind Sie noch gefordert.

Bildteile visuell abgrenzen – am besten nur imaginär

Für die inhaltlich konsistente Visualisierung ordnen Sie die einzelnen Elemente optisch. Stellen Sie zusammengehörige Dinge zusammen. Trennen Sie durch die Struktur abgegrenzte Inhalte. Haben Sie mehrere logische Ebenen auf einer Folie, dann positionieren Sie die tiefere Ebene visuell eindeutig unter die obere.

Meist reichen dafür imaginäre Abgrenzungen: Weiße Linien auf weißem Hintergrund visualisieren wirkungsvoll und gleichzeitig minimalistisch. Die Fantasie des Empfängers denkt sich die fehlenden Linien einfach. Imaginäre Linien erzeugen Sie in zwei Schritten: Richten Sie die Elemente einheitlich aus – bei Texten links oder rechtsbündig, bei visuellen Elementen nach links, rechts, oben oder unten. Und setzen Sie großzügige Abstände zwischen den Elementen.

Wollen Sie jedoch das Zusammengehören von Elementen besonders verdeutlichen, so nutzen Sie einfache Rahmen. Oder Sie positionieren Ihre Inhalte auf Gestaltungsobjekten mit farbigen Hintergründen.

Wenige unterschiedliche Gestaltungen nutzen – im Idealfall nur eine einzige visuelle Form

Erleichtern Sie dem Auge die Arbeit. Es muss jeden Reiz verarbeiten. Reduzieren Sie daher die visuelle Vielfalt. Beschränken Sie sich auf möglichst wenige Elemente. Das betrifft unterschiedliche Formen, aber auch Schriftgrößen, Schriftarten, Strichbreiten, Farben und so weiter.

Wir empfahlen Zurückhaltung bereits bei der Erstellung von Layoutvorlagen. Für die einzelne Folie können Sie diese Vorgaben noch unterbieten. Gehören alle Inhalte einer Folie zur gleichen logischen Ebene, reicht dafür eine Schriftgröße. Gleichartige Inhalte dürfen Sie durchaus unspektakulär mit einer einzigen Form visualisieren.

Die Möglichkeiten zum Abgrenzen visueller Einheiten sollten Sie ebenfalls nicht zu optischer Vielfalt verleiten. Grundsätzlich sollten Sie entweder Trennlinien, Rahmen oder Objekte mit farbigen Hintergründen nutzen. Nur bei logisch unterschiedlichen Bedeutungen der visuellen Einheiten sollten Sie diesen Effekt durch Visualisierung betonen.

Dem Auge überflüssige visuelle Reize ersparen

Hierarchische Wahrnehmung und optische Ordnung bezogen sich noch auf die Inhalte der Folie. Bei der Aufbereitung dieser Inhalte entsteht daneben oft viel visueller Ausschuss. Der stiftet keinen Mehrwert und macht die Folie nur voller. Vermeiden Sie ihn am besten gleich, oder nehmen Sie ihn anschließend wieder heraus. Orientieren Sie sich an der griffigen Formel „So viel Information wie nötig – mit so wenig Toner wie möglich".

— Zweidimensionale Inhalte nicht dreidimensional darstellen. Vermutlich aus einer Zeit, als man mit komplexen Folien noch beeindrucken konnte, stammt die Unsitte dreidimensionaler Darstellungen. Die Folie wirkt vermeintlich beeindruckend. Nur ist die Darstellung schwieriger zu lesen und häufig sogar irreführend. Das Auge des Empfängers hat zunächst deutlich mehr visuelle Reize zu verarbeiten. Sein Hirn muss dabei erkennen, dass die dritte, optische Dimension inhaltlich gar nicht existiert. Besonders gefährlich sind Wirtschaftsgrafiken. Manche Assistenten bieten Ihnen für zweidimensionale Darstellungen dreidimensionale Formen an, die sachlich unzutreffend sind und mithin manipulativ wirken.   Im Beispiel führt die dreidimensionale Darstellung in die Irre: Ihretwegen nimmt der Betrachter auch im Ausland die Tische deutlich größer wahr als die Schränke. Das Auge assoziiert beim Kegel den dreidimensionalen Körper. Er nimmt das Volumen stärker wahr als die Höhe. Unabhängig davon ist das Ablesen der Achsenbeschriftung bei dreidimensionalen Darstellungen deutlich schwieriger.

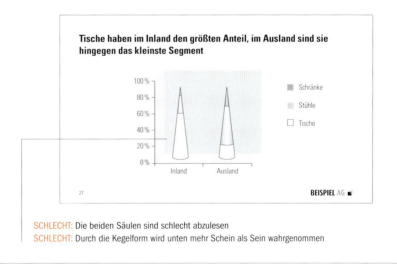

SCHLECHT: Die beiden Säulen sind schlecht abzulesen
SCHLECHT: Durch die Kegelform wird unten mehr Schein als Sein wahrgenommen

Prüfen Sie also kurz, ob Sie überhaupt eine dreidimensionale Botschaft haben. Das ist regelmäßig nur bei Objekten der Fall. Für alle anderen Darstellungen sollten Sie bereits im Zuge der Strukturierung versucht haben, weitere Dimensionen auszuschließen.Vermeiden Sie auch Schatten an Objekten weitgehend. Sie sind nur zulässig, wenn die angedeutete Dreidimensionalität bewusst erzeugt werden soll. Schatten an Texten sind grundsätzlich überflüssig. Sie erschweren das Lesen ohne erkennbare Bedeutung.

— Auf überflüssige Symbole verzichten. Symbole schaffen mit einfachen Mitteln Aufmerksamkeit. Und auch hier geht der Schuss häufig nach hinten los. Die

Symbole schaffen einen starken optischen Reiz. Die inhaltliche Bedeutung des Symbols wird dem oft nicht gerecht.   Weil das Auge von Symbolen so stark angezogen wird, prüfen Sie genau, welches Symbol die Botschaft zutreffend unterstreicht. Nur dieses Symbol dürfen Sie einsetzen. Streichen Sie alle übrigen Symbole, etwa die beliebten Männchen, Glühbirnen oder Ähnliches.

— **Untertitel mit Trivialinformationen weglassen.** Unterhalb der Folienüberschrift erlaubt die Layoutvorlage oft einen Untertitel. Viele Autoren nutzen diese Option großzügig und bringen auf jeder Folie noch einen klassischen Folientitel unter, meistens ein Stichwort wie Zeitplan, Inhalt, Umsatzentwicklung, aber auch Erfolgsfaktoren.   Beim pyramidalen Aufbau sind Untertitel in der Regel überflüssig. Sie sind gleich in zweierlei Hinsicht Dopplungen. Sprachlich verdeutlicht die Botschaft in der Folienüberschrift das Thema der Folie von vornherein. Optisch erzeugt eine passende und unmissverständliche Darstellung beim Empfänger eine visuelle Assoziation – und das meist schneller, als er den Untertitel lesen könnte. Im Beispiel erkennt der Empfänger auch ohne Untertitel, dass es sich um einen Zeitplan handelt.

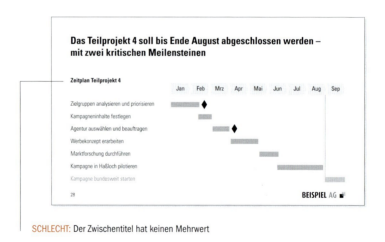

SCHLECHT: Der Zwischentitel hat keinen Mehrwert

Setzen Sie Untertitel daher zurückhaltend ein. Sie sind nur dann sinnvoll, wenn Sie eine stärkere technische Spezifizierung vornehmen wollen und die Folienüberschrift dadurch zu lang würde. Die Folienüberschrift lautet etwa *Nach vier schlechten Jahren entwickelt sich das Ergebnis seit Jahresbeginn wieder positiv.* Hier könnte man sich einen Untertitel vorstellen wie *EBIT ohne Berücksichtigung von Sondereffekten im Zuge der Fusion in TEUR.* Diese Information wäre vermutlich zu wichtig, um sie in die Fußnote zu verbannen. Sie ist aber nicht wichtig genug, um dafür die verständliche Folienüberschrift aufzugeben.

2.2.3 Regelkonforme Darstellungen erleichtern die Aufnahme durch Orientierung an visuellen Gewohnheiten

2.2.3.1 Allgemeingültige visuelle Gewohnheiten des Empfängers berücksichtigen

Jeder Mensch folgt visuellen Gewohnheiten – und das ganz selbstverständlich. Die Vorstellungskraft des Empfängers ermöglicht nicht nur minimalistische Visualisierung. Sie schafft auch rasche Assoziationen auf Basis weniger Eckpunkte, ohne sämtliche Details einzeln zu erfassen. Auf Basis einzelner Mosaiksteine denkt sich der Empfänger den Rest. Für diese Vereinfachung nutzt er unbewusst Wahrnehmungsregeln. Auf diese Regeln verlässt sich der Empfänger.

Anschauliches Beispiel ist unsere Gewohnheit, von links nach rechts zu lesen. Sie ist extrem stark verankert: Ihr folgend, nehmen wir bei Zeitreihen automatisch an, dass der Zeitverlauf von links nach rechts verläuft. Lesen Sie links eine Jahreszahl, benötigt Ihr Gehirn die folgenden Jahre nicht mehr. In den meisten Fällen wird es einen plausiblen Zeitverlauf unterstellen. Es würde vielen Lesern bestenfalls auf den zweiten Blick auffallen, wenn Sie nach rechts in die Vergangenheit gingen. Im Beispiel aus „Wie aus Zahlen Bilder werden" verstärkt Gene Zelazny die zunächst negative Wahrnehmung noch durch dreidimensionale Darstellung. Bei regelkonformer Darstellung würde die erfreuliche Ertragssteigerung sichtbar.

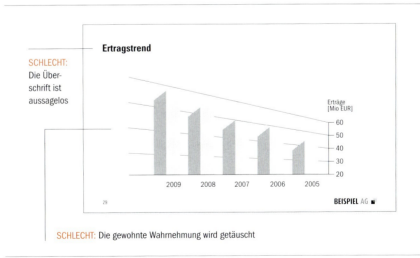

SCHLECHT: Die gewohnte Wahrnehmung wird getäuscht

Beim Visualisieren profitieren Sie selbst von dieser Vertrautheit. Automatisch ruft Ihr Hirn die visuelle Gewohnheit auf und visualisiert regelkonform. Es sei denn, Sie führen Böses im Schilde. Nur wenn Sie Ihr Publikum aktiv manipulieren wollen, werden Sie bewusst visuelle Gewohnheiten missachten. Aber davon wollen wir nicht ausgehen. Schließlich haben wir ja gute Argumente unterstellt ...

Doch visuelle Gewohnheiten sind kulturabhängig – bis hin zu sehr individuellen Gepflogenheiten. Natürlich werden Sie keine deutschsprachige Präsentation erarbeiten, wenn Ihr Empfänger kein deutsch spricht. Bei der Sprache ist das offensichtlich.

Doch auch bei den unbewussten, visuellen Gewohnheiten gibt es kulturelle Unterschiede. So ist die oben zitierte Lesefolge von links nach rechts nur in der westlichen Welt durchgängig üblich. Für Menschen aus anderen Kulturkreisen ist das Lesen von rechts nach links genauso selbstverständlich. Und dieses Beispiel stellt die Spitze des Eisbergs dar. Auch auf niedrigeren Ebenen unterscheiden sich die Gepflogenheiten erheblich. Stellen wir in Deutschland und Österreich bei Zahlen vor die Dezimalstellen ein Komma, so setzen Nordamerikaner, Briten und schon unsere Schweizer Nachbarn einen Punkt. Auch innerhalb von Branchen und Organisationen gibt es unterschiedliche Gewohnheiten.

Die konsequent empfängerorientierte Präsentation orientiert sich durchgängig an den visuellen Gewohnheiten des jeweiligen Empfängers.

Folglich müssen Sie Ihre Visualisierung mit den visuellen Gewohnheiten des Empfängers abgleichen. Nehmen Sie zunächst wieder die Rolle des Empfängers ein. Wegen ihrer Selbstverständlichkeit fällt das bei visuellen Gewohnheiten oft schwer. Die Lesegewohnheit von links nach rechts ist bei uns so etabliert, dass wir am Zeitstrahl vermutlich nichts Besonderes finden. Der Empfänger könnte das jedoch anders sehen. Deshalb müssen Sie sich zunächst Unbewusstes bewusst machen.

Aus der Perspektive des Empfängers gleichen Sie nun visuelle Gewohnheiten ab. Unserer Erfahrung nach müssen Sie insbesondere auf drei Punkte achten.

Die Visualisierung muss mit der vertrauten Leserichtung übereinstimmen

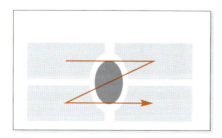 

Bei rechteckigen Visualisierungen folgen wir den beiden Leserichtungen – primär von links nach rechts und sekundär von oben nach unten. Für runde Visualisierungen orientieren wir uns hingegen eher am Bild der Uhr – oben beginnend und dann im Uhrzeigersinn.

Gleichen Sie Ihre Visualisierung damit ab. Fokussieren Sie sich dabei auf die gewählte Visualisierung. Ob diese rechteckig oder rund erscheint, haben Sie im PUR®-Kriterium *Passend* entschieden. Lassen Sie sich auch nicht von Hervorhebungen verwirren. Diese haben Sie bereits im PUR®-Kriterium *Unmissverständlich* ausgewählt. Für regelkonforme Darstellung zählt allein das Einhalten der Leserichtung. Ein hervorzuhebender Punkt mag erst am Ende einer Folge stehen, wenn die Visualisierungsregel es erfordert.

Eingesetzte Begriffe und Standards müssen dem Denkmuster des Empfängers entsprechen

Begriffe sind wesentliche Voraussetzungen für präzise Kommunikation. Den Begriffen liegen inhaltliche Standards zugrunde. Nur gibt es häufig verschiedene Standards. Und das fängt mit sehr grundlegenden Standards an. Formal ist das metrische System in fast allen Ländern dieser Erde anerkannt. Faktisch nutzen es die Menschen in vielen Ländern bis heute nicht. So müssen Sie auch die Vertrautheit mit Begriffen abgleichen.

Wir sehen länderspezifische überlagernde und sehr persönliche Standards. Nachfolgend können wir nur Beispiele anführen. Hinterfragen Sie im Einzelfall, ob Sie die Standards verwendet haben, in denen Ihr Empfänger denkt. Bei Bedarf stellen Sie Ihre Darstellungen um:

— **Wichtige länderspezifische Standards für geschäftliche Präsentationen beginnen mit der für Geldangaben verwendeten Währung.** Grundsätzlich stellen Sie Ihre Ergebnisse in der Währung Ihres Empfängers dar. Damit ersparen Sie ihm das Umrechnen. Auch in anderen Disziplinen unterscheiden sich vertraute Normen, etwa die für Vergleiche gern genutzten Schulnoten: Gibt es in Deutschland sechs Notenstufen, reichen in Österreich fünf. Und die Schweizer bewerten genau umgekehrt.
— **Überlagernde Standards können branchen-, funktions- und unternehmensspezifisch sein.** Sie werden im Zuge länderübergreifender Zusammenarbeit entwickelt und treten immer häufiger an die Stelle nationaler Standards. Etwa wird der Ölpreis traditionell in US-Dollar gehandelt, weltweit. Zur Rechnungslegung von Großunternehmen haben sich seit 2001 die International Financial Reporting Standards (IFRS) durchgesetzt. Und insbesondere multinationale Unternehmen nutzen weltweit einheitliche Standards.
— **Persönliche Standards hängen allein von der Person des Empfängers ab.** Es sind persönliche Dimensionen seiner Vorstellungskraft. Viele Menschen haben nach Einführung des Euro noch lange Zeit Beträge in ihre alte Währung umgerechnet. Persönliche Standards hängen oft von individuellen Zielen ab: Der Kunde sieht bei einem Versicherungsvertrag die Höhe der Versicherungssumme, der Vertreter womöglich eher die Höhe seiner Provision. Der Produktionsleiter denkt bei einer Investition an die Investitionssumme, der Controller vermutlich an die jährliche Abschreibung. Der Einkäufer findet niedrige Preise gut, der Verkäufer hingegen schlecht.

Symbole muss der Empfänger eindeutig verstehen – sonst besser verbal ausdrücken

Symbole ermöglichen optische Verkürzungen und werden besonders gerne als selbstverständlich betrachtet. Doch auch sie bergen Potenzial für Missverständnisse. Sie dürfen nicht Ihren persönlichen Vorlieben entsprechen.

Symbole mit eindeutiger Bedeutung sind zum Beispiel die Ampelfarben. Dank ihrer Präsenz und ihres weltweiten Einsatzes sind sie unbestrittener Standard für gut, mittel und schlecht. Weitere, spezifischere Symbole sind nur zulässig, wenn sie für den Empfänger ebenso eindeutig sind. Sie können auf branchen-, berufsgruppen- oder organisationsspezifischen Gewohnheiten basieren. Haben Sie jedoch Zweifel, sollten Sie die Botschaft besser in Worten vermitteln.

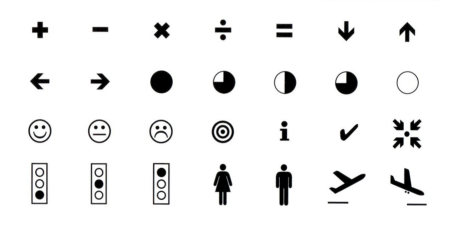

2.2.3.2   Spezifisch im Dokument eigene Gewohnheiten durch konsequenten Gestaltungseinsatz aufbauen

Die allgemeingültigen visuellen Gewohnheiten belegen, dass ein bewusstes Aufgreifen vertrauter Visualisierung das Verständnis erleichtert. Und dieses Phänomen gilt auch für eine komplexe Präsentation oder gar eine Reihe von Präsentationen, beispielsweise im Projektverlauf. Im einzelnen Dokument unterstützt konsequenter Einsatz Bezüge zwischen Abschnitten oder Folien. Bei Präsentationsserien oder regelmäßig gehaltenen Präsentationen sorgen spezifische visuelle Gewohnheiten für Wiedererkennungserlebnisse. Der Empfänger entwickelt im Zeitverlauf feste Assoziationen. Dafür sollten Sie auch innerhalb einer Präsentation für gleiche Botschaften auch gleiche Gestaltungsmerkmale einsetzen – und umgekehrt Differenzierungen durch klare optische Brüche deutlich machen.

Bei gleichen Botschaften vorangegangene Gestaltungsmerkmale wiederholen

Gleiche Inhalte mit einheitlichen Einheiten beschreiben. Wahren Sie möglichst im gesamten Dokument einheitliche Einheiten. Dafür gibt es zahlreiche Beispiele. Drei Anregungen zum Umgang mit Geldbeträgen verdeutlichen das grundsätzliche Ziel:

— Nutzen Sie im gesamten Dokument einheitlich Brutto- oder Nettobeträge. Ob die Brutto- oder Netto-Angabe besser ist, müssen Sie inhaltlich entscheiden. Wichtig ist die Einheitlichkeit.
— Rechnen Sie unterschiedliche Währungen in eine Währung um. Prüfen Sie kritisch, ob Schwankungen der Wechselkurse relevant sind und die eigentliche Argumentation gefährden können. Die Wahl der Währung hängt vom Denkmuster des Empfängers ab.
— Bleiben Sie am besten auch bei einheitlichen Größenangaben. Vermeiden Sie nach Möglichkeiten Sprünge etwa zwischen Cent, EUR, TEUR, Mio. EUR und Mrd. EUR. Schätzen Sie zunächst die Bandbreite Ihrer Geldbeträge ab. Wenn es passt, nehmen Sie nur eine Größenangabe. Der Empfänger wird schnell erkennen, dass für alle Geldbeträge die gleiche Größenangabe gilt. Ist die Bandbreite dafür zu groß, definieren Sie maximal zwei Größenangaben. Verlassen Sie sich darauf, dass der Empfänger die beiden Größenangaben vermutlich allein aus dem Kontext heraus unterscheiden kann. Nehmen Sie dabei 1.000er-Potenzen in Kauf. So werden aus *46 Cent, 5,46 EUR, 4,1 TEUR, 2,3 Mio. EUR* und *1,3 Mrd. EUR* vereinfacht *0,46 EUR, 5,46 EUR, 4.100 EUR, 2,3 Mio. EUR* und *1.300 Mio. EUR*. Natürlich können Sie empfängerorientiert auch andere Darstellungen nehmen, zum Beispiel die beliebten *kEUR*.

Gleiche Kategorien mit einheitlichen visuellen Merkmalen belegen. In mehreren Grafiken nutzen Sie für wiederkehrende Inhalte gleiche Gestaltungsformen. Vergleichen Sie etwa in einem Dokument mehrere Anbieter, dann ordnen Sie zunächst jedem Anbieter eine Farbe zu. Danach verwenden Sie in jeder Darstellung für den jeweiligen Anbieter genau diese Farbe. Der Empfänger wird die visuelle Regel schnell aufgreifen. Trotz der visuellen Gewohnheit dürfen Sie auf Legenden auf jeder einzelnen Folie nur verzichten, wenn Sie die farbliche Zuordnung auf einer hierarchisch höheren Folie eingeführt haben, also einer Übersichtsfolie. Andernfalls könnte der Empfänger die erklärende Folie überblättert haben.

Wenn der von Farben ausgehende starke optische Reiz unangemessen ist, schaffen auch Grautöne und Schraffierungen visuelle Gewohnheiten im Dokument. Weitere Gestaltungselemente sind Stricharten und Objektformen. Visuelle Assoziationen sind häufig sinnvoll bei unterschiedlichen Firmen, Divisionen, Standorten, Produkten, Kostenarten oder Ähnlichem.

Gleiche Botschaften mit einheitlichen Bildern untermauern. Auch ganze Gestaltungsformen dürfen Sie im Dokument bewusst wiederholen, wenn sie der Visualisierung paralleler Inhalte dienen: Durch gleiche Visualisierung erschließt sich dem Empfänger sofort die Gleichartigkeit der Botschaften. Er nimmt die Inhalte schneller auf. Das bietet sich etwa an für parallele Beschreibungen von Zuständen, Entwicklungen, Problemen, Maßnahmen oder Ähnlichem mit Hilfe von gleichen Wirtschaftsgrafiken oder gleichen Textbildern.

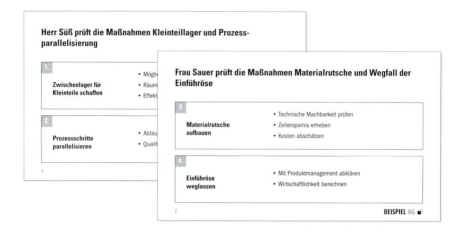

Doch Vorsicht bei Standardfolien: Missbrauchen Sie visuelle Assoziationen nicht. Insbesondere bei regelmäßig wiederkehrenden Präsentationen sind Standardfolien sehr beliebt. Effiziente Kommunikation erfordert jedoch auch für Controllingberichte oder Ähnliches erst die Interpretation der Inhalte. Einheitliche Visualisierung ist deshalb nur zulässig, wenn sich nicht nur der Inhalt sondern auch die Botschaft wiederholen. Für die regelmäßige Kommunikation ist es häufig sinnvoller, zunächst die aktuell relevanten Botschaften mit spezifischen Visualisierungen zu untermauern. Als Anhang können Sie jedes Mal gleichartige Darstellungen anbieten.

Differenzierungen durch optische Brüche deutlich machen

Wenn der Empfänger gleichartige Visualisierung rasch als gleichartige Botschaften versteht, so gilt dies auch umgekehrt für optische Brüche: Sie signalisieren dem Empfänger die Andersartigkeit der Inhalte. Damit ergänzen Sie bereits angesprochene Stilmittel, mit denen Sie strukturelle Differenzierungen herausgestellt haben, etwa dem strukturrelevanten Kriterium am Anfang der Folienüberschrift oder der geänderten Hervorhebung im Navigator.

Greifen wir nochmals die vorangegangene Maßnahmendarstellung auf. Beschreiben Sie in Ihrer Präsentation nun einerseits erfolgreiche Maßnahmen der Vergangenheit und andererseits Vorschläge für die Zukunft, so sollten Sie bewusst unterschiedliche

Darstellungen verwenden. Auch beim Vergleich der Maßnahmen anderer Unternehmen mit den eigenen Maßnahmen verbieten sich gleichartige Visualisierungen. Der Empfänger ginge durch gleichartige Visualisierung unwillkürlich davon aus, dass auch die Botschaften gleichartig sind. Klare optische Abgrenzung ist erforderlich. Verändern Sie erkennbar die Darstellung. Für die Maßnahmen der Vergangenheit ergänzen Sie etwa ein Bild oder das Häkchen-Symbol. Für die Maßnahmen der anderen Unternehmen ergänzen Sie vielleicht ein Unternehmenslogo. In sich bleibt jedes Bild stimmig, in ihrem Zusammenwirken unterscheiden sich jedoch die verschiedenen Kategorien.

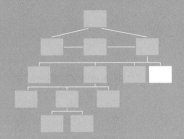

Pyramidale Präsentationen
professionell vortragen

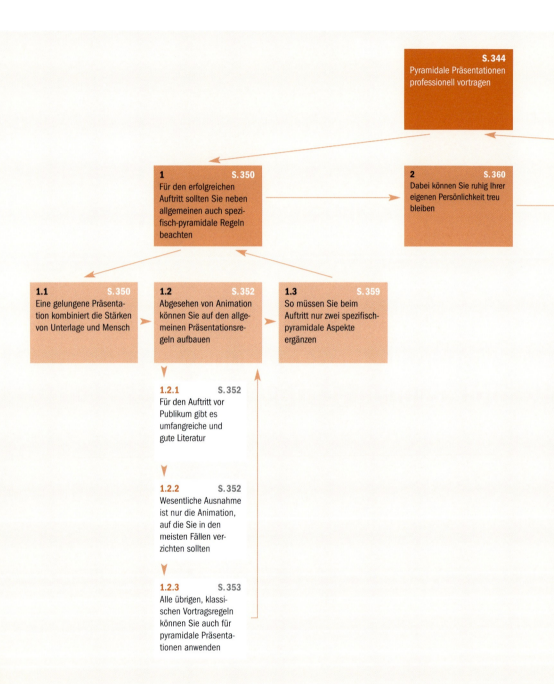

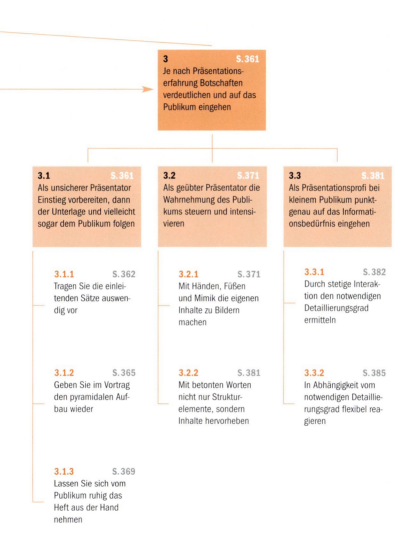

3   **S.361**
Je nach Präsentations-
erfahrung Botschaften
verdeutlichen und auf das
Publikum eingehen

3.1   **S.361**
Als unsicherer Präsentator
Einstieg vorbereiten, dann
der Unterlage und vielleicht
sogar dem Publikum folgen

3.2   **S.371**
Als geübter Präsentator die
Wahrnehmung des Publi-
kums steuern und intensi-
vieren

3.3   **S.381**
Als Präsentationsprofi bei
kleinem Publikum punkt-
genau auf das Informati-
onsbedürfnis eingehen

3.1.1   S.362
Tragen Sie die einlei-
tenden Sätze auswen-
dig vor

3.2.1   S.371
Mit Händen, Füßen
und Mimik die eigenen
Inhalte zu Bildern
machen

3.3.1   S.382
Durch stetige Interak-
tion den notwendigen
Detaillierungsgrad
ermitteln

3.1.2   S.365
Geben Sie im Vortrag
den pyramidalen Auf-
bau wieder

3.2.2   S.381
Mit betonten Worten
nicht nur Struktur-
elemente, sondern
Inhalte hervorheben

3.3.2   S.385
In Abhängigkeit vom
notwendigen Detaillie-
rungsgrad flexibel rea-
gieren

3.1.3   S.369
Lassen Sie sich vom
Publikum ruhig das
Heft aus der Hand
nehmen

Pyramidale Präsentationen professionell vortragen

1   Für den erfolgreichen Auftritt sollten Sie neben allgemeinen auch spezifisch-pyramidale Regeln beachten

1.1   Eine gelungene Präsentation kombiniert die Stärken von Unterlage und Mensch

Theoretisch reicht eine Präsentationsunterlage – und häufig auch praktisch

Pyramidale Kommunikation braucht ein Medium. Die Strukturierung selbst war noch medienunabhängig. Nach der Klärung der Voraussetzungen haben Sie Ihre Struktur aufgebaut, Sie haben Ihre Argumente formuliert und logisch geordnet. Doch damit sind diese noch nicht bei Ihrem Empfänger angekommen. Hierfür ist ein Medium vonnöten. Während der Strukturierung haben Sie Ihre Argumentation vielleicht mit Vorgesetzten und Kollegen abgestimmt. Ihre Medien dabei waren handschriftliche Skizzen und mündliche Erläuterungen. Im vorangegangenen Schritt haben Sie Ihre Argumente in eine verständliche Präsentationsunterlage übertragen.

Und diese Unterlage reicht theoretisch. Indem sie die pyramidalen Grundprinzipien erfüllt, erschließt sich dem Empfänger die Argumentation allein durch den Foliensatz: Überschriften und Textelemente beschreiben Ihre Botschaften. Aufbau und Visualisierung erklären logische Beziehungen und veranschaulichen Inhalte.

Somit könnten Sie jetzt guten Gewissens aufhören. Praktisch beschränken zahlreiche Unternehmen die interne Kommunikation inzwischen auf Foliensätze. Ein klassischer Vortrag findet gar nicht oder nur in einzelnen Fällen statt.

Doch Unterlage und Mensch ergänzen einander perfekt

Folie und Mensch fügen sich in der pyramidalen Präsentation harmonisch zusammen. Beide transportieren die gleiche Botschaft – ihre individuellen Stärken ergänzen sich.

Folie	Präsentator
• Vermittelt und unterstützt die Kernaussage • Visualisiert Zusammenhänge oder transportiert umfangreiche Details • Wirkt durch Text und Bild • Kann dem unsicheren Referenten als Stütze dienen	• Vermittelt und unterstützt die Kernaussage • Kann flexibel mündlich weitere Details ergänzen • Erzeugt eine persönliche Beziehung zum Empfänger • Wirkt durch Körpersprache und Sprache

Folien sichern auf der Sachebene das Verständnis für komplexe und umfangreiche Inhalte

Die Folie kombiniert visuelle Elemente und Text. Und diese Kombination verschafft ihr gleich zwei Vorteile:

— **Schwierige Inhalte werden konkret verständlich.** Die Visualisierung schafft abstraktes Verständnis. Der Text schafft prägnanten Bezug zum konkreten Inhalt. Allein würden sowohl Visualisierung als auch Text scheitern. Die visuelle Assoziation bleibt ohne Text unspezifisch – stellen wir uns eine „leere" Tempeldarstellung vor. Text allein hingegen überfordert bei schwierigen Inhalten die Auffassungsgabe des Empfängers – denken Sie nur an juristische Formulierungen.
— **Umfangreiche Inhalte werden komprimiert.** Folien können große Informationsmengen vermitteln. Dies betrifft insbesondere Detail- oder Backup-Folien. Der Mensch allein würde daran scheitern. Allein die Neigung unseres Gehirns, alle Inhalte gleich zu abstrahieren, steht inhaltlicher Fülle entgegen. Schlichte Vergesslichkeit kann hinzukommen.

Beide Punkte erklären die wachsende Beliebtheit von Folien als Kommunikationsform – und gleichzeitig die berechtigte Frage nach ihrem Sinn, wenn auf Folien nur Text steht.

Der Mensch bringt die Inhalte auf der Beziehungsebene zum Leben

Die Unterlage ist auf die Sachebene beschränkt. Auch wenn Sie Bilder eingesetzt haben, bleibt es bei einem Satz bedruckten Papiers. Dies gilt allemal für klassische geschäftliche Inhalte. Und auch bei durchaus emotionalen Inhalten, wie etwa Designvorschlägen, sieht der Empfänger nur das Ergebnis. Die Inspiration bleibt ihm verborgen.

Doch Kommunikation geht über die Sachebene hinaus. Viel stärker noch bestimmt die Beziehungsebene die menschliche Kommunikation. So sagt der Volksmund einerseits, dass Papier geduldig ist. Andererseits kommt es ihm häufig darauf an, „was gelebt wird". Konkret möchte ein Entscheider vor der Vergabe eines Budgets nicht nur sachlich überzeugt sein, dass er das Geld sinnvoll investiert. Er möchte dabei auch ein gutes Gefühl haben.

Hier liegt die Stärke des Menschen. Dieses Gefühl können nur Sie ihm vermitteln. Ein überzeugender Auftritt schafft Vertrauen in Ihre Inhalte.

Bieten Sie dem Empfänger die Kombination von Unterlage und Ihrem persönlichen Auftritt

Nutzen Sie, wenn möglich, den persönlichen Vortrag als Chance. Bitten Sie aktiv um die Gelegenheit, Ihre Erkenntnisse oder Vorschläge persönlich vorzustellen. Ist kein Vortrag vorgesehen, bieten Sie dennoch einen an, wenn Sie die Unterlage verschicken. Vielleicht möchte der Empfänger – nach der Lektüre der Folien – nicht nur Fragen beantwortet haben, sondern Sie persönlich zu dem Thema erleben.

1.2 Abgesehen von Animation können Sie auf den allgemeinen Präsentationsregeln aufbauen

1.2.1 Für den Auftritt vor Publikum gibt es umfangreiche und gute Literatur

Zahllose Bücher beschreiben Regeln für einen gelungenen Präsentationsablauf. Andere Autoren geben praktische Tipps, um die eigene Wirkung auf das Publikum zu verbessern. Bezogen auf den Auftritt vor Publikum sind viele Werke durchaus empfehlenswert – unsere Favoriten finden Sie im Literaturverzeichnis ab Seite 388. Hauptmotivation für dieses Buch war der Mangel an praxisnaher Literatur für logisch-verständlichen Präsentationsaufbau. Den wollten wir primär beheben. Deshalb haben wir die Strukturierung der eigenen Botschaft und die Gestaltung verständlicher Folien in diesem Buch umfangreich behandelt. Dabei widersprach pyramidale Ergebnisorientierung noch manch vertrauter Regel. Für den Vortrag hingegen gelten die meisten Regeln auch bei pyramidalem Aufbau.

1.2.2 Wesentliche Ausnahme ist nur die Animation, auf die Sie in den meisten Fällen verzichten sollten

Besonders fleißige Präsentatoren zerlegen ihre Folien in einzelne Darstellungsschritte. Einzelne visuelle Elemente oder Texte erscheinen im Vortrag nacheinander. Der Empfänger mag daraus auf hohe technische Fähigkeiten schließen. Doch die Nachteile überwiegen. Wir sehen gleich drei – vom Prinzip bis zum Handwerk:

— **Animation widerspricht dem pyramidalen Gedanken.** Bleiben Inhalte zunächst verborgen, kann der Empfänger sie nicht mehr sofort erfassen. Er muss den Vortrag vollständig abwarten. Er verliert die Hoheit über den eigenen Zeiteinsatz. Der Sender stellt sein Interesse über das Interesse des Empfängers. Der Ablauf der Geschichte schlägt das pure Ergebnis.

— **Der Mensch tritt gegenüber der Technik zurück.** Die beeindruckenden Möglichkeiten der Animation sind unbestritten. Dem Empfänger jedoch kommt es vermutlich mehr auf Ihre inhaltlichen Erkenntnisse oder Vorschläge an als auf die technischen Ihrer Präsentationssoftware.

— **Handwerklich wirkt bei vielen Präsentatoren das häufige Weiterblättern unruhig.** Bei kritischen Einwürfen offenbart sich Unsicherheit, wenn der Präsentator sich mit mehrfachem Klicken im Dokument zu orientieren versucht. Dabei ist es auch egal, ob Sie direkt am Rechner suchen oder eine Fernbedienung nutzen.

Wir empfehlen einen sehr sparsamen Umgang mit Animation beim pyramidalen Vortrag. Sie ist nur dann sinnvoll, wenn der zeitliche Versatz der Animation die Botschaft unterstützt – etwa wenn Sie Schritte eines Arbeitsablaufes vorstellen. Grundlage ist eine pyramidale Gruppe für einen Prozess. Doch auch in diesem Fall sollten Sie pyramidal zunächst einen Überblick über den Gesamtprozess geben. Erst anschließend können Sie mit animierten Elementen die sequenzielle Abfolge der einzelnen Prozessschritte verdeutlichen.

1.2.3 Alle übrigen, klassischen Vortragsregeln können Sie auch für pyramidale Präsentationen anwenden

Nutzen Sie daher die Ihnen bekannten Regeln für professionellen Auftritt vor Publikum. Wir sehen insbesondere sechs Punkte, die nicht spezifisch pyramidal sind, aber gleichwohl wichtig.

Schauen Sie Ihrem Publikum tief in die Augen

Auch bei der Präsentation kommunzieren Menschen miteinander. Und Blickkontakt unterstützt eine intakte Beziehungsebene. Pflegen Sie deshalb während der Präsentation Blickkontakt mit Ihrem Publikum.

— **Bewegen Sie Ihren Blick dabei ruhig zwischen den Teilnehmern im Raum.** Verweilen Sie bei einem Teilnehmer für zwei, drei Sekunden, bevor Sie zum nächsten Teilnehmer weiterschweifen. Vermeiden Sie monotone Blickfolgen ebenso wie ruckartige Bewegungen.
— **Lassen Sie sich vom Publikum zunächst aufbauen.** Halten Sie gerade am Anfang mit den Teilnehmern viel Blickkontakt, die freundlich zurückschauen. Das stärkt Ihre Sicherheit. An grimmige Teilnehmer tasten Sie sich erst heran, wenn Sie genügend Selbstbewusstsein aufgebaut haben.
— **Bevorzugen Sie keine Teilnehmer beim Blickkontakt.** Die Gefahr besteht bei Chefs oder wichtigen Entscheidern ebenso wie jenen, die freundlich zurückschauen. Die Fokussierung auf eine einzelne Person schafft Ihnen gleich zwei Probleme: Alle übrigen Teilnehmer fühlen sich zurückgesetzt. Der ausgewählte Teilnehmer empfindet Ihren Blickkontakt eventuell irgendwann als penetrant.

— Schauen Sie auch solche Teilnehmer regelmäßig an, die Ihren Blickkontakt nicht erwidern. Gehen Sie davon aus, dass der Teilnehmer gerade mit den Gedanken woanders ist. Später wird er Ihren Blick vielleicht wahrnehmen.
— Denken Sie beim Blickkontakt insbesondere an die ganz außen sitzenden Teilnehmer. Sie sind Ihnen zwar am nächsten. Gleichzeitig bekommen sie aber meist weniger Blicke ab, weil sie außerhalb des Blickwinkels sitzen, in dem Sie in den Raum schauen. Diesen Teilnehmern wenden Sie sich bewusst zu.
— Widmen Sie Ihrem Publikum so viel Zeit wie möglich. Wenn Sie Inhalte von der Folie aufgreifen wollen, schauen Sie möglichst nur auf den Bildschirm vor Ihnen und nicht auf die Projektionsfläche hinter Ihnen. Damit wenden Sie nur Ihren Kopf ab und nicht Ihren ganzen Körper. Vermeiden Sie überflüssige Blicke, etwa aus dem Fenster oder auf den Boden. Diese können Sie allenfalls ablenken oder signalisieren Unsicherheit.

Zeigen Sie Inhalte auf der Präsentationsfläche an

Wie dargestellt, ist die Präsentation eine Mehrkanalinstallation. Auf visuellem und auditivem Weg nimmt das Publikum die Botschaft wahr. Und die einzelnen Teilnehmer wechseln zwischen diesen beiden Wegen auch gelegentlich. Mal hören sie primär auf Ihre Ausführungen. Mal betrachten sie primär die Visualisierungen an der Wand. Für eine optimale Aufnahme sollten Sie folglich eine enge Verbindung zwischen beiden Wahrnehmungskanälen schaffen. Dass Sie mündlich sagen, was auch schriftlich auf der Folie steht, versteht sich von selbst. Zusätzlich sollten Sie durch gelegentliches Anzeigen mit der Hand verdeutlichen, wo Sie gerade in der Präsentation stehen. Diese Brücke erleichtert Ihrem Publikum den Wechsel zwischen den Kanälen.

— Zeigen Sie nur auf die Visualisierungsfläche. Die Kernaussage springt durch ihre Position ohnedies zuerst ins Auge.
— Zeigen Sie nicht alle Inhalte an, sondern intuitiv einzelne Punkte. Vermeiden Sie dabei ruckartige Bewegungen, und verweilen Sie mit Ihrer Hand wiederum für zwei oder drei Sekunden am jeweiligen Punkt. So lange benötigt Ihr Publikum, um Ihre Brücke zu erkennen.
— Zeigen Sie direkt an der Projektionsfläche mit der flachen Hand auf den betreffenden Punkt. Projizieren Sie auf eine klassische Leinwand, versuchen Sie aber, diese dabei nicht zu berühren – sonst bebt sie noch lange nach.
— Zeigen Sie nur mit Ihren Händen an. Hilfsmittel wie Zeigestöcke oder Stifte lenken nur ab. Auch mit einem Laserpointer können Sie heute nicht mehr beeindrucken. Hingegen wenden Sie bei seinem Einsatz dem Publikum den Rücken zu. Zoomen Sie nach Möglichkeit den Beamer so, dass Sie die Visualisierungsfläche bequem von beiden Seiten aus mit Ihren Händen erreichen. Das geht in der Regel bei Präsentationen vor bis zu 15 Teilnehmern, weil alle die Folien dann

noch gut lesen können. Im Umkehrschluss: Verzichten Sie gänzlich auf das Anzeigen an der Projektionsfläche, wenn diese für Sie unerreichbar ist – etwa in sehr großen Räumen.

Bewegen Sie sich locker und dezent im Raum

Als Präsentator haben Sie eine andere Rolle als alle übrigen Personen im Raum. Und diese Rolle hat Funktionen, auf die Sie nicht verzichten sollten – Ihr Publikum schenkt Ihnen in der Regel etwa eine höhere Beachtung als anderen Teilnehmern. Deshalb sollten Sie Ihre Rolle als Präsentator annehmen, indem Sie sich aufrecht vor Ihr Publikum stellen. Sich sitzend zwischen den Teilnehmern verstecken und in den eigenen Rechner hineinreden, das wirkt unprofessionell.

— **Lassen Sie die Hände locker an den Seiten herabhängen.** Stören Sie sich nicht an Bewegungen, die diese häufig unbewusst ausführen. Sie werden ebenso wie leichte Bewegungen mit den Füßen vom Publikum absorbiert und gar nicht wahrgenommen, sofern Sie es nicht exzessiv machen.

— **Vermeiden Sie Körperhaltungen, die die Teilnehmer interpretieren werden.** Die vielfältigen und spannenden Interpretationen der Psychologen zur Körperhaltung können und wollen wir an dieser Stelle nicht kommentieren. Wir beschränken uns daher auf drei Körperhaltungen, die als besonders kritisch gelten – und sei es auch nur, weil jeder mal an einem Präsentationstraining mit einem Psychologen teilgenommen hat: Stecken Sie Ihre Hände nicht in die Hosentaschen, weil das zwischen lässig und arrogant aufgenommen wird. Verschränken Sie Ihre Arme nicht vor der Brust, weil das als sehr distanziert gilt. Stützen Sie Ihre Hände nicht an den Hüften ab, weil das aggressiv wirkt.

— **Vermeiden Sie in diesem Sinne auch andere Ablenkungen.** Beeinträchtigen Sie die Aufmerksamkeit des Publikums nicht durch Nebenkriegsschauplätze. Wählen Sie zum Beispiel eine passende, im Zweifel dezente Kleidung. Verzichten Sie auf irgendwelche Besonderheiten, wie politische Buttons. Es wäre schade, wenn Ihr Äußeres nach der Präsentation stärker in Erinnerung bleibt als deren Inhalt.

— **Nutzen Sie soweit möglich Positionen möglichst frei im Raum.** Direkt an der Wand oder gedrängt zwischen irgendwelchen Gegenständen besteht einerseits die Gefahr zu stolpern oder hängenzubleiben. Außerdem nimmt das Publikum Sie auch so wahr – als an den Rand gedrängt.

Verstellen Sie Ihrem Publikum nicht den Blick

Damit Sie Ihrem Publikum nicht im Bild stehen, müssen Sie den Raum aufteilen: In zwei Bereichen dürfen Sie sich dauerhaft aufhalten. In einem Bereich sollten Sie hingegen nicht länger stehen. Dieser ist in der Regel trapezförmig, abgegrenzt von den beiden Seiten der Projektionsfläche und zwei Teilnehmern – bei Hufeisenbestuhlung den beiden außen sitzenden Teilnehmern oder bei Blockbestuhlung den beiden Teilnehmern, die Ihnen am nächsten sitzen. Die verfügbaren Räume befinden sich rechts und links davon.

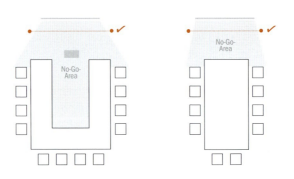

Wenn nötig und möglich, sollten Sie sich schon im Vorfeld der Präsentation Platz schaffen. Aus Teilnehmersicht ist die Hufeisenbestuhlung beliebter, weil alle einen guten Blick haben – ohne sich wechselseitig über die Schulter schauen zu müssen. Den Präsentator kann das Hufeisen aber herausfordern – wenn das Trapez so breit wird, dass der verfügbare Raum dahinschwindet, bis der Präsentator praktisch nur mit eingezogenem Bauch direkt neben der Präsentationsfläche stehen kann. In diesem Fall sollten Sie vor dem Eintreffen der Teilnehmer dafür sorgen, dass die äußeren Plätze frei bleiben, damit die freie Fläche wieder größer wird. Entweder nehmen Sie die entsprechenden Stühle weg oder Sie legen zumindest eine Jacke darüber. Das schafft eine Hemmschwelle, so dass die Teilnehmer zunächst andere Plätze belegen werden. Wird der Raum voll besetzt, fallen diese Möglichkeiten natürlich weg. Dann müssen Sie mit dem wenigen verfügbaren Platz klarkommen.

Nutzen Sie im Vortrag beide Seiten – rechts und links vor Ihrem Publikum. Sie dürfen die gesperrte Fläche durchaus queren. Das ermöglicht das Anzeigen auf der Präsentationsfläche von beiden Seiten. Wenn Sie aus Sicht des Publikums gelegentlich rechts stehen, erleichtert das auch den Blickkontakt mit den Teilnehmern, die aus Ihrer Sicht ganz rechts sitzen – und beim Blickkontakt häufig etwas zu kurz kommen. Geben Sie beim Seitenwechsel den Blickkontakt mit Ihrem Publikum nicht auf und bleiben Sie unterwegs nicht stehen.

Auch zu Ihrem Rechner dürfen Sie ruhig gehen, wenn Sie weiterblättern wollen und dieser etwa auf einem Tisch in der Raummitte steht. Um Wege zu verkürzen, sollten Sie den Rechner auf dem Tisch aber möglichst aus Ihrer Sicht rechts positionieren. Der Beamer steht weiter links. So sind Sie bereits auf der richtigen Seite, um Text auf der Präsentationsfläche anzuzeigen. Schließlich liest Ihr Publikum von links nach rechts.

Sprechen Sie langsam in kurzen und klaren Sätzen

Als Präsentator sind Sie mit dem Thema in der Regel gut vertraut. Ihr Publikum hingegen muss Ihre Ausführungen während des Vortrags inhaltlich verarbeiten. Daher sollten Sie dem Publikum durch tendenziell langsamen Vortrag die Gelegenheit dazu geben.

— **Sprechen Sie in möglichst kurzen, klaren Sätzen.** Formulieren Sie lieber drei kurze Sätze als einen langen Schachtelsatz.
— **Gönnen Sie sich und Ihrem Publikum kurze Sprechpausen.** Diese bieten sich etwa beim Weiterblättern in der Präsentationsunterlage an. So können Sie einen Satz zu Ende bringen, dann blättern Sie am Rechner, dann schauen Sie wieder zu Ihrem Publikum und dann erheben Sie erneut das Wort. Bei Pausen von zwei bis drei Sekunden bleibt die volle Aufmerksamkeit des Publikums erhalten.
— **Machen Sie sich auch bei „Ähms" keine Sorgen.** Wie unkontrollierte Hand- und Fußbewegungen werden auch diese „Ähms" vom Publikum gar nicht wahrgenommen – es sei denn, Sie verwenden sie sehr oft.
— **Korrigieren Sie sich bei einem Versprecher nur, wenn Sie ihn sofort bemerken.** Später ist es nicht nötig, weil Ihr Publikum es vermutlich ohnedies richtig verstanden hat. Entschuldigen Sie sich bei Versprechern nur, wenn dadurch die Beziehungsebene zu Ihrem Publikum beeinträchtigt sein könnte – etwa wenn Sie Teilnehmer mit dem falschen Namen ansprechen.
— **Unterdrücken Sie Ihren eventuellen Dialekt nicht extra für die Präsentation.** Dies würde Ihre gesamte Konzentration erfordern. Die anderen Merkmale Ihres Auftritts und die inhaltliche Auseinandersetzung litten darunter. Wenn es Ihnen wichtig ist, gewöhnen Sie sich einen Dialekt im Alltag ab – nicht beim Präsentieren. Vermeiden Sie lediglich Begriffe, die spezifisch für Ihren Dialekt sind und die das Publikum nicht verstehen könnte.

Lassen Sie sich von Störungen und Fragen nicht aus der Ruhe bringen

Als Präsentator haben Sie eine herausgehobene Rolle gegenüber Ihrem Publikum, ob Sie wollen oder nicht. Und wo viele Menschen zusammen sind, da laufen manche Dinge schief, auch das lässt sich nicht ändern. Also sollten Sie Störungen als normalen Teil einer Präsentation hinnehmen und ihnen professionell begegnen.

— **Bei Seitengesprächen versuchen Sie zunächst, die Teilnehmer über einen intensiveren Blickkontakt in den Vortrag zurückzuholen.** Wenn das nicht reicht, probieren Sie es mit kurze Pausen – wenn Sie schweigen, merken die tuschelnden Teilnehmer in der Regel selbst, dass sie stören. Drittens können Sie die Teilnehmer auch offen ansprechen – etwa mit *Lassen Sie es uns gemeinsam besprechen.*

— **Bei technischen Störungen entscheiden Sie schnell, ob Sie das Problem in maximal sieben Sekunden behoben haben.** Fürchten Sie, dass es länger dauert, legen Sie selbst eine Pause ein. Andernfalls übernimmt das Ihr Publikum von ganz alleine, weil die Aufmerksamkeit nach dieser Zeit nachlässt, wenn der Präsentator sein Publikum nicht mehr beschäftigt.

— **Bei persönlichen Angriffen bleiben Sie sachlich und prüfen Sie, ob der betreffende Teilnehmer nur für sich spricht oder gar für die ganze Gruppe.** Das lässt sich meist am Verhalten der übrigen Teilnehmer erkennen: Schauen diese alle verwundert den betreffenden Teilnehmer an, dann vertritt er eine Einzelmeinung. Sie können entspannt bleiben und versuchen, das strittige Thema in ein Zweiergespräch in der Pause zu verlagern. Schauen die übrigen Teilnehmer hingegen gespannt zu Ihnen, dann haben Sie ein Problem mit der gesamten Gruppe. Unterbrechen Sie Ihren Vortrag, geben Sie Ihre Rolle als Präsentator bewusst auf und sprechen Sie den offensichtlichen Konflikt offen an – losgelöst vom Inhalt.

— **Bei Fragen halten Sie die Gruppe zusammen.** Fragen unterbrechen naturgemäß die normale 1:n-Kommunikation der Präsentation. Sie wollen aber kein Auseinanderfallen der Gruppe. Folglich sollten Sie bei Fragen auch die übrigen Teilnehmer einbinden: Dazu beantworten Sie Fragen ins gesamte Publikum. Der Fragende bekommt dabei allenfalls einen leicht überdurchschnittlichen Blickkontakt. Suchen Sie auch eine Position im Raum, mit der Sie weiterhin einen großen Kreis mit allen Teilnehmern bilden. Gehen Sie also nicht auf den Fragenden zu. Die übrigen Teilnehmer würden dies als den Beginn eines Zwiegesprächs interpretieren, bei dem sie nicht gebraucht werden.

— **Verstehen Sie eine Frage aus dem Publikum nicht, bitten Sie den Fragenden nur einmal um eine Wiederholung.** Haben Sie die Frage immer noch nicht verstanden, insistieren Sie nicht beim Fragenden – das wäre ihm unangehm. Formulieren Sie hingegen selbst eine Frage, die möglichst nahe an der des Fragenden liegt – etwa eingeleitet mit den Worten *Aha, es geht Ihnen darum, wie wir …*

Dann beantworten Sie Ihre selbst gestellte Frage. So vermeiden Sie eine unange-nehme Situation vor der ganzen Gruppe. Der Fragende wird bei Bedarf schon von alleine auf seine Frage zurückkommen. Häufig tut er dies aber in der ent-spannten Atmosphäre eines Pausengesprächs unter vier Augen.

1.3   So müssen Sie beim Auftritt nur zwei spezifisch-pyramidale Aspekte ergänzen

Ein professioneller Vortrag der pyramidalen Präsentationsunterlage erfordert zwei zusätzliche Fähigkeiten. Der Präsentator verdeutlicht die eigene Botschaft und geht spezifisch auf das Informationsbedürfnis des Publikums ein.

Mit Sprechtechnik und Körpersprache verdeutlicht der Präsentator die eigene Botschaft

Damit die Kommunikation erfolgreich ist, sind die Botschaften nicht nur stringent aufbereitet. Sie erschließen sich dem Empfänger auch optimal. Die Unterlage allein spricht den Empfänger dafür visuell an – mit möglichst anschaulichen Darstellungen.

Der Vortrag wird zur Mehrkanalinstallation: Zusätzlich zur visuellen Wahrneh-mung der Folien bietet der Präsentator gleich zwei weitere Wahrnehmungskanäle: Die Sprache erreicht den Empfänger auditiv. Körpersprache schafft einen weiteren visuellen Kanal. Mehrere Kanäle transportieren die gleiche Botschaft. Jeder im Pub-likum kann seinen bevorzugten Wahrnehmungskanal nutzen und während des Vor-trags beliebig dazwischen wechseln.

Dafür kombiniert der pyramidale Präsentator Sprechtechnik und Körpersprache zur Vermittlung der Botschaften auf der Folie. Die Kanäle sind widerspruchsfrei und bieten gleichzeitig eine vielfältige Vermittlung der Inhalte. Sprachlich transportiert der Präsentator die Botschaften in möglichst freien, meist auch emotionaleren Wor-ten. Körpersprachlich bietet er einfache visuelle Assoziationen.

Der Präsentator erfasst verbal oder non-verbal das Informationsbedürfnis und geht darauf ein

In der pyramidalen Kommunikation bestimmt der Empfänger selbst den Detaillie-rungsgrad. Beim Vortrag muss der Präsentator ihm die Gelegenheit dazu aber auch lassen. Er geht spezifisch auf den Empfänger ein – lässt überflüssige Inhalte weg oder ergänzt weitere Details.

Gerade bei großem und heterogenem Publikum ist es schwierig, die Position des Publikums zu den Botschaften zu erkennen. Das Publikum sendet häufig wenige und gar widersprüchliche Signale aus.

Deshalb erfasst der Präsentator – parallel zu seinem eigenen Vortrag – das Informationsbedürfnis des Publikums. Er registriert aufmerksam verbale und non-verbale Signale und fragt bei wesentlichen Punkten einfach nach. Davon macht er abhängig, was und wie er vorträgt.

2   Dabei können Sie ruhig Ihrer eigenen Persönlichkeit treu bleiben

Wir sind keine Psychologen. Rein rational wollen wir dennoch die Sorgen vieler Präsentatoren mindern – gestützt auf unsere praktische Erfahrung.

Präsentieren bedeutet für manche Menschen Anspannung

In ihrer Haltung zum eigenen Auftritt vor Publikum unterscheiden sich die Menschen deutlich. Während die einen nichts lieber tun, als vor möglichst großen Runden zu sprechen, schrecken die anderen davor zurück. Die Präsentation ist einerseits die Chance, sich selbst und die eigenen Inhalte vorzustellen gegenüber einem breiten, nicht selten mit wichtigen Menschen besetzten Kreis. Andererseits nimmt man als Präsentator automatisch eine herausgehobene Position ein – gegenüber allen anderen Menschen im Raum: Alle Augenpaare sind auf den Präsentator gerichtet. Das Publikum erwartet, dass er etwas sagt. Manchmal erwartet es sogar, dass sich der Präsentator Autorität verschafft – etwa bei Nebengesprächen einzelner Teilnehmer.

Auch die beste Vorbereitung hilft dem Präsentator dabei nur zum Teil. Auf der Sachebene gewinnt er Sicherheit durch die systematische Beschäftigung mit seinen Inhalten. Aber die zwischenmenschlich herausgehobene Position nimmt dem Präsentator niemand ab. Sie ist untrennbar mit seiner Rolle verbunden. Mit ihr muss jeder Mensch selbst zurechtkommen.

Dadurch erzeugt das Präsentieren bei den Menschen sehr unterschiedliche Empfindungen – von positiver Freude über neutrales Lampenfieber bis hin zu negativem Stress. Verstärkt wird die Anspannung, wenn das Publikum den Inhalten nicht neutral, sondern kritisch gegenübersteht.

Für den Erfolg zählt nicht die gute Laune, sondern die Authentizität des Präsentators

Wichtiger als ein sicherer Präsentator ist ein sicheres Publikum. Wir können nur an Ihre Ratio appellieren: Wer an sein eigenes Lampenfieber denkt oder gar Stress empfindet, der nimmt sich – mit Verlaub – zu wichtig. Denn über den Präsentationserfolg entscheidet das Publikum und nicht die eigene Stimmung. Der Auftritt muss die sachlichen Argumente emotional bestätigen.

Und Bestätigung des Publikums entsteht vor allem durch Glaubwürdigkeit. Das Publikum gleicht bewusst oder unbewusst ab, ob die Sach- und Beziehungsebene harmonieren. Erkennt es Brüche, entsteht Versunsicherung. Das Publikum wird die Botschaften nicht annehmen. Da mag der Präsentator noch so selbstsicher sein.

So können wir diejenigen beruhigen, die ungern präsentieren. Eigene Empfindungen und Präsentationserfolg korrelieren nicht unbedingt. Zu viele Schaumschläger wurden schon entlarvt. Umgekehrt konnten auch nervöse Präsentatoren schon oft bei ihrem Publikum inhaltlich punkten.

Somit können Sie – trotz nachvollziehbarer Anspannung – sich selbst treu bleiben

Nehmen Sie Ihre Emotionen, wie sie sind. Und unterstreichen Sie damit die Glaubwürdigkeit Ihrer Inhalte. Alle Arten von Emotionen können glaubwürdig wirken. Als vermeintlich positive Emotionen dürcken Freude oder gar Leidenschaft aus, dass Ihnen Ihre Inhalte am Herzen liegen. Vermeintlich verhaltenere Emotionen wie Zurückhaltung oder gar Unsicherheit drücken aus, dass Sie das Thema stark berührt.

Lassen Sie sich von vermeintlich guten Präsentatoren nicht leiten, sondern nur inspirieren.

3 Je nach Präsentationserfahrung Botschaften verdeutlichen und auf das Publikum eingehen

Sie wollen dem Publikum Ihre Inhalte professionell vermitteln. Und Sie sollten dabei sich selbst treu bleiben. Also orientieren Sie sich nicht an irgendwelchen Vorbildern. Finden Sie stattdessen Ihren eigenen Präsentationsstil, in dem Sie sich wohlfühlen. Das ist das Wichtigste. Wir sehen drei aufeinander aufbauende Professionalisierungsstufen.

3.1 Als unsicherer Präsentator Einstieg vorbereiten, dann der Unterlage und vielleicht sogar dem Publikum folgen

Auch der weniger geübte Präsentator sollte zumindest drei Dinge tun: Üben Sie Ihren Einstieg im Vorfeld, noch bevor Sie vor Ihr Publikum treten. Greifen Sie im Vortrag den pyramidalen Aufbau auf – immer erst den Überblick, dann die Details. Und lassen Sie sich vom Publikum ruhig das Heft aus der Hand nehmen. Auch das wird man Ihnen positiv anrechnen.

3.1.1   Tragen Sie die einleitenden Sätze auswendig vor

Durch ihre Ergebnisorientierung unterscheidet sich schon die Einleitung der pyramidalen Präsentation grundlegend von gewohnten Mustern

Die meisten Präsentatoren beginnen mit prozessorientierten Standardsätzen. Beliebte Beispiele sind *Guten Morgen. Wir freuen uns, Ihnen heute die Umfrageergebnisse vorzustellen* oder *Guten Tag, meine Damen und Herren, wir hatten ja beim letzten Mal entschieden …* oder *Guten Tag Herr So-und-so. Sie hatten uns den Auftrag gegeben …* Diese Worte geben Sicherheit, weil man sich an bestehenden Konventionen orientiert.

Aber damit verspielt der Präsentator einen guten ersten Eindruck. Die Einleitung bestimmt den ersten Eindruck des Publikums – und für den ersten Eindruck bekommen Sie keine zweite Chance. Doch die prozessorientierte Einleitung vergibt diese Gelegenheit. Denn sie beschreibt das Vorgehen – wie etwa die Entscheidung vom letzten Mal oder den Auftrag des Publikums. Damit betont der Präsentator an dieser prominenten Stelle nur das, was das Publikum ohnehin schon weiß – es erschließt sich ihm aus der Einladung, aus einem früheren Treffen, oder es war gar sein eigener Auftrag. Das ist trivial und erzeugt allenfalls böse Befürchtungen.

Deshalb vermittelt die pyramidale Präsentation auch im Vortrag von Anfang an Ergebnisse. Die inhaltliche Botschaft wird zum Teil der Einleitung. Gleichzeitig sichert sie auch für kritische Inhalte eine sachliche Gesprächsbasis – dafür hatten Sie ja bereits bei der Foliengestaltung diplomatische Formulierungen gewählt. Die Einleitung lautet positiv geradeaus etwa *Guten Morgen. Die Kunden haben unser neues Produkt sehr positiv aufgenommen. Das möchte ich Ihnen heute erläutern.* Oder diplomatisch abgeschwächt zum Beispiel *Guten Tag, meine Damen und Herren. Ich denke, wir sollten unsere Entscheidung vom letzten Mal heute nochmals reflektieren. Das möchte ich Ihnen detaillierter ausführen.*

Doch das gesprochene Wort lässt sich nur schwer kontrollieren

Wie die meisten Worte fallen auch die einleitenden Worte des Präsentators in der Regel unbewusst. In der Vorbereitung konnten wir unsere Formulierungen noch genau abwägen. Im Vortrag bleibt dafür keine Zeit – Denken und Kommunizieren erfolgen parallel. Das ist schon vielen Menschen zum Verhängnis geworden.

Einleitungsfloskeln folgen eher der Macht der Gewohnheit und der Anspannung als einem bestimmten Plan. In unserer Praxis erleben wir lustige Formulierungen – etwa *Ich bin jetzt da* oder *Ja, ich fange jetzt mal an.* Sie sorgen beim Publikum bestenfalls für Erheiterung und schlimmstenfalls für einen negativen Eindruck.

Deshalb sollten Sie die Einleitung wichtiger Präsentationen auswendig vortragen

Wenn Ihnen der erste Eindruck wichtig ist, dann können Sie dieses Dilemma nur auf einem Weg umgehen: Schreiben Sie Ihren Einstieg erst auf und lernen Sie ihn auswendig. Zumindest für wichtige Präsentationen schaffen Sie sich damit einen soliden Präsentationseinstieg. Gehen Sie in drei Schritten vor: gründlich vorbereiten, kurz auswendig lernen, prominent aufsagen.

Bereiten Sie vier bis sechs Sätze vor

Schreiben Sie sich Ihre einleitenden Worte auf ein Blatt Papier. Wählen Sie Ihre Worte sorgfältig. Sie starten mit der Begrüßung und eventuell der persönlichen Ansprache. Dann kommt die Kernaussage – eventuell diplomatisch und mit hilfreichen Hintergründen. Eventuell heben Sie das Ziel nochmals hervor. Abschließend eröffnen Sie mit einem Standardsatz den eigentlichen Vortrag.

Sie beginnen mit einer Begrüßungsfloskel. Klassiker sind *Guten Tag, meine Damen und Herren* oder *Liebe Kollegen*. So viel Höflichkeit muss bei aller Ergebnisorientierung sein. Die Art der Formulierung machen Sie von der Unternehmenskultur abhängig, aus der Ihr Publikum kommt. Damit hatten Sie sich seit der Empfängeranalyse intensiv beschäftigt. Wenn Ihnen die Einschätzung dennoch schwerfällt, seien Sie im Zweifel eher zu förmlich als zu lässig.

Überlegen Sie, ob einzelne oder alle Teilnehmer persönlich angesprochen werden sollten. Zusätzlich oder anstelle der pauschalen Ansprache der *Damen und Herren* können Sie das Publikum auch persönlich ansprechen. Dies ist möglich, wenn maximal vier Personen an der Präsentation teilnehmen oder einzelne Teilnehmer besonders herausgehoben sind. Prüfen Sie in diesem Fall aber vor Veranstaltungsbeginn kurz, ob die angesprochenen Teilnehmer auch tatsächlich anwesend sind, bevor Sie Ihren auswendig gelernten Spruch aufsagen – sonst geht der Schuss nach hinten los.

Formulieren Sie die Kernaussage einfach – eventuell mit hilfreichen Hintergründen: Greifen Sie Ihre Kernaussage auf. Meist werden Sie gegenüber dem Deckblatt saloppere Worte wählen und eventuell zu ganzen Sätzen zurückkehren – wie oben beim Beispiel *Die Kunden haben unser neues Produkt sehr positiv aufgenommen*. Bei komplexeren Botschaften können auch zwei oder drei Sätze daraus werden.

Prüfen Sie zusätzlich, ob weitere Hintergründe erforderlich sind. Grundsätzlich umfasst jede Kernaussage bereits das Thema. Bei der Aussage, *Die Kunden haben das neue Produkt sehr positiv aufgenommen*, erschließt sich jedem sofort, dass es sich um eine Produktanalyse handelt. Im Beispiel der zu reflektierenden Entscheidung ist das für den Außenstehenden schon nicht mehr möglich. Überlegen Sie daher, ob Sie dem Publikum mit Hintergründen auf die Sprünge helfen müssen. Indizien für solche Hintergründe können vielfältig sein: Sie hatten Ihre Kernaussage diplomatisch stark abgeschwächt – wie im Beispiel der zu reflektierenden Enscheidung, die das Publikum allenfalls aus dem Kontext der Veranstaltung und Ihrer Person erschließen könnte. Oder das Publikum hat sich seit langer Zeit nicht mit Ihrem Thema beschäftigt. Oder das Thema hat aus seiner eigenen Sicht für das Publikum keine besonders hohe Relevanz. Oder andere, akute Themen beschäftigen den Empfänger aktuell sehr stark – insbesondere das Thema des Termins unmittelbar vor Ihnen.

Wenn Sie die Notwendigkeit für Hintergründe eindeutig bejahen, ergänzen Sie einen oder zwei weitere Sätze. Andernfalls lassen Sie es auf eine Rückfrage aus dem Publikum ankommen – sie wird vermutlich nicht kommen. Der Einleitung im Beispiel oben lautet dann etwa *Guten Morgen. Die Kunden haben unser neues Produkt sehr positiv aufgenommen. Das haben wir durch eine externe Marktforschung erhoben. Wir hatten das nach den zunächst kritischen Stimmen aus dem Handel gemeinsam entschieden. Details der Marktforschung möchten wir Ihnen heute erläutern.* Im zweiten Beispiel rufen Sie in einem Satz die Entscheidung in Erinnerung, auf die Sie sich beziehen – die Einleitung lautet nun beispielsweise *Guten Tag, meine Damen und Herren. Ich denke, wir sollten unsere Entscheidung vom letzten Mal heute nochmals reflektieren. Wir hatten ja vereinbart, die Vertriebsstandorte im Norden deutlich auszudünnen. Dazu möchte ich Ihnen einen überarbeiteten Vorschlag unterbreiten.*

Prüfen Sie, ob Ihr Ziel noch pointiert werden sollte. Mit der Kernaussage in der Einleitung erfährt das Publikum ganz automatisch das, was sich bei vielen Präsentationen bis zum Ende nicht erschließt: nämlich das Ziel der Veranstaltung. Die Aussage, wonach die Kunden das Produkt gut aufgenommen haben, ist eindeutig eine reine Information. Das Publikum soll sie lediglich zur Kenntnis nehmen. Die Botschaft, die alte Entscheidung zu reflektieren, ist hingegen eine Aufforderung. Das Publikum soll anschließend eine Entscheidung fällen. Die Ergänzung des unterbreiteten Vorschlags unterstreicht dies zusätzlich. Trotzdem ist es vor allem bei Aufforderungen mit zeitlichen Abhängigkeiten ratsam, das Ziel in der Einleitung unmissverständlich herauszustellen. Schließen Sie die Einleitung einfach mit dem Satz *Dazu benötige ich heute eine Enscheidung von Ihnen, damit wir den Zeitplan halten können.*

Schließen Sie die Einleitung mit einem Standardsatz. Um die Einleitung eindeutig von den Präsentationsdetails abzugrenzen, braucht sie einen klaren Abschluss. Hier müssen Sie nicht mehr kreativ sein. Verwenden Sie einen bewährten Klassiker oder reden Sie, wie Ihnen der Mund gewachsen ist. Bewährte Klassiker sind *Ich stelle Ihnen das gerne etwas detaillierter vor* oder *Lassen Sie mich in die Details einsteigen.*

Lernen Sie die Sätze mehr oder weniger auswendig

Lesen Sie Ihre Sätze drei- oder viermal durch. Dann können Sie sie auswendig. Es kommt auch nicht auf eine wörtliche Wiedergabe an. Bei Lampenfieber schämen Sie sich nicht, diese Sätze zu Hause vor dem Spiegel laut vorzusprechen. Diese Sätze werden den ersten Eindruck bestimmen.

Tragen Sie Ihre Einleitung zentral im Raum laut vor

Für den Start der Präsentation sind Sie alleine gefordert. Um die ganze Aufmerksamkeit des Publikums auf sich zu lenken, schalten Sie die bereits eingestellte Beamerpräsentation zunächst dunkel – bei PowerPoint einfach mit der B-Taste. Auch viele Fernbedienungen unterstützen diese Funktion. Das Deckblatt Ihrer Präsentationsunterlage benötigen Sie nicht im Rücken. Es würde eventuell nur ablenken.

Treten Sie nun vor Ihr Publikum. Wählen Sie eine Position zentral im Raum. Ohne Beamerbild können Sie niemandem im Blick stehen. Atmen Sie noch einmal tief durch. Sprechen Sie jetzt Ihre vorbereiteten Einleitungssätze aus – laut und deutlich zum Publikum.

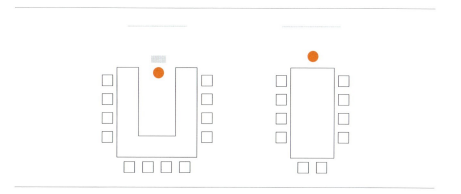

3.1.2   Geben Sie im Vortrag den pyramidalen Aufbau wieder

Nach professionellem Start steigen Sie nun in die Detaillierung ein. Schalten Sie dafür die Beamerpräsentation ein – bei PowerPoint durch erneutes Drücken der B-Taste. Achten Sie jetzt darauf, niemandem im Bild zu stehen.

Botschaften ausformulieren und logisch abgrenzen

Versuchen Sie, die inhaltlichen Botschaften frei vorzutragen – so gut Sie es eben können. Dafür greifen Sie die Folien nur schnell auf. Durch Ihre intensive Vorbereitung werden Ihnen die Botschaften schnell bewusst werden. Dann schauen Sie wieder Ihr Publikum an.

Wo Sie bei der Foliengestaltung auf ganze Sätze verzichtet haben, dort holen Sie dies im Vortrag nach. Formulieren Sie konkret aus, was passiert ist oder was passieren soll. Vermeiden Sie die in der Visualisierung punktuell zulässigen Schlagwortaufzählungen – damit verliert das Publikum die Botschaft zu den einzelnen Punkten. Der wesentliche pyramidale Vorteil ginge verloren. Sie profitieren auch noch vom Wiederholungseffekt: Bewusst gleichartig formulierte Sätze prägen die Botschaft besser ein. Wollen Sie etwa Personal entwickeln, so wird aus den Schlagworten *mehr Seminare, individuelles Coaching, häufigere Mitarbeitergespräche* in freien und eindringlichen Worten *Wir müssen unsere Mitarbeiter mehr schulen. Wir müssen unsere Mitarbeiter gezielt coachen. Wir müssen mehr mit unseren Mitarbeitern reden.*

Bei Unsicherheiten dürfen Sie die Aussagen auch wörtlich ablesen – so finden Sie rasch zurück in die Spur. Wenn möglich, ergänzen Sie zu jedem Punkt noch zwei oder drei frei gesprochene Sätze.

Auch bei der Vertiefung machen Sie diese logischen Schnitte deutlich. Anstatt Zwischenblätter zwischen Kapiteln einfach zu überblättern, zeigen Sie diese kurz und kündigen Sie das neue Kapitel an – wiederum zum Beispiel mit den Worten *Kommen wir jetzt zum zweiten Punkt …* bei einer Gruppe oder *Demgegenüber …* respektive *Deshalb …* bei einer Kette.

Weiterhin immer erst den Überblick geben, bevor die Details kommen

Der pyramidale Aufbau lebt auch im Vortrag weiter. Die Folienabfolge haben Sie ja bereits festgelegt. Dieser folgen Sie selbstverständlich zunächst. Aber die Vorstellung der einzelnen Folie hängt von Ihnen ab. Also denken Sie auch hier bewusst pyramidal.

Bei jeder Folie geben Sie erst die Überschrift wieder. Lesen Sie zunächst einfach ab. Im weiteren Verlauf wählen Sie ruhig freie Worte. Nach der Überschrift gehen Sie auf die darunter abgebildeten Inhalte ein.

Überblicksfolien stellen Sie erst vollständig vor. Lassen Sie sich nicht nervös machen. Folgen Sie nicht dem ersten Versuch, Sie in irgendwelche Details zu locken. Das gilt ganz besonders auch für das sprechende Inhaltsverzeichnis. Bei aufkommender Unruhe oder Fragen probieren Sie es mit einem Verweis auf die spätere Detaillierung – etwa *Das werden wir uns gleich genau anschauen.* Sie müssen ja nicht viel erzählen, aber geben Sie einen vollständigen Überblick. Verzichten Sie auf den pyramidalen Vortragsstil nur, wenn bei Ihrer Kette bereits bei der ersten Prämisse so heftiger Widerspruch besteht, dass Ihr Publikum den Rest der Kette nicht mehr sachlich aufnimmt. Nur in diesem Fall brechen Sie den Überblick ab und steigen gleich in die Details ein.

Greifen Sie die inhaltlichen Dopplungen aktiv auf, wenn Sie zuvor im Überblick vorgestellte Punkte später inhaltlich detaillieren. Hierfür eignen sich Formulierungen wie *Wir hatten eingangs gesagt, dass der Prozess der Retourenabwicklung neu gestaltet werden muss. Hierfür möchte ich Ihnen jetzt einen detaillierten Prozessablauf vorschlagen.*

Mit dem sprechenden Inhaltsverzeichnis die Gesamtargumentation vorstellen

Das sprechende Inhaltsverzeichnis ist der erste Schritt. Es ist die zweite Seite der Unterlage nach dem Deckblatt und somit die erste Präsentationsfolie, die Sie aktiv vorstellen. Am besten gehen Sie bereits auf das sprechende Inhaltsverzeichnis, bevor Sie das Beamerbild mit der B-Taste deaktivieren. So erscheint es sofort, wenn Sie den Beamer mit der B-Taste jetzt wieder einschalten.

Das sprechende Inhaltsverzeichnis ist pyramidal die wichtigste Folie. Es vermittelt einen Überblick über die gesamte Präsentation. Es fasst die Storyline zusammen.

Deshalb sollten Sie dem sprechenden Inhaltsverzeichnis viel Zeit widmen. Während viele konventionelle Gliederungen gar nicht oder nur kurz gezeigt werden, können Sie über das sprechende Inhaltsverzeichnis problemlos fünf bis zehn Minuten sprechen.

Besteht Ihr sprechendes Inhaltsverzeichnis aus zwei Strukturebenen, bemühen Sie sich dennoch um pyramidalen Vortrag. Dafür geben Sie zunächst einen Überblick über die erste Ebene – hier profitieren Sie davon, dass Sie diese auf den Folien zum Beispiel durch Fettdruck hervorgehoben haben. Erst wenn der Überblick geschafft ist, kehren Sie zum ersten Punkt zurück und gehen schrittweise auf die Unterpunkte ein.

Mit den Übersichtsfolien in die einzelnen Struktursträge einsteigen

Entsprechend der Abfolge Ihrer Präsentationsfolien beginnt jeder Strukturstrang in der pyramidalen Präsentation mit einer Übersichtsfolie – eventuell sogar nach einem Zwischenblatt. Darauf haben Sie bei der Foliengestaltung einen Abschnitt oder tiefere Verzweigungen zusammengefasst. Folglich präsentieren Sie diese auch als Erstes.

Bei mehreren Strukturebenen auf einer Folie beginnen Sie wiederum mit der höheren. Sie erkennen diese in der Visualisierung leicht, weil Sie die erste optische Wahrnehmung des Publikums klar herausgearbeitet hatten – etwa durch dominante, visuelle Einheiten, größere Schriftarten oder Fettdruck.

Im Bild stellt der Präsentator erst die drei Haupteinheiten vor. Danach beginnt er wieder vorne und geht die Details durch.

Mit Detailfolien Ihre Botschaften authentisch belegen

Nachdem Sie bis hierhin durch klare Aussagen und die schlüssige Struktur Ihrem Publikum die Richtung vorgegeben haben, sind Sie nun im Detail angekommen. Dort fühlen sich die meisten Präsentatoren wohl. Und genau das sollten Sie jetzt auch zeigen: Schmücken Sie Ihre inhaltlichen Details aus – geben Sie über die Folieninhalte hinaus Beispiele oder erzählen Sie Anekdoten.

Zeigen Sie sich bei den Detailfolien ruhig selbstbewusst. Das Publikum wird Sie schon unterbrechen, wenn es ihm zu ausführlich wird.

Backup-Folien nur auf Anforderung vortragen, sonst freundlich überspringen

Einzelne Backup-Folien hatten Sie in den Folienablauf integriert – unmittelbar hinter der betreffenden Detailfolie. Gleichzeitig war die Detailfolie aber die tiefste Detailebene, die Sie ihrem Publikum aktiv zeigen wollten – jedenfalls hatte das Ihre Empfängeranalyse ergeben. Deshalb können Sie die Backup-Folien theoretisch überspringen. Praktisch sollten Sie Ihr Publikum aber nicht verwirren. Es könnte der Eindruck entstehen, Sie wollen Inhalte vorenthalten. Überblättern Sie die Backup-Folien daher langsam und sagen Sie dabei sinngemäß *Wir haben da noch weitere Details vorbereitet, aber die brauchen wir meines Erachtens nicht.* Entweder freut sich das Publikum über die gesparte Zeit oder es unterbricht Sie – wie im Folgenden beschrieben.

3.1.3   Lassen Sie sich vom Publikum ruhig das Heft aus der Hand nehmen

Bei unsicherem Auftritt unterbricht das Publikum früher oder später

Im pyramidalen Dokument erkennen die Teilnehmer ihren Vertiefungsbedarf sehr schnell

Das Publikum liest eher, als dem unsicheren Präsentator zuzuhören. Nach auswendig gelernter Einleitung zeigen Sie dem Publikum Ihre Folien – zunächst das sprechende Inhaltsverzeichnis, danach eventuell weitere Übersichtsfolien, dann Detailfolien.

Und vermutlich wird sich das Publikum die Folien auch durchlesen. Mit dem Einschalten des Beamers bieten Sie ihm einen zweiten Wahrnehmungskanal an – zur auditiven Wahrnehmung Ihres Vortrags kommt die visuelle Wahrnehmung der Folien. Das Publikum kann seine Aufmerksamkeit beim Präsentator belassen oder den Blick auf die Präsentationsfolien richten. Und gerade bei einem unsicheren Präsentator schwenkt das Publikum früher oder später zur Projektionsfläche. Das klingt hart. Aber es ist nachvollziehbar. Sie würden es vermutlich auch tun.

Vielleicht bemerken Sie es sogar, während Sie nervös vorne stehen: Viele Augen schauen auf die Projektionsfläche. Das Publikum liest die Folien. Ihnen schenkt es allenfalls sekundär Beachtung.

Und beim Lesen erkennt das Publikum die zentralen Botschaften. Der Präsentator mag unsicher sein, die pyramidale Folie ist glasklar. Während Sie eventuell noch nach den richtigen Worten suchen, liest das Publikum Ihre solide vorbereiteten Folien. Und die wichtigsten Aussagen springen ihm als Erstes ins Auge.

So erkennt das Publikum auch bei schwachem Vortrag seinen Vertiefungsbedarf sehr schnell. Die Teilnehmer lesen Ihre Aussagen und gleichen sie unmittelbar mit den eigenen Vorstellungen ab. Im Ergebnis haben die Teilnehmer binnen Sekunden erfasst, welche Punkte sie gerne vertiefen würden und welche nicht. Das alles kann im Extremfall passieren, bevor der Präsentator seinen ersten erklärenden Satz zu Ende gebracht hat.

Bietet der Präsentator gezielte Vertiefung nicht aktiv an, dann wird das Publikum ungeduldig

Der unsichere Präsentator erkennt die Interessenlage des Publikums meist nicht. Während der Präsentationsprofi Interessen und Stimmungen seines Publikums gezielt aufnimmt, ist der unsichere Präsentator primär mit sich selbst beschäftigt. Weder erkennt er die offenen Punkte, noch fragt er danach. Und diese Lücke quält das Publikum. Das Publikum hat seine Knackpunkte schon lange erkannt – doch der

Präsentator redet immer noch über andere, bereits akzeptierte oder irrelevante Punkte. In der Folge wird aus höflicher Geduld wachsende Ungeduld. Das Publikum will zu den kritischen Punkten kommen. Der Präsentator merkt es nicht von selbst.

In der Folge unterbricht Sie das Publikum irgendwann

Wo die Interessenlage klar ist und vom Präsentator ignoriert wird, ist es nur eine Frage der Zeit, bis der erste Teilnehmer Ihnen ins Wort fällt. Er stellt eine konkrete inhaltliche Frage, oder er bittet Sie direkt zu einem spezifischen Punkt zu kommen.

Der Zeitpunkt mag variieren – aber er kommt. Er hängt ab von der inhaltlichen Anspannung und der Kultur, in der Sie präsentieren. Empfindet das Publikum eine besonders starke inhaltliche Spannung, reißt der Geduldsfaden früher. Bei konservativer Diskussionskultur hingegen dauert es länger. In manchen Organisationen bleibt es sogar dem Chef vorbehalten, den Präsentator zu unterbrechen.

Doch die Unterbrechung ist beim pyramidalen Dokument kein Problem für Sie

Viele empfinden es als unprofessionell, wenn Teilnehmer den Präsentator unterbrechen. Er sollte doch alles im Griff haben, Autorität ausstrahlen und sein Publikum bei Bedarf souverän disziplinieren. Das haben Sie vielleicht in Schulungen gelernt.

Und dennoch: Dank Ihrer Folien sind Sie für das Publikum immer noch die deutlich bessere Wahl. Führen Sie sich vor Augen, was das Publikum traditionell gewohnt ist bei der nicht-pyramidalen Präsentation: die fatale Kombination aus Folien mit aussagelosen Schlagworten und einem Präsentator, der um den heißen Brei herumredet. Demgegenüber punkten Sie mit Ihren aussagekräftigen Folien. Durch sie allein erfasst das Publikum schon Ihre Botschaft. Wo er sonst völlig im Nebel stehen gelassen wird, bieten Sie „nur" noch nicht die richtige Vertiefung. Bei dieser Abwägung sind Sie immer noch die bessere Alternative.

Im Gegensatz zu Ihnen sieht das Publikum also weniger die Schwäche als vielmehr die Stärke. Sie mögen mit Ihrem Vortrag kaum Punkte sammeln, mit Ihrer Unterlage haben Sie es schon lange. Das Publikum hat den pyramidalen Aufbau wahrgenommen und möchte ihn nun nutzen.

Folgen Sie deshalb Interventionen des Publikums gelassen – springen Sie auf Anforderung in die gewünschten Inhalte

Bleiben Sie also locker und freundlich, wenn Ihnen das Publikum das Heft des Handelns aus der Hand nimmt. Nach unserer Erfahrung tut das Publikum dies meist höflich, aber bestimmt.

Beantworten Sie die gestellten Fragen und springen Sie in die Abschnitte, die das Publikum genauer kennenlernen möchte. Überblättern Sie dabei einzelne Folien oder ganze Kapitel. Einzelne Folien überblättern Sie einfach. Um direkt zu weiter hintenstehenden Kapiteln zu gelangen, nutzen Sie – bei der am meisten verbreiteten Präsentationssoftware – den Direktsprung: Dafür haben Sie sich das sprechende Inhaltsverzeichnis im Vorfeld ausgedruckt und neben den Rechner gelegt. Damit wissen Sie jederzeit, auf welcher Seite die Kapitel beginnen. Will das Publikum nun in ein Kapitel, dann geben Sie am Rechner die Seitenzahl ein und drücken Sie „Enter". Schon sind Sie auf der richtigen Seite.

Tragen Sie wieder vor, so gut Sie können. Und warten Sie die nächste Intervention aus dem Publikum ab. Dann folgen Sie dieser wieder. Irgendwann wird das Publikum Sie aus seiner Steuerung entlassen und den Vortrag selbst beenden – vermutlich mit einem Dank an Sie. Schalten Sie das Präsentationsbild wieder mit der B-Taste aus und begeben Sie sich in eine zentrale Position im Raum. Bedanken Sie sich jetzt ebenfalls. Bieten Sie eventuell an, für weitere Fragen im Nachgang zur Verfügung zu stehen. Dann ist alles vorbei. Sie haben es geschafft.

3.2 Als geübter Präsentator die Wahrnehmung des Publikums steuern und intensivieren

Der unsichere Präsentator ist noch überwiegend mit sich selbst beschäftigt. Er konzentriert sich darauf, fehlerfrei seine Folien vorzutragen.

Mit zunehmender Präsentationserfahrung steigt die Selbstsicherheit. Der Präsentator löst schrittweise seine enge Bindung an die Präsentationsfolien. Mit seinem eigenen Auftritt gewinnt er die Aufmerksamkeit des Publikums. Der Mensch steht im Vordergrund. Die Unterlage wird dort zur Ergänzung, wo es auf viele Details und die Visualisierung komplexer Zusammenhänge ankommt.

Auge und Ohr sind die stärksten Wahrnehmungsorgane des Menschen. Beide spricht der geübte Präsentator an.

3.2.1 Mit Händen, Füßen und Mimik die eigenen Inhalte zu Bildern machen

3.2.1.1 Ohne Beamerbild aus zentraler Position neue Kapitel einführen

Bei der Einleitung neuer Kapitel sind Sie grundsätzlich eher abstrakt. Vorher haben Sie die Details eines Strukturstranges ausgeführt, jetzt beginnen Sie wieder an der Spitze eines neuen Strukturstranges. Damit das Publikum diesen Sprung klar erkennt, brauchen Sie einen Bruch in der Wahrnehmung. Vielleicht hatten einzelne Teilnehmer bei den Details noch dezent gedöst. Die müssen Sie jetzt wecken.

Und der Beginn eines neuen Kapitels braucht kein Beamerbild. Wie bereits Ihre einleitenden Worten ist auch die Botschaft des neuen Kapitels so abstrakt, dass Sie als Mensch sie ohne Unterstützung alleine vermitteln.

Zusätzlich zu einer Pause von drei bis fünf Sekunden können Sie zur Einleitung neuer Kapitel also wieder den Beamer ausschalten – wieder mit der B-Taste. Das Abschalten des Beamerbildes vermittelt zunächst den Schnitt. Gleichzeitig fokussiert es wieder die gesamte Aufmerksamkeit auf Sie. Dann tragen Sie die Kernaussage des neuen Kapitels vor. Ergänzen Sie wiederum zwei oder drei Sätze. Wenn Sie danach das Beamerbild mit der B-Taste wieder aktivieren, überspringen Sie die Zwischenseite schnell. Sie sollten Sie nur dann bewusst präsentieren, wenn Sie den Beamer nicht deaktiviert hatten.

Die Methode wirkt übrigens auch umgekehrt: Bei ablenkenden Fragen signalisieren Sie durch Abschalten des Bildes, dass sich die Diskussion von Ihrer Argumentation entfernt. Fragesteller und andere Teilnehmer nehmen diesen Hinweis unbewusst und damit höflich-diskret wahr.

3.2.1.2   Unterschiedliche Positionen mit Assoziationen aufladen

Auch unterschiedliche Positionen im Raum nimmt das Publikum unbewusst wahr. Indem Sie sie mit eindeutigen Assoziationen belegen, erleichtern Sie das Verständnis der Präsentation weiter.

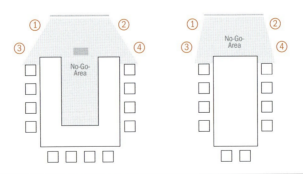

Neben der zentralen Position im Raum – bei Einleitung und Einführung neuer Kapitel – bieten sich zwei oder vier weitere Positionen an. In fast allen Räumen können Sie links und rechts der Projektionsfläche stehen. Bei ausreichender Bewegungsfläche können Sie jeweils direkt an der Projektionsfläche oder ein, zwei Schritte im Raum präsentieren.

Flächen links und rechts der Projektionsfläche für inhaltliche Strukturen nutzen

Die einfachsten Positionen sind die beiden Seiten der Projektionsfläche: Ist Ihre Präsentation etwa in Vergangenheit und Zukunft strukturiert, dann stehen Sie für die Vergangenheit auf der linken Seite der Projektionsfläche (Position 1). Kommen Sie dann zur Zukunft, wechseln Sie die Seite und präsentieren von rechts (Position 2). Da das Beispiel auch die Lesegewohnheit von links nach rechts aufgreift, versteht das Publikum die Struktur besonders schnell.

Auch für andere Strukturen mit zwei Elementen eignen sich die beiden Seiten der Projektionsfläche. Von den Standardstrukturen sind dies zum Beispiel *Intern* und *Extern* oder *Positiv* und *Negativ*. Spezifische Strukturen funktionieren ebenso – etwa *Aus Sicht des Vertriebs …* und *Aus Sicht der Produktion …* oder *In der Zentrale …* und *In den Niederlassungen …*

Wenn Sie Strukturelementen Positionen im Raum zuordnen, achten Sie auf dreierlei: Die Struktur muss relevant sein. Der Aufbau der Folie muss mit der Positionierung harmonieren. Sie müssen die Positionierungen beim Vortrag konsequent umsetzen.

— **Strukturell relevant sind nur Strukturelemente, zu denen Sie jeweils mindestens zehn Sätze sagen werden.** Sind Ihre Ausführungen kürzer, erschließen sich die Positionierungen nicht schnell genug.
— **Der Aufbau der Folie harmoniert mit der Positionierung, wenn auch er in die beiden Strukturelemente gegliedert ist.** Sie müssen die primäre Wahrnehmung des Publikums bestimmen. Dafür sind die beiden Strukturelemente idealerweise links und rechts angeordnet.
— **Konsequent setzen Sie die Positionen um, indem Sie die Position immer dann einnehmen, wenn Sie über das jeweilige Strukturelement sprechen.** Für einzelne Folien ist das noch relativ einfach. Denken Sie aber auch daran, wenn Sie zunächst eine Übersichtsfolie mit zwei Positionen im Raum vorgestellt haben. Beim Vertiefen der beiden Strukturelemente nehmen Sie die jeweiligen Positionen wieder ein. Stören Sie sich nicht daran, dass Sie dabei womöglich mehrere Folien vollständig von der rechten Seite präsentieren. Das ist unkritisch. Sie können dann jedoch nur eingeschränkt mit der Hand Inhalte auf der Präsentationsfolie anzeigen.

An der Folie oder beim Publikum für weiche Strukturen stehen

Neben den Positionen rechts und links der Projektionsfläche sind zwei weitere Positionen im Raum häufig nützlich. Wenn der verfügbare Raum es zulässt, können Sie direkt an der Projektionsfläche oder weiter im Raum stehen. Diese Positionen bieten sich besonders für weiche Strukturen an – die Sie so deutlich vermutlich nicht in der Strukturierung herausgearbeitet haben.

Nehmen wir das Beispiel, Sie müssen das Publikum zunächst von einem unangenehmen Projekt überzeugen. In diesem Fall präsentieren Sie die beiden Prämissen der Kette unmittelbar an der Präsentationsfläche (Positionen 1 und 2). Wenn Sie danach die Projektdurchführung erläutern, dann gehen Sie etwas auf das Publikum zu (Positionen 3 und 4). Das Publikum nimmt wahr: Die Notwendigkeit des Projekts ergibt sich aus irgendwelchen, bösen Faktoren im fernen Markt oder sonstwo. Bei der Durchführung stehen wir alle zusammen.

Genau umgekehrt können Sie relativ abstrakte Inhalte aus der Ferne präsentieren (Positionen 3 und 4). Je tiefer Sie dann in die Details einsteigen, desto näher gehen Sie an die Wand heran (Positionen 1 und 2). Durch Ihre Positionen versteht das Publikum, wo Sie aus der Vogelperspektive betrachten und wo Sie sich konkret an den inhaltlichen Details Ihrer Folie orientieren.

Präsentieren Sie aus einer entfernteren Position im Raum, müssen Sie auf das Anzeigen an der Projektionsfläche gänzlich verzichten. Grenzen Sie die beiden Positionen hinreichend ab. Ein Meter muss dazwischenliegen, damit das Publikum es wahrnimmt. Achten Sie aber auch darauf, dass Sie keinem Teilnehmer so nahekommen, dass er es ungenehm finden könnte.

Nutzen Sie unterschiedliche Positionen nicht inflationär. Das wirkt unruhig. Bevor Sie die gezielte Positionierung mit wachsender Erfahrung intuitiv vornehmen, lohnt sich bewusste Planung: Betrachten Sie Ihre Folien und nehmen Sie sich Positionen vor. Und ändern Sie Ihre Position im Vortrag nicht hektisch, wenn Ihnen auffällt, dass Sie vermeintlich falsch stehen. Die Positionen wirken viel unbewusster. Schlimmstenfalls bleiben Ihre Positionen für die Teilnehmer bedeutungslos.

3.2.1.3   Mit den Händen einfache Inhalte in den Raum malen

Beinarbeit wirkte noch unbewusst auf abstrakter Ebene. Einfache Gesten der Hände veranschaulichen auch konkrete Aussagen. Damit ergänzen Sie die Wahrnehmung des Publikums weiter. Das Publikum empfängt zeitweilig einen weiteren visuellen Kanal – zusätzlich zur dauerhaften visuellen Wahrnehmung der Folien und der auditiven Wahrnehmung der Stimme.

Zeigen Sie nur einfache Bilder

Gesten können nahezu alle inhaltlichen Botschaften transportieren. Je besser Sie strukturiert haben, desto leichter erkennen Sie nützliche Bilder. Einfache Gesten orientieren sich vor allem am Strukturierungskriterium oder dem Verb der Aussage:

— **Anhand des Strukturierungskriteriums betonen Sie Gegenüberstellungen.**
   Bei den Aussagen *Der Vertrieb muss ...* und *Die Produktion muss ...* halten Sie

die Hände einfach für den Vertrieb nach links und für die Produktion nach rechts. Horizontal können Ihre Hände so vor Ihnen bis zu drei Einheiten schaffen. Vertikale Einheiten eignen sich zum Beispiel für hierarchische Bilder – etwa *Oben in der Holding müssen wir …* und *Unten in den Tochtergesellschaften müssen wir …*

— Andere Satzbestandteile veranschaulichen Zustände oder Veränderungen. Fordern Sie zum Beispiel eine stärkere Zusammenarbeit der Abteilungen, dann führen Sie beide Hände von außen zusammen und verschränken Sie die Finger. Die umgekehrte Geste verwenden Sie für die Trennung von Einheiten. Wirksam sind auch Aufzählungen mit den Fingern oder alltägliche Gesten wie *Daumen hoch* oder *Daumen runter*.

Komplexe Bilder hingegen erläutern Sie besser anhand der Folie, oder Sie malen spontan auf das Flipchart. Die hier beschriebenen sowie weitere geeignete Gesten finden Sie in unserer Gestenbibliothek.

Setzen Sie Ihre Gestik deutlich ab

Leider kennt natürliche Gestik nur zwei Extreme: Die einen zeigen keinerlei Gestik und Bewegung, so dass sie als steif empfunden werden. Die anderen bewegen die Hände fortwährend. Gerade hier wirkt gezielte Gestik häufig nicht, weil sie in den übrigen Bewegungen untergeht.

Stellen Sie Ihre Gesten deshalb deutlich heraus – gegenüber den übrigen, unkontrollierten Bewegungen. Wirksame Gestik erfüllt vier Anforderungen:

— Erstens, zeigen Sie Gesten im Blickfeld des Publikums, also oberhalb der Brusthöhe.
— Zweitens, behalten Sie Gesten mindestens zwei Sekunden bei. Diese Zeit braucht das Publikum einmal mehr zur Wahrnehmung.
— Drittens, überpointieren Sie Ihre Gesten ruhig. Besonders deutliche Bewegungen erleichtern das Verständnis.
— Und viertens, bringen Sie die Gestiken auch zu Ende. Gerade Aufzählungen mehrerer Punkte werden häufig nach den ersten beiden Punkten abgebrochen. Das Publikum nimmt die Geste dann nicht mehr ernst. Sie verliert ihre Wirkung.

Bedenken Sie das Spiegelbild der Geste

Viele Gesten machen Sie intuitiv vor dem eigenen Blickfeld. Aber das Publikum nimmt die intuitive Geste vielleicht falsch auf. Es sitzt Ihnen in der Regel gegenüber und sieht somit das Spiegelbild. Im Interesse des Publikums sollten Sie wichtige Gesten nicht intuitiv, sondern sehr bewusst ausführen.

Spiegelbildliche Wahrnehmung betrifft Gesten auf horizontaler Ebene, insbesondere zeitliche Wahrnehmungen. Im Bild stellt der Präsentator eine positive Entwicklung dar – aus seiner Sicht durchaus anschaulich. Das wahrgenommene Bild wirkt hingegen negativ. Wegen unserer vertrauten Leserichtung sollten Sie auch Gegenüberstellungen von links nach rechts darstellen. Die erste Einheit kommt also aus Sicht des Publikums nach links, die zweite rechts daneben.

Bibliothek

Bibliothek der Gesten:
Mit anschaulichen Handbewegungen aus der Botschaft ein Bild machen

Unendlich viele Gesten unterstützen Sie bei der Vermittlung der Botschaft. Unsere Bibliothek kann nur Beispiele beschreiben. Wir zeigen eine Reihe einfacher Gesten. Jede Geste kann für zahlreiche Botschaften genutzt werden. Deshalb beschreiben wir plakative Assoziationen – ausnahmsweise keine ganzen Sätze. Lassen Sie sich inspirieren.

Gesten für Gegenüberstellungen

Gesten für Gegenüberstellungen bestehen immer aus mindestens zwei, manchmal drei Bildern. Nur bei Aufzählungen liegt die natürliche Grenze bei fünf und in Ausnahmefällen sogar zehn. Sie können diese Gesten jedoch auch einzeln einsetzen, um eine einfache Botschaft zu unterstreichen – wie bei den Gesten für Zustände oder Veränderungen. Zum Beispiel können Sie eines der ersten drei Bilder grundsätzlich nutzen, um das Subjekt eines Satzes bildlich zu betonen.

Bibliothek

Innenhände offen zum Publikum, abgewinkelt zur Brust, als Kreisbewegung in den Raum:
Sie (das Publikum) ..., Ich/Wir (das Team) ..., Wir gemeinsam ...

Flache Hand mittel, mittelhoch und hoch: *Es gibt drei Ebenen* oder *Die operativen Mitarbeiter ..., Die mittlere Führungsebene ..., Das Top-Management ...* oder *Als Basis ..., Darauf aufbauend ..., Ganz oben ...*

Rechter Handrücken zum Publikum, rechts, mittel, links: *Erst ..., Dann ..., Dann ...* oder *Wir haben drei Prozessschritte*

Aufzählende Finger: *Erstens ..., Zweitens ..., Drittens ..., ...*

Finger auf Uhr, Geldschnippen, Daumen hoch: *Die Zeit ..., Die Kosten ..., Die Qualität ...*

Arm schräg hoch, Arm waagerecht, Arm schräg runter: *Gestiegen ist ..., Konstant geblieben ist ..., Gesunken ist ...* oder *Ausbauen müssen wir ..., Beibehalten müssen wir ..., Zurückfahren müssen wir ...*

Beide Hände nach rechts, beide Hände nach links: *Einerseits ..., Andererseits ...* oder *In der Vergangenheit ..., In der Zukunft ...* oder *Es gibt zwei Bereiche* oder *Die einen ..., Die anderen ...*

Hände auf den Boden, Hände zum Fenster: *Wir im Unternehmen ..., Die Kunden und Lieferanten draußen* oder *Intern ..., Extern ...* oder *Im Inland ..., Im Ausland ...*

Daumen hoch, Daumen runter: *Positiv ist ..., Negativ ist ...*

Finger ineinander verschränkt, Fäuste versetzt: Harmonisch ist ..., Nicht harmonisch ist ...

Hände flach auf gleicher Höhe, auf unterschiedlicher Höhe: *Ausgewogen ist ..., Nicht ausgewogen ist ...*

Hände formen große Kugel, kleine Kugel: *Umfangreiche Maßnahmen sind ..., Kleinere Maßnahmen sind ...*

Hand an den Kopf, Hand an den Bauch: *Rational..., Emotional...*

Gesten für Zustände und Veränderungen

Gesten für Zustände und Veränderungen unterstützen die bildhafte Sprache, indem sie einzelne Begriffe visualisieren. So können Empfänger die Inhalte über zwei Sinneskanäle aufnehmen: Sie hören das gesprochene Wort und sehen die Geste. Das erleichert die Wahrnehmung und erhöht die Wahrscheinlichkeit, dass Botschaften richtig ankommen.

Hände voreinander: *Etwas über-lappt sich*

Hände in unterschiedliche Rich-tungen: *Etwas ist unabhängig voneinander*

Finger beider Hände umschlie-ßen sich: *Etwas ist verknüpft*

Hände ummanteln sich: *Etwas verschmilzt*

Faust auf Hand: *Es gibt einen Konflikt* oder *Etwas stößt auf Widerstand*

Hände setzen aufeinander auf: *Wir müssen etwas aufbauen* oder *Etwas entsteht*

Flache Hand zum Publikum, an-dere Hand darüber: *Wir müssen eine Hürde überwinden*

Flache Hände bewegend auf un-terschiedlichen Höhen: *Wir müs-sen etwas abwägen*

Hände in Segenshaltung: *Wir müssen etwas akzeptieren*

Ärmel hoch: *Wir müssen kämpfen*

Hand aufs Herz: *Etwas geht mir nahe* oder *Mir persönlich ...*

Abwinken: *Mir ist etwas egal* oder *Wir können etwas vernach-lässigen*

Hände zu sich ziehend: *Ich neh-me etwas an* oder *Wir sollten uns um etwas kümmern*

Hände abwehrend: *Ich halte etwas fern* oder *Wir sollten etwas verhin-dern* oder *Das betrifft uns nicht*

Finger hinter Ohren: *Wir müssen gut zuhören*

Finger vor den Mund: *Wir müs-sen erst mal ruhig bleiben*

Hand vor die Stirn: *Wir müssen nach etwas Ausschau halten*

Blick in beide Handinnenflä-chen: *Wir müssen uns etwas genau anschauen*

3.2.1.4 Und gerne auch mal lächeln, wenn es angemessen ist

Mimik wirkt emotional. Sie stärkt die Authentizität und Glaubwürdigkeit. Körper-sprache unterstützte Sie hingegen auf der Sachebene. Das macht die Mimik zu einem weiteren Stilmittel für Ihre Präsentation.

Meist reicht ein freundliches Lächeln. Komplexere Grimassen passen nicht in die geschäftliche Kommunikation. Lächeln Sie also ruhig, wenn Sie erfreuliche Botschaf-ten vermitteln dürfen. Sie dürfen bei neutralen Botschaften auch mal einfach so lä-cheln. Damit stärken Sie die Beziehungsebene zum Publikum. Nur bei negativen Botschaften sollten Sie auf Lächeln verzichten. Das passt inhaltlich nicht und könnte Ihnen auf der Beziehungsebene vom Publikum verübelt werden.

Sie können Mimik an kritischen Stellen auch bewusst unterdrücken. Mimik verät dem Publikum schonungslos, wo der Präsentator seine Aussagen nicht ernst meint. Weil Mimik so stark unbewusst erfolgt, zeigt sie die wahre Haltung des Prä-sentators. Heikel sind Botschaften, von denen Sie selbst nicht zu 100 Prozent über-zeugt sind. Gleichzeitig sind diese Botschaften für Ihre Argumentation wichtig. An diesen Stellen können Sie Ihren Blick ausnahmsweise vom Publikum abwenden und auf die Projektionsfläche richten. So erkennt das Publikum die Diskrepanz zwischen Gesagtem und Gemeinten vielleicht nicht.

3.2.2   Mit betonten Worten nicht nur Strukturelemente, sondern Inhalte hervorheben

Unterm Strich wirkt das Gehörte ebenso stark wir das Gesehene. Auf der Beziehungsebene sorgt die Modulation der Stimme für angenehmes Zuhören. Inhaltlich eröffnet erst die Sprache Konkretisierungen weit über alle körpersprachlichen Instrumente hinaus. Betonen Sie Ihre Aussagen daher bewusst. Damit runden Sie das Portfolio Ihrer Präsentationswerkzeuge gekonnt ab.

So versagen körpersprachliche Mittel im beispielhaften Satz *Während in Lüneburg Personalmangel herrscht, besteht in Hannover Personalüberhang.* Ein Seitenwechsel scheidet wegen der Kürze des Satzes aus. Für Personalmangel und Personalüberhang fallen uns zumindest keine geeigneten Gesten ein – und für Lüneburg und Hannover erst recht nicht. Betonen wir jedoch die vier entscheidenden Worte, dann fällt das Verständnis leichter *Während in <u>Lüneburg</u> <u>Personalmangel</u> herrscht, besteht in <u>Hannover</u> <u>Personalüberhang</u>.*

Dank der sehr konkreten Wirkung der Betonung steht sie auch für alle Satzteile zur Verfügung. Strukturell heben Sie wieder die Abgrenzung logischer Einheiten hervor, indem Sie Bindewörter wie *und*, *oder*, *dann* bei der Gruppe oder *aber*, *und*, *deshalb* bei der Kette betonen. Inhaltlich können Sie jedes Wort des Satzes hervorheben. Gerade umgangssprachlich neigen wir dazu, das Wichtigste ans Ende des Satzes zu stellen – wie auch beim Personalüberhang in Hannover. Bei der Satzgestaltung für die Folientexte konnten Sie das bei Bedarf noch bewusst korrigieren. Bei einem weniger gesteuerten, freien Vortrag gleichen Sie es einfach durch Betonung aus.

Betonen können Sie auf vielfältige Weise. Der Klassiker ist eine etwas lautere und akzentuierte Aussprache. Auch das sollten Sie im Zweifel eher zu stark als zu schwach tun. Daneben gibt es aber andere Möglichkeiten. Alle wirken dadurch, dass der als normal empfundene Sprechfluss bewusst unterbrochen wird. Sie bieten sich gerade bei längeren Vorträgen an: Machen Sie kurze Pausen vor und nach den zu betonenden Worten. Nehmen Sie Ihre Lautstärke etwas zurück – bei den zu betonenden Worte sind Sie dann wieder normal da. Modulieren Sie Ihre Stimme für die zu betonenden Worte.

3.3   Als Präsentationsprofi bei kleinem Publikum punktgenau auf das Informationsbedürfnis eingehen

Der Präsentationsprofi erkennt die Wünsche seines Publikums. Der unsichere Präsentator ist noch überwiegend mit sich selbst beschäftigt. Er ist dankbar, wenn ihm das Publikum die Steuerung der Veranstaltung abnimmt. Der geübte Präsentator hat sich selbst schon unter Kontrolle. Er hat seine Inhalte mit Händen, Füßen und Stimme aktiv vermittelt. Der Präsentationsprofi geht noch einen Schritt weiter. Er baut eine Verbindung zu seinem Publikum auf – und hält diese während des gesamten Vortrags aufrecht.

Aber das geht nur bei kleinem Publikum. Einerseits sind die Anforderungen der einzelnen Teilnehmer immer verschiedener, je größer das Publikum wird. Legen Sie zur Veranschaulichung die Detailprofile übereinander, die Sie im Rahmen der Strukturierung beim Abstecken der angemessenen Detailtiefe (Seite 232) für die Teilnehmer erstellt haben. Vermutlich zeigt sich, dass zu jedem Inhalt irgendwer Details haben möchte – das Profil wird zu einem großen Rechteck. Andererseits fehlen dem Präsentator vor großem Publikum die Mittel, differenzierte Informationsbedürfnisse zu erkennen. Es sind zu viele Teilnehmer, um alle anzuschauen oder zu fragen. Und ein TED-System ist für geschäftliche Präsentationen nicht üblich.

Folglich ist spezifische Interaktion nur bei relativ kleinem Publikum möglich – bei maximal 15 bis 20 Teilnehmern. Das hängt ein wenig von Präsentationsinhalten und -kultur ab. Bei größeren Kreisen verzichten Sie auf die folgenden Instrumente. Orientieren Sie sich stattdessen an dem Informationsbedürfnis, das Sie im Rahmen Ihrer Vorbereitung für das Publikum erkannt hatten. Während der Präsentation werden Sie allenfalls grobe Bekundungen aus dem Publikum wahrnehmen – etwa lautem Murren im Saal, wenn Sie schlechte Nachrichten verkünden. Diese Rückmeldungen sind aber so pauschal, dass Sie sie bereits bei der Strukturierung antizipiert hatten. Deshalb genügt die Vorbereitung als Richtschnur zur Vertiefung Ihrer Pyramide.

Ist Ihr Publikum also klein genug, dann lassen Sie sich darauf ein. Ermitteln Sie während des Vortrags immer wieder den Detaillierungsgrad Ihres Publikums – durch verbale Interaktion oder non-verbale Signale der Teilnehmer. Passen Sie abhängig davon Ihren Vortrag spontan an – gegenüber den vorbereiteten Präsentationsfolien durch Weglassen und Ergänzen von Inhalten.

3.3.1   Durch stetige Interaktion den notwendigen Detaillierungsgrad ermitteln

Zusätzlich zu Ihrem inhaltlichen Vortrag bekommen Sie einen kleinen formalen Nebenjob: Sie müssen klären, bei welcher Ihrer Aussagen Vertiefungsbedarf besteht. Die Zeit und die mentalen Ressourcen dafür hat der Präsentationsprofi, weil er die Präsentation im Gegensatz zum Publikum ja nicht mehr inhaltlich verarbeiten muss.

Natürlich können Sie an jede zusammenfassende Aussage Ihrer Präsentation die Frage an Ihr Publikum anschließen *Benötigen Sie dazu weitere Details?* Das aber nervt nicht nur früher oder später, sondern es ist gar nicht nötig. Das Publikum sendet meist auch ohne formale Frage genügend Signale. Achten Sie daher zunächst aufmerksam auf diese Signale. Und fragen Sie nur dann, wenn Ihnen Zweifel bleiben oder es um wichtige Entscheidungen geht. Unterscheiden Sie bei Bedarf noch, welche Details eigentlich benötigt werden.

Zunächst Signale des Publikums richtig interpretieren

Halten Sie Augen und Ohren offen. Sie wollen die Akzeptanz Ihrer Aussagen durch das Publikum ermitteln. Und nur ein äußerst abgebrühtes Publikum nimmt Ihren Vortrag völlig regungslos wahr. Das gilt für jede Präsentation und für die pyramidale ganz besonders, weil Sie das Publikum ja von vornherein mit inhaltlichen Aussagen konfrontieren. Deshalb sind offene Augen und Ohren Ihre Schlüssel zum Empfänger. Offene Augen erfordern intensiven Blickkontakt, der ohnedies Pflicht für jeden professionellen Präsentator ist. Damit hatten wir uns auf Seite 353 bereits beschäftigt. Naja, und dass Sie nicht mit Ohrstöpseln oder Kopfhörern präsentieren, versteht sich von selbst. Versuchen Sie also, Signale des Publikums aufzunehmen. Direkte Positionierung, hohe Aufmerksamkeit und Einwürfe sind Indikatoren für vertieftes Interesse:

— **Das Publikum positioniert sich bereits non-verbal positiv oder negativ.** Deutliche Zeichen von Zustimmung sind Nicken, positive Äußerungen wie *Richtig so*. Ablehnende Haltung erkennen Sie demgegenüber an skeptischen Blicken Ihres Publikums oder an Kopfschütteln.
— **Das Publikum verfolgt Ihren Vortrag neutral, aber besonders aufmerksam.** Es stört sich erkennbar an Ablenkungen, wie etwa das klingelnde Handy eines Teilnehmers. Teilnehmer verrenken sich geradezu, um die Projektionsfläche sehen zu können, wenn Ihnen ein anderer Teilnehmer oder gar Sie den Blick versperren. Einzelne Teilnehmer beginnen Nebengespräche, die erkennbar mit Ihren Aussagen oder Folien zu tun haben. Teilnehmer blättern in den Unterlagen bereits einige Seiten weiter.
— **Teilnehmer unterbrechen Ihren Vortrag mit eigenen Einwürfen.** Ungefragt ergänzen sie zusätzliche Aspekte oder werfen Fragen auf. Auch persönliche Angriffe sind – so unangenehm sie Ihnen in dem Moment erscheinen – zumindest klare Indikatoren dafür, dass noch keine Zustimmung vorliegt.

Nehmen Sie möglichst viele Signale des Publikums auf – ohne dabei unruhig zu wirken. Vermeiden Sie etwa ruckartige Kopfbewegungen, nur weil sich irgendwo im Raum etwas bewegt. Bilden Sie aus den zahlreichen Signalen ein ausgewogenes Bild für Ihr gesamtes Publikum. Folgen Sie nicht gleich dem ersten Signal, sondern warten Sie, bis mehrere Signale Ihre Einschätzung erhärten. Folgen Sie auch nicht nur den Signalen eines Teilnehmers, sondern berücksichtigen Sie möglichst alle. Das gilt auch, wenn dieser Teilnehmer ein Vorgesetzter ist. In diesem Fall werden die übrigen Teilnehmer seine Signale vermutlich verstärken.

Bei Zweifel oder formalen Entscheidungssituationen offen nachfragen

Erkennen Sie in den Signalen des Publikums keine eindeutige Haltung, dann klären Sie dies durch eine einfache Frage. Standardformulierungen sind *Soll ich dazu noch weiter ins Detail gehen?* oder *Sind diese Punkte so in Ordnung?* Abhängig von der Präsentationskultur können Sie auch höflicher werden, etwa *Darf ich Ihnen dazu noch weitere Details vorstellen?* Mit inhaltsbezogenen Fragen deuten Sie außerdem an, welche Details Sie anzubieten haben, etwa *Darf ich Ihnen dazu unseren detaillierten Prozessvorschlag erläutern?*

Haben Ihre Präsentationsbotschaften eine hohe, bindende Wirkung für Ihr Publikum, dann sollten Sie auch bei eindeutigen Signalen nachfragen. Das sind zum Beispiel wichtige Entscheidungen, für die Sie die Zustimmung Ihres Publikums einholen wollen. Hat Ihr Publikum Ihren Vorschlag jetzt durchaus wohlwollend aufgenommen, sollten Sie sich darauf nicht alleine verlassen. Fragen Sie einfach nach *Sind Sie damit einverstanden?* oder in formaleren Situationen auch *Können wir die Entscheidung so zu Protokoll nehmen?* Auch hier nehmen Sie noch besser den Inhalt mit auf, etwa *Können wir den neuen Prozess so zu Protokoll nehmen?*

Macht das Publikum deutlich, dass keine weiteren Details erforderlich sind, dann dürfen Sie diese überspringen. In allen anderen Fällen liefern Sie die Details nach. Das gilt etwa bei zögerlicher Rückmeldung des Publikums oder wenn sich ein Ihnen wichtiger Teilnehmer noch bedeckt hält. Auch bei heterogener Stimmung im Publikum gilt: Im Zweifel sollten Sie Details liefern.

Vertiefungsbedarf in Begründungen und Konkretisierungen unterscheiden

Wenn Sie parallel zu Ihrem eigenen Vortrag Vertiefungsbedarf erkennen, schließt sich oft die Frage an, welche Art von Detail es sein muss – Begründung oder Konkretisierung. Nehmen wir als Beispiel die Aussage *Wir müssen den Prozessablauf stärker nach dem Vertriebskanal differenzieren*. Sie haben die Aussage womöglich mit einer Kette begründet, unter deren Schlussfolgerung eine Gruppe Ihren Plan konkretisiert. Das Publikum kann jetzt zunächst die Begründung oder gleich die Konkretisierung erwarten.

Hat sich Ihr Publikum klar positioniert, dann ist das offensichtlich. In anderen Fällen müssen Sie zwischen den Zeilen lesen oder nachfragen: So lässt die Formulierung häufig die Tendenz erkennen. Die Frage *Bis wann kriegen wir das denn technisch umgesetzt?* drückt etwa grundsätzliche Zustimmung aus, weil sie sich konkret auf die nächsten Schritte bezieht. Bei der Frage *Ja, wie soll das denn gehen?* hingegen dominiert die Skepsis. Können Sie das Detailinteresse des Publikums nicht spezifizieren, dann fragen Sie einfach nach *Soll ich den Handlungsbedarf verdeutlichen* oder *Wollen Sie sich den neuen Prozess mal anschauen?*

3.3.2 In Abhängigkeit vom notwendigen Detaillierungsgrad flexibel reagieren

3.3.2.1 Bei ausreichender Vertiefung weitere Inhalte freundlich überspringen

Zeigt das Publikum keinen Bedarf an Vertiefung oder Zustimmung, dann lassen Sie Ihre Details an dieser Stelle einfach weg. Der Präsentationsprofi überspringt nicht nur technisch, sondern auch sprachlich:

— **Technisch gehen Sie auf Inhalte nicht ein.** Bei der einzelnen Folie präsentieren Sie nicht alle Details, die dort enthalten sind. Oder Sie überspringen einzelne Folien oder gar ganze Kapitel. Bei einzelnen Folien blättern Sie einfach weiter, für umfangreichere Kapitel nutzen Sie den Direktsprung – im Präsentationsmodus die Seitenzahl eingeben und „Enter" drücken.
— **Sprachlich erklären Sie Ihren Sprung dem Publikum.** Sagen Sie während des Überspringens zum Beispiel *Wir haben da noch weitere Details. Aber ich denke, die brauchen wir jetzt nicht.* So entsteht beim Publikum nicht das Gefühl, dass Sie ihm Details vorenthalten wollen. Unterbricht Sie jedoch ein Teilnehmer beim Blättern, weil er dabei irgendetwas Interessantes entdeckt hat, dann gehen Sie selbstverständlich darauf ein. Denken Sie immer daran, dass Sie Ihrem Publikum keine Inhalte verheimlichen wollen. Sie wollen nur Zeit sparen für das Wesentliche.

3.3.2.2 Bei Vertiefungsbedarf weitere Details anbieten

Besteht Vertiefungsbedarf, sind Sie als Präsentator weiter gefordert. Überlegen Sie rasch, ob Sie für die entsprechenden Inhalte eine vertiefende Folie haben. Wenn nicht, so bleibt Ihnen nur, aus der aktuellen Folie das Maximale herauszuholen und danach zu improvisieren – wie unten weiter ausgeführt.

Solange vorhanden, weitere Präsentations- und Backup-Folien vortragen

Bei solider und konservativer Empfängeranalyse haben Sie aber noch etwas vorbereitet. Ihre Unterlage unterstützt Sie bei der Vertiefung. Verzichten Sie zunächst auf weitere Ausführungen zu diesem einzelnen Punkt. Verweisen Sie stattdessen kurz auf die spätere Detaillierung. Bevor Sie in diese einsteigen, präsentieren Sie bei sprechendem Inhaltsverzeichnis und Übersichtsfolie nach Möglichkeit aber noch die anderen Inhalte. Danach stellen Sie die gewünschten Details dar. Dafür nutzen Sie die vertiefenden Folien.

— **Vom sprechenden Inhaltsverzeichnis nutzen Sie den komfortablen Direktsprung.** Sie erkennen gleich, auf welcher Seite das entsprechende Kapitel beginnt und gelangen über den Direktsprung dorthin – einfach die Seitenzahl am Rechner eingeben und Enter drücken. Ist das Kapitel ausreichend vertieft, geben Sie 2 ein, drücken Enter und Sie sind wieder im sprechenden Inhaltverzeichnis. Damit signalisieren Sie Ihrem Publikum die Rückkehr auf die höhere Aggregationsebene. Und Sie selbst erkennen, auf welcher Seite das nächste Kapitel beginnt, zu dem Vertiefungsbedarf besteht.
— **Auf tieferen Strukturebenen finden Sie die Details auf einer der nächsten Folien.** Blättern Sie einfach weiter. Je schlüssiger der Präsentationsaufbau, desto leichter finden Sie die Details. Und desto leichter kann Ihnen Ihr Publikum beim Überblättern auch folgen.
— **Wird es detaillierter als erwartet, holen Sie Ihre Backups heraus.** Bei einzelnen Backup-Folien fällt das leicht, weil Sie sie in den Präsentationsfluss eingebaut hatten. Bei umfangreichen Backup-Einheiten verlassen Sie den Präsentationsfluss klar und deutlich. Technisch hilft es Ihnen, wenn Sie das sprechende Inhaltsverzeichnis ausgedruckt vor sich liegen haben und dort erkennen, auf welcher Seite das Backup beginnt, damit Sie wieder den Direktsprung nutzen können. Begleiten Sie den Einstieg auch sprachlich. Sagen Sie es Ihrem Publikum, etwa mit den Worten *Da müssen wir jetzt mal ins Backup einsteigen.*

Bei weiterem Bedarf spontan am Flipchart improvisieren

Befriedigen auch die untersten Backup-Folien noch immer nicht das Informationsbedürfnis Ihres Publikums, dann sind Sie gefordert. Ergänzen Sie spontan die fehlenden Details – auf der Basis Ihres inhaltlichen Wissensschatzes. Häufig enthalten einfache Beispiele oder Anekdoten genau die Mosaiksteinchen, die dem Empfänger zum Verständnis noch fehlen. Zur Visualisierung hilft das Flipchart.

Wenn das alles nicht hilft, Folgetermin vereinbaren und fehlende Details nachreichen

Gibt sich Ihr Publikum immer noch nicht zufrieden, dann sind Sie mit der heutigen Präsentation gescheitert. Der Empfänger wird Ihre Kernaussage nicht akzeptieren.
    Noch nicht! Denn heute ist nicht aller Tage. Bieten Sie Ihrem Publikum also einen Folgetermin an, bei dem Sie den oder die kritischen Punkte nochmals bis ins Letzte vertiefen werden. Vielleicht lehnt Ihr Publikum ab und ist froh, Ihr Thema vom Tisch zu haben. Ein sachorientiertes Publikum wird Ihnen die zweite Chance

geben. Nutzen Sie diese! Analysieren Sie die kritischen Aussagen nochmals. Bleiben Sie inhaltlich dabei, dann suchen Sie nach Evidenz dafür, bereiten Sie diese nachvollziehbar auf und gehen Sie damit in den Folgetermin.

Doch in letzter Konsequenz kann es auch sein, dass Sie Ihr Kommunikationsziel aufgeben müssen. Wenn es dazu kommt, stellen Sie sich mit Würde der größten Herausforderung. Wie der Militärhoristiker von Clausewitz sagt, ist nichts schwieriger als das Aufgeben einer unhaltbaren Position.

Wir wünschen Ihnen eine erfolgreiche Präsentation.

Literaturempfehlungen

Im pyramidalen Sinne bieten Literaturempfehlungen Vertiefungsmöglichkeiten zu einzelnen Aspekten. Sie sind unser Backup, falls Ihnen dieses Buch nicht reicht. Doch müssen wir im Sinne von SAUBER® davor warnen, unsere Liste als erschöpfend zu betrachten. Der Buchmarkt zu Präsentation und Kommunikation ist zu umfangreich, als dass wir es geschafft hätten, alle Werke unter die Lupe zu nehmen. Nur eines können wir versprechen: Die Bücher enthalten hilfreiche Zusatzinformationen, eröffnen neue Perspektiven zum Thema oder lesen sich auch einfach nur unterhaltsam.

Manche fleißigen Autoren schrieben mehrere Bücher zum gleichen Thema. Zuweilen überlappen sich die Inhalte erheblich. In diesen Fällen beschränken wir uns auf ein Werk. Häufig ist das erste auch das beste. Bei englischsprachigen Büchern geben wir die deutsche Ausgabe an – obwohl unsere Einschätzungen teilweise auf der Originalfassung basieren. Ebenso geben wir die aktuelle Ausgabe an – auch wenn wir ältere Ausgaben gelesen haben.

Minto, Barbara: Das Prinzip der Pyramide
Pearson Studium, München 2005

Umfassende logische Grundlagen, aber anspruchsvolle Kost
Als Person hatten wir Barbara Minto bereits gewürdigt, weil sie aristotelische Logik für die geschäftliche Kommunikation erschlossen hat. Unser Urteil zum Buch ist differenzierter: Minto beschreibt intensiv logische Beziehungen zwischen einzelnen Kategorien. Doch das Buch liest sich schwer. Interessanterweise erschließt sich die Struktur nicht sofort. Dass Minto in weiten Teilen auf aussagekräftige Botschaften verzichtet, mag eine Ursache sein. So ist Mintos *Prinzip der Pyramide* primär etwas für Leser, die die Auseinandersetzung mit Struktur selbst als Herausforderung erleben wollen.

Heath, Chip und Dan: Was bleibt
Carl Hanser Verlag, München 2008

Ein lesenswertes Plädoyer für die emotionale Geschichte
In typisch amerikanischem Erzählstil zeigen die Heath-Brüder, wie wichtig Geschichten sind, damit Botschaften beim Empfänger hängenbleiben. Mit seinen sechs Erfolgsprinzipien hat das Buch eine klare Struktur. Die Inhalte richten sich aber primär an die rechte, emotionale Hirnhälfte. Kein Wunder: Chip und Dan

Heath nutzen mit Vorliebe Beispiele aus der Werbung. Da sind Schnittmengen mit der Logik überschaubar. Insofern ist *Was bleibt* quasi das Gegenstück zu Mintos *Prinzip der Pyramide*.

Flocker, Michael: Tod durch PowerPoint
Wilhelm Goldmann Verlag, München 2008

Die Negativ-Argumentation für die pyramidale Struktur
Wir hatten gezeigt: Bei polaren Gegensätzen unterstützt auch die Negativ-Argumentation die eigene Botschaft. Genau das macht Flocker für uns. Seine Persiflage auf die moderne geschäftliche Kommunikation unterstreicht unterhaltsam die Notwendigkeit ergebnisorientierter Argumentation. Wer immer noch nicht glaubt, dass Empfänger Ergebnisse auf den Punkt gebracht brauchen, der erhält hier Anschauungsmaterial.

Dörner, Dietrich: Die Logik des Misslingens
Rowohlt Taschenbuch Verlag, Reinbek bei Hamburg 2011

Psychologie für Laien
Bildhaft und verständlich beschreibt Dörner unsere Denkweise. Als Professor an verschiedenen Universitäten ist sein Fachwissen unbestritten. Dennoch vermittelt er Denk- und Problemlösungsprozesse des menschlichen Gehirns in – im positiven Wortsinn – populärwissenschaftlicher Weise. Ist der praktische Nutzen auch eher ein mittelbarer, wir empfehlen sein Buch allen, die genauer wissen wollen, was im Kopf des Publikums stattfindet – und natürlich auch im eigenen.

Dobelli, Rolf: Die Kunst des klaren Denkens
Carl Hanser Verlag, München 2011

Die Checkliste für Logikfehler
Dobelli zeigt Denkfehler auf. In 52 charmanten und anschaulichen Kurzgeschichten systematisiert er Situationen, in denen wir uns typischerweise irrational verhalten. Dabei hat auch Dobelli kein Patentrezept für die zwingende logische Argumentation. Dennoch empfiehlt sich sein Buch als permanenter Begleiter für alle, die häufig pyramidale Ketten strukturieren: Seine Geschichten helfen, rational zu denken und emotionalen Verlockungen zu widerstehen. Permanent, weil man nach der letzten Geschichte gleich wieder vorne anfangen kann.

Schneider, Wolf: Deutsch für Profis
Goldmann Taschenbuch, München 2001

Unterhaltsame Anleitung zum guten Schreibstil
Rund 30 Jahre nach seiner Ersterscheinung darf man vom Klassiker für deutsche Stilkunde sprechen. Schneider erklärt, zeigt und führt vor, wie man gut, interessant und verständlich schreibt. Neben der klaren Struktur gewinnt sein Buch vor allem durch die eigene sprachliche Eleganz. Ein Autor, der all das, was er fordert und empfiehlt, tatsächlich selbst umsetzt – und das noch auf äußerst unterhaltsame Art und Weise.

Zelazny, Gene: Wie aus Zahlen Bilder werden
Gabler Wiesbaden 2008

Ein praxisnahes Lehrbuch für die Wirtschaftsgrafik
Gene Zelazny hatten wir bereits bei der Visualisierung qualitativer Folieninhalte zitiert. Sie ist auch Schwerpunkt seines Klassikers. Dazu bietet er viele Beispiele und Übungen. Wer Zelazny aufmerksam durchblättert, kann ein gutes Auge für passende Darstellungen und regelkonformen Aufbau entwickeln. Im hinteren Teil zeigt Zelazny außerdem ein großes Repertoire von Textbildern zur Visualisierung von Begriffen.

Molcho, Samy: Alles über Körpersprache
Wilhelm Goldmann Verlag, München 2001

Viele Bilder unterstützen das eigene Bild – zumindest in der Theorie
Körpersprache prägt maßgeblich das Bild, das beim Empfänger ankommt. Das belegt Molcho anhand zahlreicher Situationsbilder. Er zeigt nicht nur gezielte Gesten, sondern beschreibt Körpersprache, die unbewusst stattfindet. Das tut er umfassend und nachvollziehbar. Dabei nimmt er manche Sorge bezüglich der eigenen Wirkung. Doch eine Herausforderung bleibt: Das eigene Verhalten zu ändern, das muss der Leser selbst. Und das ist bei Körpersprache besonders schwer.

Autoren

Axel Schoof

axel.schoof@projectservices.de

Axel Schoof strukturiert und kommuniziert seit 2000 für projectservices, im Inland und im Ausland. Mit Spaß und gelegentlich mit Übertreibung vermittelt er das pyramidale Handwerkszeug in Schulungen und Vorträgen. Locker und stets mit Überblick coacht er auch verzwickte Projekte. Als Berater und Projektleiter bei Roland Berger Strategy Consultants lernte er Projektmethoden kennen und schätzen. Nach mehr als 50 Projekten stand für ihn fest: Methodenkompetenz ist Erfolgsfaktor – im Leben im Allgemeinen und bei der Arbeit im Speziellen. Axel Schoof studierte Betriebswirtschaftslehre und Internationales Management in Stuttgart, Oxford, Madrid und Paris.

Karin Binder

karin.binder@projectservices.de

Karin Binder strukturiert und kommuniziert seit 2001 bei projectservices. Mit der notwendigen Ernsthaftigkeit widmet sie sich dem Thema des Strukturierens, spinnt den roten Faden und löst Knoten und Schleifen – in Seminaren ebenso wie als Coach im Projekt. In vier Jahren als Editor bei Roland Berger Strategy Consultants spezialisierte sie sich auf professionelle Kommunikation. Freundlich, aber bestimmt vermittelte sie den Beratern die Kunst des pyramidalen Strukturierens. In der externen Vermarktung erlebte sie die hohe Relevanz pyramidaler Strukturen außerhalb der Beratungsbranche. Karin Binder studierte Anglistik, Germanistik und Volkswirtschaftslehre in London, Tübingen und Charlottesville.

Gestalter

faktor K

www.faktor-K.de

Uwe Lausterer und Annette Potthoff gründeten faktor K im Jahre 1998. Die Agentur für aktive und interaktive Kommunikation konzipiert und gestaltet Medien der Unternehmenskommunikation. Bücher, Magazine, Broschüren und Websites werden durch authentische Fotos, treffende Visualisierungen, klare Textstruktur und lesbare Typografie lebendig und einzigartig. Visuelle Kommunikation verschafft den Überblick, interessiert fürs Detail und stärkt die Verbindung zwischen Sender und Empfänger.

Checkliste

Die pyramidale Präsentation berücksichtigt viele Aspekte. Unsere Checkliste fasst die wichtigsten Qualitätskriterien zusammen.

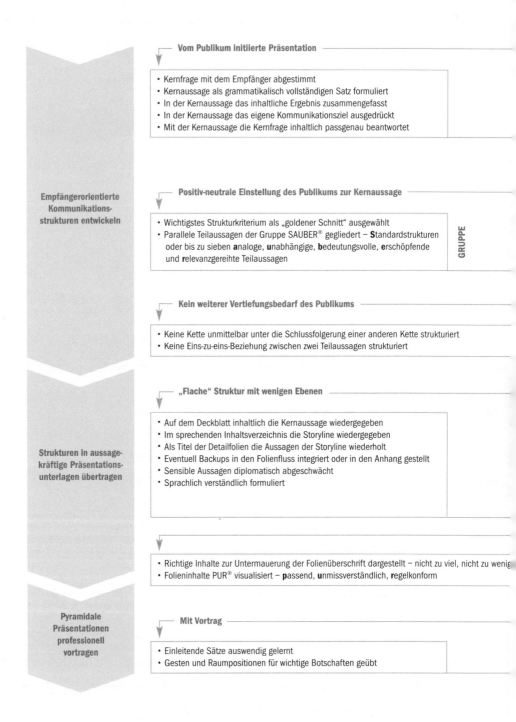

Empfängerorientierte Kommunikationsstrukturen entwickeln

Vom Publikum initiierte Präsentation

- Kernfrage mit dem Empfänger abgestimmt
- Kernaussage als grammatikalisch vollständigen Satz formuliert
- In der Kernaussage das inhaltliche Ergebnis zusammengefasst
- In der Kernaussage das eigene Kommunikationsziel ausgedrückt
- Mit der Kernaussage die Kernfrage inhaltlich passgenau beantwortet

Positiv-neutrale Einstellung des Publikums zur Kernaussage

- Wichtigstes Strukturkriterium als „goldener Schnitt" ausgewählt
- Parallele Teilaussagen der Gruppe SAUBER® gegliedert – **S**tandardstrukturen oder bis zu sieben **a**naloge, **u**nabhängige, **b**edeutungsvolle, **e**rschöpfende und **r**elevanzgereihte Teilaussagen

GRUPPE

Kein weiterer Vertiefungsbedarf des Publikums

- Keine Kette unmittelbar unter die Schlussfolgerung einer anderen Kette strukturiert
- Keine Eins-zu-eins-Beziehung zwischen zwei Teilaussagen strukturiert

Strukturen in aussagekräftige Präsentationsunterlagen übertragen

„Flache" Struktur mit wenigen Ebenen

- Auf dem Deckblatt inhaltlich die Kernaussage wiedergegeben
- Im sprechenden Inhaltsverzeichnis die Storyline wiedergegeben
- Als Titel der Detailfolien die Aussagen der Storyline wiederholt
- Eventuell Backups in den Folienfluss integriert oder in den Anhang gestellt
- Sensible Aussagen diplomatisch abgeschwächt
- Sprachlich verständlich formuliert

- Richtige Inhalte zur Untermauerung der Folienüberschrift dargestellt – nicht zu viel, nicht zu wenig
- Folieninhalte PUR® visualisiert – **p**assend, **u**nmissverständlich, **r**egelkonform

Pyramidale Präsentationen professionell vortragen

Mit Vortrag

- Einleitende Sätze auswendig gelernt
- Gesten und Raumpositionen für wichtige Botschaften geübt